토론, 어떻게 하는가

경쟁적 토론을 위한 공식 가이드

Alpha Books, a division of Penguin Group (USA) Inc.

Original Title: *Competitive Debate: The Official Guide*
Copyright © Richard E. Edwards, 2008
A Penguin Random House Company

Design is trademarks of Penguin Group (USA) Inc.

A WORLD OF IDEAS:
SEE ALL THERE IS TO KNOW

www.dk.com

토론, 어떻게 하는가

경쟁적 토론을 위한 공식 가이드

리처드 E. 에드워즈 지음

전은주·김수란·김성민·이선주·한연희 옮김

사회평론아카데미

국어교육학회
국어교육번역총서3

토론, 어떻게 하는가
— 경쟁적 토론을 위한 공식 가이드

2019년 2월 15일 초판 1쇄 인쇄
2019년 2월 22일 초판 1쇄 발행

지은이 리처드 E. 에드워즈 지음
옮긴이 전은주·김수란·김성민·이선주·한연희
펴낸이 윤철호
펴낸곳 (주)사회평론아카데미
책임편집 정세민
편집 고하영·고인욱·장원정·이선희·임현규
디자인 김진운
본문조판 민들레
마케팅 최민규
등록번호 2013-000247(2013년 8월 23일)
전화 02-326-1187(영업) 02-2191-1130(편집)
팩스 02-326-1626
주소 03978 서울특별시 마포구 월드컵북로12길 17

ISBN 979-11-88108-46-6 93300

* 일러두기

각주는 모두 한국 독자의 이해를 돕기 위해 역자가 달아놓은 주석이다.

이 책은 국어교육학회 번역총서 지원을 받아 발간되었습니다.

옮긴이 서문

이 책은 리처드 E. 에드워즈(Richard E. Edwards) 교수가 2008년 출간한 *Competitive Debate: The Official Guide*(2008)를 번역한 것이다. 저자는 미국 베일러 대학교 커뮤니케이션학과에 재직 중이며 대학 토론 코치로도 활동하고 있다. 미국의 전국 토론 대회 코치를 여러 회 맡았으며, 전미 토론 연합(National Forensic League)의 전국 토너먼트 대회(National Tournament)와 대학 간 전미 토론 대회(Intercollegiate National Debate Tournament)의 임원직을 역임하였다.

이 책의 역자들은 대학원에서 국어교육을 전공하면서 학생들의 의사소통 능력을 신장하는 데 실제 도움이 되는 연구가 필요하다는 것에 공감하여 함께 의사소통 교육 연구 모임을 하고 있다. 역자들은 중·고등학교 또는 대학에서 학생들에게 토론을 지도해본 경험이 있으며 일부는 현재도 학교에서 토론 동아리를 맡아 열성적으로 지도하고 있다. 이 책은 중·고등학교와 대학에서 학생들에게 토론을 교육할 때 이론 중심이 아니라 토론 수행에 필요한 핵심적인 내용을 전략과 사례 중심으로 지도하기 위하여 토론 전문서를 찾던 중, 김수란 선생의 추천으로 읽게 되었다. 원서를 함께 공부하다 보니 용어가 낯설고 사회문화적 배경이 달라 예문을 충실히 이해하기 어려울 때도 있었다. 그러나 책의 내용이 토론을 지도하는 교사 혹은 토론을 잘하고자 하는 학생이나 일반인들에게 유익하다고 판단하여 사람들이 널리 읽을 수 있게 번역하고자 뜻을 모았고, 마침 국어교육학회의 번역 지원을 받게 되었다.

이 책은 총 18장의 본문과 부록으로 되어 있다. 본문은 크게 네 부분으로 구성되어 있는데 우선 1장~4장은 토론의 가치, 논증, 자료 조사, 형식 등 토론에 대한 기본적인 지식을 다루고 있다. 5장~10장은 정책 토론, 11장~15장은 링컨 더글러스 토론, 16장~18장은 공공 포럼 토론을 할 때 찬성과 반대 측 토론자가 알아야 할 핵심 지식과 전략을 예문과 함께 담고 있다. 이 책의 장점 중의 하나는 미국의 토론 대회가 어떻게 진행되고 있으며 토론자들이 어떻게 전략을 구사하며 말하고 있는지를 실제 자료를 통해 알 수 있다는 것이다. 정책 토론, 링컨-더글러스 토론, 공공 포럼 토론의 결승전에서 수행하였던 참가자의 발화를 전사한 부록을 통해 본문에 제시된 내용이 실제 토론에서 어떻게 적용되고 있는지를 살펴볼 수 있다. 이는 미국 토론 대회 참가자의 말하기 방식과 문화 등을 이해할 수 있는 소중한 자료이다. 이 책이 토론을 효과적으로 지도하고자 하는 교사, 토론 대회를 준비하는 학생, 토론에 대해 이해하고자 하는 연구자 등에게 유용하게 활용되기를 기대한다.

이 책의 판권 계약, 원고 검토, 편집 등 전 과정에서 지원을 아끼지 않은 사회평론아카데미 관계자 여러분께 깊이 감사드린다. 특히 번역의 막바지 작업에 박차를 가할 수 있게 좋은 자극을 주신 고하영 상무이사님과 원고를 꼼꼼하게 살펴보고 성심껏 다듬어 주신 정세민 선생님께 진심으로 감사의 마음을 전한다. 각자 학교 일로 바쁜 가운데서도 주어진 부분을 성실하게 번역하고 수정 과정에서 함께 의견을 나누며 같이 성장할 수 있었던 의미 있고 소중한 시간들이 두고두고 좋은 추억으로 남을 것 같다.

2018년 12월
전은주·김수란·김성민·이선주·한연희

감사의 글

경쟁적 토론에 대한 저의 애정은 탁월한 토론 코치이신 뉴턴 고등학교의 프랭크 크루즈(Frank Kruse) 선생님으로부터 시작되었습니다. 제 경험을 토대로 확실히 말씀드릴 수 있는 것은, 프랭크 크루즈 선생님이 학생들의 삶을 더 나은 방향으로 드라마틱하게 변화시키는 선생님 중 한 분이시라는 것입니다. 로버트 켐프(Robert Kemp) 선생님은 제가 토론자이자 아이오와 대학의 대학원생으로 지낸 8년 동안, 선생님이면서 동료이자 친구가 되어 주셨습니다. 저를 지적인 삶으로 이끌어 주신 토론 코치이신 프랭크 크루즈 선생님과 밥 켐프(Bob Kemp) 선생님께 이 책을 바칩니다.

이 책에 자신의 발언을 싣는 것에 동의해 주신 2006년과 2007년 전미 토론 대회 결승전 참가자들께 감사의 말씀을 드립니다. 2006년 공공 포럼 토론 결승 진출자는 발레리 홉스/미셸 슈미트(Valerie Hobbs/Michelle Schmit-아이오와주 수시티에 있는 비숍 힐런 고등학교 소속, 엘리자베스 돌턴 코치)와 데이비드 내들/제니퍼 골드스타인(David Nadle/Jennifer Goldstein-플로리다주 파크랜드에 있는 마저리 스톤먼 더글러스 고등학교 소속, 다이앤 매코믹 코치)이었습니다. 2007년 링컨-더글러스 토론 결승 진출자는 타리니 보라(Taarini Vohra-텍사스주 댈러스에 있는 호커데이 스쿨 소속, 스테이시 토머스 코치)와 빌랄 말리크(Bilal Malik-캘리포니아주 유니언시티에 있는 제임스 로건 고등학교 소속, 토미 린지 코치)였습니다. 2007년 정책 토론 결승 진출자는 앤드루 베이커/세라 위너(Andrew Baker/Sarah Weiner-캔자스 쇼니 교구에 있는 쇼니 미션 웨스트 고등학교 소속, 켄 킹 코치)와 스테퍼니 스파이스/매트 피셔(Stephanie Spies/Matt Fisher-일리노이주 노스브룩에 있는 글렌브룩 노스 고등 학교 소속, 크리스티나 탈룽간 코치)였습니다.

저는, 공공 포럼 토론 지도에 쓰인 광범위한 교육 자원을 기꺼이 나눠 주신 매사추세츠주 베벌리에 있는 워링 스쿨 토론 코치인 팀 애버릴 선생님께 은혜를 입었습니다. 스콧 운(Scott Wunn) 전미 토론 연합(National Forensic League: NFL) 상임 이사와 켄트 서머스(Kent Summers) 고교 체육 연맹(National Federation of State High School Associations: NFHS) 부회장 또한 제게 값진 자료로 도움을 주셨습니다.

끝으로, 내 사랑하는 아내 코니(Connie)의 도움과 격려에 고마움을 전합니다.

차례

옮긴이 서문   5

감사의 글   8

01 토론의 가치 ·· 13

02 논증 이해하기 ··· 29

03 자료 조사를 최대한 활용하기 ··· 57

04 토론 형식 선택하기 ·· 95

05 정책 토론의 개요 ··· 103

06 정책 토론에서 찬성 측 입론 구성 ································· 125

07 정책 토론에서 반대 측의 전략 ······································ 139

08 정책 토론에서 대체 방안의 역할 ·································· 161

09 정책 토론에서 반대신문 기술 ······································· 177

10 정책 토론에서 비판 ··· 189

11 링컨-더글러스 토론의 개요 ·· 205

12 링컨-더글러스 토론의 가치 위계와 철학 ···················· 219

13 링컨-더글러스 토론에서 찬성 측 입론 구성 ············· 235

14 링컨-더글러스 토론에서 반대 측의 전략 ··················· 245

15 링컨-더글러스 토론에서 반대신문 기술 ···················· 253

16 공공 포럼 토론의 형식과 토론자의 역할 ··················· 259

17 공공 포럼 토론에서 미디어 모델 ·································· 273

18 공공 포럼 토론의 전략 ·· 283

부록

A 정책 토론 결승 ·· 298

B 링컨-더글러스 토론 결승 ······································ 355

C 공공 포럼 토론 결승 ··· 385

D 토론 대회 운영 준비 ·· 417

E 토론 논제 목록 ··· 422

F 토론 용어 사전 ··· 445

찾아보기 473

토론의 가치

이 책을 읽기로 했다면 당신은 분명히 훌륭한 논쟁을 즐기고 있는 것이다. '경쟁적 토론(competitive debate)'은 비디오 게임이 폭력을 유발하는지와 같은 흥미로운 주제에 대해 친구와 논쟁하는 것 이상을 의미한다. 지난 한 세기 동안 수천 개의 미국 고등학교와 중학교에서는 학생들에게 토론 토너먼트에 참여할 기회를 체계적으로 제공해 왔다. 오늘날 홈스쿨 토론 리그 또한 토론 토너먼트를 후원한다. 이 토너먼트에서 학생들은 다른 학교 또는 리그 출신의 반대편 논쟁자와 경쟁하며 미리 준비한 논증을 제시하고 방어한다. 대회의 논제는 전국적인 단체 수준에서 정하는데, 이는 미국 전체가 같은 논제로 토론 중임을 뜻한다. 대회의 각 '라운드'는 승자와 패자를 명확히 알릴 책임이 있는 경험 있는 전문가에 의해 판정되며, 토론 토너먼트는 각 토론 형식별로 지역, 주, 전국 챔피언을 가려낸다. 첫 장은 경쟁적 토론의 이점에 대하여 논의하는데, 그것은 단순히 소수의 주 및 전국 대회 우승자뿐만 아니라 토론에 참여한 수십만 명의 학생들이 공감하고 있는 것이다.

토론은 배움을 즐겁게 한다

토론 대회는 배움을 흥미로운 게임으로 만들고, 참가자를 보다 넓은 사고의 세계로 이끈다. 다른 학문적 게임과 달리, 토론 대회의 승자는 가장 많은 수의 '사실'을 암기하는 사람이 아니다. 유능한 토론자들은 때로는 숨겨진 가정을 드러냄으로써 '왜' 그 주장이 진실인지에 대해 분명히 말할 수 있다.

'왜'를 추구하는 것은 인간 정신 본연의 현상이다. 평범한 3~4세 어린이는 부모가 하는 모든 말에 대해 "왜?"라고 묻는 단계를 거친다. 부모들은 그것에 대해 답을 주고 설명해도 여전히 아이들로부터 또 다른 "왜?"라는 질문을 받는다. 결국, 어른들은 "난 몰라." 또는 "내가 그렇게 말했으니까."로 이 문답 게임을 끝내게 된다. 일부 어린이들은 탐구에 싫증을 내고 다른 사람의 설명을 불가해한 진실로 단순하게 받아들이지만, 우리 중 대다수는 '왜'에 대한 탐구를 절대 끝내지 않는다. 만일 질문이 총기 규제에 관한 내용이면 '어떤 영향력 있는 정치인이 그것을 지지하기 때문'이라는 것만으로는 해답이 충분치 않다. 우리는 왜 그런지 더 알기 원한다.

비판적 사고

'비판적 사고(critical thinking)'는 타인에 대해 비판적이거나 부정적으로 생각하는 것이 아니다. 이는 체계적이고 논리적인 과정을 거쳐 결론에 도달할 수 있는 능력을 의미한다. 터프츠 대학교의 심리학 교수인 레이먼드 S. 니커슨(Raymond S. Nickerson)은 "비판적으로 생각하는 사람"의 성격을 아래와 같이 정리하였다.

- 능숙하고 공정하게 증거(evidence)를 사용한다.
- 간결하고 일관성 있게 생각과 진술을 조직한다.
- 논리적으로 타당한 추론(valid inference)과 타당하지 않은 추론을 구별한다.
- 독립적으로 학습하고, 그것에 지속적으로 흥미를 느낀다.
- 무관한 논거를 가려내고, 이를 핵심적인 용어로 표현할 수 있다.
- 자신의 관점에 대해 습관적으로 질문하고, 자신의 관점이 갖는 함의와 그에 대해 비판적인 가정 모두를 이해하려고 시도한다.

(Schafersman, 1991)

경쟁적 토론은 토론자들이 논증과 반대 논증 속에서 시행착오를 거치며 강한 논증과 약한 논증의 차이를 배우게 함으로써 이 여섯 요소 모두를 촉진시킨다. 아이러니하게도, 많은 초보 토론자들은 매 토론 라운드를 이겼다고 착각한다. 그들의 관점에서는 자신들의 주장이 상대보다 압도적으로 우세했다고 생각하기 때문이다. 이 경우 심판이 상대편이 이겼다고 하든 말든 문제가 되지 않는다. 경험이 더해지면서 점차 토론자들은 자신이 질 때를 알아볼 수 있게 된다. 반대 논증의 힘을 인식하는 법을 배우는 것은 비판적 사고 기술을 기르는 데 중요하다.

배움에 대한 애정

현대 미국 교육과정에서는 교사가 학생에게 '무엇'을 생각해야 하는지 대부분 알려주고 있다. 그래서 교육은 산더미 같은 지식을 암기하는 지루한 과정이 되어 버렸다. 경쟁적 토론은 다른 접근 방식으로, 학생에게 '어떻게' 생각해야 하는지를 알려 준다. 그러한 생각의 과정은 열린 태도로 증거(evidence)를 수집하는 것으로부터 시작된다.

대부분의 경쟁적 토론 형식에는 입장 교대(switching sides)라는 과정이 들어 있다. "미국 연방 정부는 개인의 총기 소지를 규제해야 한다."와 같은 전국 대회 논제를 생각해 보자. 입장 교대는 토론자가 첫 라운드에서 총기 소지 규제를 옹호하는 입장이었다가, 다음 라운드에서는 그것을 반대하는 입장이 되는 것을 뜻한다. 토너먼트의 최종 라운드에서, 토론자들은 논제에 대한 찬성 또는 반대 입장을 정하기 위해 동전을 던진다.

입장 교대는 여러 이점을 가진다. 그중 중요한 것은 상대의 논증을 이해하는 힘을 얻는 것이다. 우리는 대체로 상대의 입장을 지지하는 증거의 힘을 제대로 알게 되기 전까지는 상대의 견해를 얕잡아 보는 경향이 있다. 우리는 경쟁적 토론을 통해 여러 생각들을 시험해 볼 수 있게 된다.

검색 기술

토론은 최첨단 검색 기술을 가르친다. 때때로 논증의 질은 뒷받침하는 증거의 힘에 의해 좌우되기 때문에, 토론자들은 재빨리 최고의 증거를 찾는 법을 배운다. 이것은 흔한 인터넷 자료를 넘어서, 정부 공청회, 법학 잡지, 전문 저널 기사, 주제에 대한 책 한 권 분량의 논의에 이르게 된다는 것을 의미한다. 토론자들은 연구 방법론과 자료의 신뢰성을 평가하는 방법을 배운다.

토론자들은 또한 엄청난 양의 자료를 유용한 논증 '개요(briefs)'로 처리하는 법을 배운다. 논증 개요는 강력한 논리적 이유(reason)와 다양한 측면을 뒷받침하는 증거를 합한 것으로, 증거를 모으고 논리적 단위로 조직하는 능력은 의사 결정자, 정부 정책 입안자, 법조인, 과학자, 교육자들에게 가치 있게 여겨지는 기술이다.

권한 부여

토론 훈련은 여성, 불리한 소수자, 그리고 젊은 세대가 힘을 얻도록 '권한을 부여(empowerment)'한다. 혹자는 자신이 가진 배경 때문에 자신의 견해가 주목받지 않는 것 같은 무력감을 느낀다. 하지만 영향력 있는 성인들은 논리적으로 분명하게 표현하는 젊은이들을 볼 때 대개 놀라워하고 때로는 경외감을 표시하기도 한다.

전 노동부 장관으로 현재 브랜다이스 대학교에서 사회 경제 정책을 가르치는 로버트 라이히(Robert Reich) 교수는 경쟁적 토론을 '위대한 평등주의자'로 묘사했다. "토론 리그는 빈부 격차로 인한 교육 기회의 격차를 감소시키고, 어린이들에게 기회를 제공하며, 국가의 미래를 도모하는 데 도움이 된다."(Winkler et al., 2007)

캘리포니아주 오클랜드의 사회 교사이자 토론 코치인 에디 웩슬러(Eddie Wexler)는 토론이 학생에게 주는 이익을 '자신의 목소리 찾기'로 묘사했다. "토론은 각 개인을 변화시키는 힘이 있다. 그것은 학교가 하지 못하는 방법으로 학생 개인의 삶을 직접적으로 변화시킨다. … 우리 학생들의 분석력이 발전했다. 그리고 가장 수줍음이 많고 소심한 학생들 중 일부가 가장 긍정적 방식으로 대담해졌다. 토론은 학생들이 각자의 목소리를 찾도록 돕는다. … 그리고 현재 그들에게 주의를 기울이지 않는 사회에서, 그들은 자신의 목소리를 피력하는 능력을 크게 향상시킬 것이다."(Winkler et al., 2007)

민주 사회에서 영향력 있는 힘의 도구들 대부분은 경제적 혹은 정치적인 자원을 가진 사람들이 더 손쉽게 이용 가능한 것이지만, 논리적 설득의 원동력은 그 비밀을 배우는 데 관심이 있는 모든 사람들이 공평하게 이용 가능한 것이다.

재빠른 대응력

경쟁적 토론의 모든 형식에는 상대팀에게 공격적으로 질문하는 반대신문(cross-examination)이 포함되어 있어, 토론자는 질문들을 구성하고 그에 답하는 기술을 발전시킬 수 있다. 반대신문 단계를 운영하는 기술을 익히는 것은 단기적으로나 장기적으로나 이점이 있다. 단기적으로 그것은 학생들의 과제 수행 능력을 개선시킨다. 에세이 시험은 대개 재빨리 생각하고 설득력 있는 답을 조직하는 것을 평가한다. 필자에게 마지막 에세이 시험은 박사학위 과정을 수료하고 학위 위원회 앞에서 박사 논문에 대한 구두 면담을 치를 때였다. 수년간의 경쟁적 토론 경험 덕분에 필자는 자신감을 가지고 과제를 수행했다.

장기적으로 반대신문은 학생들이 학교 밖의 '실제 세계'에서 성공할 수 있도록 준비시킨다. 영업 프레젠테이션에서 판매자는 잠재적 구매자의 질문을 받는다. 법정에서 전문가 증인*은 증언의 신뢰성을 떨어뜨리고자 하는 상대편 변호사의 질문을 받는다. 토론자들은 반대신문을 통해 어려움을 극복하고 질문에 대응하는 내용을 설득력 있게 구성하는 방법을 배운다.

....

* 법적인 절차에 따라 전문가의 의견 형식으로 증명해 주는 사람.

의사소통 기술

경쟁적 토론은 여러 의사소통 역량을 발달시킬 수 있는 경험의 기회를 제공한다. 공적 말하기(public speech)는 토론을 통해 발달되는 의사소통 기술들과 관련 있다.

공적 말하기에서 자신감은 오직 경험을 통해서만 생긴다. 한 학기의 공적 말하기 수업에서 학생들은 많아야 5~6회 말하기를 수행하는 데 비해, 6라운드로 구성된 토론 토너먼트에서 토론자는 1라운드 당 2회씩 12회의 발언을 수행한다. 연간으로 보면, 보통의 토론자들은 공적 말하기 수업에서 수행하는 말하기의 10배 이상인 70회 가량의 발언을 수행하는 셈이다.

소집단과 대인 의사소통 기술 또한 토론 참여의 부산물이다. 이는 토론자들이 팀의 다른 구성원과 논증 개요를 준비하고 연습 기간을 계획하기 위해 협력하기 때문이다. 토론자들은 반대신문 단계에 많이 참여하기에, 질문하고 질문에 답변하는 인터뷰 기술 또한 정교해진다.

지역사회와의 관계

토론 프로그램은 각 고등학교가 그들의 교육 프로그램의 우수성을 홍보할 수 있는 기회이기도 하다. 지역사회나 국가적 관심사를 이슈로 다룬 시범 토론(demonstration debate)은 지역 단체와의 협력을 이끌 수 있다. 국제 키와니스 클럽(Kiwanis International), 국제 로터리 클럽(Rotary International), 라이온스 클럽(Lions Club), 청년회의소(Junior Chamber of Commerce), 미국 변호사 협회의 신임 변호사 모임(the Young Lawyers division of the American Bar Organization)과 다수의 다른 지역사회 봉사

단체들은 지역 토론자들을 초청하여 시범 토론을 주최하는 것으로 알려져 있다.

고등학생 토론자일 때, 필자는 지역 단체 앞에서 진행되는 다수의 시범 토론에 참가했다. 필자의 토론 코치는 아이오와 중부에 있는 다양한 고등학교 간 토론 시리즈를 방송하도록 지역 방송국을 설득했다. 토론 파트너와 필자는 고등학교 의회 앞에서 하는 시범 토론에 참여했었다. 한 번은 네브래스카주 오마하에 있는 고등학교 의회에서 시범 토론을 하기 위해 열차를 타고 200마일을 여행한 적도 있다.

시범 토론은 교육적 효과와 홍보 효과가 있다. 공적 토론은 토너먼트 토론에 관련된 기술을 훌륭하게 보완하는 방식으로 설득력 있는 말하기 기술을 길러준다. 토너먼트 토론은 '논증 평가자(critics of argument)'가 판정하는데, 논증 평가자는 토론자 출신이거나 중립적 위치의 학교에서 온 토론 코치들이 맡는다. 그러한 판정은 공적 말하기 기능보다 논리적인 논증과 뒷받침하는 증거의 질에 더 초점을 두는 경향이 있다. 이 점에서 공적 토론 참가는 학생들이 일반적 청중에게 호소하는 데 필요한 설득 기능을 연마하는 기회가 된다.

시범 토론에 따른 홍보 이익은 상당히 크다. 탁월한 고등학생들은 그 사회의 영향력 있는 사람들에게 직접 자신들의 지식과 토론 기능을 인상적으로 보여 줄 수 있다.

리더십 훈련

버몬트 대학교의 토론학 교수인 알프레드 스나이더(Alfred Snider) 박사는 경쟁적 토론이 어떻게 리더십을 향상시키는지에 대해 다음과 같이 설명했다. "토론자들은 자주 리더로 인정받는다. 미국에서의 연구에 따르면, 빈번하고 원만하게 소통하며 긍정적 의견과 부정적 의견의 균형을 갖춘 의견을 내는 사람들이 주로 리더로 인정받는 것으로 나타났다. 리더십은 주어지는 것이지 쟁취하는 것이 아니다. 토론자들에게는 리더십이 주어질 가능성이 더 크다. 토론자들은 모든 것의 개선에 도움이 되는, 견문이 넓고 활동적이며 참여적인, 진정한 의미의 시민(citizen)이 된다."

경력 준비

일리노이 주립대학교의 의사소통학 교수인 요셉 좀페티(Dr. Joseph Zompetti)는 최근 저서 『토론을 통해 세계를 발견하기(Discovering the World Through Debate)』에서 경력에 도움이 되는 토론의 이점을 기술했다. "토론자들은 재빨리 대응하는 법과 청중 앞에서 명료하게 표현하는 법을 배운다. 이와 같은 기술은 그들이 학업 경력을 쌓는 동안 도움이 될 뿐 아니라, 근본적으로 교사, 법조인, 경영, 시민운동과 같은 여러 직업 수행에도 중요한 것이다. 요컨대 토론 참가에는 폭넓은 교육적 이익이 있다."

다수의 성공한 변호사들은 고등학교 토론자로서 훈련을 시작했다. 샌프란시스코 지역 변호사 라울 케네디(Raoul Kennedy)는 자신의 토론 경험에 대해 다음과 같이 말했다. "내가 대학을 전혀 다니지 않고 단순히 토론만 했더라도 로스쿨 입학 준비가 되었을 것이라고 믿는다. 나는 변호사에게 체계적으로 문제를 해결하려는 노력이 기본으로 요구된다는 것을 알아차렸다. 다른 많은 직업 또한 그러하다고 본다. … 토론은 효과적인 문제 해결에 필수적인 요소들을 중요하게 여긴다."(Kay, 1994: 8)

뉴욕 대학교 총장인 존 섹스턴(John Sexton)은 경쟁적 토론의 가치에 대해 다음과 같이 썼다. "4년간의 토론 경험은 내가 이룬 모든 것의 교육적 토대였다. 나는 단순한 형태로 그런 의미를 부여한 것이 아니다. … 내가 참여한 교육기관에서 받았던 교육 중 가장 훌륭한 교육, 즉 4년간의 경쟁적 토론 경험을 통해 얻은 내 사고의 기반을 말하는 것이다. 다시 말해, 토론 경험이 오늘날 나의 지적 능력의 90%를 구성하고 있다. 포드햄 대학교 학사과정, 포드햄 대학교 박사과정, 하버드 대학교 로스쿨 이 모두는 나머지 10%이다."(Winker et al., 2007)

존 F. 케네디(John F. Kennedy) 대통령은 과거에 "고등학교와 대학에서 토론하는 것은 정치, 법, 경영에 종사하든 학부모회(PTA), 여성 유권자 연맹(The League of Women Voters)과 같은 지역사회위원회에서 봉사하든, 가장 가치 있는 훈련이라 생각한다."(Kay, 1994: 3)고 말했다. 의회 의원이 되고 이후 미국의 대통령이 된 린든 베인스 존슨(Lyndon Baines Johnson) 대통령은 한때 고등학교 토론 코치였다.

시사 상식

일반적으로 경쟁적 토론의 논제는 현재 가장 뜨거운 정치적 쟁점이다. 미국의 전 국방부 장관 도널드 럼스펠드(Donald Rumsfeld)는 2004년, 보통 '9 · 11 위원회'로 불리는 '미국 테러 공격에 대한 국가 위원회(National Commission on Terrorist Attacks upon the United States)' 앞에서 다음과 같이 증언했다. "나는 미국에서 가장 영향력 있는 개인 중 한 사람은 매년 고등학교 토론 논제를 선정하는 사람이라 생각하곤 했다. 의제를 설정하고, 수백만 고등학생이 무엇에 대해 공부하고, 읽고, 생각하고, 친구와 이야기하고, 교사와 토의하고, 부모 및 형제와 토론할지 결정하는 힘을 생각해

보라."(Minch, 2006: 5)

최근 전국적 토론 논제에는 사하라 사막 이남 아프리카 지역에 대한 공중 보건 지원, 이민 정책, 청소년 범죄, 총기 규제, 지구온난화, 그리고 해양 생태계 보호 등이 포함되어 왔다.

더 강하고 안전한 공동체 만들기

영부인 로라 부시(Laura Bush)는 경쟁적 토론이 어떻게 폭력에 대한 대안이 될 수 있는지 말했다. "불행히도, 일부 10대는 분노나 폭력에 의지하여 표현한다. 토론은 어린 세대와 그들의 공동체를 안전하게 하는, 보다 건강한 선택이다. 학생들은 CAD(Computer Assisted Debate, 애틀랜타 도시 토론 리그의 일부) 프로그램에서 팀이 됨으로써 범죄 조직에서 배우는 것보다 훨씬 더 많은 것을 교실에서 배우는 것 같다. 그들은 쟁점의 양면을 보는 법을 배우는데, 그것은 잠재적 위험 상황에서 도움이 된다. 토론자들은 훌륭한 논증을 알아보고 형편없는 주장을 거부하는 방법을 배움으로써, 동료 집단의 부정적 압력과 같은 위험 요인을 다루는 데 더 능숙해진다." (NAUDL, 2007)

시카고 교육위원회 위원장 마이클 스콧(Michael Scott)은 다음과 같이 썼다. "토론은 훌륭한 학습 방법이다. 그것은 비판적 사고, 필수 쟁점 분석, 그리고 논리적 언어와 합리적 방식으로 견해를 표현하는 것을 북돋는다. 보다 많은 사람들이 자신의 견해를 논증할 수 있게 되면, 도시의 거리에서 일어나는 총격이 줄어들 것이다."(NAUDL, 2007)

우정

초보 토론자들은 같은 팀 내 토론자들과 친밀한 우정을 키운다. 숙련된 토론자들은 자신의 경쟁자들과도 친밀한 우정을 키운다. 경쟁적 토론을 다년간 경험한 토론자들은, 자신의 진로에서 성공할 가능성이 높은 친구들과의 네트워크를 얻게 될 것이다.

고등학생 시절 경험 덕분에, 필자는 다수의 변호사, 의회 의원 2명, 최근 다르푸르에서 인종 학살을 수사하는 국제형사재판소에 임명된 판사 1명, 대학 교수 3명, 고등학교 교사 2명, 그리고 다수의 사업가를 친구로 얻었다. 또한 필자에게는 토론 대회를 거치며 인생의 파트너를 얻은 수많은 친구들이 있다.

여행

토론 토너먼트에 참가하기 위해서는 대개 이웃 도시로, 가끔은 다른 주(state)로 여행을 가게 된다. 이 여행은 다른 학생들 및 후원자와 함께 경험을 나누는 것으로써 그 자체로 교육이다.

대학 장학금

고등학교 토론 참가에는 실질적 이익도 있다. 다수의 토론 토너먼트 후원 조직은 뛰어난 참가자에게 장학금을 제공한다. 링컨 파이낸셜 그룹(the Lincoln Financial Group)을 포함하여 다수의 후원자와 제휴한 전미 토론 연합(National Forensic League: NFL)*은 전국 대회 우승자에게 매해 15만 달러 이상의 장학금을 지급한다. 텍사스에서는 주 연합 가운데 앞장서 대학 간 리그(University Interscholastic League: UIL) 토론자에게 장학금을 지급하고 있다. UIL에서 진출권을 얻은 학생들은 텍사스 대학 간 리그 협회(Texas Interscholastic League Foundation: TILF)에서 지원하는 대학 장학금을 받을 수 있는데, 2007~2008년 당시 장학금 총액은 118만 달러에 이르렀다.

수많은 대학교는 토론 장학금을 지급한다. 현재 필자가 의사소통학 교수로 재직 중인 베일러 대학교는 대학 간 토론 대회 참가에 관심이 있으며 뛰어난 고등학교 토론자들에게 8학기 수업료 전액을 장학금으로 지급한다.

치러야 할 대가는?

첫 장은 경쟁적 토론의 이점에 대한 내용이었다. 그러나 이 모든 이익에는 또한 대가가 따른다. 경쟁적 토론 참가를 위해 치러야 할 대가는 무엇일까?

토론은 시간과 노력을 쏟아붓기를 요구한다. 성공적인 토론자들은 한 시간의 실제 대회를 준비하기 위해 많은 시간을 쓴다. 이 준비에는 자료 조사, 논증 구성 그리고 리허설이 포함된다.

....

* 이 책의 원서가 출판된 이후인 2013년 5월 17일 전미 토론 연합(NFL)은 조직의 이름을 전미 화법 및 토론 협회(National Speech and Debate Association: NSDA)로 바꾸기로 결정하였다. 홈페이지 주소 역시 원래 www.nflonline.com이었으나 현재는 www.speechanddebate. org로 도메인을 변경하여 운영하고 있다. 이 책에서는 원서의 표기를 살려 전미 토론 연합(NFL)으로 번역하였음을 밝혀 둔다.

토론은 또한 곤란해질 위험을 기꺼이 감수하기를 요구한다. 뛰어난 상대측 토론자가 내 논증의 부적절성을 입증할 때가 있을 것이다. 지는 것은 기쁜 것은 아니지만 교육적인 것으로, 최고의 토론자는 이길 때보다 질 때 더 많이 배운다.

토론은 비용 지불을 요구한다. 토너먼트 참가를 위해서는 참가비와 여행 경비를 지불해야 한다. 경쟁적 토론의 교육적 이익을 잘 알고 있는 몇몇의 혁신적 학교 지구에서는 이 모든 비용을 지원한다. 하지만 대부분의 경우, 토너먼트 비용은 부모의 주머니에서 또는 개인적 모금을 통해 마련된다.

더 읽을거리

Kay, Jack. *The Value of Forensics*. Indianapolis, IN: National Federation of High Schools, 1994.

Minch, Kevin. *The Value of Speech, Debate, and Theatre Activities: Making the Case for Forensics*. Indianapolis, IN: National Federation of High Schools, 2006.

NAUDL: National Association of Urban Debate Leagues. "What People Are Saying About Urban Debate." www.urbandebate.org/endorsements (accessed July 24, 2007).

Schafersman, Steven D. "An Introduction to Critical Thinking." January 1991. www.freeinquiry.com/critical-thinking.html (accessed July 24, 2007).

Snider, Alfred. "Debate as a Method for Improving Critical Thinking and Creativity." May 15, 2001. http://debate.uvm.edu/travel/china/chinaspeng.html (accessed July 24, 2007).

Winkler, Carol, Melissa Wade, and Larry Moss. "National Debate Project: Excellence Through Debate." 2007. www.nationaldebateproject.org/ (accessed July 24, 2007).

Zompetti, Joseph P., and William J. Driscoll. *Discovering the World Through Debate: A Practical Guide to Educational Debate for Debaters, Coaches, and Judges*. Budapest, Hungary: Central European University Press, 2002.

논증 이해하기

많은 사람들에게 논증은 "예, 그렇습니다."와 "아니요, 틀렸습니다." 를 주고받는 것에 지나지 않는다. 〈몬티 파이슨의 비행 서커스(Monty Python's Flying Circus)〉*에 나오는 '논증의 밑그림(Argument Sketch)'을 생각해 보라.

한 남자가 사무실로 걸어 들어왔다.

남자 : 좋은 아침입니다. 논증을 하나 하고 싶습니다.

접수원 : 네, 선생님. 이전에 여기 와 보신 적이 있으신지요?

남자 : 아니요, 이번이 처음입니다…

남자 : 여기가 논증을 위한 방이 맞나요?

다른 남자 : (멈추고) 당신에게 이미 한 번 말했습니다.

남자 : 아닙니다, 당신은 그런 적이 없어요!

....

* 　영국의 희극 그룹 몬티 파이슨(Monty Python)이 BBC에서 1969년부터 방영한 코미디쇼.

다른 남자 : 아니요, 이미 말했습니다.

남자 : 언제 말입니까?

다른 남자 : 방금 말했습니다.

남자 : 아니요, 당신은 그런 적이 없어요!

다른 남자 : 나는 말했습니다!

남자 : 말하지 않았어요!

다른 남자 : 나는 말했습니다!

남자 : 말하지 않았어요!

다른 남자 : 나는 당신에게 말하고 있습니다. 나는 말했다고요!

남자 : 당신은 말하지 않았어요!

다른 남자 : 아, 미안합니다. 5분간의 논증입니까, 아니면 30분간의 논증 입니까?

남자 : 아, (그의 지갑을 열어 돈을 지불하며) 5분간의 논증입니다.

다른 남자 : 이제 막 5분입니다. 감사합니다.

다른 남자 : 아무튼, 나는 말했습니다.

남자 : 당신은 정말 분명히 말하지 않았어요!

다른 남자 : 지금 우리 한 가지는 분명히 합시다. 나는 정말 확실하게 말했 습니다!

남자 : 오, 세상에, 당신은 말하지 않았어요!

우리의 의도가 위와 같은 유머가 아니라면, 논증은 주장 이상의 것으로 구성되어야 한다. 논증은 '논거로 뒷받침(reason-giving)'되어야 하고, 여기에는 결론을 옹호하기 위한 근거가 제공되어야 한다. 토론자들은 주장을 내세우기만 하는 것이 아니라 주장을 입증하는 것을 배운다.

형식 논리학의 한계

토론자들이 논증을 뒷받침하기 위해 형식 논리학(formal logic)의 구조를 사용하는 것이 장려되던 때가 있었다. 형식 논리학의 고전적인 예는 삼단논법(syllogism)이다. 아리스토텔레스가 『오르가논(The Organon)』(B.C. 350)에서 제시한 삼단논법 예는 다음과 같다.

모든 인간은 죽는다. (A = B)

소크라테스는 인간이다. (C = A)

그러므로, 소크라테스는 죽는다. (C = B)

이 삼단논법은 추이율(law of transitivity)*을 사용하여, '소크라테스는 죽는다'는 주장이 절대적으로 증명된 것과 같은 환영을 만들어 낸다. 그러나 삼단논법에는 취약점이 있다. 아리스토텔레스 자신은 이러한 취약점을 알고 있었다. 그는 삼단논법에서 첫 번째 진술을 '대전제(major premise)', 두 번째 진술을 '소전제(minor premise)'라고 표현하였다. '전제(premise)'는 하나의 가정이다. 그러므로 결론은 두 전제가 사실일 때에만 진실이 된다. 문제는 대전제가 거대한 가정이어서 결론을 사소한 것으로 만든다는 것이다.

논리적 연속체를 다음과 같이 표현한다고 가정해 보자. "보십시오, 여러분. 만약 여러분이 살아 있는 '모든 사람'이 죽는다는 가정을 승인한다면, 나는 나의 수학적인 기술을 사용하여, '한 사람'이 죽는다는 것을 증명

....

* 집합 X의 세 원소 a, b, c에 대해서 a와 b가 관계가 있고 b와 c가 관계가 있을 때, a와 c도 관계가 있다는 것을 뜻한다[(a, b)∈R이고 (b, c)∈R이면, (a, c)∈R].

할 것입니다." 만약 상대가 모든 사람이 죽는다는 것을 인정한다면, 한 사람이 반드시 죽는다는 결론은 어린아이의 장난 정도가 되어 버리지 않겠는가? 따라서 신중한 수학적 전개가 오락거리에 지나지 않는 것이 된다. 상대에게 무언가를 완전히 증명하겠다는 것이 더 이상 주장할 만한 가치가 없게 된다!

그런데 언제나 전제(또는 가정)로부터 시작해야만 하는가? 국제적인 테러 행위가 잘못되었음을 증명하는 문제를 생각해 보라. 증명은 어떤 진술로부터 시작해야 하는 것이기에, 무엇이든 증명하기 위해서는 먼저 '서야 할 곳'이 필요하다. '테러리즘은 잘못되었다'는 논증을 하기 위해서는 먼저 '살인은 잘못되었다'는 진술로부터 시작해야 할 것이다. 그러나 상대 측은 신중한 질문을 통해 이러한 전제가 지닌 문제점을 밝혀낼 지도 모른다. 반대 측 토론자는 선조들이 1776년에 독립을 위해 싸운 미국 독립 전쟁이 잘못된 것인지 질문할지도 모른다. 이 상황에서 살인은 잘못된 것인가? 그 경우 시작 진술을 '결백한 사람을 죽이는 것은 잘못되었다'고 다듬어야 할지도 모른다. 그럼에도 어떤 평가자들은 히로시마와 나가사키에 떨어뜨린 핵폭탄 같은 예에 착안하여 전제의 잘못된 점을 찾아낼 수도 있다. 이 논의의 초점은 논증이 반드시 가정으로부터 시작한다는 것이다. 중요한 것은 청자(또는 토론 판정관)가 진실이라고 믿기를 마다하지 않는 가정을 찾아내는 것이다.

입증의 정의

형식 논리학으로 절대적인 증명은 불가능하기 때문에, 언어적 논증을 수학적인 방식으로 할 필요성은 빛을 잃는다. 더글러스 에닝어(Douglas

Ehninger)와 웨인 브록리드(Wayne Brockriede)는 그들의 책 『토론에 의한 결정(Decision by Debate)』(1965)에서 토론자들에게 형식 논리학의 방식을 버리고, 보다 신중하고 유용한 접근법을 채택하기를 처음으로 제안했다. 그들이 '입증(proof)'에 대해 내린 정의는 다음과 같다. "입증은 하나의 진술을 이미 신뢰를 얻은 다른 진술과 연결함으로써 믿음을 확보하는 절차이다." 이 정의는 결국 논증을 통해 어떤 것을 완벽하게 증명할 수 있다는 것을 부정한다. 에닝어와 브록리드가 말한 바와 같이, 입증은 하나의 믿음으로부터 시작되어 청자를 보다 더 높은 단계의 믿음으로 이끌어 가려는 시도라는 점을 솔직히 인정해야 한다.

툴민의 모형

에닝어와 브록리드는 영국의 과학철학자인 스티븐 툴민(Stephen Toulmin)의 비형식적 논증 모형을 소개하였다. 현재 거의 모든 토론 교과서에서 툴민의 모형을 논증 교수 방법으로 사용하고 있다. 툴민은 이 모형을 그의 책 『논증의 이용(The Uses of Argument)』(1958)에서 최초로 설명하였다.

툴민은 모든 논증은 (만약 그것이 논증이라고 불릴 만하다면) 반드시 세 개의 요소를 포함한다고 제창한다. 그것은 근거, 이유, 주장이다.

주장(claim)은 "당신은 내가 무엇을 믿도록 애쓰는가?"라는 질문에 대한 답이다. 이것은 최종적인 믿음이다. 다음 입증을 생각해 보라. "보험에 가입하지 않은 미국인들은 필요한 병원 치료를 받지 않고 지내는데, 왜냐하면 그들은 병원 치료를 받을 여유가 없기 때문이다. 의료보장을 받는 것은 인간의 기본적 권리이기 때문에, 미국은 국민 의료보험 제도를 만들어야 한다." 이 논증에서, 주장은 "미국은 국민 의료보험 제도를 만들어야 한다."이다.

근거(data)는 '증거(evidence)'라고도 불리는 것으로, "무엇을 판단의 단서로 삼을 것인가?"라는 질문에 대한 답이다. 이것은 믿음의 시작 부분이다. 앞서 말한 입증의 예에서, 근거는 "보험에 가입하지 않은 미국인들은 병원 치료를 받지 않고 지내는데, 왜냐하면 그들은 병원 치료를 받을 여유가 없기 때문이다."라는 진술이다. 토론 라운드에서, 개별 토론자는 이 근거의 신뢰성을 확보할 수 있도록 통계를 제시하거나 권위자의 말을 인용해야 할 것이다.

이유(warrant)는 "근거를 어떻게 주장으로 이끌어 갈 것인가?"라는 질문에 대한 답이다. 이것은 믿음의 시작과 최종적인 믿음 사이의 연결이다. 의료보장에 대한 입증에서, 이유는 "의료보장을 받는 것은 인간의 기본적 권리"라는 진술이다. 개별 토론자는 이 이유에 대해 조금 더 뒷받침하기를 요구받을 텐데, 이를 위해 세계 인권 선언, 미국 독립 선언의 서문, 또는 의료보장 전문가의 진술을 인용할 수 있다.

논증이 불충분한 경우 중 가장 흔한 것은 '이유 없는 주장(the unwarranted claim)'이다. 이는 토론자가 어떤 형태의 뒷받침도 하지 않고 그저 주장만 하는 것을 말한다. 한 토론자가 다음과 같이 선언하면서 국민 의료보험 방안에 대해 공격한다고 생각해 보라. "국민 의료보험 제도의 비용은 미국의 재정 적자를 심각하게 악화시킬 것이다." 이것은 주장이지, 논증이 아니다. 왜냐하면 여기에는 이유도 근거도 없기 때문이다.

때때로 어떤 토론자는 이유를 빠뜨린 채 근거와 주장을 제시할 것이다. 토론자가 미국의 적자가 8조 9천억 달러를 상회한다는 증거를 읽어 내려간 뒤, "국민 의료보험 제도의 비용은 미국의 재정 적자 악화를 초래할 것이다."라는 주장을 세우는 것을 가정해 보라. 이제 이 진술은 근거와 주장을 갖추었지만, 이유가 없다. 최근 발생한 상당한 크기의 미국 재정 적자와, 미국 국민 의료보험 제도가 이 적자를 대폭 악화시킬 것이라는 주장 사이에는 어떤 연결 고리도 없다. 따라서 이 진술은 논증의 정의에 부합하지 않는다.

가끔 어떤 토론자는 이유나 주장을 제시하지 않고 근거만 내세우는데, 이것은 단순히 '흥미로운 사실'을 보여 주는 것에 불과하다. 국민 의료보험 제도에 대한 토론에서 한 학생이 1994년에 힐러리 클린턴(Hillary Clinton)이 영부인이었을 때 국민 의료보험 제도에 대해 제안한 것을 늘어놓으며 증거 일부를 읽는다고 생각해 보라. 이 근거는 매우 정밀하지만, 어느 진술과도 연결되지 않았다. 근거가 이유를 통해 주장으로 연결되지 않는다면, 논증은 없다.

사실과 당위의 간극

많은 초보 토론자들은 영향력 있는 논증이 되기 위해서는 '사실(fact)'을 많이 쌓아야 한다고 잘못 생각하고 있다. 문제는 사실 그 자체로는 아무 소용이 없다는 것이다. 미국 연방 정부가 권총 소지를 규제해야 한다는 것을 입증하려 한다고 가정하자. 아주 많은 사실들—권총 소지자의 수, 어린이 사망 사고의 수, 권총과 관련된 살인 사건의 수, 미국 수정헌법 제2조의 '자기방어'에 대한 시민의 권리에 관한 진술 등—을 예로 들어 이 작업에 접근할 수 있다. 그러나 이러한 사실들을 축적하는 것만으로 총기 소유권이 제한되어야 하는지 아닌지에 대한 질문에 답할 수 있겠는가? 한쪽이 10개의 사실로 뒷받침하고 다른 한쪽이 8개의 사실로 뒷받침할 때, 더 많은 수의 사실을 제시한 쪽이 이겼다고 말할 수 있는가? 경험 많은 판정관은 결코 이러한 방식으로 판결을 내리지 않는다. 사실은 그것을 계량하거나 평가하는 시스템 없이는 아무 의미도 갖지 못한다. 그래서 하나 이상의 가치 전제(value premise)가 제시되어야 한다. 이 경우 사고로 인한 죽음의 위험이나 총기와 관련된 살인 사건의 위험이 헌법의 자기 수호 권리보다 더 중요한지에 대한 가치 판단이 반드시 필요하다.

모든 토론자들은, 가치 논제에 관한 토론이든 정책 논제에 관한 토론이든, 가치에 관한 가정(value assumption)에 신경 써야 한다. '~이다'라는 '사실 진술(is statement)'과 '~해야 한다'라는 '당위 결론(ought conclusion)' 사이에는 피할 수 없는 간극이 있기 때문이다. 철학자 데이비드 흄(David Hume)은 그의 저서 『인간 본성에 관한 논문(A Treatise of Human Nature)』(1739)에서 '사실과 당위의 간극(is-ought gap)'이라는 문제에 대해 처음으로 완벽하게 설명했다. 공공 정책에 관한 수많은 질문들은 우리가 어떤 것들을 당위적으로 해야 하는지를 결정하도록 묻는 '당위성 질문(ought question)'을 수반한다. 총기 소지를 제한해야 하는가? 정부는 화석 연료의 소비를 제한해야 하는가? 사형 제도는 도덕적으로 정의로운가? 수많은 '사실'들은 결코 그 자체만으로는 이 질문들에 대답할 수 없다.

문제는 '사실 진술'과 '당위 결론' 사이에 거대한 논리적인 간극이 존재한다는 것이다. 가치 전제를 투입하지 않고 이 간극을 뛰어넘는 것은 논리적으로 불가능하다.

논증 방식

토론자들은 체계적인 추론 과정이나 방식을 따름으로써 무언가를 논리적으로 증명했다는 느낌을 준다. 이 논리적 방식(pattern)들은 모두 툴민 모델이 제시한 세 가지 중요한 질문에 답한다.

(1) 주장: "당신은 내가 무엇을 믿도록 애쓰는가?"

(2) 근거: "무엇을 판단의 단서로 삼을 것인가?"

(3) 이유: "근거를 어떻게 주장으로 이끌어 갈 것인가?"

그러나 각각의 방식이 질문에 답하는 방법에는 차이가 있다.

1) 연역적 추론

첫 번째 논증 방식은 전제로부터 주장을 끌어내는 추론 형태인 '연역(deduction)'이다. 이것은 삼단논법의 방식이다. 연역을 씀으로써 토론자는 다음과 같이 주장할지도 모른다. "시민들은 자신과 가족을 공격하는 자들로부터 스스로를 지킬 권리를 가져야 한다. 권총은 자기방어의 수단으로써 필요하다. 그러므로 시민들은 권총을 소지할 권리를 가져야 한다." 이 주장이 옳다는 개연성을 확립하기 위해서, 토론자는 두 개의 전제를 뒷받침해야 할 것이다. '시민들이 자기방어를 위한 기본적 권리를 가져야 한다'는 전제를 뒷받침하기 위해 권위 있는 인용이나 설명을 제시할 수 있다. '권총은 자기방어의 수단으로써 필요하다'는 전제는 뒷받침하기 조금 더 어려울 것이다. 토론자는 왜 소총이나 간접적인 안전장치(자물쇠, 동작 감지기 등)가 자기방어의 수단으로써의 권총의 위치를 대체할 수 없는지에 대하여 권위 있는 인용이나 설명을 제시할 필요가 있다.

연역에 대한 두 개의 중요한 지표가 있다.

- 각 전제들은 완전한가?
- 전제들이 결론으로 이어지는가?

자기방어의 예에서, 첫 번째 전제는 '시민들은 자기방어의 권리를 가져야 한다'였다. 반대 측 토론자는 공동체의 안전을 보장하는 것은 개인이 아니라 정부의 책임이라는 것을 지적할 수도 있다. 공공의 안전을 개인의 손에 맡길 때, 나타날 수 있는 결과는 자경주의(vigilantism)*이다. 때로는 토론자들의 전제가 사실이라 하더라도 전제들의 연결 고리가 결론으로 쉽게 이어질 수 없을 정도로 결함이 있는 경우가 있다. 다음의 경우를 생각해 보자. "핵무기는 세계 평화를 위협한다. 미국은 핵무기를 보유하고 있다. 미국은 일방적으로 군비 축소를 강행해야 하며, 자국의 핵무기를 해체해야 한다." 여기서 미국이 군비를 축소해야 한다는 주장은 전제들로부터 논리적으로 나온 것이 아니다. 비록 전제들이 진실이라 하더라도, 여기에는 군비 축소에 대한 논리적 정당화가 없다. 러시아를 비롯한 많은 다른 나라들 또한 핵무기를 보유하고 있다. 핵무기가 세계 평화를 위협한다는 것이 사실이라 하더라도, 만일 미국이 아닌 러시아, 북한, 이란과 같은 나라들만이 이러한 무기를 보유한다면 훨씬 더 위협적인 상황이 될 수 있다.

2) 귀납적 추론

두 번째로 널리 쓰이는 논리적 방식은 이전의 경험이나 관찰로 주장을 뒷받침하는 '귀납(induction)'이다. 토론자는 귀납을 사용하여 아래와 같이 주장할 수 있다. "이란 정부는 세계 평화와 안전을 위협하고 있다. 지난 수십 년 간, 이란 정부가 보인 행동을 생각해 보라. 1980년대에 이란은 정부가

....

* 헌법이나 법률에 근거한 형사 사법기관이 존재하지 않거나 그들의 역할이 만족스럽다고 생각되지 않을 경우에 자발적 개인들이나 단체가 범죄의 예방과 범인의 검거, 처벌 등 형사기관이 수행해야 하는 임무를 대신하여 직접 법을 집행하는 것을 뜻한다[남궁현(2017), 「디지털 자경주의의 논점과 형사정책적 과제 및 전망」, 『형사정책연구』 28(3)].

공식적으로 인질 정책을 사용하여 63명의 미국인을 포로를 감금하고 2년 동안 억류하였다. 이란은 헤즈볼라와 하마스에게 자금을 제공하는 등 국가가 나서서 테러 집단을 후원해 왔다. 이란 대통령 마흐무드 아흐마디네자드(Mahmoud Ahmadinejad)는 이스라엘을 '거짓 정권'이며 '지도에서 없애 버려야 한다'고 말해 왔다. 현재 이란은 핵무기 개발을 공공연하게 시도하고 있다. 지난 수십 년간 이것은 전형적인 이란인의 태도였다." 이 귀납의 예에서, 주장은 이란이 세계 평화와 안전을 위협하고 있다는 것이다. 근거는 세계 평화를 위협하고 있는 행동의 수많은 예들이다. 이유는 이 예들이 전형적(예외적이기보다 일반적)임을 나타낸 진술이다.

귀납 추론에는 네 개의 중요한 지표가 있다.

- 예들은 정확하게 표현되었는가?
- 예들의 수는 충분한가?
- 반례(counter-example)들이 있는가?
- 예 또는 반례들이 대표성을 띠는가?

"이란은 세계 평화와 안전에 대한 위협이다."라는 주장에 대응하는 토론자는 예들이 부정확하게 표현되었다고 주장할 것이다. 이란 대통령 마흐무드 아흐마디네자드가 '이스라엘을 지도에서 없애자'고 위협했다는 주장을 생각해 보라. 반대 측 토론자는 이 발언이 아흐마디네자드의 실제 발언 중 일부가 부정확하게 전해진 것이라고 지적할 수 있다. 반대 측 토론자는 또한 헤즈볼라와 하마스를 지원하는 것이 국제적인 테러리즘을 지원하는 것으로 간주되는지 여부에 대해 질문할 수 있다. 이란의 핵 추구는 원자로 기술을 획득하고자 하는 욕망으로 정당화될 수 있다. 1980년대의 인질 사건은 잔인한 독재 정권이 무너진 직후에 발생했고, 이란의 현대적 민주 정부가 수립되기 이전의 일이었다.

때로는 제시된 예들의 수가 결론을 도출하기에는 너무 작은 표본을 제공하는 경우가 있다. 예를 들어 토론자는 미국에서 일어나는 범죄의 중요 원인이 불법 체류자라는 결론을 도출하기 전에 불법 체류자가 저지른 극악무도한 살인에 대해 묘사하는 증거의 일부를 제시할 수 있다. 이 표본의 크기는 결론을 뒷받침하기에는 너무 작다. 제대로 구성된 경험적 연구에서는 결론이 '통계적으로 유의미한지 아닌지'를 결정하는 데 수학적 공식이 사용된다. 표본 크기가 작을수록 통계상 유의미한 결론에 도달할 가능성이 적다. 논증의 맥락에서도 같은 원리가 작동한다. 귀납 증명을 위한 설득력 있는 토대를 구축하는 데 하나의 예를 제공하는 일은 드물다. 앞서 말한 이란의 예에서, 토론자는 이란이 세계 평화와 안전을 위협한다는 결론을 도출하기 전에 위협적 행동의 사례를 충분히 제시해야 할 필요를 느낄 것이다.

귀납 논증으로 구축한 주장을 반박하는 방법 중 하나는 반례를 제시하는 것이다. 토론자는 "이란은 세계 평화와 안전에 대한 위협이다."라는 주장에 이란이 평화적으로 행동해 왔다는 예들을 내세움으로써 대응할 수 있다. 국제원자력기구(IAEA)는 이란이 핵 사찰에 협력하고 있으며 핵 물질을 빼돌리지 않을 것으로 보인다고 보고했다. 이란은 민주적으로 선출된 정부가 존재하는 몇 안 되는 중동 국가 중 하나이다. 게다가 이란은 이라크에서 일어나는 민간인 학살을 제재하는 현안에 대해 부시 정부와 만나는 것에 동의해 왔다.

귀납 추론의 마지막 지표는 예들이 대표성을 띠는지 아닌 지이다. 논쟁적인 주제들이 토론의 논제로 선택된다. 이는 논제의 양면을 지지하는 사례들이 각각 많이 존재한다는 것을 의미한다. 중요한 것은 어떤 예들이 더욱 대표적 혹은 전형적인지다.

3) 귀추 추론

세 번째 논리적 방식은 사실들의 집합에 꼭 맞는 가설을 구성하는 '귀추법(abduction)'이다. 아리스토텔레스는 이 논증 방식을 '간접 환원법(apagoge)'이라고 불렀다. 내과 의사들이 환자에게 증상을 묘사하도록 하여 환자가 겪고 있을 가능성이 있는 질병을 진단하는 것이 귀추법을 사용하는 예이다. 토론자들 또한 가끔 징후를 규명하고자 시도한다. 예를 들어 토론자는 세계화가 개발도상국에 경제 불황을 가져온다는 것을 어떻게 증명할 것인가? 이는 다음과 같은 일련의 사실들로 뒷받침되어 진전될 수 있는 가설이다. "세계화가 빠른 속도로 진행되고 있다. 선진국들은 세계화가 진행되면서 점점 부유해지고 있다. 그리고 개발도상국들은 세계화가 진행되면서 점점 가난해지고 있다." 토론자는 이 입론을 통해 세계화의 확장을 막는 것이 개발도상국의 경제성장을 증진시키기 위한 해답이 될 것이라고 주장할 것이다.

귀추 추론에 대한 세 가지 중요한 지표는 아래와 같다.

- 사실들(또는 징후들)은 정확하게 표현되었는가?
- 본 가설과 배치되는 다른 사실들이 누락되지는 않았는가?
- 여기서 제시된 사실들을 다른 가설로 설명 가능한가?

사실들은 때때로 파악하기 어렵다. 예를 들면, "세계화가 빠른 속도로 진행되고 있다."는 진술은 아마도 어떤 곳에서는 진실이지만, 다른 곳에서는 아닐 수 있다. 상대측 토론자는, 정확히 말하면 '경제적 선진국에서' 세계화가 빠르게 진행되고 있다고 증명할 수 있을지도 모른다. 그렇게 되면 개발도상국은 세계화가 덜 필요한 것이 아니라 더 필요할 것이다. 귀추법에 의한 논증을 무너뜨리는 핵심은 그 사실들이 정확하지 않거나 부적절하게 해석되었음을 보여 주는 것이다.

귀추법의 두 번째 문제는 주장하는 사람이 특정한 사실들을 쉽게 빠뜨릴 수도 있다는 것이다. 내과 의사는 환자의 몇 가지 증상을 고려하고 다른 것들은 무시하였다가 오진할 가능성이 있다. 마찬가지로 토론자는 일부의 사실들만을 고려하여 부적절한 가정을 선택할 수 있다. 세계화의 예에서, 상대측 토론자가 세계화를 받아들였으면서도 현저한 경제성장을 이룩한 개발도상국을 찾아낼 수도 있다.

귀추법을 무너뜨리는 마지막 방법은 다른 가설을 옹호하는 것이다. 세계화를 공격하는 토론자에 대해 방어하는 토론자는 아래의 몇 가지 설명으로 자신의 주장을 뒷받침할 수 있을 것이다.

- 개발도상국의 경제 불황은 세계화를 받아들이는 데 실패한 결과이다.
- 개발도상국의 경제 불황은 이들 나라에 부정부패가 만연한 결과이다.
- 개발도상국의 경제 불황은 외국의 지원에 너무 많이 의존한 결과이다.

4) 원인-결과 추론

추론의 다른 방법은 어떤 현상이 다른 것으로 인해 발생했다는 주장인 '원인-결과 분석(cause-effect analysis)'이다. 토론자는 다음과 같은 주장을 할 수 있다. "빈곤은 사하라 사막 이남 아프리카 지역에 HIV/AIDS(후천성 면역 결핍 증후군)가 확산된 직접적인 원인이다. 영양실조는 몸의 면역 체계를 약하게 만들고, HIV/AIDS에 감염되기 쉽게 한다. 빈곤은 또한 집안의 가장이 일을 찾기 위해 집으로부터 먼 거리를 이동하도록 한다. 이렇게 떠돌아다니는 생활양식은 남자들이 부정한 행동을 할 가능성을 높인다. 빈곤은 또한 사하라 사막 이남 아프리카 지역의 사람들이 HIV/AIDS를 제어하기 위해 필요한 항레트로바이러스 약물을 구할 여유가 없다는 것을 의미한다. 따라서 우리가 정말로 HIV/AIDS의 확산을 막기를 원한다면, 사하라 사막 이남 아프리카 지역의 빈곤 문제에 관심을 가져야 한다."

인과 주장(causal claim)에 대해 반드시 검토해야 하는 다섯 개의 질문이 있다.

- 해당 원인은 결과를 위한 필요조건인가?
- 해당 원인은 결과를 위한 충분조건인가?
- 해당 원인은 결과에 선행하는가?
- 해당 원인이 결과를 어떻게 초래했는지에 관한 논리적인 설명이 있는가?
- 다른 원인들로 그 결과를 설명할 수 있는가?

한 원인이 결과를 위한 필요조건인지를 검토할 때, 진술된 원인이 없이도 그 결과가 존재할 수 있는지를 면밀히 살펴야 한다. 법정에서 음주 운전자의 과실이 사고 희생자의 죽음을 유발했다고 주장하는 검사가 있다고 가정하자. 희생자의 죽음은 음주 운전자의 과실이 없었다면 일어나지 않았을 것이기에 이 과실은 희생자의 죽음에서 필수적인 원인이다. HIV/AIDS의 예에서, HIV/AIDS에 감염되는 것이 빈곤 없이도 가능한지 여부를 검토할 수 있다. 빈곤하지 않으면서도 HIV/AIDS에 감염된 사람들이 있으므로 빈곤은 HIV/AIDS 감염의 필요조건이 아니다.

한 원인이 결과를 위한 충분조건인지를 검토할 때, 그 원인이 '단독으로' 결과를 발생시키는 데 충분한지를 면밀히 살펴야 한다. 죄 없는 희생자를 부주의하게 죽인 음주 운전자의 예로 생각해 보자. 검사는 운전자의 과실이 희생자의 죽음에 충분한 조건이 되었다고 주장하기 위해 노력할 것이다. 다시 말해, (희생자가 사고 당시 목적 없이 도로 중앙을 배회하고 있었다거나, 매우 주의 깊은 운전자라 할지라도 시야가 불분명할 정도로 안개 낀 아침이었다거나 하는) 다른 중대한 원인은 없었다고 강조할 것이다. 운전자의 과실은 희생자의 죽음에 필수적이며 충분한 원인으로 강력한 인과 관계를 갖는다. 한편 빈곤이 사하라 사막 이남 아프리카 지역에서 HIV/AIDS의 원인이 된다는 주장을 떠올려 보라. 경제적 빈곤이 HIV/AIDS에 감염되는 데 충분한 원인이라는 것이 사실일 수 있는가? 분명히 아니다! 빈곤은 틀림없이 HIV/AIDS에 대한 민감성을 높이는 하나의 요소일 것이나, 많은 사람들은 빈곤 속에 살아가면서도 HIV/AIDS에 걸리지 않는다.

빈곤이 HIV/AIDS에 감염되는 데에 필요조건도 충분조건도 아니라는 것을 아는 것이 토론자에게 왜 중요한가? 이것은 사하라 사막 이남 아프리카 지역에서 빈곤을 줄이도록 설계한 계획이 HIV/AIDS를 해결하는 데 큰 영향을 주기 어려움을 뜻하기 때문이다.

인과 주장을 검토하는 다른 질문은 주장된 원인이 결과에 선행하는지 아닌 지이다. 한 토론자가 미국 법무부의 최근 보고서에서 과거 수년 사이 중대 범죄가 감소해 왔음이 드러났다는 것을 지적한다고 가정해 보자. 이 토론자는 지난해 미국 연방 의회에서 강력한 처벌 법안이 통과된 것이 중대 범죄의 감소를 유발했다고 주장한다. 상대측 토론자는 중대 범죄가 지난 십 년간 꾸준히 감소해 왔다는 점을 지적할 수 있다. 처벌 법안은 최근부터 실행된 조치이기 때문에 그간 중대 범죄의 감소에 대한 설명을 뒷받침하는 데 별 의미가 없을 것이다. 이처럼 진술된 원인 이전에 결과가 이미 진행 중인 것으로 보일 때, 인과 주장은 유효성이 적다.

인과 주장은 어떻게 원인이 결과를 초래하였는지에 대한 설득력 있는 설명을 제공해야 한다. 원인이 결과에 선행하였음을 보여 주는 것만으로는 결코 충분하지 않다. 예를 들면 누군가 "종탑의 종이 울렸고 2분 뒤에 비가 왔다. 종소리는 반드시 비를 몰고 온다."고 말했다고 하자. 이러한 논증은 당연히 어리석지만, 많은 토론자들이 이와 비슷한 어리석은 인과 주장을 한다. 토론자는 어떻게 원인이 결과를 유발했는지에 대해 합리적인 설명을 제시할 수 있어야 한다.

5) 징후를 통한 논증

또 다른 논증 방식은 '징후(sign)'를 사용하는 것으로서 하나의 현상을 다른 것과 결부시켜 주장하는 것이다. 예를 들어 우리는 어떤 음식점에 대해 그곳의 주차장이 언제나 가득 차 있기 때문에 틀림없이 좋은 곳일 거라고 말할 수 있다. 이와 같이 말할 때, 우리는 가득 찬 주차장을 사업이 잘되고 있다는 징후로 받아들인다. 당연히, 가득 찬 주차장이 음식점의 성공을 불러오는 것은 아니다. 그 식당은 옆 가게의 중고차 부지와 함께 주차장을 나누어 쓰는 것일지도 모른다.

징후 추론은 현재 사회과학에서 널리 승인되는 연구 방법인 상관계수의 계산과 매우 유사하다. 의사소통 분야의 학자가 직접적 눈 맞춤이 얼마나 있어야 성공적인 의사소통에 기여할 수 있는지 연구하고자 한다고 가정해 보자. 이러한 연구에는 문화, 성, 그리고 사회경제적인 상태 등 수많은 다른 매개변수들이 고려되어야 할 것이다. 연구의 결과로서, 연구자는 아마도 중동 문화권에서 남성들의 사업적 성공과 눈 맞춤의 빈도 사이에 높은 상관관계가 있음을 발견할 수도 있다. 그렇다고 해서 눈 맞춤을 많이 하면 성공할 가능성이 증가한다는 것을 증명하지는 못한다. 이것은 단순히 어떤 것이 다른 어떤 것의 징후라는 것을 발견하는 것에 불과하다.

징후 추론은 토론 상황에서도 나타난다. 폭력적인 비디오 게임이 미국 청소년들에게 유해하다고 주장한다고 가정하자. 이 영역에서 실시된 주요 연구들은 상관관계에 기반을 둔 것으로, 청소년들이 폭력적인 비디오 게임을 접하는 빈도가 청소년들의 폭력적인 행동과 연관되어 있는지 묻는다.

징후 추론에 관하여 검증해야 하는 세 가지 중요한 질문이 있다.

- 변수들 사이의 연관 관계는 얼마나 강력한가?
- 관계를 더 잘 설명할 수 있는, 분석되지 않은 다른 변수들이 있는가?
- 인과 주장이 징후 추론에 기반하고 있는가?

제대로 수행된 사회과학 연구라면 두 개 또는 그 이상의 변수 간 관계를 단순히 선언하는 것에 그쳐서는 안 되고, 상관관계의 정도를 보여 줄 수 있어야 한다. 상관계수는 언제나 +1과 −1 사이에 있다. +1의 상관계수는 두 개의 변수 사이에 1대 1의 관계가 존재함을 의미한다. 흡연자가 있는 가정에서 자란 사람이 성인이 되어 흡연을 선택할 가능성이 얼마나 있는지에 관한 연구를 가정해 보라. +1 계수는 이러한 가정에서 자란 사람들 모두가 성인이 되어 흡연한다는 것을 의미한다. −1 계수는 이러한 가정에서 자란 사람 중 아무도 성인이 되어 흡연하지 않는다는 것을 의미한다. 상관계수 0은 두 개의 변수 사이에 아무런 관계가 없거나, 적어도 이 연구가 하나의 관계도 발견하지 못했다는 것을 의미한다. 일반적으로, 0.7 이상의 상관계수는 연관이 높다고 여겨지며, 0.3 이하의 상관계수는 연관이 낮다고 여겨진다.

징후 추론에 대한 두 번째 질문은 연관 관계를 보다 잘 설명해 줄 수 있는 다른 변수들이 있는지이다. 예를 들어 고교 중퇴자의 수를 낮추면 미국 경제에서 수천억 달러가량이 증가할 것이라는 주장을 한다고 가정해 보자. 이 논증은 고등학교 졸업자의 소득이 고등학교 중퇴자의 두 배 가량이라는 연구에 기반을 두고 있다. 상대측 토론자는 이 연구가 단순히 소득과 고등학교 졸업 사이의 상관관계를 보여 주는 것뿐이라고 지적할 수 있다. 여기에서 간과된 매개변수는 사람들이 지닌 추진력과 진취성의 수준(양)이다. 진취성을 많이 가진 사람은 무슨 일을 하든지 성공할 것이고, 이는 교육의 수준과 무관하다. 바꾸어 말하면 고등학교를 중퇴한 사람은 진취성이 부족한 것이다. 그들은 교육 수준과 상관없이 실패할 것이어서 중퇴자들을 억지로 학교에 머물도록 강요하는 해결 방안은 전반적인 미국 경제의 수익성에 거의 영향을 주지 못할 것이다.

징후 추론에 관한 마지막 질문은 인과 주장을 만드는 데 징후 추론이 부적절하게 쓰이는가이다. 사회과학자들이 상관분석에서 나온 결과를 가지고 인과 관계를 주장하지 않는 주된 이유는 그들이 더욱 신중하고 과학적으로 주의 깊게 연구를 구성하기 위해 노력하기 때문이다. 그러나 어떤 토론자들은 종종 인과관계가 입증된 것처럼 상관관계의 결과를 제시한다. 폭력적인 비디오 게임과 실제 폭력 사이의 상관관계를 보여 주는 연구가 일례이다. 어떤 토론자는 이 연구 결과를 폭력적인 비디오 게임을 규제하여 청소년 폭력을 감소시킬 수 있다는 주장의 토대로 사용할 수도 있다. 이러한 주장은 두 변수 사이에 인과 관계가 있다고 가정한다. 그러나 폭력적인 비디오 게임 때문에 폭력적인 행동을 하는 것이 아니라, 실제 생활에서 폭력적인 성향을 가진 청소년들이 자연스럽게 폭력적인 비디오 게임을 많이 하게 되는 것일 수도 있다. 그리하여 실제 폭력과 폭력적인 비디오 게임 사이에 강력한 상관관계가 발생하나, 이것이 곧 비디오 게임을 금지함으로써 청소년의 폭력 성향을 바꿀 수 있음을 입증하는 것은 아니다.

6) 소거에 의한 논증

추론의 다른 방법은 하나씩 제거해 가면서 결론에 도달하는 '소거(division)'를 사용하는 것이다. 컴퓨터 프로그램은 추론 방법으로 소거를 사용한다. 컴퓨터의 2진 논리(binary logic)에서 결정은 항상 0과 1 사이에 있다.

우리는 매일 많은 상황에서 소거에 의한 논증을 사용한다. 다음의 예를 검토해 보라. "어젯밤에 사무실의 금고가 털렸다. 스미스, 존스, 톰슨 셋만이 금고의 번호를 알고 있다. 스미스는 오스트레일리아에서 휴가 중이었고, 존스는 밤새 몇몇 친구들과 함께 있었다. 금고를 털어간 것은 톰슨임이 틀림없다." 이 논리 예시(logic sample)는 소거의 수많은 결점을 예증하는데, 이는 나중에 다루어질 것이다.

다음은 토론자가 소거를 사용하는 방식의 예이다. "이란은 고농축 우라늄을 만들 수 있는 능력을 발전시키고 있다는 것을 부인하지 않는다. 이란이 그와 같이 행동하는 동기는 원자로에 고농축 우라늄을 사용하기 위해서이거나, 핵무기를 만들 재료를 비축하기 위한 것임이 틀림없다. 첫 번째 가능성은 이치에 맞지 않다. 무엇보다 이란은 원유가 가장 많이 생산되는 나라들 중의 하나이다. 그들은 지구상에 있는 어떤 국가보다도 핵에너지를 개발할 필요가 적다. 따라서 이란이 고농축 우라늄을 준비하고 있는 이유는 핵무기를 만들기 위해서임이 명백하다." 토론자는 선택지들을 제시하고, 그런 다음 그것을 분류하여 소거하는 과정을 사용한다는 점에 주목해야 한다.

소거에 의한 논증에 대해 검토해야 할 세 가지 주요한 질문이 있다.

• 모든 선택지를 확인하였는가?

- 선택지들은 상호 배타적인가?
- 다른 선택지를 기각할 수 있는 충분한 이유가 있는가?

소거에 의한 논증에서 일반적인 문제는 모든 선택지를 다 제시하면서 시작하지 못한다는 점이다. 이전의 금고가 털린 예를 생각해 보자. 우리는 왜 금고를 털어간 사람이 금고 번호를 알고 있는 셋 중의 한 명이라고 가정하는가? 다른 선택지를 고려해 보라. 전문적인 금고털이범의 짓이었다거나, 번호가 유출되어 다른 사람이 금고 번호를 알게 되었다거나, 누군가 금고를 잠그지 않았다거나, 금고를 제작한 회사의 직원이 금고를 털어 갔을 수도 있다.

소거에 의한 논증에서 두 번째 문제는 때때로 토론자들이 상호 배타적이지 않은 가짜 선택지를 제시한다는 것이다. 예를 들어, 토론자가 "당신은 수정헌법 제2조를 지지하는 것과 권총 등록을 요구하는 것 중 하나를 선택할 수 있다. 우리는 왜 당신이 수정헌법 제2조를 지지하는 것을 선택해야 하는지에 대한 많은 근거를 보여 주었다."고 말할 수 있다. 상대측 토론자는 왜 이 두 개 중에서 하나를 선택해야 하는지 물을 것이다. 수정헌법 제2조가 명시하는 것(규율을 갖춘 민병대를 가지는 것)*을 하면서, 동시에 권총 등록을 요구하는 것은 가능하다.

소거에 의한 논증의 마지막 문제는 선택지를 하나씩 기각하는 과정에서 종종 실수가 발생한다는 것이다. 이란이 고농축 우라늄을 만들기 원하는 이유에 대한 논증으로 생각해 보자. 토론자는 이란이 풍부한 원유를 가

....

* 수정헌법 제2조의 내용은 다음과 같다. "규율을 갖춘 민병대는 자유로운 주 정부의 안보에 필요하므로, 무기를 소유하고 휴대할 수 있는 국민의 권리가 침해를 받아서는 안 된다(A well regulated militia being necessary to the security of a free State, the right of the People to keep and bear arms shall not be infringed)."

졌기 때문에 이란이 핵에너지 발전을 원하는 것은 불합리하다고 주장한다. 그러나 지난 반세기 동안 환경보호주의자들은 세계의 원유가 고갈되어 간다고 예측해 왔다. 이란이 자국의 원유로 얻은 부를 화석연료 이후의 세계를 준비하는 데 사용하는 것이 왜 불합리한가?

7) 유추를 통한 논증

추론의 또 다른 방법은 은유적인 비교인 '유추(analogy)'이다. 몇몇 신학자들은 우주의 복잡성이 창조자의 존재를 말한다는 시계공의 유추를 기반으로 신의 존재를 논증해 왔다. 천문학자들은 우주에 대한 이론을 펼칠 때, 부풀어 오른 풍선 표면의 점과 비교하여 설명한다. 철학자 존 롤스(John Rawls)는 그가 '무지의 장막'이라 명명한, 장막 뒤에 서 있는 것에 관한 유추를 사용해 정의(justice)에 대한 개념을 설명하였다. 대법관 윌리엄 브레넌(William Brennan)은 시민의 자유를 제한하는 비탈길로 내딛는 발걸음이 그다지 위험해 보이지 않더라도, 그것이 시민의 자유가 바닥으로 곤두박질치게 되는 결과를 불러일으킬 수도 있다는 점을 경고하기 위해 '미끄러운 비탈길'의 유추를 사용하였다.

유추는 정치적 토론에서도 찾아볼 수 있다. 2007년 2월 16일, 달린 슈퍼빌(Darlene Superville)은 《USA 투데이(USA Today)》기사에서 미국의 이라크 전쟁 대응에 관한 정책 토론 당시 미국 의회 의원들이 유추를 사용했던 방식을 묘사했다. 플로리다주의 공화당 국회의원 릭 켈러(Ric Keller)는 아래와 같은 유추를 사용하였다.

상상해 보십시오. 여러분의 바로 옆집에 사는 이웃이 마당의 잔디를 깎는 것을 거절해서, 잡초들이 허리 높이까지 무성하게 자라는 것을 상상해 보십시오. 여러분은 이웃을 위해 매주 잔디를 깎아 줘야겠다고 결심합니다. 여러분의 이웃은 여러분에게 결코 고맙다고 하지 않고, 여러분을 미워하고, 가끔 총을 꺼내 당신을 겨누기까지 합니다. 이런 상황에서, 그 이웃의 잔디를 계속해서 영원히 깎아 줄 것입니까? 그 집의 잔디를 깎아 주기 위해서 여러분의 가족들을 더 많이 보낼 것입니까? 아니면 이웃에게, 이제는 스스로 자기 잔디를 깎으라고 말한다면, 더 심각한 결과가 발생할까요? 본 발언자는 어린 미국인 병사를 이라크 내전의 폭력 한복판에 투입하는 것은 답이 아니라고 생각합니다.

텍사스의 공화당 하원의원 론 폴(Ron Paul)은 '의사 방문' 유추를 활용하여 전쟁에 반대한다는 주장을 세웠다.

전쟁의 발단에서부터 잘못된 진단이 내려졌습니다. 그리고 잘못된 치료가 처방되었습니다. 우리의 실수를 다시 평가받기를 거부하는 것, 그리고 계속해서 실패한 치료를 더 투입하기를 주장하는 것은 환자를 죽음의 운명으로 몰고 갑니다. 이러한 상황에서는 우리나라의 자유와 번영, 그리고 타국의 평화가 치명상을 입게 될 것입니다.

유추의 설득적 힘을 과소평가할 때, 토론자들은 심각한 실수를 저지른다. 물론 분명한 것은, 이라크 전쟁은 잔디를 베는 것과 다르고, 우주는 시계보다 훨씬 크며, 실제 시민의 자유는 진흙 비탈길 위에 있지 않다는 것이다. 그러나 유추의 힘은 문자 그대로의 힘에서 나오는 것이 아니라 청자의 상상력을 동원하게 하는 데서 생긴다.

유추에 대응하는 가장 성공적인 두 가지 전략은 다음과 같다.

(1) 유추가 깨질 때까지 비유적인 면에서 유추를 확장하라.

(2) 반대의 유추를 제공하라.

국회의원 릭 켈러의 유추에서, 언제까지 이웃의 잔디를 깎아 줄지 물었던 것을 떠올려 보라. 반대 토론자 입장에서는 만약 당신이 이웃의 잔디 깎이 기계를 빌렸다가 망가뜨린 거라면 그 등식이 바뀌는지 물어볼 수 있다. 이라크가 질서를 스스로 유지할 수 있는 능력을 우리가 무너뜨렸을 때, 우리에게는 그것을 유지할 책임과 의무가 있다. 얼마나 오랫동안 이라크의 잔디를 깎아 주어야 하는가? 그들의 잔디깎이 기계가 고쳐질 때까지이다.

켈러 의원의 동료 중 다수는, 종종 유추에 대응하는 가장 훌륭한 답변이 반대의 유추임을 깨달은 것으로 보인다. 민주당원이자 조지아주의 대표인 짐 마셜(Jim Marshall)은 이런 방법을 사용하였다.

이라크 추가 파병 반대 결의안(The anti-surge resolution)*은 코치의 호출이 싫어서 사이드라인의 선수 대기석에 앉아 있는 것, 그리고 경기 도중에 자신의 팀에 야유를 보내는 것과 유사합니다. 저는 경기 도중에 팀에 반대 의사를 표시하는 데에는 합류할 수 없습니다. 현재 바그다드 군사 활동에 투입된 군인들 중 한 명도 실망시킬 수 없기 때문입니다.

애리조나주 공화당원인 존 샤텍(John Shadegg)은 지뢰에서 발을 뗄 때는

....

* 미국의 이라크전쟁이 소강 국면에 접어들자 2007년 부시 대통령은 2만 명의 추가 파병을 결정하였다. 그러나 미 의회에서 추가 파병에 반대하는 결의안을 놓고 4일간 뜨거운 논쟁을 하였으며, 그 결과 찬성 246표 대 반대 182표로 결의안이 통과되었다. 의회는 이 결정에 의해 추가 파병은 반대하였으나, 이미 파병되어 군사작전을 전개하고 있는 미군에 대해서는 계속 지지 의사를 밝혔다.

유추를 사용하였다.

내가 들은 것 중 최고의 유추는, "이것은 당신이 발을 지뢰 위에 올려놓은 뒤 걸음을 떼는 것과 같다. 만약 발을 떼면 그것이 터지리라는 것을 당신은 알고 있다."입니다. 우리는 이라크에서 지뢰 위에 발을 올려놓고 있습니다. 만약 이라크 정부가 스스로를 지킬 수 있게 되기 전에 우리가 발을 뗀다면, 그 지뢰는 우리와 이라크 정부 모두를 날려 버릴 것입니다.

사우스캐롤라이나주 공화당원인 조 윌슨(Joe Wilson)은 이라크에 계속 주둔해야 한다고 주장하고자 소방 진화 작업 유추를 사용하였다.

확산되는 불길을 잡기 위해 소방서장이 추가 소방대원을 부를 것임을 이미 알고 있는 것처럼, 폭력을 진압하고 이 지역을 안정시키기 위해서는 우리의 병력을 바그다드로 보내야만 합니다. 그것이 결국 미국인 가정을 지키는 것입니다. 결론적으로, 신은 우리 군인들을 지켜줄 것이며, 우리는 9·11을 결코 잊지 않을 것입니다.

미주리주 공화당 의원인 토드 아킨(Todd Akin)은 이라크에서 미국이 하고 있는 일을 앨러모 요새를 지키는 것에 비유하는 역사적 유추를 활용하였다.

앨러모를 수비하고 있는 데이비 크로켓(Davy Crockett)을 상상해 보십시오. 그는 진퇴양난의 궁지에 몰려 있습니다. 산타 안나(Santa Anna)는 수천의 군대를 이끌고 오고 있습니다. 그래서 그는 자신의 블랙베리 휴대폰을 꺼내 의회의 답변을 확인합니다. 의회는 "이봐, 데이비, 우리는 진심으로 자네를 지지하지만, 군대는 하나도 보내지 않을 걸세."라고 말합니다. 이 상황은 저에게 어떤 감동도 불러일으키지 않습니다.

8) 서사를 통한 논증

마지막 논증 방법은 이야기를 들려줌으로써 증명하는 '서사(narrative)'이다. 노예 상태의 공포를 설득적 근거로 제시한 프레더릭 더글러스(Frederick Douglass)의 예를 떠올려 보라. 다음은 그의 책 『미국 노예 프레더릭 더글러스의 인생 이야기(Narrative of the Life of Frederick Douglass, An American Slave)』의 일부이다. 여기에서 그는 그의 주인 캡틴 앤서니(Captain Anthony)를 다음과 같이 묘사하고 있다[더글러스는 주인의 성(姓)만 알고 있다고 말했다].

한평생 노예를 감금하고 채찍질해 온 그는 참 잔인한 남자였다. 때때로 그는 노예를 채찍질하는 것을 매우 즐기는 것 같았다. 나는 종종 친척 아주머니의 심장을 찢는 비명소리 때문에 새벽에 잠에서 깨어났다. 그는 들보에 친척 아주머니를 매달아 놓고, 글자 그대로 그녀의 벗은 등이 피로 뒤덮일 때까지 채찍질했다. 그 피투성이의 희생자에게서 나오는 어떤 말도, 눈물도, 그리고 기도도, 그의 강철 같은 심장을 잔혹한 목적으로부터 떼어놓지 못했다. 그녀가 비명을 크게 지를수록, 그의 채찍질은 강해졌다. 그는 피가 가장 빠르게 흘러내린 곳에, 가장 오랫동안 채찍을 휘둘렀다. 그는 그녀가 비명 소리를 내게 하기 위해 채찍질했을 것이며, 그녀를 조용하게 만들기 위해 채찍질했을 것이다. 그리고 그 자신이 피로에 지칠 때까지, 피가 말라붙은 채찍을 휘두르는 것을 멈추지 않았다.

이 이야기는 이야기 속에 묘사된 사람이 처한 어려움에 청자를 공감시키는 효과가 있다. 그러나 서사는 몇 개의 핵심적인 단점을 갖고 있다. 첫째, 대부분의 토론자들은 시간 부족에 시달리는데, 이야기를 들려주는 데는 많은 시간이 걸린다. 둘째, 이야기는 문제의 한 가지 예시만을 제공한다. 더글러스의 서사와 같은 정서적인 힘을 지닌 이야기는 거의 없다. 오히려 대부분의 이야기는 상대측 입론을 뒷받침하는 예를 지적하는 것으로 단순하게 설명될 수 있다. 셋째, 이야기는 논리적 수준에서보다는 감정적 측면에서 더 깊은 인상을 준다. 논리적 뒷받침과 감정적 호소 중에서 선택해야할 때, 대부분의 토론 판정관은 논리적 뒷받침을 선택한다.

더 읽을거리

Douglass, Frederick. 1845. *Narrative of the Life of Frederick Douglass, an American Slave.* http://sunsite3.berkeley.edu/Literature/Douglass/Autobiography/ (accessed July 28, 2007).

Monty Python Scripts. 2007. "The Argument Sketch." www.intriguing.com/mp/_scripts/argument.asp (accessed July 26, 2007).

Superville, Darlene. "Analogies Made During Iraq War Debate." *USA Today,* February 16, 2007. www.usatoday.com/news/washington/2007-02-16-iraq-analogies_x.htm (accessed July 28, 2007).

자료 조사를 최대한 활용하기

03

토론자는 권위 있는 증거로 자신의 입장을 뒷받침해야 한다. 그런 점에서 최고의 토론자가 대개 탁월한 조사자라는 것은 놀라운 일이 아니다. 한편 경쟁적 토론에 참여하는 것의 주요한 교육적 이점 중 하나는 조사 기법의 숙달이다. 이 장은 초보 토론자가 복잡한 조사에 친숙해지도록 도울 것이다.

최고의 조사자는 가장 권위 있고 믿을 만한 증거를 밝혀 자신의 입장을 뒷받침하는 사람이다. 이것은 책과 신문, 정기 간행물, 정부 공문서, 법학 잡지, 시민 단체와 싱크 탱크의 보고서를 포함한 모든 종류의 자료를 탐색하는 것이 토론자에게 중요하다는 것을 의미한다.

종이를 기반으로 한 도서관 자료에 의존하던 기존의 조사 도구는 불과 10년 사이에 온라인 조사 도구에 자리를 내주는 혁신적인 변화를 겪었다. 불과 몇 년 전만 하더라도 초보 조사자들을 위한 최고의 조언은 구식의 카드식 도서 목록과 『정기 간행물에 대한 독자 가이드(The Readers' Guide to Periodical Literature)』 같은 '전통적인' 도서관 자료에 익숙해지라는 것이었다. 그러나 도서관이 점점 더 컴퓨터를 구비한 웹 기반 조사 도구를 채택하면서 종이 색인을 버리고 있다. 이 장은 온라인 조사의 방법과 여기에 사용되는 전문 용어를 알아보는 것으로 시작한다. 아이러니하게도 현재 책이나 정기 간행물과 같은 전통적 자료에 접근하는 최선의 방법은 온라인 조사 도구이다.

온라인 조사에 사용되는 전문 용어

온라인 조사에 대한 이해는 새로운 어휘의 습득을 필요로 한다. 인터넷 공급자, 브라우저, 검색엔진 같은 용어는 불과 20년 사이에 우리의 일상 언어가 되었다.

인터넷 공급자(internet provider)는 인터넷 연결을 설정하는 상업적인 서비스를 의미한다. 서비스 공급자로는 아메리카 온라인(America Online), 스프린트(Sprint), 에이티엔티(AT&T), 엠에스엔(MSN), 로드 러너(Road Runner)가 있다.

인터넷 브라우저(internet browser)는 인터넷상에서 정보를 처리할 때 사용하는 소프트웨어를 뜻한다. 현재 사용되는 네 개의 주요 브라우저로는 넷스케이프(Netscape), 모질라 파이어폭스(Mozilla Firefox), 애플사의 사파리(Safari) 그리고 마이크로소프트사의 인터넷 익스플로러(Internet Explorer)가 있다. 브라우저가 달라도 동일한 검색엔진들에 접근할 수 있는데, 바로 이 검색엔진이 우리의 주된 관심사이다.

넷스케이프와 파이어폭스에는 사파리와 인터넷 익스플로러에는 없는 중요한 특징이 하나 있다. 넷스케이프와 파이어폭스에서는 웹 페이지가 언제 만들어졌는지 혹은 언제 마지막으로 수정됐는지 알 수 있다. 상단의 '보기'에서 '페이지 정보'를 선택하거나 '도구'를 선택하면 이러한 기능에 접근할 수 있다. 수정 날짜의 오른편에 기록된 날짜 목록은 대부분 검색을 수행한 날짜이므로 무시해도 된다. 웹 페이지 수정 날짜 정보는 보통 메타로 표시된 박스에 기록되므로, 이 박스의 정보를 스크롤함으로써 웹 페이지의 원래 제작 날짜와 그것이 마지막으로 수정된 날짜를 알 수 있다. 페이지에 아무런 다른 날짜가 보이지 않는다면 아마도 최근 수정 날짜가 적혀 있는 것이다. 인터넷 익스플로러와 사파리에서는 이 날짜를 알 수 있는 방법이 없다.

어째서 처음 만든 날짜 혹은 마지막 수정 날짜를 아는 것이 필요한가? 이 장의 뒷부분에서 알게 되겠지만, 전미 토론 연합(NFL) 증거 인용 기준을 보면, 날짜가 기록된 증거를 요구한다. 만약 웹 페이지에 처음 작성한 날짜나 마지막 수정 날짜가 기록되어 있지 않으면, 다른 방법으로 밝혀내지 않는 한 그 증거는 토론에서 무용지물이 된다. 수업 과제물, 학기말 리포트를 위한 표기법에서 요구하는 것처럼, 경쟁적 토론에서 '날짜를 알 수 없다(no date)'는 뜻의 'n. d.'로 표기한 증거는 절대 받아들여지지 않는다.

인터넷 익스플로러, 파이어폭스, 사파리에는 넷스케이프에는 없는 매우 유용한 특징이 있다. 사용자는 인터넷에서 원하는 이미지에 간단히 마우스 오른쪽을 클릭하여 '복사'를 선택함으로써 이미지를 복사할 수 있다. 이 특징을 사용하면 파워포인트 프레젠테이션 구성이 훨씬 쉬워진다. 파워포인트와 인터넷 익스플로러(또는 파이어폭스나 사파리)를 동시에 실행하고, 앞서 말한 방법으로 이미지를 복사한 다음, 아래쪽의 시작 메뉴바를 클릭하여 파워포인트 창을 활성화하여 붙여 넣기(Ctrl+v)를 누르거나 상단의 '편집' 메뉴에서 '붙여 넣기'를 선택한다. 넷스케이프에서도 이것을 할 수 있지만 좀 더 복잡하다. 넷스케이프에는 '복사' 기능이 없으므로 이미지에 마우스 오른쪽을 클릭하고 '이 이미지 저장하기'를 선택해야 한다. 하드 드라이브나 플로피 디스크에 이미지를 저장한 다음, 인터넷 이미지 파일을 삽입하기 위해 상단의 '삽입' 메뉴에서 '그림 삽입하기'를 선택할 수 있다. 문제는 몇 개의 추가 단계가 필요하고, 그 이미지를 저장한 하드 드라이브 위치를 확실히 알고 있어야 한다는 것이다.

URL(Universal Resource Locator)은 웹사이트의 인터넷 주소를 말한다. 'www3.baylor.edu/~Richard_Edwards/'가 그 예이다.

인터넷 검색엔진(internet search engine)은 인터넷상에서 정보를 검색하는 데 쓰이는 소프트웨어를 말한다. 검색엔진은 브라우저(익스플로러, 파이어폭스, 넷스케이프, 사파리)에 구애받지 않는다. 검색엔진의 예로는 구글(Google), 올더웹(AllTheWeb), 핫봇(HotBot), 테오마(Teoma), 인포시크(InfoSeek), 야후(Yahoo!), 익사이트(Excite), 룩스마트(LookSmart), 알타비스타(AltaVista) 등이 있다.

메타 검색엔진(metasearch engine)은 검색한 것을 다른 검색엔진으로 보내는 인터넷 검색엔진이다. 가장 좋은 메타 검색엔진은 서치온라인(SearchOnLine), 도그파일(Dogpile), 마마(Mama), 웹크롤러(Webcrawler)이다. 메타 검색엔진은 4~5개의 주요 인터넷 검색엔진에서 나온 결과를 보여 주기 때문에 다른 어떤 검색엔진보다 더 우수하다고 광고한다. 이것이 일부 목적에 유용하기는 하지만, 토론 자료 조사를 하는 데 최선의 도구는 아니다. 메타 검색엔진은 다른 검색엔진으로 단순 검색 요청을 보내는데, 이것은 모든 주요 검색엔진에서 대부분 이용 가능한 고급 검색 기능을 사용할 기회를 포기하는 것을 의미한다. 이는 곧, 정확한 구문 검색과 날짜, 도메인, 파일 형태 등을 제한하는 검색의 기회를 잃는다는 의미이다. 또 주요 검색엔진에서 보여 주는 결과가 그 검색엔진에서 직접 검색하는 것보다 적은 것이 사실이다.

도메인(domain)은 해당 웹 페이지의 근원에 관해 말해준다. 인터넷상의 각 웹 페이지는 '.com', '.edu', '.gov', '.net' 같은 세 글자의 도메인으로 끝난다. 대부분의 '.edu' 도메인은 그 웹 페이지가 전문대학이나 종합대학의 주소이거나 그들이 제공하는 것임을 의미한다. '.gov' 도메인은 그 웹 페이지가 연방 정부, 주 또는 지방 정부에 의해 유지된다는 것을 의미한다. '.com'과 '.net' 도메인은 보통 그 웹 페이지가 사기업 소유임을 의미한다. 고급 검색 기능을 갖춘 대부분의 주요 검색엔진에서는 특정 도메인으로 검색을 제한할 수 있다.

PDF(portable document file)는 페이지 번호까지 표시되어 원본 문서를 인쇄한 것처럼 보이는 형식으로 이용할 수 있게 만든 문서를 가리킨다. PDF 파일은 인터넷에서 무료로 내려받기가 가능한 어도비 어크로뱃 리더(Adobe Acrobat Reader)에서 열어보고 인쇄할 수 있도록 만들어졌다. 토론자에게 있어 PDF 파일로 수집한 정보의 이점은 원본 문서와 같은 특정한 페이지 번호로 인용할 수 있다는 것이다. (105회 및 106회부터 시작하여) 거의 모든 국회 공청회 자료는 PDF 형식으로 이용할 수 있다. 이것은 원본과 동일한 공청회 자료를 내려받을 수 있다는 것뿐만 아니라, 공청회가 열린 후 즉시 그 자료에 접근할 수 있다는 것을 의미한다.

또 PDF 파일은 보통 인터넷에서 구할 수 있는 입증된 자료라는 이점을 갖는다. 그리고 PDF 문서를 '읽는' 데 필요한 프로그램은 인터넷에서 무료로 이용 가능하다. 만약 인터넷 URL이 '.pdf'로 끝난다면 다운로드할 문서가 PDF 형식으로 이용 가능하다는 것이다. 대부분의 주요 검색엔진에서 PDF로 다운로드가 가능한 웹 페이지만을 검색할 수 있다.

HTML(Hyper Text Markup Language)은 웹 페이지를 만들 때 사용되는 코드이다. 넷스케이프 컴포저(Netscape Composer)와 마이크로소프트 프론트페이지(Microsoft FrontPage)처럼 조작이 간단한 메뉴 선택으로 코드를 만들 수 있는 프로그램이 많이 있기 때문에, 웹 페이지를 생성하기 위해 HTML 프로그래머가 될 필요는 없다. 만약 웹 페이지를 구성하는 데 사용되는 HTML 코드를 보고자 한다면 넷스케이프나 인터넷 익스플로러에서 상단의 '보기' 메뉴를 선택하고, 페이지 소스에 관한 항목을 누르면 된다. 그러면 화면에 웹 페이지를 만든 고유한 HTML 코드가 나타날 것이다.

검색엔진 사용을 최대화하기

검색엔진을 왜 사용하는가? 찾고 있는 URL을 이미 알고 있는 것이 아니라면 검색엔진은 인터넷에서 자료를 찾는 유일한 방법이다. 문제는 URL을 '정확하게' 알아야 한다는 것이다. 대충 아는 것으로는 충분하지 않다. 인터넷 초기에 사람들은 URL을 알기 위해 『인터넷 전화번호부(Internet Yellow Pages)』와 같은 인쇄된 자료를 사용했다. 그러나 지금은 이러한 종류의 출판물을 유용하게 활용하기에는 너무 많은 페이지들이 있다. 예를 들면, 구글과 올더웹은 20억 개 이상의 인터넷 페이지 색인을 만든다.

1) 좋은 검색엔진의 특징

포괄성은 검색엔진에 있어 가장 중요한 자질이다. 강력한 검색엔진은 두 가지 방법을 통해 가능한 한 많은 인터넷 색인을 나타내 보인다. 첫째, 웹 페이지 작성자에게 해당 웹 페이지의 색인화를 요구한다. 대부분의 웹 디자이너들은 그들이 제작한 페이지가 쉽게 검색되기를 원하기 때문에 웹 페이지의 색인화는 웹 디자이너들의 주요 관심사이다. 둘째, 자동 검색 프로그램을 이용해 웹상에서 색인화 되지 않은 새로운 페이지를 계속해서 찾고, 그것을 색인화한다.

최고의 검색엔진은 텍스트 전부를 색인화한다. 이것은 말 그대로 웹 페이지에서 한 구절을 골라 구글이나 알타비스타와 같은 검색엔진에 그 구절을 따옴표(" ")에 넣어 입력하면, 1초 내로 해당 페이지를 찾을 수 있다는 의미이다. 토론자에게 이 같은 기능은 특히 중요하다. 상대측 토론자가 반박에 활용한 인용문을 찾고 싶어 그 일부를 적어 놓은 경우, 그 일부만으로도 맥락을 확인하거나 토론 개요에 사용된 인용구의 정확한 위치를 찾을 수 있기 때문이다. 만약 인용구의 출처가 인터넷이라면 포괄성을 가진 검색엔진을 사용하여 빠르게 찾을 수 있다. 하지만 웹 페이지 내에서 텍스트를 찾는 기능에는 일정 부분 제한 사항이 있다. 예를 들어 구글(Google)은 웹 페이지의 처음 101kb만 색인화하는데, 이는 텍스트로 8~10페이지 분량에 해당한다.

검색 속도 또한 검색엔진 선택에 있어서 중요하다. 초기의 검색엔진은 검색이 완료되는 데 오랜 시간(10~20초)이 걸린다는 것이 논란이 되었다. 하지만 이것은 이미 오래전의 이야기일 뿐, 현재 모든 주요 검색엔진은 검색 결과를 즉각 나타낸다. 만약 검색 속도에 문제를 느낀다면 아마도 모뎀에 문제가 있거나 웹 페이지 그래픽을 구현하는 컴퓨터 프로세서의 성능이 부족해서일 것이다.

근접 검색은 토론자에게 큰 관심사이다. 검색창에 '정언명령(categorical imperative)'과 같은 단어를 입력했을 때, 사용하는 검색엔진에 따라 다양한 결과를 얻을 수 있을 것이다. 구글은 자동으로 근접 검색을 할 때 가장 탁월한데, 검색어를 조사하여 근접한 것 순서로 검색 결과를 보여 준다. 업데이트한지 오래됐거나 기능이 낙후된 검색엔진은 단지 검색한 단어의 일부 또는 전부를 포함하는 페이지를 보여 줄 뿐이다.

정확한 구문 검색은 좋은 검색엔진의 본질적인 특징으로, 토론자에게 특히 중요하다. 구절을 따옴표로 묶으면 전체 구절을 포함하는 페이지만 볼 수 있다. '공중 보건 지원'을 검색할 때, '공중', '보건', '지원' 각 단어를 포함하는 페이지가 아닌 '공중 보건 지원'의 전체 구절이 정확히 등장하는 내용을 찾고자 할 것이다. 거의 모든 주요 검색엔진이 정확한 구절 검색을 지원하는데 유감스럽게도 예외는 있다. 따옴표로 구절을 묶지 않으면 정확한 구문 검색이 이루어지지 않는다는 것을 기억해야 한다.

이미지 검색은 토론 자료 조사에 중요하지는 않지만, 수업 시간에 과제로 파워포인트 발표를 하기 위해 시각 이미지를 찾을 때는 유용하다.

2) 효과적인 검색을 위한 절차

대문자를 사용하는 경우는 어떨까? 주요 인터넷 검색엔진의 경우 대문자를 사용하는 것은 더 이상 중요하지 않다. 'VEIL OF IGNORANCE(무지의 장막)'을 검색하면, 'Veil of Ignorance'이나 'veil of ignorance'를 검색한 것과 같은 결과를 보여 줄 것이다.

따옴표를 사용하는 경우는 어떨까? 정확한 구절 검색이 가능한 검색엔진을 쓰는 중이라면, 단어 조합을 하나의 구절로 찾고 싶을 때마다 따옴표를 써라. 따옴표 없이 '공중 보건 지원'을 검색하면, 검색엔진은 그 단어들이 서로 연이어 있는 것만 찾는 것이 아니라, '공중', '보건', '지원' 중 한 단어라도 포함된 모든 웹 페이지를 찾을 것이다. "공중 보건 지원"과 같이 따옴표를 붙임으로써 전체 구절을 포함한 페이지만 요청할 수 있다. 물론 검색어가 한 단어라면 따옴표를 붙일 필요가 없다.

검색 대상을 특정 도메인으로 제한할 수 있을까? 최고의 인터넷 검색엔진에는 고급 검색 또는 파워 검색 기능이 있는데, 그 옵션 중 하나가 도메인별로 제한하는 기능이다. 예를 들어, '.gov' 도메인으로 제한할 수 있는데 이렇게 하면 정부 간행물을 찾는 데 효과적이다.

만약 URL의 일부만 알고 있는 경우, 어떻게 특정 URL을 찾을 수 있을까? 많은 고급 검색엔진에서는 검색어를 입력한 후, 검색어를 제목에만 적용할지, 전체 텍스트에 적용할지, 아니면 URL에만 적용할지 선택할 수 있다. 물론 이 같은 기능은 URL 옵션을 선택해야 한다.

검색엔진이 보여 주는 웹 페이지의 순서는 어떻게 될까? 이것은 다소 논란이 될 수 있는 부분이다. 일부 검색엔진은 인터넷 광고주로부터 비용을 받고 검색 목록의 맨 앞에 광고주의 웹 페이지를 보여 주기 때문이다. 하지만 대부분의 검색엔진은 용어의 검색 빈도수가 더 높은 순서대로 웹 페이지에 나타낸다. 구글이 특허를 갖고 있는 페이지랭크(PageRank) 시스템 요소는 용어와 인접한 것뿐만 아니라 다른 사용자가 웹 페이지에 접근한 횟수도 포함해서 검색 결과를 보여 주는 순서를 정한다.

어떻게 'URL을 분해'하여 작성자의 자격을 확인할 수 있을까? 다음의 예를 살펴보자. 구글 검색창에 "존 롤스"와 "사회 안전망"을 입력한다. 그러면 "'정의론(A Theory of Justice)'에 대한 노트"라는 제목의 웹 페이지를 보게 될 것이다. 웹 페이지에는 유용한 정보가 일부 포함되어 있지만, 칠턴(Chilton)이라는 이름 외에는 다른 정보가 없다. 'd.umn'이라 불리는 무언가와 연결된 도메인 '.edu'로부터 만들어진 웹 페이지 URL이라는 것은 알아챘지만, 이 학교가 어떤 곳인지 모르며 작성자가 교수인지 혹은 학부생인지도 모른다. 그 URL은 다음과 같다.

www.d.umn.edu/~schilton/3652/Readings/3652.Rawls.ATheory-OfJustice.html.

작성자에 대해 더 많은 것을 알고 싶다면 URL을 분해해 보라. URL 위를 마우스로 클릭하고, URL에서 'schilton'의 뒷부분 전체를 지우고 엔터 키를 눌러라. 작성자에 대한 추가 정보를 찾을 수 있는지 없는지 확인해 보

라. 만약에 교육 기관으로부터 나온 URL이지만 잘 알지는 못하는 곳이라면, '.edu' 뒤쪽을 모두 지운 후 엔터키를 눌러라. 작성자의 웹 페이지에 있는 '약력'를 클릭하면 그의 배경에 대한 정보를 알 수 있다. 웹 페이지의 작성자가 매사추세츠 공과대학(MIT)에서 박사 학위를 받은 미네소타 대학교 덜루스 캠퍼스의 정치학 조교수, '스티븐 칠턴(Stephen Chilton)'이라는 것을 알게 된다. 이는 좋은 출처다. 하지만 그 자격을 밝히기 위해 추가적인 작업이 필요하다. 그것은 해당 웹 페이지를 운영하는 책임자(개인이나 단체)를 찾는 작업이다. 인터넷에서 찾았다고 해서 충분한 자격이 보장되는 것은 '결코' 아니다.

대체로 정책 토론 자료 조사에서 구글은 최고의 검색엔진이다. 2007년 6월 '넬슨 넷레이팅스(Nielsen Netratings)'에 따르면 구글은 전 세계 검색엔진의 56.3%를 책임지고 있다. 그 뒤를 잇는 야후는 21.5%, 이어 엠에스엔(MSN)이 8.4%를 차지하고 있다. 무엇이 구글을 토론 조사에 유용하게 만드는가? 두 가지 요인이 있다. (1) 가장 포괄적인 검색 기능을 제공한다. (2) 검색창에 있는 용어 목록 가운데서 자동으로 근접 검색을 한다. 예를 들어 검색창에 '사하라 사막 이남 아프리카 지역 말라리아(malaria sub-Saharan Africa)'를 입력한 경우를 살펴보자. 구글은 검색한 용어가 포함된 페이지만 목록으로 보여 주고, 검색 용어가 서로 가장 근접한 상태에 있는 웹 페이지를 첫 머리에 나타낸다.

구글에는 특이한 점이 있는데, 10개의 단어로 검색이 제한되어 10개 이상의 단어를 입력하면 처음 입력한 10개 단어를 제외한 나머지 단어들이 무시된다. 또한, 구글은 어떤 웹 페이지라도 오직 첫 페이지의 101kb(페이지에 사용된 그래픽 콘텐츠에 따라 다르지만 보통 10~15페이지)만을 색인화한다. 긴 문서의 끝에 검색어가 있더라도, 구글은 그것을 찾지 못할 것이다.

히든 인터넷(hidden Internet)은 대부분의 검색 가능한 인터넷보다 두 배 이상 더 많은 양의 자료를 보유하고 있다. 그 자료는 색인화 소프트웨어에 표시되지 않는 파일 형식으로 존재하기 때문에 구글 또는 다른 검색엔진으로 검색하더라도 찾을 수 없다. 최근에서야 히든 인터넷 콘텐츠 중 PDF 문서를 선택적으로 검색 가능하도록 검색엔진이 발전했지만 여타 다양한 형식에는 여전히 접근하기 어렵다. 교육 자료 정보 센터(ERIC)의 거대한 콘텐츠 데이터베이스는 대부분의 검색엔진에서 색인화되지 않는 웹 기반 자료이다. 이러한 자료에 접근할 수 있는 유일한 방법은 자료가 보관된 홈페이지의 검색 시스템을 이용하는 것이다.

웹사이트의 인터넷 주소는 원하는 인터넷 페이지로 바로 이동하는 데 사용할 수 있다. 그러나 이 기능을 사용하려면 전체 인터넷 주소를 알아야 하며 주소 표시 줄에 마침표, 쉼표, 밑줄 및 빗금까지 정확하게 입력해야 한다. 그러나 때때로 토론자는 긴 인터넷 주소의 일부만 아는 경우가 있다. 다행스럽게도 구글은 인터넷 주소의 일부분만 가지고도 웹 페이지를 찾는 기능을 제공한다. 구글 검색 과정은 'inurl'을 입력하고 뒤이어 콜론(:)과 알고 있는 일부 인터넷 주소를 입력하는 것이다.

또한 구글은 웹 페이지의 제목에서 발견된 단어로 검색을 제한하는 기능을 제공한다. 이것은 'allintitle'을 쓰고 이어 콜론(:)과 검색어를 나열하면 된다. 검색 예는 다음과 같다.

allintitle: "public health assistance"

구글의 고급 검색(advanced search) 페이지를 선택하면 인터넷 검색을 하는 데 있어서 세부적으로 검색 옵션을 조절할 수 있는 여러 방법이 있다. 예를 들어 토론자가 인터넷 검색 결과를 연방 정부 웹사이트로 제한하려는 경우, 구글의 고급 검색에 있는 도메인 설정 창에서 '.gov'로 끝나는 문서만 선택하도록 지정하면 된다.

고급 검색 페이지의 다른 기능을 사용하여 특정한 유형의 파일을 선택할 수 있다. 예를 들어 PDF 파일로 검색을 제한할 수 있다. PDF 파일의 주요 장점은 사용자가 페이지 번호를 비롯하여 출력물과 동일한 형태의 문서를 갖는다는 점이다(국회 공청회 자료를 보는 데 사용하기에 특히 유용하다).

토론에서 증거의 자료

토론 자료 조사에 정통하려면 다양한 출처의 자료가 필요하다. 에세이를 채점하는 영어 교사들과 마찬가지로 판정관들은 주제의 표면 아래를 파고드는 조사자에 깊은 감명을 받는다. 표면 아래를 파고든다는 것은 책, 정부 공문서, 법학 잡지, 주요 싱크 탱크가 발행하는 보고서를 주의 깊게 살피는 것을 의미한다. 신문과 잡지는 매우 유용하고 읽기 쉽다. 그러나 예리한 조사자는 이러한 자료를 단지 시작점으로 여긴다. 광범위한 아이디어와 논거를 얻는 방법은 다음 절에서 서술한다.

1) 책

현대의 토론 자료 조사에서 책은 흔히 소홀한 취급을 받는다. 그런데 토론 주제에 관한 가장 좋은 토론 증거의 일부가 책에 있다는 점에서 이 같은 행태는 불행한 일이다.

책에 접근하려면 특정 장소로 이동하거나 일정한 비용을 지불해야 한다. 어떤 책을 찾는다는 것은 가까운 대학 도서관을 방문하거나 아마존닷컴(Amazon.com) 같은 사이트에서 책을 구입해야 한다는 것을 의미한다.

하지만 책을 구입하기에 앞서, 다니고 있는 고등학교 또는 공공 도서관이 온라인 컴퓨터 도서관 센터(OCLC)에 소속되어 있는지 확인할 필요가 있다. 그렇다면 도서관 상호 대출을 통해 책을 구할 수도 있다.

흥미롭고 새로운 인터넷 도구가 손가락 끝으로 책의 세계에 닿을 수 있도록 하고 있다. 미국 도서관에서 구할 수 있는 책 목록 전체를 전산화한 카드 카탈로그인 월드캣(Worldcat)은 이제 인터넷으로 'www.worldcat.org'에 접속해서 이용할 수 있다. 월드캣은 책의 정확한 위치를 찾는 데 최상의 조사 도구이다. 월드캣으로 책의 위치를 찾으면 도서관 상호 대출에 필요한 모든 정보를 알게 된다. 실제로 월드캣은 온라인 컴퓨터 도서관 센터에서 소유하고 운영하고 있다.

고급 검색 링크를 클릭하여 월드캣의 힘을 살펴보자. '사하라 사막 이남 아프리카'와 같은 단어를 입력하고 날짜를 2004년 이전으로 제한해 보면, 검색 결과 2,000권 이상의 책이 나온다. 사용자는 저자명, 발간 날짜, 주제와의 관련도 등 원하는 기준에 따라 목록을 정렬하여 컴퓨터에 저장할 수 있다. 책 가운데 하나를 클릭하면 사용자는 강력한 기능을 추가로 확인할 수 있다. 예를 들어, 『약탈의 대륙: 아프리카의 비극과 희망(A Continent for the Taking: The Tragedy and Hope of Africa)』이라는 책을 클릭하면, 수많은 추가적인 링크를 볼 수 있을 것이다. '약력 정보(Biographical Information)'라는 링크를 클릭하면 저자가 아프리카와 관련한 쟁점에 대한 보도로 수많은 언론 상을 수상한 《뉴욕 타임스(New York Times)》의 선임기자인 하워드 프렌치(Howard French)라는 것을 발견할 수 있다. '미리 보기(Sample Text)' 링크를 클릭하면, 저자가 책을 쓴 목적을 기술한 책의 첫 두 페이지 분량을 볼 수 있을 것이다. '이 항목을 인용하기(Cite This Item)'를 클릭하면, 해당 책에 대한 완전한 인용구를 다섯 가지 표준 인용 형식—현대언어협회(MLA), 투레비안, 미국심리학회(APA), 시카고대학양식(CMS),

하버드 로 리뷰 협회—으로 제공받을 수 있다. 이 인용구는 복사하여 워드 프로세서에 붙여 넣을 수 있어서, 그 책에서 인용한 자료에 대한 인용구를 만드는 수고를 덜어 준다.

2) 정부 공문서

국회 공청회는 토론 논제에 관한 좋은 자료를 제공한다. 국회에서는 위원회별로 관할하는 법령에 대한 입법 공청회가 열리는데, 국회의원들이 수행한 조사의 대부분은 이 이러한 위원회의 공청회에서 구성된 것이다. 일반적으로 각 공청회에는 주요 연방 정부 관료들과 주제와 관련된 주요 학자들의 증언이 포함된다. 공청회에서는 발의된 법안에 대해 옹호하거나 혹은 반대하는 의견을 주고받는다. 공청회 자료는 인터넷상에서 두 가지 파일 형식(HTML, PDF)으로 이용 가능하다. PDF 파일을 내려받는 데는 더 많은 시간이 걸리지만, PDF 파일은 정부 공문서의 출력물과 정확히 동일한 형식으로 페이지가 매겨져 있어, 토론자가 인용문의 페이지 번호를 인용할 수 있는 장점이 있다. 국회 공청회에서 사용된 인용문의 전문은 아래의 웹사이트에서 검색함으로써 찾을 수 있다.

미국국립인쇄국(GPO) 웹사이트 'www.gpoaccess.gov/chearings/index.html'에서 105번째 국회 회기 이후에 이루어진 공청회는 그 어떤 것이라도 다 검색할 수 있다.

인쇄국은 미국국제개발처(USAID), 질병통제예방센터(CDC), 그리고 다른 모든 행정 부처와 기관들에서 발행한 보고서를 검색하는 웹사이트도 운영하고 있다. 이 검색엔진은 'www.gpoaccess.gov/cgp/advanced.html'에서 이용할 수 있다.

토머스 제퍼슨(Thomas Jefferson)의 이름을 따서 명명된, '토머스'라고 불리는 웹사이트에서는 계류 중인 법안의 입법 진행 상황에 대한 정보를 얻거나 상하 양원의 본회의 의사록인 연방의회의사록(Congressional Record)을 볼 수 있다. '토머스'는 'http://thomas. loc.gov'에서 이용 가능하며, 미 국회 도서관에서 운영한다.

경우에 따라 토론자들은 특정 법안이 의회를 통과해서 법률이 되었는지 여부를 알 필요가 있다. '토머스'는 공청회가 열렸는지, 발의된 법안이 상원이나 의회를 통과했는지, 일반법이 되었는지 여부를 포함하여, 입법에 관한 가장 빠르고 정확한 정보를 제공한다. 미 국회 도서관과 구별되는 의회 조사국(CRS)에서도 유용한 정부 공문서를 구할 수 있다. 의회 조사국은 상상할 수 있는 거의 모든 주제를 다루는 수많은 보고서를 보유하고 있다. 의회 조사국에 있는 보고서는 특히 국회에서 논의되지 않은 주제와 관련하여 간단한 요약본(일반적으로 6~10페이지)을 받는 데 유용하다. 한편, 놀랍게도 의회 조사국의 보고서는 교회와 국가의 분리, 동물권, 언론의 자유와 같은 수많은 가치 문제를 다룬다. 토론자는 의회 조사국의 보고서를 검색하기 위해 특별하게 고안된 검색엔진 '2act.org/p/576.html'을 알아야 한다.

회계감사원(GAO)은 회계감사원장의 직무 일부로서 국회에 협조한다. 회계 감사원은 조류독감 발병의 위험성부터 불법 이민을 제한하기 위한 현재의 노력에 이르기까지 매년 수백 건의 조사를 하고 있다. 회계감사원 보고서는 'www.gao.gov/index.html'에 접속해서 이용할 수 있다.

3) 법학 잡지

법학 잡지(law review)에 접근하는 것은 토론자에게는 하나의 도전이다. 과학 기술 분야의 문제를 다루는 경우, 법학 잡지에서 이용 가능한 자료는 매우 중요하다. 운 좋게도 렉시스/넥시스(Lexis/Nexis)를 구독하는 학교에 다니고 있다면 다행이겠지만, 그렇지 않더라도 창의적인 학생이라면 다른 방법으로 자료에 접근할 수 있어야 한다. 다니고 있는 학교 도서관이 법학 잡지를 포함한 상업용 데이터베이스에 접근할 수 있는지 확인해 보라. 이러한 데이터베이스의 예로는 프로퀘스트(ProQuest), 아카데믹 서치 프리미어(Academic Search Premier), 인젠타(Ingenta), 윌슨셀렉트플러스(WilsonSelectPlus), 아티클퍼스트(ArticleFirst)가 있다.

만약에 상업용 데이터베이스에 접근하기 어렵다면 특정한 법학 잡지에 접근하기 위해 웹사이트로 바로 접속하라. 대부분의 로스쿨은 학교가 발행하는 법학 잡지에 대한 인터넷 사이트를 운영하고 있으며 그들은 일반적으로 일부 글에 자유롭게 접속할 수 있도록 해놓았다. 만약에 원하는 법학 잡지를 여전히 찾을 수 없다면, 구글 검색에서 법학 잡지의 제목에 인용부호를 사용하여 입력해 보라. 간혹 작성자의 웹사이트나 시민 단체의 웹사이트에 올라온 법학 잡지 전체의 복사본을 찾을 수 있다. 아니면 대학 법학 잡지 프로젝트(University Law Review Project) 웹사이트 'www.lawreview.org'를 통해 법학 잡지 전문을 구할 수도 있다. 또한 야후의 법률 디렉토리(Law Dirctory)를 시도해 볼 수 있다. 이 사이트는 수백 개의 법학 잡지에 대한 링크를 제공하고 있으며, 이들 중 다수가 'http://dir.yahoo.com/Government/Law/Journals/'를 통해 온라인상에서 법학 잡지를 열람할 수 있게 했다.

4) 연구 싱크 탱크

일반적인 싱크 탱크(think tank)*와 관련된 웹사이트는 토론자가 관심

....

*   모든 학문 분야 전문가의 두뇌를 조직적으로 결집하여 조사·분석 및 연구 개발을 행하고 그 성

을 두는 주제에 관한 수천 쪽에 달하는 자료에 자유롭게 접근할 수 있게 한다. 싱크 탱크와 시민 단체들이 특정한 정치적 의제를 추진하고 있는 것은 사실이지만, 이들의 조사 보고서는 해당 영역의 전문가들이 작성한다. 사회 문제를 해결하는 데 있어서 정부가 더 큰 역할을 해야 한다고 생각하는 토론자들은 도시 연구소, 브루킹스 연구소, 카터 센터와 같은 단체의 지원을 기대할 것이다. 정부의 개입이 최소화되어야 한다는 주장의 증거는 카토 연구소, 미국 기업 연구소, 허드슨 연구소, 헤리티지 재단 등과 같은 단체들로부터 찾아볼 수 있다. 환경 친화에 관심이 있는 토론자는 그린피스나 세계 야생 생물 기금과 같은 단체로부터 자료를 지원받을 수 있다. 모든 공공 정책 문제에 대해서는 특정한 문제에 대해 보고서를 준비하는 싱크 탱크나 시민 단체가 있다.

아래의 글은 주요 싱크 탱크가 웹사이트에서 자신의 단체를 소개하는 문구의 일부로, '그들 자신의 언어로' 각 싱크 탱크를 소개하는 내용이다.

20세기 기금(Twentieth Century Fund | www.tcf.org): 우리의 노력은 많은 정책 분야에 영향을 미치는데, 특히 미국이 직면하고 있는 다음 4개의 기본 과제에 초점을 맞추고 있다. (1) 고용주와 정부가 지니고 있던 재정 위험이 이제 미국인의 가계로 전가되었고, 동시에 경제적 불평등이 지속되고 있는 것, (2) 인구의 고령화, (3) 시민의 자유를 지키는 동시에 테러리즘을 예방하고 대응하는 것, (4) 세계 안보와 경제적 위험에 대응하는 데 있어서 실질적이고 협력적인 지노자로 미국의 국제적인 신뢰성을 회복시키는 것.

국제 전략 문제 연구소(Center for Strategic and International Studies | www.csis.org): 국제 전략 문제 연구소(CSIS)는 전략적 통찰력과 현실적

....

과를 제공하는 것을 목적으로 하는 집단.

인 정책적 해결책을 의사 결정자에게 제공함으로써, 경제적·정치적 변혁의 시대에서 세계 안보와 번영을 증진시키고자 노력하고 있다. 국제 전략 문제 연구소는 연구와 분석을 수행하고 미래와 예상되는 변화를 조사하여 성장 정책 방안을 세우고 지휘함으로써 정부의 전략적 기획 파트너 역할을 한다.

도시 연구소(Urban Institute | www.urban.org): 도시 연구소는 국가적 우선순위에 대한 건전한 사회 정책과 공공 토론을 촉진하기 위해, 자료를 수집하고 분석하며, 정책 연구를 실시하고, 프로그램과 서비스를 평가하고, 미국인에게 중요한 쟁점과 동향에 대해 교육한다.

랜드 연구소(RAND Corporation | www.rand.org): 랜드(RAND)는 '연구와 발전(research and development)'의 축약어로, '싱크 탱크'라고 불린 최초의 조직이다. 1946년에 미 공군(당시의 육군 항공대)에 의해 설치된 직후 탁월함을 인정받았다. 초기에는 항공기, 로켓, 인공위성과 관련된 일을 했고, 1960년대에는 이러한 웹사이트를 볼 수 있도록 하는 기술 개발을 도왔다. 오늘날 랜드 연구소가 하는 일은 아주 다양하다. 우리는 현재 미군 공동체와 그 분과를 지원하고 있으며, 또한 사회적·국제적 쟁점에도 전문 지식을 적용하고 있다.

맨해튼 연구소(Manhattan Institute | www.manhattan-institute.org): 25년이 넘는 세월 동안, 맨해튼 연구소는 미국의 정치 문화를 형성하는 데 중요한 역할을 해 왔다. 우리는 우리 시대의 가장 어려운 공공 정책 쟁점(세금, 복지, 범죄, 법률 제도, 도시 생활, 인종, 교육, 그리고 많은 다른 주제들)에 대한 연구를 지원하고, 이를 사람들에게 알려 왔다. 우리는 시장 지향적 정책에 대한 지지를 끌어냈고, 현실을 개혁해 왔다.

미국 기업 연구소(American Enterprise Institute | www.aei.org/library.htm): 미국 기업 연구소는 학문적인 연구와 공개 토론, 간행물을 통해 자유

(작은 정부, 민간 기업, 필수적인 문화 및 정치 관련 기관, 강력한 외교정책과 국가 방위)의 기반을 보존하고 강화하는 데 전념하고 있다. 워싱턴 DC에 위치한 미국 기업 연구소는 1943년에 설립되었고, 미국에서 가장 크고 존경 받는 싱크 탱크 가운데 하나이다.

미국 외교정책 협의회(American Foreign Policy Council | www.afpc.org): 미국 외교정책 협의회(AFPC)는 20년 동안 미국 외교정책 토론회에서 중요한 역할을 해 왔다. 1982년에 설립된 미국 외교정책 협의회는 미국의 외교정책을 만들거나 영향을 주는 사람들과 특히 구소련에서 민주주의와 시장 경제를 건설하는 세계 리더들을 돕기 위해 정보를 제공하고 있는 비영리 단체이다. 미국 외교정책 협의회는 외교정책 쟁점에 대해 시의적절하고 통찰력 있는 분석을 내놓는 출처로 널리 알려져 있으며, 의회의원, 행정부, 정책 입안 공동체와 긴밀하게 협력하고 있다.

미국 평화 연구소(United States Institute of Peace | www.usip.org): 미국 평화 연구소는 국회가 자금을 지원하여 설립한 독립적이고 초당파적인 국가기관이다. 폭력적인 분쟁을 예방하고 해결하며 분쟁이 발생한 이후에 안정과 발전을 도모하는 한편, 전 세계적으로 평화를 구축하는 능력, 수단, 그리고 지적 자본을 높이는 것을 목표로 한다.

브루킹스 연구소(Brookings Institution | www.brook.edu): 브루킹스 연구소는 연구에 있어서 독립적인 분석가이자 비판가로서, 공공의 정보를 위해 연구의 성과를 공표하는 데 헌신한다. 회의와 행사를 통해 학문과 공공 정책 사이의 가교 역할을 하며, 의사 결정자들의 관심사에 대한 새로운 정보를 제공하고, 학자들에게는 공공 정책 쟁점에 대한 더 나은 통찰력을 제공한다. 연구소의 기원은 정부 연구를 위한 연구소로 설립된 1916년까지 거슬러 올라갈 수 있는데, 국가적 수준의 공공 정책 쟁점에 관심을 갖고 헌신한 최초의 민간단체이다.

진보정책 연구소(Progressive Policy Institute | www.ppionline.org): 진보 정책 연구소의 역할은 21세기 미국을 위한 새로운 진보적 정치를 정의하고 널리 알리는 것이다. 연구소는 연구, 정책, 그리고 논평을 통해, 새로운 통치 철학과 정보화 시대에 맞춘 공공 혁신을 위한 의제를 만들고 있다.

카네기 국제 평화 기금(Carnegie Endowment for International Peace | www.carnegieendowment.org): 카네기 국제 평화 기금은 국가 간 협력 증진과 미국의 적극적인 국제적 개입을 촉진하는 데 전념하는 비영리 단체이다. 1910년에 설립된 카네기 국제 평화 기금은 현실성 있는 결과를 달성하기 위해 공정하고 헌신적으로 일을 추진한다.

카터 센터(Carter Center | www.cartercenter.org): 카터 센터는 에모리 대학교와 협력하여 인권과 인간의 고통 경감을 위한 기본적 약속에 따라 운영된다. 갈등을 예방하고 해결하며, 자유와 민주주의를 강화하고, 건강을 증진시키기 위해 노력한다.

카토 연구소(CATO Institute | www.cato.org): 카토 연구소는 작은 정부, 개인의 자유, 자유 시장, 평화에 관한 전통적인 미국의 원칙을 재고할 수 있도록 공공 정책 토론의 범위를 확대하고자 한다. 그러한 목표를 위해 연구소는 관련 지식을 갖춘 일반 대중이 정부의 정책과 적절한 역할에 대한 질문에 대해 더 많이 참여할 수 있도록 노력하고 있다.

허드슨 연구소(Hudson Institute | www.hudson.org): 허드슨 연구소의 정책 권고안, 기사, 책, 회의, 그리고 전자 매체에 쓰는 기고문에서 우리는 미래에 대해 낙관하고 통념에 대한 의문을 자유롭게 제기한다. 우리는 자유 시장과 개인의 책임에 대한 동의, 진보를 돕는 기술의 힘에 대한 확신, 인간 문제에서 문화와 종교의 중요성에 대한 존중, 그리고 미국의 국가 안보를 지키기 위한 결의를 보여 준다.

헤리티지 재단(Heritage Foundation | www.heritage.org): 1973년에

설립된 헤리티지 재단은 싱크 탱크이자 연구 및 교육 기관이다. 자유 기업의 원칙, 작은 정부, 개인의 자유, 전통적인 미국의 가치관, 강력한 국가 방위에 기초하여 보수적인 공공 정책을 수립하고 홍보하는 역할을 하고 있다.

후버 연구소(Hoover Institution | www.hoover.org): 스탠퍼드 대학교의 후버 전쟁·혁명·평화 연구소는 국제 정세뿐만 아니라 국내외 정치, 경제, 정치경제학에 대한 선진적인 연구에 전념하는 공공 정책 연구소이다. 후버 연구소는 자유 사회를 정의하는 사상들이 경쟁하는 장에서 중요한 기여자로 일하기 위해, 저명한 학자들과 진행 중인 정책 지향 연구 프로그램을 바탕으로 축적해 온 지식을 제공한다.

5) 신문

구글 뉴스를 이용하면 최근에 실린 기사들에 대한 접근이 용이하다. 구글 뉴스에 접속하려면 구글 웹 페이지(www.google.com) 메인으로 들어가서 상단의 뉴스 탭을 클릭하라. 구글은 최근 3개월 치 신문 데이터베이스를 보여 준다.

많은 웹사이트에서 무료로 신문 기사를 제공한다. 파인드아티클스닷컴(FindArticles.com)은 수많은 신문을 포함하여 수천 개의 출판물을 무료로 제공하고 있다(http://articles.findarticles.com/p/home?tb=art). 미국 의회 도서관 온라인 열람실 웹사이트에서는 수백 개의 온라인 신문과 잡지에 접속할 수 있는 링크를 찾을 수 있다(www.loc.gov/rr/news/lists.html). 라이트 뉴스(Write News)의 웹사이트에서는 모든 주요 신문사들이 운영하는 온라인 서비스에 접근할 수 있다(http://writenews.com/newslinks/).

6) 정기 간행물

정기 간행물은《타임(Time)》이나《뉴스위크(Newsweek)》와 같이 대중적으로 널리 알려진 시사 주간지와《포린 어페어스(Foreign Affairs)》,《워싱턴 쿼털리(Washington Quarterly)》와 같은 국제 외교 관련 주간지를 포함한다. 도서관에서 인포트랙(InfoTrac), 인젠타(Ingenta), 아티클퍼스트(ArticleFirst), 익스팬디드 아카데믹 ASAP(Expanded Academic ASAP)나 렉시스/넥시스 학술 유니버스(Lexis/Nexis Scholastic Universe)와 같은 전자 데이터베이스와 색인 시스템을 구독할 수 있다. 그러한 시스템은 정기 간행물의 전문(全文)에 대한 접근 및 컴퓨터 기반 검색 시스템을 제공한다. 일부 출판 자료 또한 온라인에서 제한적으로 접속 가능한데, 다음은 온라인에서 이용할 수 있는 정기 간행물 목록의 일부이다.

내셔널 리뷰(National Review | www.nationalreview.com): 보수적인 잡지로 많은 기사들과 웹사이트에 무료로 접속할 수 있다. 구독자들은 이 잡지를 디지털 형식으로 내려받을 수도 있다.

네이션(The Nation | www.thenation.com): 진보적 간행물인 네이션은 1999년 이후 기사의 약 40~60%를 무료로 이용할 수 있다. 간행물을 구독하면 1999년 이후의 모든 자료에 접근할 수 있다. 디지털 기록물보관소는 1895년 이후의 모든 기사에 대해 유료로 접근을 제공한다.

뉴 리퍼블릭(New Republic | www.tnr.com): 구독자들은 잡지의 기록물 보관소에 접속할 수 있다. 진보적인 성향을 가진《뉴 리퍼블릭》은 웹에 있는 자료에 한해 무료 제공하고 있다.

뉴스위크(Newsweek | www.msnbc.msn.com/id/3032542/): 인기 있는 시사 잡지로, 온라인 뉴스 서비스인 MSNBC와 제휴하여 광범위한 양의 뉴스를 제공한다. 1993년부터《뉴스위크》에 실린 기사를 검색할 수 있다.

검색은 무료이지만, 보관된 자료에 접속하려면 비용을 지불해야 한다.

타임(Time | www.time.com/time): 1985년 이래 주요 쟁점을 다루는 인기 있는 시사 잡지이다. 이 사이트는 일부의 기사를 무료로 제공할 뿐, 보관된 자료를 보려면 일정 비용을 지불해야 한다.

U.S. 뉴스 & 월드 리포트(U.S. News & World Report | www.usnews. com/usnews/home.htm):《U.S. 뉴스 & 월드 리포트》의 최신 기사는 바로 볼 수 있다. 일정 비용을 지불하면 보관소에 있는 기사를 볼 수 있다.

온라인에서 증거 수집에 사용되는 인용문 시스템

전미 토론 연합(NFL)의 증거 인용 규칙은 현대언어협회(MLA)의 수정 된 기준을 토대로 한 것이다. 인터넷 자료를 인용하는 경우에, 인용 규칙은 다음과 같다.

- 작성자(작성자는 한 명의 이름이거나 단체의 이름일 수 있다.)
- 작성자의 자격
- 웹 페이지의 제목
- 웹 페이지가 생성된 날짜
- 검색한 내용

만약, 작성자의 이름을 알 수 없는 경우에는 어떻게 해야 할까? 그때는 URL을 분해하면 된다. 'www.perrspectives.com/articles/art_optout01. htm'에서 흥미로운 내용이 있어서 인용하려고 하는데, 웹 페이지의 작성 자가 누구인지 도무지 모르는 경우라면 온전한 URL을 뒤에서부터 빗금 표시까지 단계적으로 삭제해 본다. 그러면, 당신이 인용하고자 하는 웹 페이지를 게시한 개인 혹은 단체의 홈페이지가 나타난다. 그렇게 해서 'www. perrspectives.com'으로 가보면 웹 페이지의 게시물이 민주당 지도부의 멤버 존 페르(Jon Perr)에 의해 작성되었다는 것을 알게 될 것이다. 이렇게 노력했음에도 불구하고 여전히 인용문의 작성자를 알 수 없다면, 토론 과정에서 증거로서의 가치가 없다.

'작성자의 자격'은 작성자가 가진 사회적 지위 즉, '예일 대학교 정치학과 교수', '카토 연구소 선임연구원' 등을 가리킨다. '웹 페이지의 제목'은 온라인 정기 간행물의 이름 또는 웹 페이지 최상단에 보이는 제목이다. '웹 페이지가 생성된 날짜'는 주로 페이지 어딘가에서 확인이 가능하다. 게시물이 작성된 날짜를 확인할 수 없다면 마지막으로 수정된 날짜로 대체한다. 웹 페이지의 게시물이 작성된 일자나 최종적으로 수정된 일자를 모두 알 수 없는 경우에는 어떻게 해야 할까? 이러한 경우에는 토론 과정에서 사용할 수 없다. 적어도 최종 수정 일자 정도는 확인 가능한 것이어야 한다. 인터넷 브라우저로 모질라 파이어폭스를 사용해 보라. 웹 페이지를 불러온 다음 상단의 도구 메뉴에서 페이지 정보를 선택하면, 파이어폭스는 대부분 상황에서 웹 페이지의 마지막 수정 날짜를 알려 준다. '검색한 내용'은 온라인 출처, 검색 날짜와 해당 URL을 가리킨다. 구글 혹은 다른 검색엔진을 통해 검색된 문서의 경우 온라인 출처는 단순히 '인터넷'이며 인터넷 인용문의 작성 예는 다음과 같다.

에릭 라슨(Eric Larson, 건강 협동 조합의 책임자)과 레바 아들러(Reva Adler, 브리티시 컬럼비아 대학교 의과대학 교수), 《시애틀 타임스(Seattle Times)》, 2005년 6월 19일. 온라인. 인터넷. 2007년 1월 25일. http://seattle-times.nwsource.com/html/opinion/2002339788_sungenocide19.

html.

렉시스/넥시스의 인용문은 다음과 같이 작성한다.

느손구루아 우돔바나(Nsongurua Udombana, 부다페스트의 중앙 유럽 대학교 법학과 교수),《샌디에이고 국제법 저널(San Diego International Law Journal)》, 2005년 가을. 온라인. 렉시스/넥시스 아카데믹 유니버스. 2007년 2월 8일.

　각 인용문의 출처를 기록할 때 두 개의 날짜를 포함시킨다는 점에 주목하자. 이는 인용된 자료가 인터넷 출처에 작성된 일자와 이를 조회한 일자이다. 이 가운데 첫 번째 날짜(게시 일자)는 토론을 진행하는 과정에서 인용할 때 밝혀야 한다. 그렇다면 검색 날짜가 필요한 이유는 무엇일까? 인터넷 자료는 시시각각 수정·삭제된다. 따라서 인터넷 인용이 정확하게 이루어졌는지 확인하려면 반드시 검색한 날짜가 필요하다. 인터넷 인용문에는 URL을 기록하지만 렉시스/넥시스 인용은 그렇지 않다는 점도 주목할 만하다.
　데이터베이스(렉시스/넥시스, 프로퀘스트, 인젠타 등)를 구독하는 경우, URL 목록이 필요하지 않기 때문이다. 대개 URL은 믿을 수 없을 만큼 길고, 구독자 위치와 동일한 곳에서만 접속할 수 있도록 하는 정보를 포함한다. 프로퀘스트 문서의 정확성을 확인하기 위해 검색하는 조사자들은 자체 구독 사이트를 통해 데이터베이스에 접속해야 할 것이다.

인터넷에서 단어의 정의 찾기

토론자들은 때때로 '청소년 정의' 또는 '공중 보건'과 같은 용어를 정의하기 위해 증거가 필요한데, 두 개의 인터넷 검색엔진에서 증거 수집에 중요한 도움을 받을 수 있다. 먼저, 'www.onelook.com'을 통해 1,000개 이상의 사전에 접근할 수 있다.

다음으로, 구글은 잘 알려지지 않았지만 정의를 찾는 두 가지 도구를 제공한다. 첫 번째 접근은 'define'이라는 단어와 ':'을 입력한 다음, 정의 내리고자 하는 단어 또는 구를 메인 검색창에 입력한다. 예를 들면 검색 창에 'define: 공중 보건'을 입력하는 것과 같다. 이렇게 하면 약 10개의 웹을 기반으로 한 정의를 찾을 수 있다. 'define'뒤에 오는 ':'으로 인해 만들어진 차이에 주목하라. 만약 ':'이 없다면 구글은 '정의(define)'와 '공중 보건'을 포함한 모든 웹 페이지를 찾는다. ':'이 있으면 구글은 특정한 용어인 '공중 보건'을 정의하는 웹사이트만을 찾는다. 정의를 찾는 두 번째 도구는 검색어에서 밑줄이 그어진 용어를 클릭할 수 있는 기능이다. 예를 들어 "대폭 증가시키다"라는 구를 입력한다. 그러면 구글이 검색 결과를 보여 줄 때, 검색한 내용에 포함되는 각 단어(화면의 우측 상단 모서리에 나타남)에 밑줄이 그어진 것을 보게 될 것이다. 밑줄 친 단어 중 하나를 클릭하면 용어의 정의가 나타난다.

증거 수집

정보가 폭발적으로 증가하고 쏟아지는 시대에 토론자가 읽을 필요가 있다고 생각되는 것을 모두 인쇄본으로 출력한다는 것은 적절하지 않다. 그 이유는 바로 비용과 시간 때문이다. 토론 팀이 원하는 모든 자료를 프린터로 다 출력하려면 많은 비용이 든다. 그리고 많은 자료를 인쇄하는 데는 그만큼 많은 시간이 소요된다. 컴퓨터실에는 컴퓨터가 많겠지만 프린터에 연결된 컴퓨터는 한 대밖에 없을 수 있다. 당연히 프린터 사용에는 병목 현상이 일어난다. 또 과도한 출력물의 양산은 환경보호 측면에서도 무책임하다고 볼 수 있다. 토론자들은 2~3개의 증거 카드를 만들기 위해 200쪽의 법학 잡지를 출력하는 등 방대한 양의 종이를 소비한다. 이는 매일 인쇄되는 수백 쪽에 달하는 출력물과 사진 인쇄물이 낭비된다는 것을 뜻한다.

워드프로세서로 토론 개요를 작성하면 읽기 힘든 손 글씨로 매긴 쪽 번호도 없고 복사했을 때 색상이 나타나지 않을 우려를 할 필요도 없기에 쉽게 읽을 수 있으며, 한 페이지 당 담고 있는 내용도 훨씬 더 많다. 그리고 이는 결국 복사 비용의 절약으로 이어진다. 사실 대규모로 구성된 팀은 단순히 디스크를 활용하여 정보를 나누고, 각 팀 구성원이 개인 소유의 프린터로 토론 개요를 프린트할 수 있다. 이로써 팀은 복사 비용을 줄일 수 있다. 만약에 토론 개요를 워드프로세서로 작업한다면 디스크에 증거 자료를 모으는 것이 좋다. 그렇게 하지 않으면 토론자는 출력된 자료에 있는 증거를 다시 워드프로세서로 옮겨 적어야 한다.

논거를 구성하는 고전적인 방법은 논거와 상반되는 내용(예를 들면 연방제의 단점)을 정리하여 여러 개의 '증거 더미'를 만드는 것이다. 논쟁이 진행되고 있을 때, 필연적으로 토론자는 흔히 '내가 주장하는 것에 대한 증거가 있다는 것을 안다. 그런데 그 증거가 어디 있지?'라고 생각하는데, 수집된 증거가 디스크에 잘 분류되고 정리되어 있으면 그런 고민을 할 필요가 없다. 해당하는 범주에서 증거를 찾을 수 없으면, 토론자는 간단히 워드프로세서의 '찾기' 기능을 사용하여 단어나 구를 검색할 수 있다. 이렇게 하면 증거 카드를 불과 몇 초 만에 찾을 수 있다. 증거가 정리되면, 토론자는 간단히 워드프로세서의 '정렬' 기능을 사용하여 증거를 순서대로 배열할 수 있다.

증거를 자르는 기준

조사 주제에 관한 책, 잡지 또는 신문을 읽을 때, 하나의 증거에 무엇이 포함되어야 하는지를 어떻게 알 수 있는가? 토론자는 기사나 책에서 증거 인용을 뽑아내는 과정을 보여 주기 위해 '자르기(cutting)'라는 용어를 사용한다. 증거를 자르기 위한 두 가지 규칙과 두 가지 제안을 말하고자 한다. 먼저 규칙을 살펴보면,

자르기 규칙 1: 문장의 시작 부분부터 끝까지 있는 그대로 인용하라. 이 규칙에는 다음과 같은 몇 가지 의미가 있다.

a. 증거를 임의로 바꾸어 이야기하면 안 된다. 인용하고자 하는 문장 그대로 인용하라.

b. 인용문 중간에 단어나 문장을 생략하지 마라. 만약에 학기말 보고서를 위해 조사를 하고 있다면 단어가 생략된 부분을 나타내기 위해 '…'과 같은 생략 부호를 사용하여 단어를 생략할 수 있다. 그러나 경쟁적 토론의 기준은 내부 생략을 금한다. NFL의 증거 규칙에서는 증거가 한 문장의 처음부터 다른 문장의 끝까지 연속적으로 인용되어야 한다고 분명히 밝히고 있다. 생략할 수 있는 유일한 경우는 이미 인용한 원본 자체가 생략 상태로 인용되어 있는 경우이다.

c. NFL의 증거 규칙에 따르면 문장의 중간에서 인용을 시작하거나 문장이 끝나기 전에 인용을 멈출 수 없다.

d. NFL의 증거 규칙에 따르면 인용구에 단어를 추가할 수 없다. 만약 참고로 설명할 필요가 있다면, 괄호 안에 설명을 넣으면 된다. 예를 들어 인용문에서 UDF라는 약어가 사용되었고, 기사의 나머지 부분을 읽고 이것이 낙농업 협동조합(United Dairy Farmers)을 뜻하

는 것을 알 수 있었다면, 간단하게 UDF 용어 뒤에 [United Dairy Farmers]를 넣는다. 인용문의 의미를 변경하거나 첨가하기 위해 괄호를 만들어 넣으면 안 된다.

자르기 규칙 2: 모든 증거에는 출처가 있어야 한다. 이 출처에는 작성자(또는 단체일 수 있음), 작성자의 자격(매사추세츠 공과대학 교수, 기자 등), 출처, 작성 일자, 페이지 번호 등이 포함되어야 한다. 온라인이 출처가 되는 증거가 있는 경우 페이지 번호를 생략할 수 있으나 온라인 접속 정보(예를 들면, 2007년 7월 31일 www.annrand.org에 접속)는 있어야 한다.

자르기에 대한 제안 1: 증거 하나하나에는 목적하는 바가 있어야 한다. 증거를 무작위로 수집하지 마라. 증거가 뒷받침하고 있는 논증은 무엇인가? 이 질문에 답할 수 없다면, 인용구를 모으는 것은 의미가 없다.

자르기에 대한 제안 2: 결론에 이유를 제시할 만큼 충분한 길이로 인용하되, 토론 라운드에서 읽는 데 수 분을 넘길 만큼 길지는 않아야 한다. 때때로 토론자는 "교토 의정서를 채택하는 것은 미국 경제에 감당할 수 없을 정도로 많은 비용을 초래할 것이다."와 같이 어떤 기사 내에서 작성자가 말했던 결론 문장만을 제시하기도 한다. 좋은 증거는 결론을 지지하는 이유를 전달할 것이다. 그런데 결론만 남기고, 정작 현재의 결론을 내릴 수 있게 한 이유를 삭제하는 실수를 범하지 말자. 대체로 인용 카드의 길이는 5~6개의 문장 정도가 적절한 표준 분량이다. 물론, 이보다 짧거나 더 긴 경우도 간혹 있다.

경쟁적 토론에서 증거 조작하기, 증거 왜곡하기, 증거를 부당하게 사용하기 등 증거 규칙을 위반했을 때 어떻게 될까? 대부분의 토너먼트 규칙은 증거 위반에 대해 만만치 않은 불이익을 준다. 증거 규칙이 무시될 때 토론은 무의미하다는 것에 대해 공감대가 형성되어야 성공적인 토론이 이루어진다. 불이익의 범위는 증거 위반이 발생한 토론 라운드에서 실격하는 것부터 이후에 진행될 전체 토너먼트에서 자격이 박탈되는 것까지 가능하다. 보통 증거는 공유되므로 잘못된 증거 수집은 학교를 대표하여 경쟁하는 팀 전체를 위협할 수 있기 때문에, 일부 토론 코치들은 심각한 증거 위반이 발견되면 팀원을 즉시 퇴출시킨다.

온라인에서 찾은 증거를 정리하는 절차

워드프로세서 프로그램(예를 들어 마이크로소프트 워드, 워드퍼펙트)과 인터넷 브라우저(예를 들어 인터넷 익스플로러, 파이어폭스)를 실행시킨다. 각 프로그램을 화면에 나란히 정렬한다. 인터넷 자료에서 인용할 정보를 찾는다. 다음으로 워드프로세서로 가서 자료에서 찾은 인용구를 NFL 증거 인용 형식에 따라 옮겨 적는다. 자료 인용문을 작성할 때 필요한 모든 정보는 웹 페이지 화면에 표시되어야 한다. 웹 페이지에서 인용할 텍스트를 블록 설정하고, 복사(윈도우의 경우 Ctrl+C, 매킨토시의 경우 Command+C)한다. 다음으로 워드프로세서로 가서 붙여 넣기(윈도우의 경우 Ctrl+V, 매킨토시의 경우 Command+V)한다. 원치 않은 내용을 붙여 넣기 한 경우에는 두 가지 방법으로 문제를 해결할 수 있다. 붙여 넣기를 한 줄을 클릭한 후 백스페이스(Backspace)를 눌러 불필요한 부분을 지우거나, 찾기 및 바꾸기 기능을 사용하여 수정이 필요한 모든 단락을 바꿀 수 있다. 각 증거 카드를 동일한 단락의 증거 인용을 포함하는 하나의 단락으로 만드는 것이 목표이다. 하나의 단락 안에 하나의 증거 카드를 두면 워드프로세서의 정렬 기능을 사용하여 자료를 색인할 수 있다. 워드프로세서의 정렬 명령을 사용하는 것은 문서의 모든 단락을 알파벳순으로 정렬하도록 지시하는 것이다. 만일 하나의 증거 카드 안에 문단을 나눠 두었다면 정렬 명령이 실행될 때 카드가 분리된다.

웹 페이지에서 원하는 카드를 모두 가져갈 때까지 워드프로세서에 카드를 계속 붙여 넣는다. 그런 다음 각각의 카드를 뒷받침하는 많은 증거를 복사하고 붙여 넣어라.

컴퓨터에서 증거 정렬하기

카테고리를 추가할 수 있도록 문서정리 틀을 만들어야 한다. 예를 들어 지구온난화(global warming)라는 주제를 검색할 때 다음과 같이 (global warming에 해당하는) GW로 시작하는 문서정리 체계를 사용할 수 있다.

GW101부터 GW199까지 — 지구온난화 피해(harms)

GW101 해수면 상승 피해

GW102 농업에서의 피해

GW103 허리케인과 심각한 폭풍

GW104 온난화로 인한 멸종위기종

GW105 열대지방에서 시작된 질병의 확산

⋮

GW201부터 GW299까지 — 지구온난화 내재성(inherency)

GW201 부시 행정부가 조치를 거부한다.

GW202 다른 국가들은 미국이 조치하기를 기다린다.

GW203 기업은 정부의 보상 없이 움직이지 않을 것이다.

⋮

GW301부터 GW399까지 — 지구온난화 해결성(solvency)

GW301 조치하기에 늦지 않았다.

GW302 교토 의정서는 여전히 유효하다.

GW303 미국이 이끌면 다른 국가들이 따를 것이다.

$\vdots$

GW501부터 GW599까지 — 지구온난화 피해(harms)에 대한 답변

GW501 온난화는 천천히 진행된다.

GW502 사람들은 온난화를 조절할 수 있다.

GW503 온난화는 오히려 식물의 성장을 돕는다.

GW504 태풍이 더 심각해지진 않고 있다.

$\vdots$

GW601부터 GW699까지 — 내재성(inherency)에 대한 답변

GW601 기업들은 주체적으로 행동하고 있다.

GW602 다른 국가들은 미국의 조치와 무관하게 행동한다.

$\vdots$

GW701부터 GW799까지 — 해결성(solvency)에 대한 답변

GW701 교토 의정서는 지구온난화를 늦추지 못할 것이다.

GW702 미국의 리더십과는 무관하다.

GW703 인위적 요인은 자연적 요인에 비해 상대적으로 영향이 미미
       하다.

$\vdots$

GW801부터 GW899까지 — 지구온난화의 해결책에 대한 불이익

GW801 교토 의정서는 미국 경제를 붕괴시킬 것이다.

GW802 풍력 발전은 새들을 죽일 것이다.

GW803 중동의 석유에 의존하는 데서 벗어나는 것이 중동 분쟁을 증
       가시킬 것이다.

$\vdots$

지구온난화에 대한 모든 조사 결과는, 모든 단락 앞에 문서 정리 번호가 매겨진 카드가 있는 하나의 워드 프로세싱 파일로 저장된다. 예로 든 다음 증거 카드를 주의 깊게 살펴보자.

GW103 알록 자(Alok Jha)와 타니아 브래니건(Tania Branigan, 전속 작가), 《가디언(Guardian)》, 2007년 7월 30일, 10쪽. 온라인. 렉시스/넥시스 아카데믹 유니버스. 2007년 7월 31일. 기후학자들은 지난 세기 동안 대서양에서 수많은 폭풍이 지나치게 급증한 것의 원인을 지구온난화의 탓으로 돌렸다. 그들은 연구 결과 1905년 이래로 태풍의 수가 평균 두 배 증가했다고 밝혔다. 이러한 추세가 이상 기후 변화와 확실히 연관이 있는 현상인 대서양의 해수면 온도 상승의 원인이 된다고 한다. 열대성 폭풍우는 그들이 지나가는 바다의 에너지에 의해 동력을 공급받는데, 따뜻한 해수면을 지나면서 더욱 강력한 폭풍우로 성장한다. 지난 세기 동안 해수면의 표면 온도는 0.7도 상승했다. 거의 2천 명의 목숨을 앗아가 미국 역사상 가장 큰 자연재해를 입힌 허리케인 카트리나를 포함하여 태풍의 평균 수가 두 배 이상 되었는데, 2005년에 그 빈도가 뚜렷하게 증가하였다.

NFL 인용구의 모든 필수 요소들이 나열된 증거 카드에는 완전한 출처가 들어 있다. 증거 카드에는 중간 생략 없이 온전한 인용구가 담겨 있다. 신문 기사 원문에서 이 인용구는 4개의 문단으로 분리되어 있었으나, 카드에는 이러한 문단 구분을 삭제함으로써 이후에 정렬되었을 때에도 카드가 분리되지 않도록 하였다. 증거 카드의 출처와 같은 단락에 텍스트를 입력하였는데, 이것 또한 정렬 과정에서 증거 카드의 출처가 텍스트와 분리되지 않도록 하기 위함이다.

증거 카드는 문서 정리 번호로 시작되므로 워드프로세서의 정렬 기능을 이용할 경우 유사한 증거들을 인근에 배치할 수 있다. 마이크로소프트 워드에서 정렬 명령은 '표(Table)' 메뉴의 하위에서 찾을 수 있다. '편집(Edit)' 메뉴에서 '모두 선택(Select All)' 옵션을 눌러 문서의 모든 단락을 선택한 다음, '정렬(Sort)' 명령을 실행한다. 그러면 문서 정리 카테고리 번호에 사용한 알파벳순으로 모든 문단이 재배열된다.

문서가 작성되고 정렬되고 나면, 디스크에 기록된 증거는 테이블 위의 "카드 더미"와 같은 기능을 한다. 색인을 이용해 구성하고 있는 논증의 일부를 뒷받침하는 카드의 위치를 확인한 다음, 워드프로세서 검색 기능을 이용해(예를 들면 'GW301'을 검색) 카드를 찾는다. 거기에 정리된 카드를 읽고 토론 개요에 포함시키고 싶은 카드를 선택한 후 그것을 자르고 붙여 넣으면 된다.

온라인 증거 수집을 위한 윤리적 규범

인터넷상에서 정보에 대한 접근성은 정책 토론에서의 증거 수집 과정에 대변혁을 일으켰다. 인터넷은 우리의 손가락 끝에 수십억 페이지의 정보를 두었다. 이러한 상황을 하나의 축복으로 볼 수도 있지만, 윤리적 선택의 문제도 그만큼 중요하게 대두되고 있다. 구글 검색은 동일한 검색에 대해 세계적인 석학의 웹 페이지에서부터 혐오 집단, 초등학생의 웹 페이지까지 모두 보여 준다. 인쇄 매체에서와 마찬가지로 이용자는 《뉴욕 타임스》와 《내셔널 인콰이어러(National Enquirer)》* 간의 차이를 구별해야 한다. 토론 자료 조사는 대부분 팀 단위(squad-based)이고, 이는 자료 조사가

....

* 가십 전문의 타블로이드 신문.

다수 학생들에게 공유된다는 것을 의미하기 때문에, 토론 자료 조사에 쓰일 수 있는 웹 페이지 유형에 대한 최소한의 기준을 합의하는 것이 필요하다. 다음은 권장되는 기준이다.

- 토론 그룹이나 채팅방에서 만들어진 웹 페이지는 사용하지 않는다.
- 보도 기사를 읽은 독자가 자신의 견해를 밝힌 블로그의 게시물은 사용하지 않는다. 대부분의 블로그에서는 보도 기사를 읽은 독자의 견해가 나타난다. 하지만 견해를 밝힌 사람들이 당면한 주제에 대한 전문 지식을 갖고 있다고 믿을 증거는 없다. 블로그에 글을 게시한 사람들에 대해서는 해당 블로그 웹사이트에 등록하기 위해 사용한 웹상의 이름만을 확인할 수 있을 뿐이다.
- 웹 페이지의 작성자가 밝혀지지 않은 웹 페이지는 사용하지 않는다.
- 초·중·고 학생 또는 대학생에 의해 만들어지고 운영되는 웹 페이지는 사용하지 않는다.
- 편파적 집단이나 미확인 단체에 의해 만들어지고 운영되는 웹 페이지는 사용하지 않는다.
- 웹 페이지에 게시 날짜가 없거나 '마지막 수정 일자'를 확인할 수 없는 웹 페이지는 사용하지 않는다.

다음 중 한 곳에서 운영하는 웹 페이지를 권장한다.

- 정부 기관
- 주요 교육 기관 또는 그런 기관에 소속된 교수
- 인정받는 전문가 집단(싱크 탱크) 또는 시민 단체(랜드 연구소, 브루킹스 연구소, 헤리티지 재단, 카토 연구소, 허드슨 연구소, 국제 전략 문제 연구소, 후

버 연구소, 국제 사면 위원회 등)

- 평판이 좋은 저널리스트 단체(CNN,《뉴욕 타임스》,《워싱턴 포스트》,《크리스천 사이언스 모니터》, 폭스 뉴스 등)

토론에서 증거가 되는 인용구는 단어를 추가하거나 생략하지 않고 원본에 나타난 그대로 보존되어야 한다. 이는 인용문에 토론자가 말을 가감하는 것이 허용되지 않는다는 것을 뜻한다.

더 읽을거리

Emory University Libraries. "Internet Critical Evaluation." August 23, 2005. http://web.library.emory.edu/services/ressvcs/howguides/internet. html (accessed July 31, 2007).

Kingwood College Library. "MLA Style: Paper and Online." 2006. http:// kclibrary.nhmccd.edu/mlastyle.htm (accessed July 31, 2007).

University of Michigan. "Political Science Resources: Think Tanks." August 17, 2005. www.lib.umich.edu/govdocs/psthink.html (accessed July 31, 2007).

토론 형식 선택하기

미국의 고등학교에서는 세 가지 주된 유형의 경쟁적 토론인 정책 토론, 링컨-더글러스 토론, 그리고 공공 포럼 토론을 연습하고 있다. 이 장에서는 각 토론 유형을 개관하고자 한다. 어떤 토론 형식이 다른 토론 형식보다 더 낫다고는 할 수 없고, 각각의 형식에 강점과 약점이 있을 뿐이다.

정책 토론

정책 토론(policy debate)은 1900년대 초기부터 미국 고등학교에서 시작된 가장 오래된 경쟁적 토론 형식이다. 정책 토론은 20세기 초부터 80년 동안, 토론 대회에 쓰이는 유일한 토론 형식이었다. 일부 지역에서는, 팀 당 2명으로 진행되는 정책 토론을 팀 토론(team debate)으로 부르기도 하고, 정책 토론의 한 단계인 반대신문(cross-examination)을 줄여 CX 토론으로

부르기도 한다.*

정책 토론은 토론되는 주제(논제, resolution)의 유형에 따라 붙여진 이름이다. 토론 논제는 사실(fact), 가치(value), 정책(policy)의 문제를 다룰 수 있다. 사실 논제는 "O. J. 심슨이 그의 아내 니콜을 살해했다."와 같은 것으로, 보통 법원에서는 사실 문제를 다룬다. 가치 논제는 "민주주의에서 시민 불복종은 정당하다."와 같다. 정책 논제는 "미국 정부는 중국에 대한 외교정책을 사실상 바꾸어야 한다."와 같이 어떤 행동 또는 조치를 제안하는 것으로 정책 토론에서 토론자들은 최근의 시사 문제와 공공 정책에 대해 친숙해 있어야 한다.

정책 토론의 논제 선정 과정은 고교 체육 연맹(National Federation of State High School Associations: NFHS)**에서 관리하며, 정책 토론에 참여하는 모든 고등학교는 논제 선정에 참여할 수 있는 기회를 가진다. 논제가 선택된 후 1년 동안, 전국의 모든 학교는 같은 논제로 토론한다.

정책 토론은 팀 토론으로, 각 학교에서는 2명으로 구성된 팀을 1팀 이상 대회에 참가시켜야 한다. 몇몇 학교는 여러 팀을 대회에 참가시키기도 한다.

정책 토론의 각 라운드는 80분가량 소요되며, 8번의 발언과 토론자가 상대측 토론자에게 질문하는 4번의 반대신문으로 구성된다.

....

* 공공 포럼 토론도 팀 당 2명이고 다른 두 토론 형식 모두 반대신문 단계를 포함하고 있지만, 이 별칭은 정책 토론에만 붙은 것이다.
** 1920년에 설립된 단체로, 미국에 있는 고등학교 스포츠 활동 및 여타 교육 활동의 경기 규칙을 정해 발표하고 관리하고 있다. '부록 D'를 참고.

링컨-더글러스 토론

링컨-더글러스 토론(Lincoln-Douglas debate)은 1970년대 후반 미국 고등학교에서 시작되었다. 이 토론의 이름은 1858년 일리노이주 상원 의원 선거 기간에 있었던 에이브러햄 링컨(Abraham Lincoln)과 스티븐 더글러스(Stephen Douglas) 사이의 유명한 토론에서 유래되었다.

링컨-더글러스 토론은 "개인은 삶의 질보다는 생명의 존엄성에 가치를 두어야 한다."와 같은 가치 논제를 사용한다. 가치 논제의 사용은 토론자들이 주요 철학적 체계—존 스튜어트 밀(John Stuart Mill)의 자유 시장 이론, 이마누엘 칸트(Immanuel Kant)의 정언명령, 존 롤스(John Rawls)의 정의론 등과 같은 철학적 개념—와 친숙해지도록 장려하는 것을 의미한다.

링컨-더글러스 토론에서 사용되는 논제는 NFL이 위임하는 위원회나 해당 토너먼트를 후원하는 개별 주의 위원회가 결정한다. 토론 시즌 동안 NFL의 링컨-더글러스 토론 논제는 두 달마다 바뀐다.

1대 1 토론인 링컨-더글러스 토론은 팀 토론인 정책 토론 및 공공 포럼 토론과 구별된다. 링컨-더글러스 토론의 토론자들은 팀원 없이 다른 학교의 토론자에 맞서 개인적으로 경쟁한다.

링컨-더글러스 토론의 각 라운드는 정책 토론 소요 시간의 절반 이하인 약 30~35분가량이다. 링컨-더글러스 토론의 라운드는 다섯 번의 발언과 두 번의 반대신문으로 구성된다.

공공 포럼 토론

2002년에 첫 전국 대회를 치른 공공 포럼 토론(public forum debate)은 가장 최근에 추가된 경쟁적 토론 형식이다. 공공 포럼 토론은 논쟁 토론(Controversy debate)으로 불리기도 하고 테드 터너 토론(Ted Turner debate)이라고도 불린다. 이는 CNN의 창립자 테드 터너가 이 행사의 초기 후원자 중 한 명이었기 때문이다.

공공 포럼 토론의 논제는 NFL 위원회가 결정하고, 한 달에 한 번씩 바뀐다. 공공 포럼 토론의 논제를 선정하는 NFL 위원회는 시의성을 가장 중요하게 여기는데, 이는 그 달의 '뜨거운' 쟁점을 찾으려고 노력한다는 의미이다. 공공 포럼 토론 논제 중 일부는 "미국은 테러와의 전쟁에 패배했다."와 같은 사실 논제이고, 다른 일부는 "미국에서 카지노 도박 합법화로 지출되는 손실이 이익보다 더 크다."와 같은 가치 논제이다. 그러나 공공 포럼 토론 논제의 대부분은 "미국은 불법 체류자들에게 이주 노동자 비자를 발행해야 한다."와 같은 정책 논제이다.

공공 포럼 토론은 팀 토론으로 학교별로 2명을 한 팀으로 구성한다. 공공 포럼 토론의 각 라운드는 약 35분가량 소요된다. 이는 링컨-더글러스 토론과 비슷한 소요 시간으로, 정책 토론의 라운드보다는 훨씬 짧다. 공공 포럼 토론의 라운드는 여덟 번의 발언과 세 번의 '상호반대신문(crossfire)'으로 구성되는데 일부 짧은 발언 단계는 1분에 불과하다.

토론 형식 간의 유사점

경쟁적 토론의 세 유형에서 토론자는 입장 교대(switch side)에 대비하여 논제의 찬성과 반대 양쪽을 모두 준비해야 한다. 예를 들어, "권총 소지를 규제해야 한다."라는 논제에서 토론자는 권총 소지 규제에 대한 찬성 측 입론뿐 아니라 반대 측 입론도 구축해야 한다. 토론자는 어느 입장에서 토론할지 미리 알 수 없으며, 토론할 입장은 토론 시작 직전에 결정된다.

위에서 언급한 세 가지 토론 유형과 별개로 토론 토너먼트는 유사하다. 가장 보편적인 토너먼트 형식은 이틀 간 5~6번의 예선 라운드를 치르며, 각 라운드에서 다른 학교의 팀과 경쟁을 치르는 것이다. 각 라운드에서 중립적인 판정관은 승패를 선언할 뿐만 아니라 각 팀에 대해 토론자 점수(speaker points)도 매긴다. 예선 마지막에 참가자들의 본선 진출 여부가 결정되고 대진 배정을 받는다. 만약 첫 번째 본선 라운드가 8경기로 구성된다면, 하위 팀들은 탈락하고 예선 상위 16개 팀만이 본선에서 토론할 수 있다. 본선 대진은 축구 시드 배정과 같이 예선 1위와 16위, 2위와 15위가 대결하도록 배정해 나감으로써 8위와 9위가 서로 맞붙게 된다. 본선의 각 라운드에는 세 명의 판정관이 배치된다. 각 라운드의 승자는 상위 라운드에 진출하고 패자는 탈락한다. 이 과정은 최종적으로 두 팀이 남을 때까지 계속되고, 마지막에는 결승전이 진행된다. 세 유형의 토론 모두 입론과 반대신문을 포함한다.

토론 형식을 선택할 때 고려할 점

학교에서는 주로 어떤 토론 형식을 택하는가? 토너먼트에 참가하기 위해서는 학교의 후원이나 토론 코치의 도움이 필요하다. 모든 학교가 세 유형의 토론 모두를 택하는 것은 아니다.

토론 대회를 위해 얼마나 많은 시간을 투자해야 하는가? 정책 토론은 세 유형 중 자료 조사와 사전 연습에 가장 많은 투입이 필요하기에 가장 많은 시간이 든다.

철학에 관심이 있는가? 링컨-더글러스 토론은 가치 해결에 초점을 두기 때문에, 철학적 개념을 잘 이해하고 있는 사람에게 유리하다. 링컨-더글러스 토론에 참여함으로써 아리스토텔레스(Aristotle)에서 존 로크(John Locke)까지 위대한 철학자들에 대해 많은 것을 배우게 될 것이다.

미디어 토론에 관심이 있는가? 그렇다면 아마 공공 포럼 토론이 최선의 선택일 것이다. 이 형식은 실제로 '상호반대신문'과 '맥러플린 그룹(Mc-laughlin Group)'과 같은 미디어 토론 형식으로부터 만들어졌다.

대학 토론 장학금을 받는 데 관심이 있는가? 그렇다면 지원하고자 하는 대학에서 채택하고 있는 토론 형식을 선택해야 한다. 의회 토론 대회에 참가하는 대학들은 링컨-더글러스 토론이나 공공 포럼 토론에서의 성과를 높이 평가한다. 반대신문 토론 협회(Cross Examination Debate Association: CEDA), 미국 토론 협회(American Debate Association: ADA)나 전미 토론 대회(National Debate Tournament: NDT)에 참가하는 대학은 정책 토론에서의 성과를 높이 평가한다.

토론을 공식적 말하기 기술을 신장하는 방법으로 생각하는가? 모든 토론이 공식적 말하기의 자신감을 향상시킬 수 있지만, 이 점에 있어서는 정책 토론보다 공공 포럼 토론과 링컨-더글러스 토론이 효과적이다. 정책 토론자들은 일반적으로 공식적 말하기에서 권장하는 속도보다 빨리 말한다.

학기 중에 토론을 시작하였는가? 그렇다면, 상대적으로 정책 토론보다 공공 포럼 토론이나 링컨-더글러스 토론이 유리하다. 정책 토론에서는 1년 내내 같은 논제로 토론하기 때문에 먼저 시작한 다른 학생들이 논제에 대한 자료 조사를 이미 상당히 진행했을 것이다. 예를 들어, 공공 포럼 토론 논제는 매달 바뀌기에 12월에 시작한다 해도 다른 토론자들과 동시에 새 논제로 토론할 수 있다.

법조계에서의 미래를 위한 준비 활동으로 토론을 생각하는가? 정책 토론은 자료 조사와 토론 개요 준비에 초점이 맞추어져 있기 때문에, 미래 법학도를 위한 탁월한 훈련이 된다.

토론 파트너가 될 만한 사람이 있는가? 그렇지 않다면, 개인으로 참가하는 토론 형식인 링컨-더글러스 토론으로 고려해 봐야 할 것이다. 목표와 신념을 공유할 수 있는 파트너가 있다면, 정책 토론이나 공공 포럼 토론을 염두에 둘 수 있다.

여름 토론 캠프에 참가할 의사가 있는가? 많은 대학에서 여름 토론 캠프를 주최한다. 이 캠프는 훌륭한 교육을 제공하는 동시에 시간과 금전적 비용을 요구한다. 정책 토론과 링컨-더글러스 토론에서 유능한 토론자들은 일반적으로 여름 캠프에 참가한 경험이 있다. 하지만 공공 포럼 토론에서는 이 점이 적용되지 않는다. 여름 캠프에 참가하지 않는다면, 공공 포럼 토론을 선택하는 것이 성공 가능성이 더 클지도 모른다.

더 읽을거리

Edwards, Richard. An Introduction to Debate. Indianapolis, IN: National Federation of High Schools, 2002.

Ulrich, Walter. Selecting and Attending a Forensic Institute. Indianapolis, IN: National Federation of High Schools, 1991.

정책 토론의 개요

정책 토론(Policy Debate)에서는 2명이 한 팀이 되어 다른 팀과 토론한다. 팀의 토론자들은 각각 2번씩 발언하는데, 첫 번째 발언을 '입론(constructive speech)'이라 한다. 입론이라는 명칭은 각 팀이 자신들의 사례(case)*를 '구축(constructing)'하여 세우기 때문에 붙여진 이름이다. 논제에 대한 새로운 논증은 입론에서만 허용된다. 토론자들의 두 번째 발언은 '반박(rebuttal speech)'이라 한다. 여기에서는 새로운 논증이 허용되지 않는다. 이 상황은 법정 소송 사건에서 변호사의 최종 변론과 비슷하다. 반박에서는 상대편의 논증에 대응하면서 동시에 자신의 논증을 강화한다.

....

* 　'case'는 일반적으로 입론 발언 전반의 논증을 가리킨다. 토론의 첫 발언자가 마련하는 논리적 토대로서, 논제가 참이라는 것을 드러내기 위한 3~4개 정도의 주요 주장과 이를 뒷받침하는 근거로 구성된다. 『모든 학문과 정치의 시작, 토론』(존 미니 외/허경호 역, 2008: 42)에서는 'case'를 '사례'로 번역하고 있으나 'case'가 입론 논증을 가리킨다는 점, 본서에서 'case'를 입론과 동일한 뜻으로 사용하고 있다는 점, '사례 구축'이라는 표현이 토론 교육 현장에서 거의 쓰이지 않으며 '입론 구성' 또는 '입론 쓰기'로 통용되고 있어 '사례'로 번역할 경우 독자에게 혼란을 줄 수 있다는 점을 감안하여, 이 장 이후에서는 '입론'으로 번역하였다.

정책 토론의 형식

정책 토론의 한 라운드는 8번의 발언과 4번의 반대신문으로 구성된다.

입론

찬성 측 첫 번째 입론(1AC)	8분
반대 측 두 번째 토론자의 반대신문	3분
반대 측 첫 번째 입론(1NC)	8분
찬성 측 첫 번째 토론자의 반대신문	3분
찬성 측 두 번째 입론(2AC)	8분
반대 측 첫 번째 토론자의 반대 신문	3분
반대 측 두 번째 입론(2NC)	8분
찬성 측 두 번째 토론자의 반대신문	3분

반박

반대 측 첫 번째 반박(1NR)	5분
찬성 측 첫 번째 반박(1AR)	5분
반대 측 두 번째 반박(2NR)	5분
찬성 측 두 번째 반박(2AR)	5분

각 팀의 총 준비 시간	5분•
한 라운드의 총 소요 시간	74분

• 전미 토론 연합(NFL) 토너먼트에서는 결선을 포함하여 준비 시간을 라운드마다 팀 당 5분으로 규정하고 있다. 일부 토너먼트의 준비 시간은 다를 수 있다.

입장 정하기

정책 토론에서는 찬성 측과 반대 측이 있다. 찬성 측은 논제에 대하여 '예'라고 말하고, 반대 측은 논제에 대하여 '아니요'라고 말한다. 예를 들어, "미국 연방 정부는 불법 체류자를 위한 이주 노동자 프로그램을 수립해야 한다."라는 논제에 대해 찬성 측은 반드시 옹호해야 하고, 반대 측은 거부해야 한다.

대부분의 정책 토론 대회는 입장 교대를 포함하기 때문에 대회에 참가하는 팀들은 찬성과 반대를 모두 준비해야 한다. 토너먼트 시작 몇 분 전까지 토론자들은 어떤 입장을 지지하게 될지 알 수 없다. 토론 대회 운영을 위해 주최 측이 선임한 인원인 '탭 룸(tap room)'에서는 대회 시작 직전에 일정을 게시한다. 여기에는 각 팀의 입장, 토론 상대, 판정관의 이름, 토론 장소가 공지된다.

예선 라운드가 끝날 때 즈음이면 그동안 부여받은 찬성 입장과 반대 입장의 횟수는 동일하다. 그러나 본선에서는 조금 다른 방법으로 입장이 정해진다. 본선에서 겨루는 두 팀이 예선에서 서로 만나지 않은 경우, 동전 던지기로 입장을 결정한다. 동전 던지기에서 이긴 팀이 찬성 측에 설지 반대 측에 설지 선택할 수 있다. 하지만 이미 예선에서 만난 적이 있는 팀과 겨룰 경우, 본선에서는 예선에서 취했던 입장을 상호 교대한다.

발언 순서 정하기

대체로 토론 코치가 팀 내의 발언 순서를 결정한다. 그러나 토론자의 역할을 분배할 때 고려해야 할 몇 가지 요소가 있다.

- **팀 내 발언 순서는 바뀔 수 있다:** 찬성 입장일 때 첫 번째 발언을 수행한 토론자가, 반대 입장일 때도 첫 번째 토론자이어야 한다는 규칙은 없다. 일부 토론 코치들은 찬성 측일 때 첫 번째 토론자였던 사람에게 반대 측일 때는 두 번째 토론자 역할을 맡도록 할 때도 있다. 토너먼트를 시작할 때 찬성 측 첫 번째 토론자였던 사람이 그 토너먼트의 모든 찬성 라운드에서 매번 첫 번째 토론자여야 할 필요도 없다. 코치는 첫 번째 토론자를 다른 토론에서 두 번째 토론자로 역할을 바꾸도록 결정할 수도 있다(물론 이런 경우는 드물기는 하다).

  대부분의 대회에서 토론자가 반박을 할 때, 순서를 바꾸는 것을 허용한다. 다시 말해, 첫 번째 입론을 맡은 토론자가 반박에서 두 번째로 발언할 수 있다. 하지만 후자의 전략은 판정관을 혼란스럽게 만든다. 이 전략을 사용하는 팀은 토론 시작 전에 순서를 바꾸는 것에 대해 판정관의 허락을 받아야 한다. 대부분의 토론에서는 첫 번째 입론을 맡은 토론자가 첫 번째 반박을 담당한다.

- **경험:** 경험과 설득력이 더 풍부한 토론자가 보통 두 번째 토론자가 된다. 각 팀의 최종 반박 발언의 설득력이 종종 토론의 결과를 결정하기 때문이다.

- **발언의 속도:** 찬성 측 첫 번째 반박 발언은 토론에서 가장 어려운 것 중 하나이다. 이 토론자의 5분간 발언은 반대 측의 13분간의 공격(반대 측의 마지막 입론 8분과 반대 측의 첫 번째 반박 5분)에 대응하는 것이다. 찬성 측 첫 번째 토론자가 반박에서 필수 쟁점에 대해 모두 다 대응하지 못하고 일부를 남겨 둔다면, 토론에서 찬성 측이 이긴다는 것은 불가능할지도 모른다. 따라서 말이 좀 더 빠른 토론자가 찬성 측 첫 번째 토론자가 되어야 한다. 이것은 반대 측도 마찬가지이다. 반대 측 첫 번째 토론자는 찬성 측의 논증을 분석하여 쟁점화해야 한다. 반대 측의 두 번째 토

론자는 토론이 진행됨에 따라 이 쟁점에 최대한 설득력을 더하여 충격을 가해야 한다.

준비 시간

정책 토론에서는 정해진 분량의 준비 시간이 각 팀에게 주어진다. NFL 토너먼트에서 준비 시간은 팀당 5분이다. 지역 단위의 각종 토너먼트는 준비 시간을 더 짧게 정하기 때문에 반드시 이를 확인해야 한다.

준비 시간이 5분이라는 것은 각각의 발언마다 토론자에게 5분씩 주어지는 것이 아니라, 한 팀당 총 준비 시간이 5분이라는 뜻이다. 첫 번째 발언 전에 5분을 모두 사용하였다면, 남은 토론 단계에서는 준비 시간을 사용할 수 없다. 이 경우, 앞 토론자 발언 직후 곧바로 발언해야 하며 토론자가 준비되지 않았다 하여도 발언 시간은 계측된다.

준비 시간을 적절하게 사용하는 전략은 간단하다. 가능한 한 시간을 아껴서 팀의 마지막 반박 직전에 준비 시간을 사용하는 것이 좋다. 토론에서 많은 경험을 쌓다 보면 결정적인 마지막 반박을 위하여 준비 시간을 최대한 활용하는 능력을 키울 수 있다.

정책 토론에서 필수 쟁점은 무엇인가?

정책 토론의 논증을 구축하는 것은 '필수 쟁점(stock issue)'을 이해하는 것에서부터 시작한다. 다섯 가지 필수 쟁점은 토론에서 찬성 측이 이기기 위해 반드시 취해야 하는 논점들이다. 이러한 필수 쟁점은 논제 관련성,

피해의 중대성, 내재성, 해결성, 효율성이다.

1) 논제 관련성

'논제 관련성(topicality)' 쟁점은 찬성 측이 반드시 논제를 옹호해야 한다는 것을 의미한다. 정책 토론에서는 찬성 측 첫 번째 입론에서 꼭 방안이 제시되어야 한다. '방안(plan)'은 찬성 측이 논제를 옹호하기 위해 선택한 구체적 내용으로 이루어져 있다.

"미국 연방 정부는 사하라 사막 이남 아프리카 지역의 공중 보건 지원을 대폭 증가시켜야 한다."와 같은 논제가 있다고 하자. 이것에 대해 찬성 측 방안을 다음과 같이 제시할 수 있다. "미국은 'AIDS 퇴치를 위한 대통령 비상 계획(PEPFAR)' 기금과 사하라 사막 이남 아프리카 지역에 대한 모든 추가적인 재정 지원을 두 배로 증액해야 한다. 또한 미국은 금욕 기반 프로그램인 'HIV/AIDS 예방 기금'과 같은 현 정책을 철회해야 한다."

논제 관련성을 높이려면 찬성 측의 방안이 논제의 용어들과 밀접하게 연관되어야 한다. 앞선 예에서 찬성 측은 (유엔이나 HIV/AIDS, 폐결핵, 말라리아 퇴치에 기여하는 국제 구호 단체의 조치가 아닌) 미국 연방 정부 프로그램을 제안해야만 한다. 또한 그 제안은 사하라 사막 이남 아프리카 지역을 위한 '공중 보건' 프로그램에 대한 방안이어야 한다. 논제가 '공중 보건' 지원을 요구하기 때문에 만약 찬성 측의 방안이 아프리카에 대한 '군사 원조'를 요구하는 것이라면 명백히 논제 관련성을 위반한 것이다.

그러나 찬성 측 입론이 '공중 보건' 지원에 대한 것이기만 하면, 공중 보건에 관한 모든 것을 언급하지 않아도 논제 관련성을 충족시킬 수 있다. 찬성 측은 HIV/AIDS, 말라리아, 수도/위생시설 쟁점 또는 여러 가지 방치된 열대성 질환들 중에 무엇이든 선택할 수 있다. 찬성 측은 논제 안의 용어가 지정하는 범위 내에서라면, 무엇이든 입론의 범위로 선택할 수 있는 자유가 있다.

반면 반대 측은 찬성 측의 입론이 논제의 경계 밖에 있음을 보여 준다면 논제 관련성 쟁점에서 이길 수 있다. 찬성 측의 방안은 논제의 용어 대부분을 충족하는 것으로는 충분하지 않다. 반대 측은 찬성 측의 방안이 논제와 하나라도 어긋난다는 것을 보여 줄 수 있으면 논제 관련성 쟁점에서 승리할 수 있다.

2) 피해의 중대성

'피해의 중대성(significance of harm)' 쟁점은 찬성 측이 현 상태(라틴어로 'status quo')가 얼마나 심각한 결함을 갖는지 입증하는 것을 의미한다. 피해의 본질과 심각성은 특정 논제의 맥락 안에서 판정된다. 피해의 중대성에 대한 쟁점으로 '기본권이 침해되고 있다', '인류가 질병의 고통에 시달리고 있다', '환경이 오염되고 있다', '국가 안보가 위협받고 있다', '동물권이 무시되고 있다' 등이 있을 수 있다. 찬성 측이 이기기 위해서는 반드시 무언가가 당위적인 상태를 유지하지 못하고 있음을 보여 주어야 한다.

3) 내재성

'내재성(inherency)' 쟁점은 찬성 측이 언급한 피해의 원인에 초점을 맞춘 필수 쟁점을 의미한다. 찬성 측은 현재 제도가 찬성 측 입론에서 언급된 문제를 해결하지 못하고 있거나, 앞으로도 해결하지 못할 것이라는 이유를 보여 줄 책임이 있다. 만약 현재 제도가 문제를 충분히 해결할 수 있다면, 찬성 측의 방안은 무의미해진다.

내재성의 두 가지 형식은 '구조적(structural) 내재성'과 '태도적(attitu-dinal) 내재성'이다. 가장 강력한 내재성 논증은 현행 법 제도 안에 존재하는 구조적 결함을 지적하는 것이다. 예를 들어 이민 정책 변화를 제안하는 찬성 측 입론에서는 문제 해결을 근본적으로 가로막는 국경 장벽 건설과 같은 현행법에 초점을 맞춘다. 해양 환경 보존을 주장하는 찬성 측 입론은 석유 채굴을 위해 대륙붕의 분양을 허락하는 현행법에 문제가 있음을 강조할 것이다. 다른 내재성 논증은 태도에 초점을 맞추는 것으로서, 왜 현 제도의 의사 결정자들이 문제를 해결할 동기가 결여되어 있는지를 보여 주는 것이다. 예를 들면, 환경보호를 다루는 찬성 측 입론에서 환경보호국은 조직의 이해관계에서 벗어날 수 없다고 주장하는 것이다.

4) 해결성

'해결성(solvency)' 쟁점은 찬성 측의 방안이 찬성 측 입론에서 언급된 문제를 해결할 수 있음을 증거를 통해 보여 주고 있느냐 하는 것이다. 찬성 측이 현재 제도를 그대로 유지할 때에 비해 더 나은 해결책을 제시하지 않는다면, 판정관은 찬성 측이 주장하는 변화를 지지하지 않을 것이다.

5) 효율성

'효율성(desirability)'은 정책 토론에서 마지막 필수 쟁점이다. 찬성 측은 찬성 측 방안을 채택하고 실행할 때 발생하는 이익(advantage)이 불이익(disadvantage)보다 더 크다는 것을 보여 줄 수 있어야 한다. 반대 측은 찬성 측의 방안이 이익보다 더 큰 불이익을 일으킬 수 있음을 주장하게 마련인데, 이러한 논증을 '불이익 논증'이라고 한다. 아프리카에 있는 농부들에게 더 많은 식량을 재배할 수 있도록 비료를 보내자는 찬성 측의 방안을 가정해 보자. 반대 측은 집약 농업이 아프리카에서 생태 환경을 더 파괴할 수 있음을 보여 주는 증거를 제시할 수 있다. 그러므로 찬성 측은 아프리카의 굶주린 사람들이 먹을 수 있도록 할 때의 이익이 환경 파괴의 위험보다 더 크다는 것을 입증해야 할 것이다.

정책 토론에서 각 단계의 발언은 어떻게 진행되는가?

찬성 측 첫 번째 입론: 입론 발언에서 찬성 측은 방안, 이 방안이 필요하거나 바람직한 이유들, 그리고 이유들을 뒷받침하는 권위 있는 증거를 제시해야 한다. 방안은 무엇을 해야 하는지와 누가 (혹은 어떤 정부 부처가) 그 방안을 실행할 것인지와 같은 상당히 구체적인 내용을 포함하여 타당하게 제시되어야 한다.

찬성 측 첫 번째 발언에서 제시된 이유들은 '선결 요건을 갖춘(prima facie)' 입론을 보여야 한다. 선결 요건을 갖춘 입론이란 합리적인 사람이라면 찬성 측의 방안을 채택하는 것에 대해 첫눈에 납득하기에 충분한 것이다. 이 'prima facie', 즉 'first face'라는 말은, 입론이 반드시 피해의 중대성, 내재성, 해결성을 증거와 함께 드러내야 한다는 것이다. 만약 세 가지 필수 쟁점 중 하나라도 빠져 있다면, 찬성 측은 토론을 위한 완전한 내용을 제시하지 못하는 것이 된다.

위와 같이 찬성 측 첫 번째 입론은 선별된 의견, 주장, 이익들로 명확하게 조직되는 것이 중요하다. 각각의 주요 논증은 선별된 세부 주장에 의해 명확하게 뒷받침되어야 한다. 찬성 측 첫 번째 입론은 체계적인 구조를 갖추어야 한다. 만약 첫 번째 입론의 구조가 명확하지 않다면, 전체 토론이 상당히 체계적이지 못한 방향으로 흘러갈 수 있다.

반대 측 첫 번째 입론: 이 입론 발언에서는 찬성 측 입론에 반대하는 이유들을 제시해야 한다. 전통적 접근에서는 반대 측 첫 번째 토론자가 찬성 측 첫 번째 입론에 대해 하나하나(point-by-point) 직접 논박하고, 불이익을 보여 주거나 '비입론(off-case)' 논증을 제시하는 역할은 두 번째 토론자가 맡았다. 현재는 반대 측 첫 번째 토론자가 어떤 논제 관련성에 대한 입장, 피해 공격, 내재성 공격, 해결성 공격과 불이익 골자(shell)들을 포함하여 반대 측 입장의 전체를 보여 주는 것이 관례가 되었다.

일반적으로 불이익 골자는 불이익 논증의 필수적인 요소를 간단히 보여 준다. 하나의 불이익에 대한 전체 골자는 발언 시간 중 1분 미만으로 짧게 제시되기도 한다. 불이익 논증의 필수적인 부분은 다음과 같다.

- 연계(a link): 찬성 측 방안의 어느 부분이 불이익을 유발하는가?
- 고유성 논증(uniqueness argument): 왜 찬성 측의 방안이 현재 제도보다 더 큰 불이익을 유발할 것인가?
- 위기 논증(a brink argument): 왜 이것이 찬성 측 불이익의 임계점(critical point)인가?
- 효과(impact): 찬성 측 방안으로 인해 발생하는 불이익은 찬성 측이 언급한 현재의 피해보다 어떤 점에서 더 심각한가?

이상의 각 요소들은 권위 있는 증거들로 뒷받침되어야 한다.

반대 측 첫 번째 입론에서 찬성 측 입론을 공격하는 부분은 찬성 측 첫 번째 입론의 구조를 따르는 것이 유리하다. 반대 측 토론자는 찬성 측 입론의 모든 내용에 대해서 공격할 필요는 없다. 대신 찬성 측 입론을 패배시키는 데 필요한 전략을 신중하게 준비해야 한다. 예를 들면, 찬성 측이 언론의 자유를 수호하는 것이 다른 정책을 고려하는 것보다 더 중요하다고 주장했다고 가정하자. 반대 측은 찬성 측의 이러한 의사 결정 원칙을 공격하지 않고 그대로 둘 수는 없다. 만일 이러한 의사 결정 원칙을 그대로 두게 되면, 이후에 반대 측이 어떤 불이익을 제시하더라도 찬성 측이 그 불이익을 극복할 수도 있기 때문이다.

찬성 측 두 번째 입론: 여기서 찬성 측 토론자는 반대 측 첫 번째 토론자가 발언한 모든 것에 대응해야 한다. 반대 측 토론자가 논제 관련성을 공격했다면, 이에 대응하는 논증을 펼쳐야 한다. 불이익 골자가 제시되었다면, 불이익에 대한 답변을 해 주어야 한다. 찬성 측 입론이 공격받았다면, 그러한 공격에 대응해야 한다. 만약 찬성 측 두 번째 입론에서 반대 측의 첫 번째 발언에 답변하지 못한 논증이 있다면, 반대 측은 찬성 측이 그 논증을 '포기(drop)'했다고 주장할 것이다. 반대 측의 주장에 대한 대응을 다음 단계인 반박 단계에서 수행하게 된다면, 반대 측 토론자는 찬성 측이 반박 단계에서 새로운 논증을 제시했다고 주장할 것이다. 이 단계에서 반대 측 첫 번째 입론에 제시된 주요 논증에 대해 제때 대응하지 못하는 것은 찬성 측의 결정적 패인이 된다.

반대 측 두 번째 입론: 전통적인 접근에서는 반대 측 두 번째 토론자가 찬성 측 방안에 대한 불이익 공격으로 두 번째 입론을 시작하였다. 하지만 최근에는 반대 측 첫 번째 입론에서 불이익을 제시한다. 이것은 반대 측 두 번째 토론자가 찬성 측 두 번째 입론에서 공격받은 불이익에 완벽하게 대응하는 데 집중할 수 있음을 의미한다. 대개 토론에서 찬성 측 두 번째 토론자는 불이익에 대해 대여섯 개의 대답을 내놓는다. 반대 측 두 번째 입론을 맡은 토론자는 찬성 측이 내놓은 대여섯 개의 대답 각각에 대해 대응하기 위해 입론 시간 8분을 모두 활용하려 할 것이다.

찬성 측 두 번째 입론에 대한 반대 측 전략에서 가장 중요한 전략적 개념은 '역할 분담(division of labor)'이다. 정책 토론에서 반대 측 두 번째 입론과 반대 측 첫 번째 반박은 순서상 연속된다. 따라서 찬성 측 두 번째 입론 논증에 대해 제대로 논쟁하기 위해 반대 측 두 번째 입론자는 반대 측 첫 번째 반박자와 협업해야 한다. 반대 측 발언이 두 번 이어지기 때문에 같은 논증을 반복하는 것은 도움이 되지 않는다. 반대 측 두 번째 입론자는 논증을 어떻게 나눌 것인가에 대해 파트너와 함께 결정해야 한다. 예를 들어, 찬성 측 입론에서 논제 관련성에 대한 논증, 약간의 입론 공격, 그리고 세 가지 불이익이 포함되었다고 가정해 보자. 반대 측 두 번째 입론자는 두 개의 불이익에 대해 대응하고, 나머지 사항에 대한 대응을 반대 측 첫 번째 반박자의 몫으로 남겨 둘 수 있다.

반대 측 첫 번째 반박: 반대 측 첫 번째 반박자는 반대 측 첫 번째 입론에서 제시하였던 논증 가운데, 반대 측 두 번째 입론에서 다루지 않은 논증을 다루어야 한다. 유능한 반대 측 토론자는 반대 측 두 번째 입론이 시작되기 전에 누가 무엇에 대해 대응할 것인가를 결정하는 법을 배운다. 이 단계는 첫 번째 반박자가 반박을 위한 준비 시간으로 최종 입론 발언 전체를 사용하는 것을 허용한다.

찬성 측 첫 번째 반박: 이것은 매우 어려운 발언으로, 찬성 측 첫 번째 토론자는 반드시 반대 측 두 번째 입론과 반대 측 첫 번째 반박에서 제시된 중요한 논증 각각에 대해 간단히 대답해야 한다. 만약 찬성 측이 대응하지 못하는 논증이 있다면, 반대 측은 즉각 그 논증에 있어서 반대 측이 이겼다고 주장할 것이다.

반대 측 두 번째 반박: 이때는 찬성 측 방안이 거부되어야 하는 핵심 이유들에 대해 판정관을 설득하는 데 집중해야 한다. 이러한 이유들을 제시하는 데 있어서 반대 측 토론자는 그간의 입론 단계에서 구성한, 찬성 측 입론에 대한 공격에서 확장되었던 논증들에 주력해야 한다.

찬성 측 두 번째 반박: 찬성 측 마지막 반박은 반대 측 두 번째 반박자가 보여 준 모든 쟁점과 찬성 측 첫 번째 반박에서 다루어진 중요한 쟁점 중 반대 측이 간과한 것을 다루어야 한다. 최종 반박에서 찬성 측은 찬성 측이 이겨야 하는 이유를 판정관에게 설명할 기회를 얻는다.

흐름표의 중요성

'흐름표(flowsheet)'는 토론자들이 토론에서 만들어진 논증을 기록한 것이다. 정책 토론에는 '답변의 책임(the burden of rejoinder)'이 있다. 한 팀이 제시한 논증에 상대 팀이 답변하기 전까지 판정관은 그 논증을 타당한 것으로 간주한다는 의미이다. 찬성 측이 "지구온난화는 지구가 직면한 가장 심각한 문제이다."라고 주장하는 경우를 생각해 보자. 만약 다음 발언 단계에서 반대 측이 이 논증에 답변하지 않는다면, 판정관은 반대 측이 그 논증을 타당한 것으로 인정했다고 추정할 것이다. 상대측의 논증에 대답하지 못했을 때 토론자들은 흔히 그 논증을 '포기(drop)'했거나 '승인(grant)' 했다고 한다.

'답변의 책임'이 있기 때문에 정책 토론에서는 흐름표가 아주 중요하다. 토론 라운드에서 모든 구성원(네 명의 토론자와 판정관)은 논증이 이루어지는 순서를 따라가며 논증에 주의를 기울인다. 흐름표는 곧 다가올 발언에 대한 토론자의 노트가 된다.

토론자가 컴퓨터가 아닌 종이에 논증을 정리할 때는 각각의 논증을 서로 다른 종이에 정리해야 한다. 찬성 측 첫 번째 발언의 입론 논증은 하나의 종이에 적는다. 이 입론에 대응하는 반대 측의 모든 논증은 같은 종이에 이어 적는다. 그 이후의 발언들은 흐름표에 각각 새로운 열을 만들어서 적는다.

반대 측의 주요 반박 논증들은 새로운 종이에 적는다. 만약 반대 측이 논제 관련성에 도전한다면, 각 논제 관련성 논증은 각각의 종이에 적는다. 반대 측이 세 가지 불이익을 내놓는다면, 각각의 불이익은 별도의 종이에 적는다. 정책 토론의 전형적인 라운드에서 완성된 흐름표는 8~10장의 종이가 필요하다. 각각의 종이에는 각 논증에 대해 이루어진 모든 논의가 기록된다.

흐름표를 정확하게 기록하기 위해서는 상대측 논증을 잘 들어야 한다. 또한 논증에 대한 간단한 라벨(label)을 사용해야 한다. 토론자들은 보통, 논제 관련성(topicality) 라벨은 'T', 불이익(disadvantage)은 'DA', 대체 방안(counterplan)은 'CP', 그리고 비판 논증(critique argument)은 'K'를 사용한다. 요컨대 이 라벨들은 각각의 새로운 논의를 빠르게 전개할 수 있도록 도와준다. 만약 '사하라 사막 이남 아프리카 지역(sub-Saharan Africa)'를 포함한 논제라면, 간단하게 'SSA'로 쓸 수 있다.

다음의 그림은 흐름표가 어떤 모습인지 보여 준다. 상단에 각각의 논증이 라벨로 분명하게 나타나 있음을 알 수 있다. 이러한 라벨들은 상대측 발언을 듣는 동안 논증을 기록하고자 할 때, 해당 내용이 담긴 종이를 정확히 찾는 데 도움을 준다.

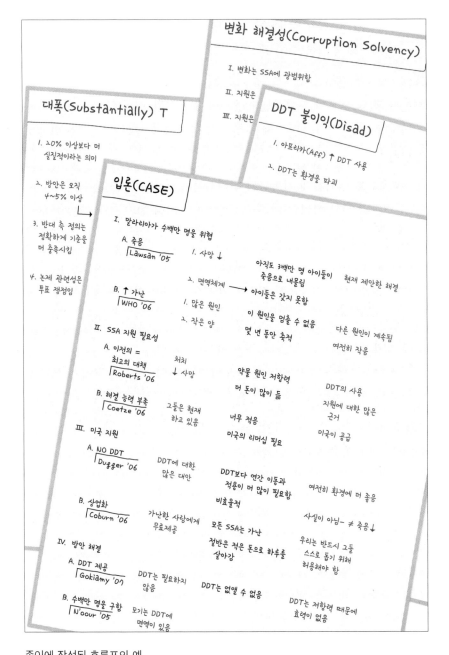

변화 해결성(Corruption Solvency)

I. 변화는 SSA에 광범위함

II. 지원은

III. 지원은

대폭(Substantially) T

1. 20% 이상보다 더 실질적이라는 의미

2. 방안은 오직 4~5% 이상 →

3. 반대 측 정의는 정확하게 기준을 더 충족시킴

4. 논제 관련성은 투표 쟁점임

DDT 불이익(Disad)

1. 아프리카(Aff) ↑ DDT 사용

2. DDT는 환경을 파괴

입론(CASE)

I. 말라리아가 수백만 명을 위협

　A. 죽음
　Lawsan '05

　　1. 사망 ↓

　　2. 면역체계 →

　B. ↑ 가난
　WHO '06

　　1. 많은 원인

　　2. 작은 양

II. SSA 지원 필요성

　A. 이전의 =
　최고의 대책
　Roberts '06

　B. 해결 능력 부족
　Coetze '06

III. 미국 지원

　A. NO DDT
　Dugger '06

　B. 상업화
　Coburn '06

IV. 방안 해결

　A. DDT 제공
　Gokiamy '07

　B. 수백만 명을 구함
　N'oour '05

아직도 3백만 명 아이들이 　현재 제안한 해결
죽음으로 내몰림

아이들은 갖지 못함

이 원인을 멈출 수 없음 　다른 원인이 계속됨

몇 년 동안 축적 　여전히 작용

약물 원인 저항력 　DDT의 사용

처치
↓ 사망 　더 돈이 많이 듦 　지원에 대한 많은
근거

그들은 현재 너무 적음 　미국이 공급
하고 있음

미국의 리더십 필요

DDT에 대한 DDT보다 연간 이동과 　여전히 환경에 더 좋음
많은 대안 적용이 더 많이 필요함

비효율적

가난한 사람에게 모든 SSA는 가난 　사실이 아님- ≠ 죽음↓
무료제공

절반은 적은 돈으로 하루를 　우리는 반드시 그들
살아감 스스로 돕기 위해
허용해야 함

DDT는 필요하지 DDT는 없앨 수 없음
않음

모기는 DDT에 DDT는 저항력 때문에
면역이 있음 효력이 없음

종이에 작성된 흐름표의 예

본격적인 발언을 시작하기에 앞서 정책 토론자들은 전개할 논증의 목록을 미리 알려 주는데, 보통 이것을 '로드 맵(road map)'이라고 한다. 예를 들어, 반대 측 첫 번째 입론자는 "지금부터 찬성 측 주장에 대하여 두 가지의 불이익 검증을 하고, 두 가지의 논제 관련성 검증을 한 뒤, 반대 측 입론을 제시하겠습니다."라고 말할지도 모른다. 이러한 발언은 판정관과 상대측이 네 장의 새로운 종이와 함께 앞서 찬성 측 첫 번째 입론이 기록된 입론 흐름표를 준비해야 함을 알려 준다.

반박 단계에서는 어떠한 새로운 논증도 제시할 수 없음을 기억하라. 그러므로 반박 발언을 시작할 때의 로드 맵은 토론자들과 판정관에게 흐름표의 모든 종이들에 대한 순서를 알려준다. 찬성 측 첫 번째 반박의 로드 맵은 다음과 같을 수 있다. "저는 먼저 제시한 입론에 대하여 추가 설명을 하고, '적자'에 대한 불이익 논증과 '대폭'에 대한 논제 관련성 논증, '국경' 비판, 그리고 '유엔' 대체 방안에 대하여 이야기하겠습니다." 이것은 판정관과 다른 팀에게 그 순서대로 흐름표 종이를 배열해야 함을 일깨워준다.

많은 토론자들은 컴퓨터에 흐름표를 작성하기 위해 마이크로소프트 엑셀(Excel)과 같은 스프레드시트 소프트웨어를 사용하기도 한다. 이 방법을 사용하고 싶다면, 토론 라운드 동안 컴퓨터를 사용할 수 있는지 꼭 확인해야 한다. NFL 규칙과 많은 지역 협회의 규칙은 온라인(인터넷, 텍스트 메시지, e-mail 등) 연결이 비활성화된 상태에서 컴퓨터 사용을 허용한다.

다음은 엑셀 프로그램을 사용하여 작성한 흐름표의 예이다.

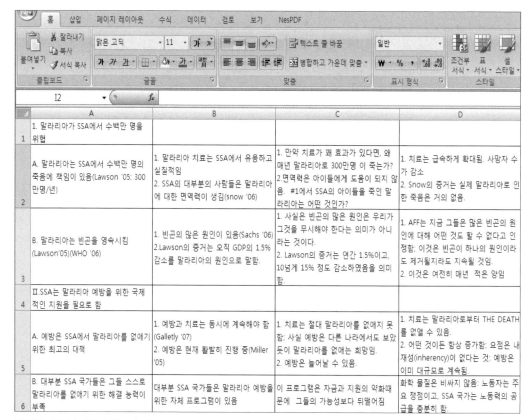

컴퓨터에서 작성된 흐름표의 예

이 예에서도 엑셀 하단 워크시트(worksheet) 탭을 사용하여 흐름표의 여러 부분을 저장하고 있음을 볼 수 있다. 토론자들은 이 탭들 중 하나를 클릭하여 서로 다른 흐름표로 빠르게 전환할 수 있다.

엑셀을 이용하여 토론을 기록하고 싶다면, 각각 엑셀의 기본 틀을 수정해야 한다.* 먼저 텍스트 줄 바꿈을 활성화해야 한다. 엑셀은 기본 상태

....

* 　원문에서 저자는 엑셀의 영문판을 기준으로 설명하고 있으나, 국내 독자의 사용 환경을 감안하여 대한민국에서 상용하는 한글판을 기준으로 의역하였다.

에서는 각각의 셀에서 하나의 줄만을 표시한다. 하나의 셀 내에서 텍스트를 여러 줄로 보이게 하고 싶다면 텍스트 줄 바꿈 기능을 활성화해야 한다.

다음 단계들을 따라가면 텍스트 줄 바꿈을 활성화할 수 있다. (1) 줄 바꿈을 할 셀을 선택하라. (2) 줄 바꿈을 입력할 위치의 셀에서 두 번 클릭하라. (3) 커서가 놓인 위치에서 'Alt'와 'Enter' 키를 눌러라. 또는 홈 탭 상단의 '텍스트 줄 바꿈' 아이콘을 클릭하라.

또한 각 시트 하단에 있는 탭의 이름을 어떻게 바꾸는지 알아 두어야 한다. 다음 네 단계에 따라 실행할 수 있다. (1) 시트를 이동하거나 복사를 선택하기 위해서는 화면 맨 아래를 보라. (2) 화면 맨 아래의 시트 탭 이름에서 마우스의 오른쪽을 클릭하라. (3) '이동/복사(M)'를 클릭하여 이동/복사를 원하는 시트의 위치를 설정하고, '복사본 만들기'를 클릭하라. (4) 복사본의 이름을 수정하고자 한다면, 이동/복사한 시트의 맨 아래에 있는 탭 이름에서 마우스 오른쪽을 클릭하여 '이름 바꾸기(R)' 메뉴를 클릭하라.

앞에서 제시된 예에는 하나의 논증에 대한 여러 개의 답변을 단 몇 개의 셀에 정리할 수 있음을 보여 준다. 엑셀에서는 'Enter'를 누를 때마다 자동으로 다음 셀로 이동하지만 'Alt+Enter'를 동시에 누르면 한 셀 안에서 줄 바꿈을 통해 여러 개의 문단을 작성할 수 있다. 그렇게 하면 같은 셀 안에 원하는 만큼 많은 답변을 작성할 수 있다.

토론 흐름을 종이에 기록할 때, 많은 토론자들은 팀별 논증을 색깔로 구분하여 표시한다. 찬성 측이 만든 논증의 열이라면 검정색 펜으로, 반대 측이 만든 논증의 열이라면 빨간색이나 파란색 펜으로 기록하는 것이다. 어떻게 하면 종이에서와 같은 색 변화를 엑셀에서도 줄 수 있는가? 다음 세 단계를 따르라. (1) 맨 위에 있는 전체 열을 선택하라. (2) 메뉴의 홈 버튼을 클릭하라. (3) 글자 색 아이콘을 선택하고 원하는 색깔을 선택하라.

정책 토론에서 전달 기술

말하기에서 '전달(delivery)'이란 공적 말하기에서의 음성 및 비언어적 요소를 관리하는 것을 말한다. 효과적인 공적 말하기는 적절한 눈 맞춤, 목소리의 변화, 말하기 속도, 발언의 유창성, 그리고 몸짓의 적절한 구사로 이루어진다.

정책 토론은 이러한 기술을 기르는 데 부적합한 것으로 여겨져 왔다. 정책 토론에서 말하기 전달력에 주목하지 않은 것은 판정 모델(the decision model)의 산물이다.

판정관들은 제시된 논증과 논증을 뒷받침하는 증거에 기반하여 승자와 패자를 가린다. 중심이 논리성에 있다는 점에서, 판정관들이 토론자의 표현력이 좋다는 이유로 설득력이 약한 논증에 손을 들어 주는 경우는 드물다. 논리적 본질은 전달의 방식보다 중요하다. 하지만 이상적인 토론에서 토론자는 논리적 본질과 전달 방식 모두를 갖추어야 한다.

그러면 정책 토론에서 효과적인 전달 방식의 요소는 무엇인가? 판정관의 판정 지침이 가이드가 되어 줄 것이다. 토론은 판정관의 결정에 의해 좌우되는 경연 대회이다. 판정관이 무엇을 요구하는지 어떻게 아는가? 토론 토너먼트에서는 종종 토론자가 미리 읽을 수 있도록 '판정 철학(judge philosophy)'을 제공하는데, 여기에는 판정관이 어떤 관점에 의해 승자와 패자를 결정하는지가 드러나 있다. 때때로 판정 철학은 발언의 속도와 양에 대한 답변을 내포한다. 판정 철학을 알 수 있다면, 판정관이 무엇을 기대하는지 주의를 기울이고 판정관의 기대에 맞추도록 노력해야 한다. 판정 철학을 알 수 없다면, 토론 코치나 해당 판정관에게 판정 받은 경험이 있는 다른 토론자로부터 정보를 수집할 수 있다. 라운드가 시작되기 전에 판정관에 대해 최대한 많은 정보를 모으고자 애써야 한다. 때때로 판정관들은 라운드의 시작 직전에 토론자들의 질문에 대답해 주기도 한다. 어떤 일이 있어도 판정관의 기대에 맞추어 말하기 방식을 조정해야 한다.

눈 맞춤은 어떠한가? 대부분의 정책 토론자들은 토론의 초반부에는 눈 맞춤을 잘 하지 않는다. 판정관을 비롯한 모든 참가자들은 논증을 기록하느라 시선을 아래로 둔다. 판정관이 토론자를 바라보기보다 흐름표를 기록하는 데 집중한다면, 판정관을 주시하는 것은 무의미하다. 준비된 토론 개요를 바탕으로 입론 논증을 펼치며 눈 맞춤을 유지하는 것은 매우 어렵다. 하지만 라운드가 마지막에 다다를 때 눈 맞춤은 더욱 중요해진다. 이때 토론자는 새로운 논증을 만들지는 않지만, 판정관을 설득하기 위해 이미 만든 논증에 논리적인 힘을 싣도록 노력한다. 마지막 반박에서 판정관은 여전히 흐름표를 기록하면서도 토론자에게 더 많은 주의를 기울이며 집중할 것이다. 훌륭한 토론자들은 신뢰성과 자신감을 드러내는 데 눈 맞춤이 중요한 역할을 한다는 것을 알고 있다. 최고의 정책 토론자는 최종 반박에서 최대한 설득력을 펼친다.

말하기의 전달 속도는 어떠해야 하는가? 이기는 토론자들은 빠른 말하기가 필요한 경우에는 속도를 빠르게 하고, 판정관이 빠른 말하기를 좋아하지 않는 경우 역시 거기에 맞출 수 있는 사람이다. 정책 토론은 상대 팀이 답변할 수 없는 논증을 만드는 데 중요한 초점을 두기 때문에 빨라지는 경향이 있다. 만약 어떤 팀이 하나의 논증을 포기하면, 그 논증에 한해서는 상대 팀이 이긴 것으로 간주된다. 따라서 정책 토론은 각 팀이 짧은 시간 안에 가능한 한 많은 논증을 제시하고자 노력하는 게임이 된다. 이 게임에는 상대 팀이 모든 논증을 다 방어하지 못할 것이라는 계산이 깔려 있다. 결과적으로 빠른 말하기 경연은 단점뿐만 아니라 교육적인 장점도 지니고 있다.

말하기 속도의 첫 번째 장점은 토론자들이 매우 빠르게 사고하도록 훈련된다는 것이다. 그들은 짧은 시간에 많은 양의 정보를 처리해야 한다. 말하기 속도의 두 번째 장점은 단어를 매우 효율적으로 사용한다는 것이다. 정책 토론자들은 자신의 생각을 간결하게 표현하는 것을 빠르게 배운다. 효율적인 표현을 훈련하는 것은 실제 세계에서 성공적으로 활용된다. 공식적인 상황에서 고작 한 두 문장으로 표현될 만한 내용을 10분 동안 듣는 것을 원하는 사람은 아무도 없다.

하지만 정책 토론이 '속도전(speed-and-spread)' 방식으로 펼쳐지는 데에는 중대한 단점도 있다. 정책 토론의 외부 관찰자들은 때때로 빠른 속도의 발언이 횡설수설한 것으로 들리기 때문에 가치가 낮다고 주장한다. 이것은 학교 교장이나 토론 코치들이 정책 토론의 공적 화자 양성으로서의 가치를 의심하여 정책 토론을 중단하는 계기가 되기도 한다. 많은 정책 토론자들은 잘 뒷받침된 논증이 속사포 같고 막무가내인 발언들에 의해 좌절되었음을 깨달았을 때 절망감을 느낀다. 그러나 이것은 정책 토론의 잠재적인 약점이며 또한 강점이 될 수 있다. 최고의 토론자들은 전형적인 정책 토론 라운드를 구성하는 불필요한 논증들로부터 설득력 있고 승리를 가져올 만한 논증을 구별하는 방법을 배운다. 최고의 정책 토론자들은 마지막 반박 발언에 다다랐을 때, 토론 전체를 아우르는 한두 개의 지배적인 논점을 끌어낼 수 있다. 논리적인 혼란으로부터 질서를 끌어내는 능력은 실제 세계에서 의사를 결정하는 데 필수적인 기술이다.

더 읽을거리

Burgett, Cynthia. *Policy Debate*. New York: Rosen Central, 2007.

정책 토론에서 찬성 측 입론 구성

강력하고 잘 구조화된 찬성 측 입론을 선별하는 것은 토론에서 이기는 데 필수적이다. 찬성 측 토론자로서 입론을 성공적으로 구성하는 것은 테니스에서 서브권을 갖는 것의 중요성에 견줄 만하다. 토론의 찬성 측은 다음과 같은 중요한 이점을 가진다. (1) 찬성 측은 옹호하고자 하는 논제의 예를 선택할 특권을 갖는다. (2) 찬성 측은 토론에서 첫 번째 발언과 마지막 발언을 한다.

근거 선택하기

정책 토론에서 대부분의 논제는 찬성 측이 찬성 측 입론을 선별하는 데 상당한 융통성을 준다. "미국 연방 정부는 미국의 대체에너지 장려책을 대폭 확대해야 한다."라는 논제를 가정해 보자. 찬성 측은 대체에너지—태양, 풍력, 에탄올, 수소, 핵, 생물 연료, 지열 등—의 정의에 부합하는 에너지의 어떤 형태에든 입론의 초점을 맞출 수 있다. 만약 찬성 측이 풍력 에너지를 옹호하기로 택했다면, 이후 전체 토론은 풍력 에너지의 확장이 바람직한지 아닌지에 초점을 맞출 것이다. 찬성 측은 논제가 포함하는 모든 가능한 예들을 변론할 의무가 없다. 다음은 찬성 측 입론을 선별할 때 찬성 측 토론자가 사용하는 전략들에 대한 논의이다.

사랑에 빠져라: 찬성 측 입론을 철저하게 믿는가? 상당한 자료 조사를 끝낸 후, 토론자는 하나의 입론을 진실이라고 믿게 될 것이다. 입론을 진실이라고 믿는 것은 판정관들이 찬성 측에 투표하도록 설득하는 열정을 가지게 될 것임을 뜻한다. 물론 열정만으로 이기는 것은 아니지만 열정은 승리 공식의 중요한 부분이 될 수 있다.

놀라게 하라: 찬성 측 입론이 반대 측의 허를 찌르는가? 반대 측은 아마 풍력 또는 태양에너지에 대해서는 토론할 준비를 하겠지만, 열병합발전—오물 소각로에서 쓰레기를 태워 전기를 생산하는 것—의 가능성을 고려하지 않았을 것이다. 하지만 반대 측을 놀라게 하는 예상 밖의 입론에는 상당한 한계점이 있다. 첫째, 예상 밖의 입론으로 승리했을 경우, 토너먼트 참가자들 사이에 빨리 소문이 난다. 예상 밖의 입론이 주는 놀라움은 반대 측이 그에 대한 대책을 개발하기 전인 한두 라운드에서만 유효하다. 둘째, 이 전략은 종종 역효과를 낳는다. 반대 측이 찬성 측의 입론에 어떻게 대답해야 할지 모를 때 생기는 혼란이 언제나 찬성 측에게 좋은 것만은 아니다. 반대 측으로 하여금 이성 비판, 반(反) 개발 상품과 같은 낯선 논증을 찾도록 하는 엉뚱한 결과를 초래할지도 모른다.

예측 가능함: 찬성 측 입론이 반대 측의 공격을 예측할 수 있는 것인가? 사실 이 조언은 놀라게 하라는 앞선 조언과 반대된다. 이를 체스에 유추해 보자. 훌륭한 체스 경기자는 몇 수 앞을 생각할 수 있는 사람이다. 몇 수 앞을 내다보는 것은 말을 움직였을 때 다른 경기자가 무엇을 할 것인지 예측

하는 능력이 필요한 것이다. 찬성 측이 지열 에너지 입론을 쓰기로 계획했다고 가정해 보자. 지열 에너지에 대한 반대 측의 예측 가능한 반응은 지구에 구멍을 뚫는 것이 지진 가능성을 높인다는 것이다. 찬성 측은 지구에 구멍을 뚫는 것이 지구 지각 최상단 내부의 압력을 줄임으로써 오히려 지진을 약하게 만든다는 증거를 준비해 놓고, 반대 측의 이러한 반응을 기다릴 수 있다. 이와 같은 논증을 토론자들은 '방향 전환(turnaround)' 혹은 간단히 '전환(turn)'이라 부른다. 전환은 상대 팀이 만든 논증(지진의 발생 가능성)을 이용해 찬성 측 입론을 뒷받침하는 또 다른 이유(지진의 감소 가능성)를 만드는 것이다.

무언가를 남겨 두기: 훌륭한 찬성 측 입론은 겉보기에도 이익이 있지만 이면적 이익이 훨씬 더 많다. 풍력 발전 입론을 생각해 보자. 찬성 측 첫 번째 발언에서 주로 중동 석유에 의존하는 것에서 자유로워질 필요성, 즉 에너지 자립의 필요성을 기반으로 풍력 발전의 이익을 주장할 수 있다. 그러나 반대 측의 다양한 불이익 논증을 전환하려면 풍력 발전이 지닌 다른 이익들을 동원해야 한다. 반대 측은 풍력 발전이 터빈으로 날아오는 새를 죽임으로써 야생동물에게 피해를 준다고 논증할 수 있다. 풍력 발전은 화력 발전에 따른 대기 오염을 절감함으로써, 터빈 사고로 인해 죽게 될 새보다 더 많은 새와 다른 야생동물을 구할 수 있다는 논증으로 이 불이익 논증을 전환할 수 있다. 반대 측은 또한 풍력 발전에 넓은 지면이 필요하기 때문에 환경을 파괴시킨다고 논증할 수 있다. 찬성 측은 풍력 발전에 쓰일 땅보다 더 많은 땅을 파괴하는 해수면 상승을 야기하는 지구온난화가 풍력 발전으로 억제된다는 논증을 통해, 이 불이익 논증을 전환할 수 있다. 반대 측은 풍력 발전이 에너지 가격을 높여 심각한 경제 불황을 유발할 것이라고 논증할지도 모른다. 찬성 측은 실제로 풍력 발전이 화석연료에 지속적으로 의존하는 것보다 비용을 절감할 수 있음을 보여줌으로써 이 논증을 전환할

수 있다.

　논제 관련: 찬성 측의 방안은 논제가 '해야 한다'고 언급한 것을 실행하는가? 반대 측은 논제 관련성 논증만으로 토론에서 이길 수 있음을 알기 때문에 보통 논제 관련성에 도전한다. 심지어 명백히 논제와 관련된 입론도 논제 관련성 도전의 대상이 된다. 2007-2008년 정책 토론의 논제 "미국 연방 정부는 사하라 사막 이남 아프리카 지역의 공중 보건 지원을 대폭 증가시켜야 한다."를 살펴보자. 찬성 측은, 찬성 측의 입론이 어떻게 논제가 포함하는 모든 단어—심지어 '대폭', 혹은 '~에'와 같은 단순한 단어까지—를 충족시키는지 보여 줄 준비를 해야 한다. 토론자는 미국이 다르푸르에서 학살을 멈추도록 하는 군사 조치를 제안할 수도 있다. 하지만 이러한 입론을 선택하기 전에, 미국이 다르푸르에 군사개입을 하는 것이 공중 보건 지원의 예임을 입증할 수 있다는 확신을 가져야 한다. 토론자가 토너먼트마다 평균 하나 또는 그 이상의 라운드를 논제 관련성에서 진다면, 보다 더 분명하게 논제와 관련된 입론으로 바꾸는 것을 고려해야 한다.

판정 패러다임

　토론에서 이기기 위해서 찬성 측은 무엇을 입증해야 하는가? 이러한 판정 기준들을 '패러다임(paradigm)'이라 부른다. 전통적 패러다임은 5장에서 논의한 필수 쟁점들이다.

　필수 쟁점 패러다임(stock issues paradigm)은 '법정 모델(legal model)'에 기초한 것이다. 법정 모델에서, 찬성 측은 검찰에 해당한다. 검찰 측은 무죄 추정을 극복해야만 한다. 마찬가지로 필수 쟁점 패러다임에서는 유죄가 입증되기 전까지 현재의 제도는 무죄로 추정된다. 검찰 측은 어떻게 무죄 추정을 극복하는가? 합리적 의심을 넘어서서 범죄의 모든 요소를 입증해야 한다. 범죄가 1급 살인이라면, 주 법률은 범죄가 성립하기 위해 입증해야 할 요소들을 범인의 기회, 동기, 고의 등으로 규정하고 있다. 검찰 측은 유죄 선고를 받기 위해 규정된 요소들을 모두 증명해야 한다. 마찬가지로 토론에서도 찬성 측은 이기기 위해 추정을 극복하고 모든 필수 쟁점을 쟁취해야 한다. 찬성 측이 이기려면 판정관이 논제 관련성, 피해의 중대성, 내재성, 해결성, 효율성의 모든 필수 쟁점에서 찬성 측에 유리하게 판정해야 한다.

정책 입안 패러다임(policy-making paradigm)은 '의회 모델(legislative model)'에 기초한 것이다. '비교 우위 모델(comparative advantage model)'이라고도 불리는 정책 입안 모델은 변화의 이익이 불이익을 넘어서는지를 물어보는 효율성(desirability)에 초점을 둔다. 사실상 이 모델은 추정의 개념을 버린 것이다. 정책 입안 패러다임의 옹호자들은 필수 쟁점 모델을 보수적인 정치적 편향을 가진 것으로 여겨 반대한다. 그들은 어째서 변화에 대항하는 추정이 있어야 하는지 반문한다. 로버트 케네디(Robert Kennedy)는 조지 버나드 쇼(George Bernard Shaw)의 "어떤 사람들은 존재하는 것을 보고 왜냐는 질문을 던진다. 다른 사람들은 결코 존재하지 않았던 것을 꿈꾸면서 왜 안 되느냐는 질문을 던진다."*라는 말을 자주 인용했다. 법정 모델은 중요한 시민의 자유를 보장하는 방법으로서, 범죄 혐의로 기소된 사람을 무죄로 추정한다. 그러나 이 유추가 정책 입안에는 석절하게 적용되지 않는다. 어째서 현재의 정책이 무죄로 추정 받아야만 하는가?

정책 입안 모델로 설득력 있는 입론을 만들 수 있을지라도, 전통적 필

....

* 원문은 다음과 같다. "Some men see things as they are and ask why. Others dream things that never were and ask why not."

수 쟁점을 완전히 벗어나서는 정당화되지 않는다. 정책 입안 모델을 쓰는 대부분의 판정관들은 여전히 논제 관련성 여부를 반대 측이 이길 수 있는 주요 쟁점으로 고려한다. 이는 거의 모든 입법 심의에서 요구되는 타당성의 기준을 따르는 것이다. 논의 중인 논제가 '미국 연방 정부의 사하라 사막 이남 아프리카 지역의 공중 보건 지원'이라면, 의장은 보통 '모든 미국 국민을 위한 국민 의료보험 제도를 수립하려는 상정안'은 배제할 것이다. 그래서 논제 관련성은 패러다임과 상관없이 중요한 쟁점으로 남는다. 그렇다면 피해의 중대성, 내재성, 해결성 쟁점들은 어떤가? 피해의 중대성 쟁점은 현재 무엇이 잘못되었는지에 대해 초점을 둔다. 현재 사하라 사막 이남 아프리카 지역에서 전염병에 시달리는 인간에 대한 논의 없이 사하라 사막 이남 아프리카 지역을 돕기 위한 새로운 접근법이 바람직함을 보여 주는 것이 가능한가? 내재성 쟁점은 언급한 피해를 현 제도가 유발하고 있는지에 초점을 둔다. 현재 접근법의 결함을 밝히지 않고서, 새로운 접근법이 효율적인지를 충분히 논의할 수 있는가? 해결성 쟁점은 찬성 측 방안이 입론에 인용했던 문제 중 일부를 제대로 해결할 수 있는지에 초점을 둔다. 그 변화가 주장한 바대로 실행될 것임을 보여 주지 않고서 변화의 타당성을 논의할 수 있는가? 정책 입안 모델은 피해의 중대성, 내재성, 해결성 쟁점들을 간단히 다루고 이 모두를 효율성 필수 쟁점 내에 일괄한다.

정책 입안 모델의 주요 차이점은 필수 쟁점들이 서로 독립적 쟁점으로 보이지 않으며, 판정관의 투표에서도 서로 독립적인 쟁점이 아니라는 것이다. 대신, 필수 쟁점들은 정책 입안 패러다임 공식에서 한 요소로 간주되어야 한다. 본질적으로 이 공식은 '효율성(이익) = 방안이 해결할 수 있는 피해의 양 - 현재 제도가 해결할 수 있는 피해의 양'과 같다. 이때, 찬성 측 이익의 양은 반대 측이 주장하는 불이익의 양과 비교 검토되어야 한다.

정책 입안 모델이 추정을 버리는 것은 매우 중요하다. 찬성 측이 논제 관련 입론을 제시하고 불이익을 넘어서는 이익을 보여 준다면, 판정관은 찬성 측에 투표할 것이다. 현재의 제도는 합리적인 의심을 넘어서는 수준을 요구하는 무죄 추정을 받을 수 없다.

가설 검증 패러다임(hypothesis testing paradigm)은 '사회과학 모델 (social science model)'에 기초한다. 가설 검증 패러다임의 가정은 토론 논제가 과학적 가설과 같다는 것이다. 찬성 측은 가설이 참임을 입증해 보려는 노력으로 찬성 측 방안을 제안한다. 가설 검증 패러다임에서, 추정의 개념은 필수 쟁점 모델에서보다 더 강력한 형태로 돌아온다. 과학적인 방법에서 연구자들은 가설이 참임을 가정하는 것을 절대 허용하지 않는다. 모든 도전에 맞서 가설이 참임이 입증되어야 한다.

가설 검증 패러다임에서는 찬성 측 방안에서 논제와 관련된 예를 제공하는 것이 특히 중요하다. 이례적인 예를 제시하여 가설이 참임을 입증할 수는 없다. 찬성 측 방안이 논제의 전형임을 보여 주는 과정에서 필요에 따라 정당화 논증(justification argument)이 발생한다. "미국 연방 정부는 사하라 사막 이남 아프리카 지역의 공중 보건 지원을 대폭 증가시켜야 한다."라는 논제를 생각해 보자. 반대 측은 남아시아에도 HIV/AIDS가 만연하고 있다는 사실을 고려할 때, 사하라 사막 이남 아프리카에만 HIV/AIDS 지원을 확대하는 것이 정당화되기 어렵다고 논증할 수 있다. 논제의 용어를 정당화하도록 하는 요구는 가설 검증 패러다임의 고유한 특징이다.

반대 측이 제시하는 각각의 논증은 가설이 참임을 검증하는 독립적인 평가여야 한다. 사회과학 연구자들은 하나의 검증을 통과했다고 해서 절대로 그 가설을 참이라고 주장하지 않는다. 가설은 경합하는 모든 주장에 맞서 검증되어야 한다. 반대 측은 필수 쟁점들 중 하나를 취하여 그 가설이 거짓임을 입증할 수 있다.

가설 검증 모델은 중요한 것을 하나 더 함축한다. 이 패러다임은 다른 패러다임보다 반대 측의 모순된 진술에 더 너그럽다. 반대 측의 역할은 무수한 경쟁력 있는 가능성으로 찬성 측 가설을 검증하는 것이다. 반대 측 역할이 이러한 검증을 하는 것으로 규정되어 있기 때문에, 반대 측의 내부적 모순에 대해서는 걱정할 이유가 없다. 만약 검증 중 하나가 가설을 반증한다면, 판정관은 가설이 거짓이라고 선언할 것이다. 반대 측은 자신의 가설을 뒷받침할 하등의 의무가 없다. 이는 판정관이 찬성 측 정책과 반대 측 정책을 비교하여 평가하는 정책 입안 모델과의 중요한 차이점이다. 정책 입안 패러다임에서는 반대 측이 모순되는 정책 대체 방안을 제시한다면, 비교에 의해 찬성 측 정책이 더 매력적으로 여겨진다. 하지만 가설 검증 패러다임에서는 반대 측의 모순이 허용된다.

토론에 쓰이는 다른 패러다임들도 있지만, 주로 쓰이는 것은 필수 쟁점, 정책 입안, 그리고 가설 검증 세 가지다. 판정관이 어떤 모델을 적용할지 어떻게 알 수 있는가? 일부 토너먼트에서는 판정관이 토론 판정에 사용하려는 패러다임을 설명하는 판정 철학을 글로 제시한다. 또 다른 경우, 라운드가 시작되기 전에 판정관이 자신의 기대와 가정에 대해 말해줄 것이다. 하지만 대부분의 경우, 판정관은 자신의 패러다임이 '백지 상태(tabula rasa)'라고 말할 것이다. 이런 경우, 논증이 어떻게 평가될지 판단하는 것은 토론자의 몫이다.

입론 구성하기

정책 토론에서 찬성 측 첫 번째 입론은 완전하게 작성한 8분짜리 말하기이다. 찬성 측은 이 말하기의 구조를 신중하게 계획하고 시간제한에 맞추도록 미리 연습해야 한다. 그런데 판정관이 중요하게 여기는 패러다임에 맞춰 입론 발언을 필수 쟁점 패러다임, 정책 입안 패러다임, 가설 검증 패러다임으로 바꾸기는 어려울 것이다. 이는 현실적으로 입론이 피해의 중대성, 내재성, 해결성 쟁점을 다루면서 구성되어야 함을 뜻한다. 필수 쟁점 패러다임을 중요하게 생각하는 판정관과 가설 검증 패러다임을 중요하게 생각하는 판정관은 첫 번째 입론에 세 개의 필수 쟁점이 언급될 것을 고집한다. 반면에 정책 입안 패러다임을 중요하게 생각하는 판정관은 찬성 측 입론의 내재성 요소에 주의를 기울이지 않고, 내재성을 포함했다고 해서 찬성 측에 반감을 갖지도 않을 것이다.

모든 찬성 측 첫 번째 입론에는 찬성 측의 방안을 제시해야 한다. 그 방안의 길이는 한 문장에서 열 문장 또는 열두 문장까지 나열될 수 있다. 일반적으로 찬성 측의 방안은 다음의 질문에 답하는 것이다.

(1) 무엇이 이루어질 것인가?

(2) 누가 그 방안을 시행할 것인가?

(3) (만약 필요하다면) 어떻게 자금을 조달받을 것인가?

방안은 어떤 경우에는 시행 중인 정책의 폐지를 제안하는 것과 같이 무척 단순하다. 그러나 어떤 경우에는 국민 의료보험 제도 시행을 제안하는 것과 같이 고심해서 만들어야 한다.

첫 번째 입론에서 방안이 어디쯤 배치되어야 하는지에 대한 정답은 없다. 어떤 경우에는 방안이 입론 발언의 도입부에 제시되는가 하면, 다른 경우에는 입론 발언의 마지막에 제시되기도 한다.

전통적 필요 입론(traditional need case)은 세 개의 필수 쟁점(피해의 중대성, 내재성, 해결성) 각각을 '세부 주장(contention)'이라 부르는 논증으로 다룬다. 피해의 중대성 쟁점 세부 주장은 현재 무엇이 잘못되었는가에 대하여 주장한다. 내재성 쟁점 세부 주장은 피해를 해결하기 위한 현재 제도의 시도가 어떤 점에서 잘못되었는지 설명한다. 해결성 쟁점 세부 주장은 찬성 측 방안이 피해의 전부 또는 일부를 해결할 것이라고 말한다. 각 세부 주장에는 보통 권위 있는 인용으로 각각 뒷받침되어야 하는 '하위 세부주장들(sub-contentions)'이 따른다.

때때로 토론자들은 세부 주장 대신에 '의견(observation)'이라는 용어를 쓴다. 두 용어는 본질적으로 같지만, 의견은 논증이 유난히 명백하거나 반박의 여지가 없는 상황에서 더 적합하다.

다음은 전통적 필요 입론 구조의 예이다.

방안: 보건사회복지부가 모든 의료 서비스 비용을 연방 정부에서 책임지는 단일 보험자 국민 의료보험 제도(a single-payer national health insurance system)를 제정할 것이다. 보건사회복지부가 공정 시장 가격에 기초하여 의료 서비스 비용을 지불할 것이다. 국민 의료보험 기금은 모든 고용주의 세금으로 운용될 것이다.

세부 주장 Ⅰ: 많은 미국인이 보험에 가입하지 못해 충분한 의료 서비스를 받지 못한다.

　　A. 수백만 미국인이 건강보험에서 배제되어 있다.

　　B. 수백만 미국인이 보험이 없어서 적절한 의료 서비스를 포기한다.

세부 주장 Ⅱ: 현재 시행 중인 직장 의료보험 제도는 본질적으로 결함이 있다.

　　A. 실직한 미국인은 직장 의료보험 제도에서 배제될 것이다.

　　B. 자영업을 하는 미국인에게 직장 의료보험 제도 보장이 제한적이다.

세부 주장 Ⅲ: 국민 의료보험은 수백만 미국인에게 의료 서비스에 접근하는 기회를 줄 것이다.

A. 국민 의료보험은 가장 공평한 접근이다.

B. 국민 의료보험은 최상의 의료 서비스를 보장한다.

비교 우위 입론(comparative advantage case)은 정책 입안 패러다임에 적합한 구성이다. 또 이 입론 구조는 필수 쟁점 판정관이 중요하게 여기는 쟁점들을 다룰 수 있다. 비교 우위 입론에서 얼마나 많은 이익이 필요한지에 대한 규칙은 없으며, 단 하나의 이익만 존재할 때도 있다. 입론 구조 내 어디쯤에서 세 개의 필수 쟁점들(피해의 중대성, 내재성, 해결성)이 다루어진다. 각각의 쟁점이 언급되기만 하면 순서는 중요하지 않다.

방안: 미국 연방 정부는 멕시코계 미국인 이민자에 대한 이민 정책을 다음과 같이 바꿀 것이다.

(1) 5년 동안 미국에서 거주해 왔음을 입증한 모든 멕시코계 미국인은 사면을 받을 것이다.

(2) 미국 노동부는 미국 내에서 일자리를 가질 수 있도록 등록된 멕시코계 미국인에게 이주 노동자 프로그램을 실시할 것이다.

(3) 등록된 이주 노동자에게서 징수한 근로소득세로 자금을 운용하여 멕시코계 미국인 이주자에게 사회복지사업을 실시할 것이다.

의견: 현재 집행 중인 출입국관리법은 실행 불가능하다.

A. 국경 장벽 건설은 실패한 정책이다.

B. 막대한 이주 노동자 수요는 현재 제도를 지속불가능하게 한다.

이익 I: 사면은 국제적 테러에 대응하여 미국을 보호하는 최선의 방법이 될 것이다.

A. 미국에 살고 있는 불법 이민자의 수가 엄청나다.

B. 등록되지 않은 수백만 이민자 가운데 테러리스트가 쉽게 숨을 수

있다.

    C. 사면은 이민자가 서류를 갖춰 등록하도록 하는 최선의 방법이다.

이익 Ⅱ : 이주 노동자 프로그램은 미국 경제를 번영시킬 것이다.

    A. 미국의 노동력 부족이 심화되고 있다.

    B. 미국 국민들은 이주 노동자가 필요로 하는 일자리를 선호하지 않는다.

    C. 이주 노동자 프로그램은 멕시코계 미국인 이민자의 요구를 충족시키는 동시에 미국 경제를 번영시킬 것이다.

    세 번째 찬성 측 입론 구조는 **목표/기준 입론**(goals/criteria case)이다. 이 입론 유형은 찬성 측 토론자가 방안이 채택됨으로써 목표가 충족될 것임을 입증할 수 있다고 확신할 때 적합하다. 종종 이 입론 구조에서 목표는 확정되지 않은 의견으로 제시된다. 목표/기준 입론의 예는 다음과 같다.

의견: 의료 서비스를 이용하는 것은 인간의 기본 권리이다.

    A. 세계인권선언은 의료 서비스를 받는 것을 인간의 기본 권리로 명시하고 있다.

    B. 의료 서비스를 이용하는 것은 행복 추구에 필수적이다.

방안: 미국 연방 정부는 영국 모델에 기초한 보편적 의료보험 제도를 제정할 것이다. 자금은 소득세 인상으로 운용될 것이다.

세부 주장 Ⅰ: 보편적 의료보험 제도는 모든 미국인이 의료 서비스를 누리는 목표에 도달하는 최선의 방법이다.

    A. 현재 수백만 미국인은 의료 서비스에서 배제되어 있다.

    B. 직장 의료보험 제도는 본질적으로 결함이 있다.

    C. 영국 의료보험 모델은 국민 모두에게 양질의 의료 서비스를 보장

하는 역량이 있음을 보여 왔다.

앞서 말한 각각의 입론 구조에서, 찬성 측은 필수 쟁점 중 피해의 중대성, 내재성, 해결성을 다룬다. 그렇다면 다른 두 필수 쟁점(논제 관련성과 효율성)은 어떤가? 과거에는 찬성 측이 첫 번째 입론 발언에서 용어를 정의해야 했다. 하지만 이제는 그렇지 않다. 대신 찬성 측은 반대 측의 논제 관련성 도전을 받는다. 만약 반대 측이 논제 관련성 논증을 제시하지 않는다면, 그 입론은 논제와 관련된 것으로 추정된다. 그러나 만약 반대 측이 찬성 측 입론의 논제 관련성에 도전한다면 찬성 측은 그 논증에 대해 충분히 답할 책무가 있다.

이익이 불이익보다 더 큰지를 논쟁하는 효율성 쟁점에도 동일한 절차가 적용된다. 불이익을 제시하는 것은 반대 측에 달려 있다. 찬성 측은 반대 측이 제시하는 불이익에 답변해야 하고, 반대 측 주장이 허위이거나 찬성 측의 이익이 그것을 능가한다는 것을 보여야 한다.

더 읽을거리

Herbeck, Dale. *Paradigms of Debate*. Indianapolis, IN: National Federation of High Schools, 1988.

정책 토론에서 반대 측의 전략

정책 토론에서 반대 측 토론자는 찬성 측과 달리 첫 번째 입론 원고를 미리 쓸 수 없다. 반대 측은 찬성 측 입론에서 옹호되는 논제의 구체적 사례에 대응해야 한다. 만약 논제가 사하라 사막 이남 아프리카 지역의 공중보건 지원 증가를 요구하는 것이라면, 찬성 측은 입론에서 HIV/AIDS, 말라리아, 폐결핵, 영양실조, 모성보건, 위생적인 폐기물 처리 또는 수많은 다른 가능성에 초점을 맞출지도 모른다.

보통 토론 토너먼트에서, 한 라운드의 대진이 통보되는 시각과 그 라운드의 토론이 시작되는 시각 사이에 20~30분 이상의 시간을 주지 않는다. 할당된 시간의 대부분은 토론 자료 등 필요한 준비물을 지정된 토론실로 옮기는 데 쓰인다. 이것은 라운드 시작 전, 반대 측 전략을 준비하는 데 쓸 시간이 거의 없음을 뜻한다. 때로는 찬성 측이 어느 팀인지 아는 것으로도 입론 영역을 알 수 있다. 앞선 토너먼트 또는 진행 중인 토너먼트의 이전 라운드에서 찬성 측이 특정한 입론을 사용했다면, 그 입론은 동일하게 제시될 것이다. 하지만 대개는 찬성 측 첫 번째 입론이 실제로 시작되기 전까지 반대 측은 찬성 측 입론의 구체적 초점을 모를 것이다.

찬성 측 입론 영역에 대한 불확실성은 반대 측이 찬성 측 입론의 모든 가능성에 대해 미리 준비된 전략을 가지고 토너먼트에 참가해야 함을 뜻한다.

반대 측 전략 수립을 위한 다섯 가지 제안

1. 어떤 것을 옹호하라. 단순히 무엇을 반대하는지가 아니라 무엇을 옹호하는지 판정관에게 알릴 때 더 설득적일 것이다. 만약 찬성 측이 대체에너지 개발을 위한 정부 보조금을 제안한다면, 반대 측은 자유 기업 체제를 해결책으로 옹호할 수 있다. 만약 찬성 측이 사하라 사막 이남 아프리카에 대한 미국의 대외 원조 증액을 주장한다면, 반대 측은 국제적인 대안을 옹호할 수 있다. 만약 찬성 측이 풍력 발전 확대를 원한다면, 반대 측은 원자력 발전에 의존하는 것을 옹호할 수 있다.

어떤 것을 옹호하라는 제안은 모든 토론에서 대체 방안을 이용하라고 말하는 것처럼 들릴 지도 모른다. 필자의 의도는 그것이 아니다. 반대 측은 이미 시행 중인 현재 제도를 유지하자고 옹호할 수 있다. 에너지 산업에 대한 정부 보조금보다 자유 기업 체제 접근법과 같은 현재 제도가 더 낫다고 논증할 수 있다. 반대 측 토론자로서 자유 기업 체제를 보다 적합한 선택으로 옹호하는 것이다. 에이즈, 결핵, 말라리아 퇴치를 위한 세계 기금은 사하라 사막 이남 아프리카 등지의 공중 보건 지원을 위해 현재 진행 중인 국제적 프로그램이다. 반대 측은 아프리카의 문제 해결에 이와 같은 국제적 접근법이 미국 연방 정부의 해결보다 낫다고 옹호할 수 있다.

2. 찬성 측 이익을 최소화한 다음, 반대 측의 이익을 확대하라. 이것은 찬성 측 입론에 대한 직접적 반박이 반대 측 전략의 한 부분이 되어야 함을 뜻한

다. 많은 반대 측 토론자가 찬성 측 입론에서 주장된 논점들을 무시한 채, 전적으로 자신의 논증에만 초점을 맞추는 실수를 저지른다. 아프리카에서 에이즈로 죽는 사람이 수백만이나 된다는 찬성 측 세부 주장을 생각해 보자. 이 경우 에이즈 문제는 부인할 수 없는 것처럼 보여서, 반대 측은 심지어 찬성 측 입론을 최소화하려는 시도조차 하지 않을 것이다. 그 대신 반대 측은 에이즈에 더 많은 비용을 지불하는 것이 미국의 경제 불황을 일으킬 수 있다는 적자 불이익 주장(deficit disadvantage claim)에 초점을 맞춘다. 그러나 왜 판정관이 아프리카에서 일어나는 수백만 명의 죽음과 미국의 경제 불황을 저울질하도록 하는가? 반대 측이 주장하는 불이익의 양이 보다 수월하게 찬성 측이 주장하는 이익을 넘어설 수 있도록, 찬성 측 이익의 크기를 축소시켜라.

찬성 측 입론과의 직접적 의견 충돌이 항상 찬성 측이 주장하는 피해를 부인하는 형식이 되는 것은 아니다. 반대 측은 국제적인 조치(세계 보건 기구와 에이즈, 결핵, 말라리아 퇴치를 위한 세계 기금)로 에이즈 문제가 제대로 해결되고 있음을 보여 주는 내재성 논증을 제시할 수 있다. 반대 측의 해결성 논증은 (예를 들면, 아프리카에 보건 의료 인력의 수가 적기 때문에) 에이즈를 위한 미국의 추가 재정 투입이 피해를 해결하지 못함을 보여 줄 수 있다.

대개의 경우, 찬성 측이 주장하는 피해가 과장되어 있음을 보여 주는 것은 어렵지 않다. 만약 찬성 측이 주장하는 피해가 지구온난화라면, 반대 측은 온난화가 천천히 진행되고 있기 때문에 자연 생태계가 충분히 적응할 수 있다는 것을 보여 줄 수 있다. 만약 피해가 의료보험을 보장받지 못하는 사람들이라면, 반대 측은 미국에 보험 미가입자에게 중요한 의료 서비스를 제공하는 응급실이 있음을 보여 줄 수 있다.

찬성 측이 선택할 수 있는 입론의 범위가 넓기 때문에 찬성 측 입론과 직접적으로 의견 충돌을 하는 것은 어려워 보인다. 그러나 실제로는 보기보다 어렵지 않다. 대체에너지 기금 조성 논제에 대한 찬성 측 입론으로 생각해 보자. 찬성 측은 대체에너지에 해당하는 여러 종류의 에너지 가운데서 선택할 수 있다. 그렇기는 하지만, 찬성 측이 제시할 수 있는 피해 논증은 대체로 유사할 것이다. 대체에너지를 개발해야 한다고 주장하는 이유는 무엇인가? 거기에는 3개의 잠재적 피해 영역만이 있을 뿐이다. 에너지 자립에 대한 요구(안보적 피해), 환경 보전에 대한 요구(환경적 피해), 에너지 비용 절감에 대한 요구(경제적 피해)이다. 비슷한 패턴이 대부분의 정책 논제에 반복 된다. 논제에 대한 구체적 피해 논증은 보통 두 개 또는 세 개다. 그러므로 찬성 측 입론의 특정한 방향을 모른다 하더라도 제시 가능한 모든 피해 주장을 최소화하는 논증 개요를 준비할 수 있다.

3. 불이익의 이면을 생각하라. 최고의 반대 측 토론 팀은 강력한 불이익 논증으로 토론에서 이긴다. 반대 측 토론 전략으로, 찬성 측 입론의 이익을 넘어설 수 있는 불이익을 하나 또는 두 개 선택하라. 그 불이익을 결정한 다음 반대 측 전략의 다른 요소를 선택해야 한다. 전략의 다른 요소는 앞서 결정한 불이익과 일관성 있는 것이어야 한다.

불필요한 수술이라는 불이익 논증으로 찬성 측의 국민 의료보험 입론을 이길 것이라 생각했다고 가정해 보자. 이 불이익 논증은 의료 서비스가 무료가 될 때, 그것이 남용되어 미국인의 건강 문제 증대로 이어진다고 주장하는 것이다. 반대 측이 이 불이익 논증의 이면을 생각한다면, 사람들이 의료 서비스에 대한 비용을 지불할 때 의료 서비스를 필요에 맞게 이용하여 실제 건강 개선을 이끌 것이라 논증할 것이다. 불필요한 수술이라는 불이익 논증을 반대 측 전략의 표제로 내세울 것이라면, 반대 측 첫 번째 토론자는 현재 보험에 가입하지 않은 미국인이 응급실에서 비용 없이 진료받을 수 있음은 언급하지 않는 것이 낫다. 이와 같은 내재성 논증은 불이익의 고유성(오직 찬성 측 방안이 실행될 때만 발생하는 불이익)을 파괴할 것이다. 이미 미국인에게 '비용 없이 받을 수 있는 의료 서비스'가 있는데, 어째서 지금은 불필요한 수술 남용이라는 불이익이 발생하지 않는 것인가? 마찬가지로, 반대 측은 국민 의료보험이 대기 시간 지연과 진료 거부로 이어질 것이라는 불이익 주장을 피해야 한다. 반대 측은 국민 의료보험이 과다한 의료 서비스를 초래한다고 논증할지, 의료 서비스의 결핍을 초래한다고 논증할지 결정해야 한다.

4. 전략의 수를 제한하라. 찬성 측이 얻는 유리한 조건 중 하나는 토론 라운드의 절반 동안 같은 것에 대해 논쟁한다는 것이다. 찬성 측에게 친숙한 근거에 대해 논증하는 것이어서 찬성 측은 반대 측보다 더 능숙하게 토론할 수 있다. 반대 측 또한 조건을 유리하게 만드는 법을 배워야 한다. 반대 측 토론자는 어떠한 찬성 측 입론이든 대응할 수 있는 2~3개의 기본 전략을 개발해야 한다. "미국 연방 정부는 사하라 사막 이남 아프리카 지역의 공중 보건 지원을 대폭 증가시켜야 한다"라는 논제로 토론하고 있다고 가정해 보자. 이 논제에 대해 자료 조사를 하고 나면, 소액 금융이 국고보조금에 대한 전략적 대체 방안임을 발견할 수 있다. 현재 세계은행과 다양한 유엔 기구를 포함하여 많은 국제기구는 개발도상국민이 사회적 요구에 부합하는 사업과 지역 산업을 마련할 수 있도록 수천의 소액 대출을 제공하고 있다. 소액 금융 옹호자는 그것이 자립에 활기를 불어넣고, 대외 원조 해결책에 불가피하게 따르는 의존 및 부패를 방지한다고 논증한다. 반대 측은 소액 금융 해결책을 둘러싼 전반적 전략을 개발할 수 있다. 이미 많은 국제기구에서 소액 금융을 지원하고 있기 때문에 대체 방안을 제시할 필요조차 없다. 반대 측은 의존 문제를 가져올 수 있는 대외 원조보다는 소액 금융이 자립을 촉진하기 때문에 현재 제도가 찬성 측의 방안보다 우월함을 논증할 수 있다. 반대 측은 면밀한 자료 조사를 통해, 찬성 측이 선택할 개

연성이 있는 입론 영역 중 많은 것(수질 개선과 위생시설, 여성 지원, 의료 종사자 교육, 말라리아 예방을 위한 가정 치료 등)에 대응할 수 있는, 소액 금융과 연계된 증거를 찾을 수 있다.

최고의 반대 측 토론 팀은 반대 측의 근거를 중심으로 토론의 흐름을 이끌 수 있는 팀이다. 설령 찬성 측이 수질 개선과 같이 잘 알려지지 않은 입론을 제시한다 하더라도, 반대 측은 소액 금융이라는 해결책으로 맞섬으로써 토론을 주도할 수 있다. 어떤 입론에나 맞설 수 있는 2~3개의 전략을 찾으라. 이로써 전략을 선택하는 것이 더 간단해진다. 찬성 측 입론 영역을 발견한 다음 그 영역에 가장 잘 들어맞는 전략을 고르기만 하면 된다.

5. 논제가 주는 것을 활용하라. 찬성 측은 논제를 옹호하고 반대 측은 논제를 거부한다. 지난 25년 동안 모든 정책 토론 논제에서의 조치 주체는 미국 연방 정부였다. 때문에 찬성 측의 역할은 공공 정책 문제에 대한 연방 정부의 해결책을 옹호하는 것으로 고정되어 왔다. 이로써 반대 측 전략 개발은 상당히 자유롭다. 어떤 문제에 대한 주 정부 혹은 지방 정부의 조치는 연방 정부의 조치보다 더 뛰어날 수 있다.

때로는 민간 기업의 접근이 문제를 다루는 데 더 나은 방법일 수도 있다. 유엔, 글로벌 펀드, 세계은행, 국제통화기금, 세계무역기구, 국제형사재판소와 같은 국제기구가 보다 이로운 방식으로 문제를 해결할 수 있을지도 모른다. 만약 찬성 측이 주장하는 피해를 다루는 프로그램이 이미 연방 정부 외부 기관에서 진행되는 중이라면, 내재성 논증이 적절하다. 만약 진행 중인 해결책이 없다면, 반대 측은 대체 방안(8장의 주제)을 옹호할 수 있다.

논제 관련성에 도전하기

많은 토론 코치들은 논제 관련성 도전이 반대 측 첫 번째 입론에서 제시되어야 한다고 가르친다. 만약 반대 측이 논제 관련성 도전을 두 번째 입론으로 미룬다면, 논증의 신뢰성을 크게 잃게 된다. 40분 동안 토론이 진행된 후에, 지금까지 논제와 무관하게 토론이 진행되었음을 지적하는 것은 부적절하다.

논제 관련성 도전의 구조는 논증 라벨(argument label), 기준 부문(standards section), 위반(violation)으로 이루어진다.

중심 논증 라벨(The main argument label)은 그 논증이 논제 관련성 논증임을 명시해야 하고, 논제에서 제시되었으나 찬성 측 방안이 충족시키는 데 실패한 용어 또는 구를 지적해야 한다. 논제 관련성 논증 라벨의 예는 다음과 같다. "대폭(substantially): 찬성 측의 방안은 사하라 사막 이남 아프리카에 대한 공중 보건 지원을 '대폭' 늘리지 않기 때문에 논제와 관련된 것이 아니다." 이 라벨은 판정단과 찬성 측에게 그 논증이 논제 관련성 논증이라는 것과, 주장된 특정 위반이 용어 '대폭'과 연관됨을 보여 준다. 찬성 측 방안이 논제의 몇몇 단어와 어긋나 있음을 주장하는 3~4개의 서로 다른 논제 관련성 논증을 만들 수도 있기 때문에, 위반된 단어 또는 구를 포함하여 작성하는 것이 중요하다. 토론 라운드 참가 팀은 용어 하나의 논제 관련성 위반을 또 다른 용어의 논제 관련성 위반과 구별할 수 있어야 한다. 보통 논제에 위반된 용어를 포함하여 논증 라벨을 작성하면 해결된다.

기준 부문은 어느 것이 더 타당한 정의인지 판단해야 하는 판정관에게 간단한 설명을 해준다. 대부분의 토론 라운드에서 판정관은 논제의 해석을 뒷받침하는 양측의 정의를 들을 것이다. 논제 관련성 기준들(topicality standards)은 판정관이 둘 중 더 나은 정의를 평가하는 데 도움을 준다.

용어별 의미 기준(each-word-has-meaning standard)은 논제를 구성하는 각 핵심 용어의 독립적 역할을 제시하는 것이 논제에 대한 더 나은 해석이라고 논증한다. 토론자는 논제의 입안자가 의도를 갖고 각 단어를 논제에 배치했을 것이라고 추정해야 한다.

토론 가능성의 기준(debatability standard)은 찬성 측과 반대 측이 근거를 보다 더 공정하게 나누는 것이 논제에 대한 더 나은 해석이라고 논증한다. 지구온난화가 사하라 사막 이남 아프리카의 공중 보건을 악화시킨다고 주장하는 찬성 측 입론을 사례로 생각해 보자. 찬성 측 방안은 미국이 교토의정서에 서명하고, 이산화탄소 배출 감소 목표를 충족시키는 것을 진지하게 고려해야 한다고 요청하는 것이다. 그렇다면 반대 측은 공중 보건에 해당하는 것과 공중 보건에 영향을 미치는 것을 구별하는 것이 중요함을 논증해야 한다. 지구온난화가 공중 보건에 영향을 미치는 것이 사실이라 하더라도, 이러한 영향을 토론에서 허용하는 것은 논제를 무제한적으로 확장시켜 토론을 불가능하게 만든다.

이러한 영향 기준에 의하면 다음 입론들은 논제 관련성이 있는 것이 된다.

- 핵전쟁이 사하라 사막 이남 아프리카 지역의 공중 보건을 해칠 것이다. 따라서 미국은 핵무기 축소를 추진해야 한다.
- 소행성 충돌이 핵겨울을 유발하고 사하라 사막 이남 아프리카 지역의 공중 보건을 해칠 것이다. 따라서 미국은 소행성을 차단하도록 설계된 우주 계획을 추진해야 한다.
- 세계화와 자유무역이 사하라 사막 이남 아프리카 지역의 빈곤과 건강 악화를 심화시켰다. 따라서 미국은 세계무역기구에서 탈퇴해야 한다.

- 전 세계적 경제 붕괴가 사하라 사막 이남 아프리카 지역의 공중 보건을 해칠 것이다. 따라서 미국은 연방 정부 예산의 균형을 맞춰야 한다.
- 국제 테러의 확대가 지속되면 사하라 사막 이남 아프리카 지역의 폭력과 죽음이 유발될 것이다. 따라서 미국은 중동에서 국가가 지원하는 테러에 대항하는 캠페인을 확대해야 한다.

위의 목록에 따르면, 찬성 측은 심각한 국제적 문제 중 어떤 것이든 선택해 이를 해결하는 것이 사하라 사막 이남 아프리카 지역의 공중 보건에 도움이 됨을 논증할 수 있다. 찬성 측이 제시할 수 있는 입론의 범위는 끝이 없을 것이다. 그러나 주어진 논제의 구체적 용어에 따르면, 찬성 측에는 사하라 사막 이남 아프리카가 아닌 다른 곳에서의 정책 변화를 제안해도 되는 특권이 없다. 찬성 측 이익은 반드시 사하라 사막 이남 아프리카 지역 공중 보건 지원으로부터 발생하는 것이어야 한다. 사하라 사막 이남 아프리카 논제에서 토론 가능성의 기준은 찬성 측의 논제 해석이 논제에 대한 공정한 경계를 유지하도록 한다. 만약 미국 내 외국인 정책의 변화가 논제와 관련된 것이 된다면, 그 논제는 토론 가능성이 없을 것이다.

토론 가능성은 쟁점이 되는 용어의 해석에서 찬성 측 해석과 반대 측 해석 중 무엇을 수용하는 것이 토론에 더 타당할지 (더 공평하거나 공정한지) 묻는다. 이 기준은 토론자들이 기준들을 경쟁시킴으로써 어떤 입론이 논제에 포함될지 배제될지 보이게끔 한다. 토론 가능성이 가장 큰 정의는 토론될 적절한 수의 입론을 허용하는 경계선을 만들어 내는 정의이다. 그러한 기준에 의해 논제와 관련될 입론이 전혀 없거나 극소수가 되는 경우, 반대 측 해석은 부당하다고 여겨질 것이다. 토론될 입론이 수백 개나 가능한 것이라면, 마찬가지로 찬성 측 해석은 부당하다고 여겨질 것이다. 이때의 준비 부담은 반대 측이 감당하기 어렵다.

가장 제한적인 기준(The most limiting standard)은 가장 정밀한 정의가 곧 더 나은 정의임을 시사한다. 찬성 측이 '대폭'을 가상적이라기보다는 실제적인 것으로 정의할지라도, 반대 측이 '그 단어(대폭)는 최소 90%의 증가를 뜻한다'고 정의하는 것보다는 못하다. 누군가가 후자의 정의에서 무엇을 생각하든, 이는 분명히 찬성 측의 모호한 정의보다 정밀하다. 이 기준이 지닌 문제는 어째서 구체적 수치가 추상적 관념보다 더 나은지에 대한 납득할 만한 설명이 없다는 것이다. 오렌지를 지름 2.7인치인 감귤류 과일의 일종으로 정의할 수 있다. 이 정의는 분명 정밀하지만, 정밀함이 곧 정의의 타당성 또는 정확성을 보장하는 것은 아니다.

영역 맥락 기준(field context standard)은 사전적 정의보다는 실제 세계의 공공 정책 맥락을 바탕으로 논제를 해석하는 것을 선호해야 한다고 주장한다.

정의 목적 기준(intent to define standard)은 용어를 정의하려는 특정한 목적을 위해 작성된 정의가 더 낫다고 본다. 이 기준은 분명 영역 맥락 기준과 대립된다. 정의 목적 기준은 의사소통 맥락에서 생겨난 단어의 우연한 의미보다 사전적 정의가 더 선호되어야 하는 이유가 된다. 『웹스터 사전(Webster's Dictionary)』 또는 다른 사전에서 단어 정의를 준비하는 학자는 정의에 포함되어야 할 것과 배제되어야 할 것에 대해 신중히 생각해 본 후 단어 정의를 기술한다. 입안자가 부정확한 방식으로 용어를 사용했을 수도 있기 때문에 용어의 사용 맥락을 바탕으로 정의하는 것은 결함이 있다.

문법적 맥락 기준(grammatical context standard)은 논제 문장의 전체 맥락을 설명하는 범위에서 내리는 정의가 더 낫다고 논증한다. 많은 경우, 찬성 측은 논제에 포함된 각 용어의 독립적 정의를 보여 준 다음, 그 의미들을 결합한 독자적 해석을 이용하려고 한다. 이러한 창의적인 덧붙임을 방지하기 위해, 반대 측은 논제의 모든 용어를 적절한 문법적 맥락에 두는 정의가 더 타당하다고 지적할 수 있다.

이상의 많은 선택 사항들 가운데서 반대 측은 어떻게 기준을 선택하는가? 하나의 기준을 적용하기 위해서는 (1) 명료성 (2) 관련성 (3) 단순성을 고려해야 한다.

명료성 원리(clarity principle)는 반대 측 토론자가 용어를 정의하기 위해 적용하는 기준이 매우 분명해야 함을 뜻한다. 토론자가 두 개 혹은 그 이상의 기준들을 제시하면 이 원리가 위반된다. 토론자가 '정의 목적 기준'과 '영역 맥락 기준'을 함께 옹호할 때, 판정관은 어떻게 할까? 첫 번째 기준은 사전적 정의가 문헌에 드러난 자연 발생적인 의미보다 우선이어야 함을 보여 준다. 두 번째 기준은 정확히 그 반대를 내세운다. 기준들이 모순되지 않더라도 여러 개의 기준들이 함께 제시되면 혼란스럽기 때문에 판정관은 어떤 기준에 우선권을 부여해야 할지 의문을 갖게 된다.

관련성 원리(correspondence principle)는 기준이 위반과 분명히 연관되어야 함을 뜻한다. 반대 측 토론자들은 흔히 논제 관련성 기준들을 제시하고 토론 라운드 끝까지 이를 옹호한다. 그러나 그런 다음 위반에 그 기준을 적용하여 반대 측의 정의가 찬성 측의 정의보다 타당한 이유를 설명하려고 하지는 않는다. 기준을 선택하는 최선의 방법은 위반의 이면을 생각하는 것이다. 만약 위반을 증명하는 반대 측 증거의 출처가 사전이라면, 보다 적합한 기준은 용어별 의미 기준 또는 정의 목적 기준이 될 것이다. 만약 위반에 관한 반대 측 증거의 출처가 군사 전문가라면, 보다 적합한 기준은 영역 맥락 기준이 될 것이다. 토론 가능성의 기준은 찬성 측 방안이 특히 논제의 범위를 제한하지 않아 일방적으로 보일 때 언제든 적용가능하다.

단순성 원리(simplicity principle)는 다양한 토론 이론가들의 말을 인용하여 기준 토론이 짧고 깔끔해야 함을 뜻한다.

입론 논증

'반박 책임(burden of rebuttal)'은 상대측이 반박하지 않는 한, 하나의 논증이 타당한 것으로 추정됨을 진술하는 정책 토론의 핵심 개념이다. 만약 찬성 측 입론에서 미국이 향후 10년 내에 화석연료를 소진할 것이라고 주장한다면, 반대 측은 이를 반박해야 하고 그렇지 않으면 그 논증은 타당한 것으로 추정된다. 만약 반대 측이 그 논증에 대해 아무런 언급도 하지 않는다면, 찬성 측 주장을 뒷받침하는 증거가 빈약할지라도 문제가 되지 않는다. 찬성 측은 (상대방은) 논증을 포기했다고 말할 것이다. 이는 그 논증이 반대 측에 의해 승인되었음을 뜻한다.

반박 책임은 찬성 측과 반대 측에 동등하게 적용된다. 찬성 측 입론에서 불법 이민이 미국 경제를 해치고 있다고 주장했고, 반대 측 첫 번째 토론자가 불법 이민이 실제로는 경제에 기여하고 있음을 보여 주는 증거로 대응했다고 가정해 보자. 찬성 측은 바로 다음 발언에서 이 논증에 대한 대응을 내놓아야 한다. 그렇지 않으면 그 논증에서는 반대 측이 이기는 것이다. 만약 찬성 측이 두 번째 입론에서 이에 대하여 답변하는 데 실패한다면, 찬성 측은 반박 발언에서 이 논증을 되살릴 수 없다.

하나의 논증을 포기했다고 해서 반드시 그 토론에서 지는 것은 아니다. 다만 그 특정 논증에 한해 상대측이 승인되었음(conceded)을 뜻할 뿐이다. 반대 측 토론자들은 종종 찬성 측 입론의 일부에 대응하지 않기를 택한다. 찬성 측은 반대 측이 토론의 승패에 중요하지 않은 것으로 간주하는 세부 주장을 할 수도 있다. 현재 이란이 핵무기를 개발 중이라고 말하는 찬성 측 세부 주장을 예로 들어 보자. 반대 측은 이 주장을 부인하지 않고도 승리할 수 있다는 계산에 따라 이 논증에 대응하지 않고 넘어가기로 결정할 수 있다. 따라서 반대 측은 찬성 측 입론의 어떤 부분이 반대 측의 대응을 요구하는지에 대해 신중히 결정해야 한다. 다음은 이러한 결정을 다루는 데 필요한 조언이다.

판정 규칙을 두고 경쟁하라. 반대 측은, 승인될 경우 찬성 측에 유리한 가치 체계가 세워질 수 있는 진술에 대비하여 찬성 측 첫 번째 입론을 매우 주의 깊게 들어야 한다. '에너지 자립 확보는 미국의 생존에 필수적이다'라는 찬성 측 주장을 생각해 보자. 만약 반대 측이 이러한 주장을 문제 삼지 않고 통과시킨다면, 사실상 토론은 끝나버릴지도 모른다. 최종 반박에서, 찬성 측은 에너지 자립 확보가 다른 무엇보다 더 중요하다는 것에 반대 측이 동의해 왔음을 판정관에게 상기시킬 것이다. 반대 측은 자립보다 상호 의존을 통한 에너지 확보가 어떻게 국제 평화에 기여하는지 보여 주는 증거를 제시함으로써, 판정 규칙(decision rule)을 두고 경쟁했어야 했다.

피해 주장을 최소화하라. 현존하는 문제를 부인하지 못할 수 있지만, 문제의 규모가 과장되었음을 보여 줄 수는 있다. 토론자의 목표는 불이익이 더 커질 수 있는 만큼 피해의 양을 줄이는 것이다.

내재성에 대한 고정관념에서 벗어나라. 반대 측은 종종 현 제도가 이미 찬성 측 방안을 거의 시행하고 있다고 논증하는 실수를 저지른다. 이런 전략으로는 좀처럼 이기기 어렵다. 찬성 측이 사하라 사막 이남 아프리카에서의 금욕 기반 에이즈 예방 프로그램 기금을 폐지하고, 피임 기반 프로그램을 제안한다고 가정해 보자. 반대 측의 전략은 금욕을 홍보하는 정책이 폐기되면 우익 공화당원이 반발할 것이라고 주장하는 정치적 불이익으로 토론에서 이기는 것이다. 반대 측 첫 번째 토론자는 이미 연방 정부가 사하라 사막 이남 아프리카에 콘돔 배급 프로그램을 광범위하게 홍보하고 있음을 주장하는 내재성 논증을 제시한다. 이는 곧, 불이익이 거짓임을 증명하는 것이기 때문에 어리석은 내재성 논증이다. 콘돔 배급이 우익 공화당원의 반발을 일으킬 것이라면, 이러한 반발은 이미 벌어졌어야 한다.

반대 측 토론자는 찬성 측 방안이 이미 거의 진행되고 있음을 보여 주는 것에 기초한 내재성 논증을 피해야 한다. '거의(mostly)'와 '완전히(completely)'의 차이 때문에 이러한 유형의 내재성 논증을 사용하는 것으로는 토론에서 이기지 못할 것이다. 찬성 측은 항상 그들의 방안이 현재 제도에서 조금 더 진전된 것임을 보여 줄 수 있다. 이러한 유형의 내재성 논증은 잠재적 불이익을 제거하기만 할 뿐이다. 만약 찬성 측의 방안이 이미 '거의' 채택된 것이라면, 반대 측이 어떻게 그 방안이 '완전히' 채택될 때 발생할 불이익에 대해 설득력 있게 논증할 수 있는가?

내재성 논증이 불이익을 파괴하는 경향 때문에 많은 반대 측 토론자들이 내재성 논증을 기피한다. 이는 유감스러운 반응이다. 더 나은 전략은, 찬성 측 방안과 전적으로 다른 현 제도의 작용이 찬성 측이 주장하는 피해를 해결하고 있다는 것을 보여 주는 내재성 논증이다. 앞선 예에서, 반대 측은 미국 정부가 아닌 글로벌 펀드, 세계 보건 기구와 같은 단체가 사하라 사막 이남 아프리카에서 콘돔 배급 프로그램을 적극적으로 홍보하고 있음을 논증할 수 있다. 이 내재성 논증은 우익의 반발과 같은 정치적 불이익을 끌어들이지 않고 찬성 측이 제기한 피해를 해결할 수 있다.

해결성 주장에 도전하라. 해결성은 찬성 측 입론에 나타나는 가장 약한 연계 중 하나이다. 해결성 공격은 증거의 불충분성, 반-인과성, 실행 가능성 중 하나 이상에 해당한다.

증거의 불충분성(insufficiency of evidence)은 찬성 측 해결성 주장에 가장 흔히 나타나는 결함이다. 찬성 측이든 반대 측이든 토론자들은 주장을 뒷받침하는 증거를 제시해야 하는 '입증 책임(a burden of proof)'을 갖는다. 만약 토론자가 충분한 증거로 뒷받침하지 않은 주장을 한다면, 상대 측은 단순히 증거의 불충분성을 지적하는 것만으로 그 논증을 반박할 수 있다. 불법 이민을 다루는 찬성 측 입론을 생각해 보자. 피해 논증은 불법 이민을 범죄의 주요 원인으로 제기하는 것이고, 방안은 넘을 수 없는 국경 장벽 건설을 위한 추가 예산을 요청하는 것이다. 찬성 측의 해결성 증거는 넘을 수 없는 국경 장벽 건설이 범죄를 감소시킬 것임을 지금 증명해 보일 수 있어야 한다. 국경 장벽이 범죄를 감소시킬 것이라는 주장만으로는 충분하지 않다.

대부분의 찬성 측은 해결성 주장을 뒷받침하는 증거를 제시해야 함을 알고 있다. 그러나 많은 경우, 증거를 유심히 살펴보면 눈에 띄는 약점이 드러난다. 찬성 측이 다음의 해결성 증거를 제시한다고 생각해 보자.

《스테이트 뉴스 서비스(States News Service)》, 2007년 6월 28일. 온라인. 넥시스. 2007년 8월 13일 접속. "지금은 현행법을 강화하고 국경 장벽을 건설하도록 미국 국민이 행정부에 힘을 실어줄 때입니다."라고 [아이오와 주 하원의원 스티브] 킹이 덧붙였다.

이 증거는 국경 장벽이 범죄를 중단시킬 것임을 말하는 것이 아니라 단순히 그것을 건설해야 한다고 말할 뿐이다. 아래의 증거는 분명히 찬성 측의 해결성 주장을 보다 직접적으로 뒷받침하는 것이다.

티케 헨드릭스(Tyche Hendricks, 선임기자),《샌프란시스코 클로시클(San Francisco Chronicle)》, 2006년 10월 27일, A1면. 미 하원의원 덩컨 헌터(Duncan Hunter), 공화당-알파인(샌디에이고 카운티), 미국 대변인 덩컨 헌터는 오랜 세월 장벽 옹호자로 장벽이 국경 지대를 보다 안전하게 만들 것이라 말하면서 승인에 갈채를 보냈다. "1996년 국경 장벽 건설이 시작된 이래, 샌디에이고주 범죄율은 이전보다 절반 이상 줄어들었다. 차량을 이용한 국경 통과를 없앴고, 국경을 넘으려는 시도가 보다 적어진 결과로 불안이 현저히 감소되었다."고 성명서로 발표했다.

이 증거는 샌디에이고주의 국경 장벽이 그 도시의 범죄를 감소시켰음을 보여 준다. 그러나 국경 장벽 반대자들은 현재 사용 되고 있는 일부 장벽들은 불법이민 장소를 다른 장소, 즉 장벽이 없는 장소들로 옮기는 것일 뿐이라고 논증한다. 만약 찬성 측 방안대로 장벽이 국경 전체를 따라 죽 세워진다면 어떤 상황이 벌어질까? 찬성 측 증거는 이에 대한 답을 줄 수 없다. 반대 측은 불법 이민의 근본적 원인이 해결되지 않는 한, 국경 장벽이 불법 이민을 절대 중단시킬 수 없음을 보여 주는 자체적인 증거를 제시할 수 있다.

> 유니스 모스코소(Eunice Moscoso, 선임기자),《애틀랜타 저널 앤드 컨스티튜션(Atlanta Journal and Constitution)》, 2006년 9월 20일, 1A면. 일부 상원 민주당원은 국경 장벽 건설 비용이 90억 달러에 육박할 뿐 아니라, 불법 이민자의 절반 이상이 합법적으로 입국하여 비자 허용 기간보다 더 오래 머무르는 경우이기 때문에, 국경 장벽 건설은 이민 문제를 해결하지 못할 것이라고 말했다. 더욱 광범위한 이민 법안을 옹호하는 에드워드 케네디 상원의원(민주당-매사추세츠)은 장벽이 범죄와 테러리스트를 막지 못할 것이고, 2011년 9·11 테러를 저지른 납치범은 멕시코 국경을 넘어오지 않고 합법적 비자로 미국에 들어왔다고 말했다. 그는 "시행만 하는 것은 해결책이 아니다. … 장벽을 세울 수는 있지만, 사람들은 장벽을 돌아서 올 것이다."라고 말했다.

반–인과성(counter-causality)은 해결성 공격의 또 다른 유형이다. 대부분의 공공 정책 문제에는 복합적 원인이 있다. 찬성 측 방안은 이 원인들 대부분을 제자리에 남겨 둔 채 단 하나만을 제거하는 것일 수 있다. 지구온난화 문제로 생각해 보자. 찬성 측 방안은 이산화탄소 배출 감소를 위해 설계된 탄소세 도입일 수 있다. 그러나 이와 같은 방안은 지구온난화의 보다 중요한 원인들을 다루지 않고 남겨 둔 것이다.

리처드 힐(Richard Hill, 선임기자), 《오리거니언(The Oregonian)》, 1989년 11월 2일, E1면. 메탄은 이산화탄소보다 2배 비율로 증가하고 있고 이산화탄소보다 20배 더 온난화에 영향을 미치기 때문에 특히 걱정스럽다. "이는 주목할 만한 문제이다." [오리건주 과학연구소 교수 라인홀드] 라스무센은 "지난 100년 간 지구 대기에 이산화탄소는 20퍼센트 증가한 반면, 메탄의 양은 이산화탄소 증가율의 두 배 이상인 거의 10억 분의 700에서 10억 분의 1,750으로 증가하였는데, 이는 매우 엄청난 증가량이다."라고 말했다.

실행 가능성(workability) 질문은 찬성 측 해결성 주장을 공격하는 또다른 방법이다. 찬성 측 방안이 사하라 사막 이남 아프리카의 에이즈 환자를 위한 항레트로바이러스 약품 추가 구매 자금 확대를 제안하는 것이라고 생각해 보자. 반대 측은 보다 많은 약품을 지급하는 것은 (부패한 정부는 필요한 사람에게 약품이 지급되는 것을 가로막을 것이고, 의료 시설 및 의료계 종사자 부족은 약품을 나누어 주거나 경과를 관찰할 수 있는 사람이 없음을 의미하며, 생수와 식품 부족은 약품이 추천된 식품과 함께 섭취될 수 없음을 뜻한다는 등의) 실행 가능성 문제들 때문에 거의 효과가 없음을 논증할 수 있다.

불이익 논증 구성하기

제대로 구성된 불이익 논증은 연계, 고유성, 효과를 갖춘 것이다. 연계 (link)는 "어째서 찬성 측 방안이 불이익을 유발할 것인가?"에 답한다. 고유성(uniqueness) 논증은 "현재 제도는 이러한 불이익의 발생을 어떻게 막아내는가?"라는 질문에 답한다. 효과(impact) 논증은 "만약 이 불이익이 발생하면 찬성 측이 제기한 피해가 얼마나 더 심각해지는가?"에 답해 준다.

불이익에서 연계 논증은 방안이 실행되는 것에서부터 출발해야 한다. 그런 다음 방안과 불이익 효과 사이를 논리적으로 연관 짓는다. 만약 방안이 아프리카 대외 원조 비용을 2배 이상 대폭 늘리는 것이라면, 이러한 비용은 적자 불이익으로 연계된다. 만약 방안이 주거 지역에 살충제를 분무하는 데 필요한 자금을 대는 것이라면 살충제 살포 증가는 살충제 해악 불이익으로 연계된다.

고유성 논증은 어째서 현재 제도에서는 불이익이 발생하지 않는지 설명한다. 만약 불이익이 찬성 측 방안을 시행하든 시행하지 않든 필연적으로 발생하는 것이라면, 그 논증은 방안을 거부할 이유가 못 된다. 반대 측은 여러 가지 방식으로 불이익의 고유성을 방어할 수 있지만, 최선의 방식은 현 상태를 유지하는 것이 불이익을 방지할 것임을 보여 주는 증거를 제시하는 것이다.*

불이익의 마지막 요소는 효과이다. 효과는 불이익이 어째서 상당히 해로운지를 보여 준다. 정부 예산이 증가될 것이라든가 유럽과의 관계가 불편해질 것이라든가 환경오염이 심각해질 것이라든가 또는 시민의 자유가

....

* 반대 측의 불이익 논증에서 '고유성'은 찬성 측의 방안이 채택될 경우에만 유일하게 발생하는 문제, 불이익을 증명하는 것이다.

제한될 것임을 보여 주는 것으로는 충분하지 않다. 제대로 고안된 효과 논증은 여기서 한 발짝 나아가, 어째서 이러한 결과가 상당히 해로운 것인지를 보여 주는 것이다. 정부 예산 적자가 악화된다면 미국 또는 세계 경제에 어떤 문제가 발생하는가? 왜 우리는 유럽과의 무역 관계 압박에 신경을 쓰는가? 이미 환경오염 수준이 높은데 더 악화되면 어떻게 될까? 시민의 자유는 얼마나 중요한가?

그 효과는 얼마나 커야 할까? 만약 반대 측이 토론에서 이기고자 한다면, 효과는 반드시 찬성 측 입론에서 주장한 피해보다 더 커야만 한다. 반대 측은 찬성 측이 그 불이익에 대한 연계나 효과에 대해 방향 전환을 시도할 수 있음을 항상 인식해야 한다. '전환(turn)' 논증은 불이익을 찬성 측 입론을 옹호하는 다른 이익으로 재구성하려는 시도이다. 찬성 측은 방안이 오히려 정부 예산 부담을 실제적으로 경감시킴으로써 비용을 절감한다고 주장하여 적자 불이익의 연계를 전환할 수 있다.

불이익에 대한 효과 전환은 경제 불황이 반대 측이 상상하는 재앙보다는 실제로 좋은 것이라고 주장하는 것이다. 몇몇 토론에서 찬성 측은 우림을 보존하고 멸종을 예방하기 위해 전 세계의 자원 이용을 줄이는 수단으로서 경제 불황을 반기는 급진적 환경보호단체의 입장을 방어하기로 선택한다. 효과 전환 논증은 토론을 반대 측이 선택한 논쟁적 근거로 완전히 옮기는 것이라는 점에서 위험 부담이 높은 전략이기 때문에 보기 드물다. 또한 많은 효과 전환 주장은 일부 판정관이 불쾌해하는 반사회적 입장을 옹호하고자 시도하기도 한다.

연계 전환 논증을 방어하는 기본적인 방법에는 세 가지가 있다. 첫 번째이자 가장 최선인 방어 방법은 찬성 측 입론이 실행하기를 주장하는 것에서부터 불이익을 연계하는 것이다. 만약 입론이 말라리아 예방을 위해 DDT 사용 증가를 요청하는 것이라면, 찬성 측이 그 연계를 뒤집을 수는 없다. 찬성 측 방안이 실제로는 살충제 사용을 감소시킬 것이라고 논증할 기회가 배제되는 것이다.

두 번째 방어 방법은 애초에 반대 측이 제시했던 불이익 논증을 뒷받침하는 증거를 충분히 제시하는 것이다. 만약 찬성 측이 국민 의료보험을 제안했다면, 반대 측은 정부 적자 불이익으로 대응할 수 있을 것이다. 찬성 측은 분명히 국민 의료보험이 결국 비용 절감을 낳을 것이라고 주장하면서 그 연계를 전환하려고 시도할 것이다. 만약 반대 측이 적자 불이익을 이용하기로 결정했다면, 국민 의료보험이 현재 제도보다 더 비싼 비용을 초래할 것임을 보여 주는 증거의 힘에 대해 확신을 가져야 한다.

세 번째이자 마지막 방어 방법은 찬성 측의 연계 전환에 대한 내재성이 틀렸음을 입증하는, 강력한 고유성을 제기하는 것이다. 만약 반대 측 고유성 증거가 사실이라면, 불이익은 현재 제도 내에서 방지될 것이다. 이것은 불이익을 방지하는 데 있어 찬성 측 방안을 채택하는 것은 무의미하기 때문에, 연계 전환이 방안을 채택하도록 돕는 이익을 추가할 수 없음을 뜻한다. 예를 들어 적자 불이익에서, 반대 측 고유성 논증은 정부 예산 적자가 현재 수준 혹은 그 이하에 머무르는 한 불황은 발생하지 않을 것임을 보여 줄 수 있다. 따라서 찬성 측이 연계 전환을 통해 보이고자 한 효과가 없는 것이다. 만약 찬성 측이 국민 의료보험이 비용을 절감할 것임을 입증한다고 해도, 그 불이익은 그저 사라질 뿐이다.

더 읽을거리

Carlin, Diana, and Walter Ulrich. *Developing and Defending the Negative Position*. Indianapolis, IN: National Federation of High Schools, 1991.

Ulrich, Walter. *Developing and Defending Disadvantages*. Indianapolis, IN: National Federation of High Schools, 1990.

정책 토론에서 대체 방안의 역할

08

토론자들은 대체 방안(counterplan) 전략이 상황에 따라 토론 코치나 판정관에게 좋은 평가를 받지 못할 수 있다는 것을 인지해야 한다. 대체 방안을 제시하는 것이 생산적일지 아닐지 결정하기 전에 토론 코치와 반드시 상의하라.

반대 측의 전통적 접근은 현재의 제도를 옹호하는 것이다. 그러나 때때로 반대 측은 현재 제도를 설득력 있게 옹호하기 어렵다는 결정을 내릴 수도 있다. 이런 경우 반대 측이 세워야 하는 대책이 바로 대체 방안이다.

대체 방안이 갖추어야 할 조건

대체 방안이 갖추어야 할 세 가지 조건은 (1) 비논제성, (2) 경합성, (3) 이익이다.

비논제성(nontopicality)은 반대 측의 대체 방안이 논제와는 다른 조치를 옹호해야 한다는 것이다. 찬성 측은 논제의 가치를 입증하려는 노력으로 논제의 사례와 같은 찬성 측 방안을 제시한다. 만약 반대 측이 논제와 관련된 대체 방안을 옹호한다면, 판정관이 찬성 측에 표를 던지도록 하는 또 하나의 이유를 더해줄 뿐이다.

비논제성은 반대 측의 대체 방안이 논제와 한 단어 이상 어긋나야 한다는 것을 의미한다. 만약 논제가 '미국 연방 정부는 중등교육에 관한 지원을 강화해야 한다'라면, 비논제성이 높은 대체 방안은 다음 중 하나일 수 있다.

1. 주 정부가 중등교육에 관한 지원을 강화할 수 있다.
2. 연방 정부는 연방 정부 내 교육부를 없애고, 중등교육에 관한 모든 지원을 끝낼 수 있다.
3. 연방 정부는 초등교육에 대한 지원을 강화할 수 있다.

위의 예는 각각 논제와 다른 조치를 옹호하는 대체 방안에 해당한다.

경합성(competitiveness)은 대체 방안이 '선택을 강제'해야 한다는 것이다. 대체 방안은 판정관이 찬성 측의 방안에 대해 반대표를 던질 이유를 제공해야만 한다. 입법부의 한 의원이 도박 합법화를 제안해 왔다고 가정해 보자. 토론이 계속되는 동안, 다른 의원이 반대 측 입장으로 일어서서 도박 대신 의학적 목적으로서의 마리화나 판매를 합법화해야 한다고 주장할 수 있다. 어떤 청중이라도 마리화나 합법화는 도박 합법화와 무관하다는 것을 단번에 알아차릴 것이다. 두 방안은 서로 경쟁적이지 않다. 여기서 경합성이 부족하다는 것은 의회가 두 방안 모두를 수용할 수 있다는 의미이다. 즉, 의회는 도박과 마리화나 판매를 둘 다 합법화할 수 있다.

이익(advantage)은 대체 방안이 찬성 측의 방안보다 더 우위에 있는 방법이라는 점을 보여 주어야 한다는 것이다. 만약 대체 방안이 단순히 방안과 비슷한 수준의 이익을 보여 준다면, 반대 측 대체 방안에 찬성하고 찬성 측 방안을 거부할 만한 특별한 이유가 없다. 찬성 측이 언급한 피해를 보다 잘 해결하거나, 찬성 측 방안에 대해 반대 측이 주장한 불이익을 피할 수 있거나, 찬성 측 방안의 이익보다 더 많은 이익을 갖는다면 그 대체 방안은 탁월한 것이다.

대체 방안에 있어 경합성의 기준

대체 방안의 경합성에 대해 널리 통용되는 두 가지 기준은 '상호 배타성(mutual exclusivity)'과 '순이익(net benefits)'이다. 이 두 기준은 '왜 찬성 측 방안과 대체 방안을 둘 다 수용해서는 안 되는가?'라는 질문에 대한 답변이 된다. 상호 배타성은 방안과 대체 방안이 '공존할 수 없다'는 것을 의미하는데, 이는 방안과 대체 방안이 양립하는 것은 논리적으로 불가능하다고 주장하는 것이다. 순이익은 방안과 대체 방안이 '공존해서는 안 된다'는 것을 의미하는데, 이는 방안과 대체 방안을 공동으로 채택하였을 때 대체 방안만을 선택하는 것보다 이익이 적다고 주장하는 것이다.

상호 배타성 기준은 방안과 대체 방안이 서로 모순됨을 보여 주는 것이다. 앞서 예로 들었던 "중등교육에 대한 연방 정부의 지원을 대폭 늘려야 한다."라는 찬성 측 방안과 "중등 교육에 대한 연방 정부의 지원을 모두 금지해야 한다."라는 반대 측 대체 방안을 살펴보자. 반대 측은 '연방 정부의 교육 지원 증가'와 '이 모든 지원에 대한 금지'가 양립하는 것은 논리적으로 불가능하기 때문에 이 대체 방안이 방안과 대체 방안 사이에서 선택을 강제하고 있다고 주장할 것이다.

그러나 대부분의 대체 방안들은 찬성 측 방안과 상호 배타적이지 않다. 주 정부의 중등교육 지원을 강화해야 한다는 대체 방안에 대해 생각해 보자. 이 대체 방안은 연방 정부의 교육 지원 증가와 동시에 이루어질 수 있기 때문에 상호 배타적이지 않다. 마찬가지로 초등교육 지원을 강화해야 한다는 대체 방안 또한 중등교육 지원 증가 방안과 상호 배타적이지 않다.

대체 방안의 경합성을 평가하는 데 가장 널리 사용되는 기준은 순이익이다. 순이익은 대체 방안만을 채택하는 편이 방안과 대체 방안을 동시에 채택하는 편보다 이익이 더 많음을 보여 주는 것이다. 왜 대체 방안을 더 간단하게 만들 수 없는가? 왜 대체 방안이 방안보다 더 많은 이익을 갖고 있다고 보여 주는 것만으로는 부족한가? 이는 그러한 대체 방안으로는 방안을 거부할 이유가 없기 때문이다. 다음 상황을 생각해 보자. 찬성 측은 교육 수준이 높은 근로자들이 국제시장에서의 미국의 능력을 높일 것이라고 주장하며, 연방 정부의 교육 지원을 증가시켜야 한다고 제안한다. 반대 측은 핵전쟁 예방의 이익을 내세우며, 세계적인 핵군축 대체 방안을 제시한다. 반대 측은 핵전쟁 예방의 이익은 미국 경제를 발전시키는 것의 이익보다 더 크기 때문에 그들의 대체 방안이 '순이익'을 지녔다고 말한다. 그러나 이 대체 방안은 대체 방안의 경합성을 평가하는 첫 번째 기준을 통과할 수 없다. '왜 둘 다 할 수 없는가?'라는 기준을 통과하지 못하는 한, 판정관은 세계적인 핵군축 대체 방안이 교육 지원 증가라는 찬성 측 방안을 거부할 어떤 이유도 제공하지 못한다고 간단히 말할 것이다. 순이익의 가치를 검토하는 가장 적합한 방법은 방안과 대체 방안을 더한 것과 대체 방안 간의 무게를 재는 것이다. 핵군축의 이익이 핵군축에 교육 지원 증가를 더한 것보다 더 큰가? 이 질문에 대한 답은 '아니다'이다. 그러므로 이 대체 방안은 방안을 거부할 이유가 되지 못한다.

순이익을 확증하기 위해, 반대 측은 반대 측 대체 방안에는 없지만 찬성 측 방안에는 수반되는 불이익을 1~2개가량 보여 주어야 한다. 교육 지원 논쟁을 예로 들면, 반대 측이 내세울 수 있는 불이익은 연방주의(교육에 관한 연방 정부의 통제는 주와 지역의 권리를 침해하는 위헌적 조치라는 주장)이다. 반대 측이 내세울 수 있는 다른 불이익은 적자 지출(이미 연방 정부의 적자가 심각한데, 적자를 더 증가시키는 조치는 심각한 경제 문제를 야기할 것이라는 주장)이다. 주 정부 단위의 대체 방안을 채택하는 것은 연방주의와 적자의 불이익을 피하면서 찬성 측이 주장하는 피해(낮은 학업성취도)를 해결할 수 있다. 따라서 대체 방안만을 채택하는 것은 대체 방안과 방안 둘 다를 채택하는 것보다 더 유리하다.

　몇몇 반대 측은 상호 배타성이나 순이익과는 다른 기준에 기대어 경합성 확립을 시도한다. 철학적 논쟁(philosophical competition)이 그러한 기준 중 하나다. 예를 들어 반대 측은 대체 방안이 사기업의 발전을 옹호하는 데 반해, 찬성 측이 제시한 방안은 정부 규제를 옹호한다고 주장할 수 있다. 그러나 철학적 논쟁으로서는 방안과 대체 방안 사이에서의 선택을 강제하는 데 실패한다. 논쟁의 대상이 된 여러 철학이 공존하지 못할 이유는 없다. 연방 정부는 소액 사업 대출을 제공하거나 사기업을 촉진하면서 동시에 기업 활동을 규제할 수도 있는 것이다.

　재원 경쟁(resource competition)은 약한 경합성 기준의 다른 예이다. 찬성 측에서 중등교육에 대한 연방 정부 지원 강화를 제안하고, 반대 측에서 초등교육에 대한 연방 정부 지원 강화 대체 방안을 내놓은 예를 상기해 보자. 이 대체 방안은 찬성 측 방안을 거부힐 이유를 제공하지 못하기 때문에 경합성이 없다. 그러나 반대 측은 연방 정부의 부족한 자원을 놓고 중등교육에 대한 지원과 초등교육에 대한 지원이 경쟁한다고 주장할 수 있다. 이 논증은 반대 측이 초등과 중등 양쪽 모두를 지원하는 것이 현명하지 않음을 증명할 수 있을 때라야 비로소 타당해진다. 다시 말해 반대 측은 연방 정부의 지출 불이익을 보여 줄 필요가 있다. 그리고 반대 측은 오직 찬성 측 방안만이 이 불이익을 야기한다는 근거를 제시해야 한다. 만약 이 모든 것이 증명된다면, 반대 측은 대체 방안이 순이익을 지녔다는 것을 증명하는 것이다. 재원 경쟁은 게으른 논쟁적 지름길을 시도하는 것이다.

경쟁력의 검증으로서의 치환

'치환(permutation)'*은 일련의 선택지에서 가능한 모든 조합 또는 배합을 탐색하는 것을 의미한다. 찬성 측은 방안과 대체 방안이 얼마나 바람직하게 묶일 수 있는지 명백히 보여 주기 위해 종종 방안과 대체 방안의 치환을 제시한다. 치환을 제안한다고 해서, 찬성 측이 그들의 방안을 진짜로 바꾸는 것은 아니다. 대신 왜 대체 방안이 본질적으로는 방안과 경쟁하는 것이 아닌지를 보여 주는 것이다. 치환은 인위적으로 혹은 표면적으로 경쟁적일 뿐인 대체 방안에 맞서는 찬성 측을 보호해 준다.

때때로 반대 측은 찬성 측의 조치를 금지하는 형식으로 대체 방안 대본을 작성한다. 찬성 측의 조치에 반대하는 형식의 진술은 대체 방안을 방안과 상호 배타적으로 보이게 만든다. 아래에 제시된 대체 방안에 대해 생각해 보라.

1. 주 정부는 중등교육에 대한 지원을 대폭 증가시킬 것이다.
2. 중등교육에 대한 연방 정부의 지원은 현재 수준을 유지할 것이다.

....

* 치환은 방안과 대체 방안이 실제로 대립하는지를 검증하기 위한 실험을 뜻한다. 찬성 측이 반대 측의 대체 방안을 반박하는 전략 중 하나로, 실험적으로 방안과 대체 방안을 묶어서 방안과 대체 방안 모두를 하는 것이 가능한지를 검토해 대체 방안이 방안을 거부할 만한 경합성이 있는지를 시험해 보는 것을 말한다. [존 미니 외/허경호 역(2008),『모든 학문과 정치의 시작, 토론』, 커뮤니케이션북스, 209쪽을 참조].

반대 측은 연방 정부의 지원을 대폭 증가시키면서 동시에 이를 현재 수준으로 동결하는 것이 논리적으로 불가능하기 때문에 대체 방안이 찬성 측 방안과 상호 배타적이라고 주장할 것이다.

이때, 치환은 찬성 측 방안과 대체 방안이 본질적으로 상호 배타적이지 않다는 것을 증명하기 위해 둘 사이에 깊숙이 파고든다. 때때로 찬성 측은 몇 가지 치환을 제시한다. 교육 지원 논제의 예에서, 찬성 측은 아래와 같은 치환을 제시할 수 있다.

1. 연방 정부와 주 정부는 중등교육에 대한 지원을 동시에 증가시킬 것이다. 그리고
2. 연방 정부는 중등교육에 대한 지원을 증가시킬 것이나, 증액된 지원을 각 주에서 어떻게 사용할 것인지는 주 정부가 결정할 것이다.

이러한 치환 중 하나가 바람직한 것으로 판명된다면, 찬성 측은 대체 방안의 경합성이 떨어진다고 주장할 수 있다.

대체 방안의 유형

시행자 대체 방안(agent counterplan)은 아마도 가장 보편적으로 쓰이는 대체 방안의 유형일 것이다. 찬성 측은 방안의 조치 주체로 가급적 논제에 명시된 기관을 활용해야 한다. 지난 25년간 정책 토론에서 논제에 명시된 기관은 '미국 연방 정부'였다. 일반적으로 시행자 대체 방안은 미국 연방 정부가 아닌 다른 누군가에 의해 행해지는 조치라는 점만 제외하면 찬성 측의 방안과 매우 비슷한(심지어 동일한) 조치를 제안하는 것이다. 대체

방안이 될 수 있는 주체는 50개의 주 정부나 다양한 국제기구들(유엔, 세계은행, 국제통화기금 등)이 있다.

방안 포함 대체 방안(plan inclusive counterplan)은 논제에 명시된 용어들 중 일부를 제외하면 찬성 측 방안의 것을 차용한다.* 미국 연방 정부가 사하라 사막 이남 아프리카 지역의 공중 보건 지원을 대폭 증가시켜야 한다는 2007-2008년 정책 토론의 논제를 떠올려 보자. 찬성 측의 방안은 사하라 사막 이남 아프리카 지역의 HIV/AIDS 예방 프로그램을 위한 지원을 대폭 증가해야 한다는 주장이다. 반대 측의 대체 방안은 수단(Sudan)에 대한 모든 방식의 지원 증가가 다르푸르에서의 대량 학살을 지원하는 데 유용될 수 있다고 주장하면서, 수단을 '제외한' 모든 지역에서 찬성 측의 조치가 행해져야 한다는 것이 될 수 있다. 만약 논제가 신재생 대체에너지에 대한 연방 정부의 지원을 강화해야 한다는 것이라면, 대체 방안은 찬성 측의 방안 모두를 옹호하지만 (많은 새들이 풍차에 의해 죽는다는 근거를 들어) 풍력 발전에 대한 지원은 반대한다는 주장이 될 수 있다.

절차 대체 방안(process counterplan)은 찬성 측 방안을 그 방안에 명시된 것과는 다른 절차로 시행해야 한다고 주장하는 것이다. 연구 대체 방안(study counterplan)은 찬성 측의 조치가 선택되기 전에 확실한 연구가 완료될 시간이 주어져야 한다고 주장하는 것이다. 반면에, 상의 대체 방안(consultation counterplan)은 방안을 발전시켜 나가는 데 특정한 중요한 협력자(또는 국내 이해 집단)들이 참여할 기회가 있어야 한다고 주장하는 것이다. 때때로 토론 논제는 찬성 측 방안이 특정 절차를 지키는 것이 되도록 제한한다. 대체에너지 자원 연구에 대한 연방 정부의 지원을 강화해야 한

....

* 찬성의 것을 차용하되 찬성 측의 조치가 통하지 않는 예외적 지점을 찾아 대체 방안을 수립해 공격하는 것이다. [존 미니 외/허경호 역, 앞의 책, 226쪽의 '배제 대체 방안'을 참조].

다는 논제에 대해 생각해 보자. 반대 측은 동일한 결과에 도달할 수 있는 가장 좋은 방법으로 (개인 투자를 촉진하는) 세금 공제에 대한 대체 방안을 제시할 수 있다.

고유성 대체 방안(uniqueness counterplan)은 불이익의 고유성을 확립하기 위한 노력으로서 일부 반대 측이 사용하는 것이다. 반대 측이 연방주의의 불이익을 언급하며 연방 정부의 중등교육 통제가 주 정부 또는 지역의 주된 기능을 근본적으로 무너뜨릴 것이라고 주장하는 상황을 가정해 보자. 그러나 반대 측은 찬성 측이 지금도 연방 정부의 중등교육 지원이 이루어지고 있다는 사실을 근거로 들어 반대 측이 주장하는 불이익이 고유하지 않다고 주장하는 것이 염려될 것이다. 반대 측은 중등교육에 대한 연방 정부의 모든 지원을 중단하는 대체 방안을 제시함으로써 찬성 측의 고유성 논증에 대항할 수 있다.

대체 방안의 역학

반대 측은 대체 방안을 어떻게 제출하는가? 먼저, 대체 방안은 반대 측 첫 번째 입론에서 제시되어야만 한다. 대체 방안은 다음 구성 요소를 포함해야 한다.

- 대체 방안 대본
- 비논제성 설명
- 경합 논증
- 해결성 또는 이익 논증

대체 방안 대본(counterplan text)은 찬성 측의 방안과 비슷한 형식을 따라야 한다. 무엇이 행해질 것인지, 어떤 주체가 행할 것인지, 어떻게 기금을 마련하고 시행할 것인지 상세하게 쓰인 글이어야 한다. 종종 찬성 측은 대체 방안의 대본을 보여 달라고 요청하기도 한다.

비논제성 설명(nontopicality explanation)은 대체 방안이 논제의 한 단어 또는 여러 단어와 어긋남을 확인시켜 주는 것이다. 때때로 반대 측은 어째서 대체 방안이 논제의 용어 바깥에 놓여 있는지를 인식시키기 위해 논제에 사용된 용어들의 정의를 읽어 내려가기도 한다.

경합 논증(competition argument)은 판정관이 반드시 방안과 대체 방안 중 하나를 선택해야 하는 이유들을 설명하는 것이다. 종종 반대 측은 상호 배타성과 순이익에 관한 설명 둘 다를 제공한다. 상호 배타성 설명은 왜 방안과 대체 방안 둘 다를 채택하는 것이 논리적으로 불가능한 것인지를 묘사한다(이는 '할 수 없다'는 기준이다). 순이익 설명은 방안에는 수반되나 대체 방안에는 수반되지 않는 불이익 논증을 확인한다(이는 '해서는 안 된다'는 기준이다).

해결성 또는 이익 논증(solvency or advantage argument)에서는 왜 대체 방안의 이익이 방안의 이익보다 큰 지를 설명한다. 때때로 반대 측은, 찬성 측 방안보다 대체 방안이 찬성 측이 제시한 피해를 더 잘 해결할 수 있다고 주장한다. 찬성 측이 미국은 중동으로부터의 석유 의존을 극복해야 한다는 근거로 신재생 대체에너지에 대한 연방 정부의 지원을 증가시켜야 한다고 주장한다고 가정하자. 반대 측은 북극 국립 야생 보호 지역(Arctic National Wildlife Reserve)에서 시추 작업을 시작하고 있다는 대체 방안을 제시하여, 이것이 미국이 에너지 자립국이 되는 가장 빠르고 확실한 방법이 될 것이라고 주장할 수 있다.

그러나 찬성 측이 제기한 피해를 대체 방안이 해결할 필요는 없다. 예를 들어 반대 측은 찬성 측이 제기한 피해보다 대체 방안의 이익이 더 많다고 주장할 수 있다. 반대 측이 대체 방안으로 미국이 신재생 대체에너지 연구를 촉진하는 국제적인 협회에 가입할 것을 요구하였다고 생각해 보자. 이러한 대체 방안은 미국의 에너지 독립 문제를 해결할 수 없다. 대신 반대 측은 미국의 에너지 회사에 거대한 정부 보조금을 지급하는 것은 자국 산업에 대한 정부 보조금 지급을 금지하는 세계무역기구의 규정을 위반하는 것이라 주장할 수 있다. 이러한 국내 에너지 산업에 대한 보조금 지급은 무역 전쟁을 유발할 것이고, 또 아랍이 석유 금수 조치를 취하는 방아쇠가 될 것이며, 궁극적으로 세계 불황 또는 불경기를 유발하게 될 것이라고 불이익을 주장할 수 있다. 따라서 반대 측의 대체 방안은 세계 공동체를 협력 관계로 끌어들이면서, 경제 붕괴를 피하고 장기적인 에너지 해결안을 수립하는 데 기여할 수 있다.

언제 대체 방안을 제시할지 결정하기

대체 방안을 제시하기로 결정하기 전에, 아래의 질문을 검토해 보라.

- 판정관이 대체 방안 사용을 허용하는가?
- 현재 체제를 옹호할 수 있는가?
- 내재성 논증으로 대체 방안의 대안을 마련할 수 있는가?
- 대체 방안으로 내세울 이론을 이해하고 있다고 자부하는가?
- 대체 방안이 직관적으로 설득력 있게 보이는가?

첫째로, 판정관은 대체 방안을 선호하는가? 어떻게 이를 알 수 있는가? 많은 토너먼트에서는 출전자에게 판정 철학을 공개한다. 판정 철학에 대한 흔한 질문은 '토론에서 대체 방안을 제시하는 것에 대해 어떻게 생각하는가'이다. 만약 판정 철학에 접근할 수 없다면, 해당 라운드가 시작되기 전에 판정관에게 물어볼 수 있을 것이다. 대체 방안 사용에 대해 고민하고 있다면, 판정관에게 "대체 방안 사용에 대해 어떻게 생각하십니까?"라고 간단히 물을 수 있다. 판정관이 대체 방안 사용을 불편하게 여긴다면, 대체 방안을 하나라도 소개하는 것은 현명하지 않은 행동이다.

　일부 토론자들은 비전문가 판정관(토론 팀 지도를 맡고 있지 않거나 대회 운영진이 아닌 판정관)들이 대체 방안을 선호하지 않을 것이라고 가정하는 건방진 실수를 저지른다. 다른 훌륭한 선택지가 있기 때문에 논제에 반대한다는 것을 간단하게 설명함으로써, 판정 경험이 없는 판정관에게 설득력 있어 보이는 대체 방안을 생성할 수 있다.

　다음 고려 사항은 토론자가 현재 체제를 옹호하는 것이 가능한지이다. 어떤 논제들에서는 현재 체제를 옹호하기가 불가능하다는 것을 토론자 스스로도 납득할 수 있을 것이다. 예를 들어 논제가 사하라 사막 이남 아프리카 지역의 공중 보건 지원에 관한 것이라면, 현재 체제가 HIV/AIDS 확산을 막기 위해서 충분한 일을 하고 있다고 주장하는 것에 불편함을 느낄 것이다. 만약 논제가 미국의 건강보험에 대한 것이라면, 모두가 필요한 의료 서비스를 받고 있다고 주장하기가 꺼려질 지도 모른다. 만약 논제가 재생 에너지에 관한 것이라면, 환경을 보전하기 위해서는 진심으로 더 많은 조치가 이루어져야 한다고 생각할지도 모른다. 대체 방안 선택지는 반대 측 토론자에게 현 상태를 옹호해야만 하는 역할로부터 자유를 부여한다.

　대체 방안을 사용할지를 결정하는 세 번째 고려 사항은 내재성 논증의 활용 가능성이다. 일부 토론 리그에서는 대체 방안의 사용에 대한 편견이 강하다. 토론 코치는 대체 방안을 사용하지 못한다는 점에서 실망할 것이다. 내재성 논증은 대체 방안으로 가는 선택지를 제공한다. 미국의 대외 원조를 실질적으로 증가시킴으로써 사하라 사막 이남 아프리카 지역의 가난을 해결하고자 시도하는 찬성 측 입론으로 생각해 보라. 반대 측에서는 중소기업 지원을 통한 해결을 활용하는 대체 방안을 주장하고자 한다. 이것은 방글라데시에서 그라민 은행(Grameen Bank)을 만들 때 무하마드 유누스(Muhammed Yunus)가 주창한 소규모 대출 지원 시스템이다. 중소기업 지원의 강점은 의존 상태가 지속되도록 조장하는 해외 원조와 달리, 자립을 돕는다는 것이다. 다수의 반대 측 토론자들이 중소기업 지원 대체 방안 옹호를 선택하겠지만, 이것은 내재성 논증으로부터 발전될 때에만 쉽게 활용할 수 있다. 유엔 개발계획, 세계은행, 국제통화기금을 포함한 많은 국제기구는 이미 사하라 이남 아프리카에서 중소기업 지원을 적극적으로 행하고 있다. 이와 같이 이미 실행되고 있는 해결책을 옹호함으로써, 반대 측은 대체 방안의 경합성을 지켜내야만 한다는 점을 모면할 수 있다. 대체 방안 사용이 장려되지 않는 토론 리그에서는, 내재성 논증으로부터 선택지를 발전시키는 힘을 사용하는 법을 배워야 한다.

대체 방안을 사용하기로 결정할 때 고려해야 할 네 번째는 대체 방안이 토론자 자신에게 얼마나 익숙한가이다. 경험이 많은 찬성 측 토론자는 대체 방안에 이론적 공격, 다수의 치환을 제시하고 경합성에 대한 질문을 퍼붓는다. 이러한 이론적 쟁점의 상당수는 반대신문에서 질문의 주제가 된다. 대체 방안에 포함된 이론적 복잡성들을 다룰 정신적 준비가 충분히 되었을 때 대체 방안을 사용하라.

대체 방안을 사용하기로 결정할 때 고려해야 할 마지막이자 가장 중요한 점은 설득력이 있는가이다. 대체 방안은 찬성 측 방안에 대한 설득력 있는 대안이어야만 한다. 찬성 측의 방안과 대체 방안 간의 차이점을 단 하나의 문장으로 특징화하도록 노력하라. 찬성 측 방안이 정부의 규정과 관료제를 더 옹호하는 것이라면, 대체 방안은 자유기업의 힘을 빌리는 것이 될 수 있다. 이 경우 찬성 측의 방안은 사하라 사막 이남 아프리카 지역을 미국의 영구적 종속상태로 옭아매는 것이지만, 대체 방안은 존엄성과 자활을 장려하는 것이다. 또는 찬성 측 방안이 연방 정부로의 획일화를 고집하며 중등교육에서의 실험을 억압하는 것이라면, 대체 방안은 교육을 제어하는 힘을 주 정부와 지역에 돌려주는 것이 될 수도 있다. 찬성 측의 접근에 대응해 설득력 있는 선택지를 만들 수 있다고 생각될 때, 대체 방안을 사용하라.

더 읽을거리

Ulrich, Walter. *Understanding the Counterplan*. Indianapolis, IN: National Federation of High Schools, 1992.

정책 토론에서 반대신문 기법

09

정책 토론에서는 입론 발언 이후 3분간의 반대신문 시간이 주어진다. 이 시간에 토론자는 상대측이 제시한 자료의 논리적 오류와 전제에 대한 의문을 제기하고, 상대측 논거의 신뢰도를 약화시키는 기회를 갖게 된다.

반대신문의 메커니즘

토론자는 반대신문을 끝낸 후 계속 단상에 남아 질문을 기다린다. 반대신문자는 앞쪽으로 나와 단상 옆에 서고, 두 토론자는 반대신문을 하는 동안 판정관과 마주한다. 반대신문자의 역할은 발언을 늘어놓거나 연설을 하는 것이 아니라, 단지 질문만을 할 수 있다. 주어진 반대신문 시간의 발언 시간 통제 권한은 온전히 반대신문자에게 있기 때문에, 질문에 따른 대답이 적절하지 않다는 생각이 들면 대답을 끊고 정중하게 다른 질문을 할 수도 있다.

누가 반대신문을 하는가? 반대신문 순서를 기억하는 간단한 방법은 다음 순서에 발언하지 않는 사람이 반대신문을 한다는 것이다. 찬성 측 첫 번째 토론자는 반대 측 두 번째 토론자에게 반대신문을 받는다. 반대 측 첫 번째 토론자는 찬성 측 두 번째 토론자에게 반대신문을 받는다. 찬성 측 두 번째 토론자는 반대 측 첫 번째 토론자에게 반대신문을 받는다. 반대 측 두 번째 토론자는 찬성 측 두 번째 토론자에게 반대신문을 받는다.

'열린 반대신문(open CX)'은 무엇을 의미하는가? 몇몇 토론 리그에서는 반대신문이 팀 구성원 중 하나가 질문을 하고 상대측 구성원 중 하나가 대답하는 비격식적인 질의응답 시간으로 진화하고 있다. 일부 리그에서 열린 반대신문은 규칙에 의해 특별히 제한된다. 예로 들면 텍사스 대학 간 리그가 후원하는 토론 대회에서는 열린 반대신문을 하면 팀이 실격된다. 전통적인 토론 관행에서는 질문은 한 명의 토론자가 하고, 답변은 발언을 방금 끝낸 토론자가 하는 것으로 이미 정해져 있다. 현재 참가하고 있는 리그가 열린 반대신문을 허용하는지 확인하지 못했다면 신중하게 전통적인 토론 관행을 따르는 것이 좋다.

반대신문의 목적

법정에서의 논쟁처럼 반대신문의 주요 목적은 상대측 주장의 신뢰도를 약화시키는 것이다. 신뢰도를 약화시킨다는 것은 다음 행위를 포함한다.

- 모순을 노출시키기
- 전제에 의문을 제기하기

- 증거가 주장을 옹호하는 데 실패했다는 것을 보여 주기
- 이야기하는 내용이 관련된 사실과는 동떨어져 있음을 입증하기
- 상대측의 입장이 명확하지 않다는 점을 지적하기

정책 토론에서는 양 팀이 반드시 대답해야하는 논증이 여러 개 있기 때문에 모순된 입장이 흔히 발생한다. 모순을 발견하려면 그야말로 주의 깊은 듣기 기술과 예리한 지성이 필요하다. 다행스럽게도 모순이 자연스럽게 발생되는 교차점이 있다. 바로 논제 관련성에 대한 대답과 불이익에 대한 대답의 교차점이다. 논제 관련성을 입증하기 위해서 찬성 측은 흔히 자신들의 방안이 상당한 변화를 이룬다고 특징짓지만, 불이익 연계를 피하기 위해서 찬성 측은 방안이 거의 아무런 변화도 일으키지 않는다고 주장한다. 부록 A '정책 토론 결승 라운드'에서 이러한 종류의 잠재적인 모순의 사례를 찾을 수 있다. 찬성 측은 논제 관련성 논증을 타파하기 위해, 아메리코프(AmeriCorps)에서 근무하는 사람의 수를 두 배 이상 늘려야 한다고 말한다. 그러나 지출 불이익을 피하기 위해, 연방 정부의 지출은 거의 변화하지 않을 것이라고 주장한다.

찬성 측 토론자들은 종종 반대 측의 내재성 논증과 불이익 사이의 모순을 찾아낼 수 있다. 서투르게 구성된 많은 내재성 논증들은 현재 체제에서 이미 찬성 측의 방안이 대부분 실행되고 있다고 주장하지만, 불이익을 주장할 때는 만약 방안이 실행된다면 우리가 알고 있는 세상은 종말을 맞이할 것이라고 주장한다. 많은 내재성 논증은 불이익의 고유성을 약화시킨다.

몇몇 불이익 주장은 특히 다른 논증을 반박하기도 한다. 경제성장의 불이익에 관해 생각해 보라. 이 불이익 주장은 경제성장이 일시적인 경제적 이익을 넘어서 환경 파괴를 초래할 것이라고 주장한다. 그러나 같은 라

운드에서 반대 측이 연방 재정 적자의 증가가 경기 불황이나 우울증을 유발한다는 불이익 논증을 펼친다면 어떨까? 이러한 불이익은 경제성장은 좋은 것이라는 가정을 전제로 한다.

반대신문의 또 다른 잠재적 목적은 다른 팀이 갖고 있는 증거에 대해 출처의 신뢰성을 훼손시키는 것이다. 전형적인 정책 토론에서 양 팀은 거의 모든 논증에서 그들의 입장을 뒷받침하는 증거를 나열한다. 판정관이 어떤 증거가 더 설득력 있는지 결정하는 방법은 무엇인가? 반대신문은 이러한 점에서 판정관에게 도움을 제공할 수 있다. 한쪽이 하버드 대학교의 정치학 교수가 제시한 증거를 이야기하고, 상대측은 '스미스, 2008년'이라고 제시한 반대 증거를 이야기한다고 가정해 보자. 상대방의 토론 개요를 보면 짐 스미스(Jim Smith)가 인터넷 블로그 제작자라는 것을 알 수 있다. 이로써 반대신문을 통해 상대편의 신뢰성을 약화시키는 절호의 기회를 얻을 수 있다.

반대신문은 또한 상대방의 논쟁적인 주장과 그것을 뒷받침하는 증거 사이의 차이를 강조하는 데 사용할 수 있다. 불행히도 토론자들은 그들의 증거를 과장하는 경향이 있는 것으로 보인다. 불이익을 강조하기 위한 논증 라벨에서 다음 테러리스트 공격은 전면적인 핵전쟁을 유발할 것이라고 주장하지만, 그것을 뒷받침하는 증거는 단지 테러리스트들이 핵무기에 접근하기 위해 노력하고 있다고 말할 뿐이다. 불행하게도 토론자와 판정관들은 종종 흐름표에 논증 라벨만을 쓴다. 반대신문은 상대방의 주장과 주장을 뒷받침하기 위해 사용한 증거 사이의 차이를 밝히는 기회가 된다.

반대신문에서 상대측 논증의 신뢰성을 손상시키는 또 다른 방법은 상대측의 주장이 관련된 사실과 동떨어져 있다는 것을 입증하는 것이다. 반대 측이 지출 불이익을 펼치면서 연방 정부의 추가적인 지출은 금융시장의 신뢰성을 무너뜨리고 세계를 경기 후퇴나 불황으로 몰아넣을 것이라고 주장했다고 가정해 보자. 반대 측의 최근 증거는 5달 전에 나온 것이다. 찬성 측은 바로 지난주에 대통령이 재해 구호를 위해 수십억 달러의 추가적인 지출 법안을 승인했다는 증거를 가지고 있다. 이로 보아, 재해 구호를 위한 추가적인 지출은 세계를 경기 후퇴나 불경기로 떨어뜨리지 않을 것이다. 찬성 측은 반대 측에게 최근의 추가적 지출에 대해 알고 있었는지 질문을 던지는 것으로 일련의 반대신문 순서를 설정한다. 그리고 찬성 측은 반대 측이 불이익 논증에서 제시한 최근 증거의 날짜를 물어볼 것이다. 그 일련의 질문은 "그래서 불이익 논증이 고유성 측면에서 실패했다는 데 동의하십니까?"와 같은 유도 신문으로 끝이 난다.

　　상대측 논증의 신뢰성을 손상시키는 마지막 방법은 입장이 명확하지 못함을 입증하는 것이다. 때때로 토론자들은 스스로 구성한 논증을 이해하지 못한 채 다만 손에 쥐고 있는 토론 개요를 읽어 내려간다. 만약에 그런 경험이 있다면 이러한 상황을 눈치 챌 수 있을 것이다. 상대방이 미셸 푸코(Michel Foucault)의 『지식의 고고학(The Archaeology of Knowledge)』 서론에 나온 비판 대목을 요약한 여름학기 자료를 읽어 내려간다고 가정해 보자. 주요 인용문 중 하나는 "우리는 그것의 기능이, 담론의 무한한 계속성과 비밀스러운 존재 그 자체와 지속적으로 반복되는 부재의 상호작용을 가능하게 하는 모든 주제를 단념해야 한다."와 같다. 일반적인 사람은 이러한 문장을 들었을 때, "응?"하고 미심쩍은 반응을 보인다. 상대측에게 그 인용구를 천천히 읽고 그 인용구의 의미를 자신의 용어로 설명하게 해 보라.

　　반대신문의 핵심 목적은 상대측 논증의 신뢰성을 손상시키는 것이지만, 반대신문에는 같은 팀원에게 준비 시간을 제공하고자 하는 실용적인 목적도 있다. 정책 토론에서 일반적으로 준비 시간은 팀당 5분으로 제한된다. 한편 계측자(보통은 판정관)는 반대신문이 끝나기까지 준비 시간 카운

트다운을 시작하지 않는다. 이것은 반대신문자가 주어진 3분을 모두 사용한다면, 팀원이 할당된 준비 시간 5분 외에 계측되지 않는 3분의 준비 시간을 덤으로 가질 수 있음을 뜻한다. 따라서 반대신문자가 반대신문을 1분만 한다면, 계측자는 곧 남은 전체 준비 시간에서 준비 시간을 빼기 시작할 것이기 때문에 팀원이 난감해할 것이다.

반대신문에서의 금기 사항

변호사는 자신이 바보처럼 행동하면 배심원들의 마음이 돌아설 수 있다는 것을 안다. 토론 맥락 안에서도 동일한 일이 발생한다. 다른 사람들처럼 판정관도 토론자의 태도에 영향을 받을 것이다. 만약 반대신문에서 상대측을 협박하면 판정관이 상대측의 손을 들어 주게 될 수 있다. 누구도 약자를 괴롭히는 사람을 좋아하지는 않는다. 비록 토론에서 논리적으로 이긴다 할지라도 판정관이 토론자 점수를 낮게 줄 가능성이 있다. 반대신문에서 금기시되는 다음 네 가지에 유의한다면 판정관에게 좋은 인상을 줄 수 있다.

첫 번째 금기는 상대방의 말을 끊는 것이다. 질문을 할 때, 상대방이 대답할 수 있게 합리적인 기회를 제공하라. 만약 양측 토론자가 동시에 이야기를 한다면, 판정관은 어느 쪽의 이야기도 이해하지 못할 것이다. 질문자들이 반대신문 시간을 조절하고 있음에도, 상대방의 대답이 지나치게 길어지는 일이 종종 발생한다. 그런 상황에서 토론자는 자신의 의견을 강하게 피력해야겠지만 공손해야 한다. 질문자는 "감사합니다. 핵심은 전달되었습니다. 다음 질문으로 넘어가겠습니다."와 같은 발언으로 상대측의 답변을 중단시킬 수 있다. 만약 토론자가 상대측에 대답할 수 있는 타당한 기회를 제공했고 상대측이 소모적으로 시간을 보내고 있다면, 판정관은 답변을 중단시키는 것을 문제로 삼지 않을 것이다.

두 번째 금기는 인신공격이다. 상대방의 논증에 대해 '어리석다', '미쳤다', 또는 '제정신이 아니다'라고 매도하지 말고, 상대방과 상대방의 논증을 존중해 주어라. 개인적인 공격을 하기보다는 논증의 취약점에 초점을 맞추어라.

세 번째 금기는 상대방이 답변을 설명할 기회를 주지 않는 것이다. 질문자는 '예' 혹은 '아니요'라는 대답을 요청할 수 있지만, 단답형 답변만을 요구하여 상대방이 답변에 대해 설명할 기회를 박탈하지 마라.

마지막 금기는 반대신문을 연설로 만드는 것이다. 반대신문자의 역할은 질문을 하는 것으로 제한된다. 만약 새로운 논증을 제시하거나 증거를 추가하려고 한다면 이점을 얻기보다는 반대신문의 경험이 부족함을 드러낼 뿐이다.

발전된 반대신문 기술

토론자들이 발전시키고자 하는 반대신문 기술은 변호사들의 비결에서 배울 수 있다.

개방형 질문보다 폐쇄형 질문을 선호하라. 폐쇄형 질문은 단지 몇 개의 단어로 제한될 수 있는 정보를 요청한다. 폐쇄형 질문의 가장 제한된 형태는 "찬성 측의 방안은 새로운 정부 기관을 설립하는 것입니까?"와 같은 '예/아니요' 질문이다. 그러나 폐쇄형 질문이 '예/아니요' 형식을 따르는 것만은 아니다. "방안에는 얼마의 비용이 소요됩니까?"와 같은 질문은 폐쇄형 질문이다. 이 질문은 몇 개의 단어만으로도 표현되는 구체적인 정보를 요청한다.

개방형 질문은 가능한 답변의 범위를 제한하지 않고 즉각적인 대화를 할 기회를 제공한다. 다음은 개방형 질문의 예로 "원유 수입을 중동에 의존하는 것이 어떤 문제를 유발합니까?"를 들 수 있다. 이러한 질문은 상대방이 이전에 발언한 핵심을 다시 강조할 수 있는 기회를 제공한다.

폐쇄형 질문은 개방형 질문에 비해 많은 이점이 있다. 첫째, 반대신문에서 시간을 더 잘 통제할 수 있고 토론 개요에 대한 대답이 간결해지기 때문에 개방형 질문보다 더 많이 질문할 수 있다. 둘째, 상대측이 답변 도중 헤매는 것을 방지하여 질문자의 의도대로 답변을 이끌 수 있다. 셋째, 반대신문이 잘 조직되고 초점을 유지하고 있는 것으로 보이게 한다. 비록 상대가 폐쇄형 질문에 길고 지리멸렬한 답변을 할 수도 있지만, 일반적으로 판정관은 그런 방식까지 간파할 것이다. 토론자는 여기에 무반응을 드러냄으로써 상대방 논증의 신뢰성을 약화시킬 수 있다.

시작하기 전에 어떻게 전개할 것인지 알라. 변호사들은 정답을 모르는 질문은 절대 하지 말라고 조언한다. 상대측이 제시한 자료의 신뢰성을 약화시키는 시도를 하는 상황을 가정해 보자. 질문자의 자료가 상대방의 자료보다 훨씬 높은 질을 보장할 때에만 준비한 질문을 이어가라.

유도 질문을 던져라. 유도 질문은 답변을 제안하는 질문이다. 유도 질문의 가장 강력한 형태는 미국 형사 피의자 전문 변호사 협회(National Association of Criminal Defense Lawyers)의 전 회장인 변호사 래리 포즈너(Larry Pozner)가 선언 질문(declarative question)이라고 부르는 것이다. 선언 질문은 평서문의 형태로 진술되지만, 그것이 질문임을 알아보도록 하는 억양을 갖는다. 반대 측에서 지출 불이익 논증에 대한 연계를 설정하려고 노력하고 있다고 가정해 보라. 다음의 질문들에 대해 생각해 보자.

- 질문 1: 방안은 재정 지원을 어떻게 받을 것입니까?
- 질문 2: 그래서 찬성 측의 방안은 일반적인 연방 정부 세입으로부터 재정 지원을 받을 것입니까?
- 질문 3: 찬성 측의 방안은 일반적인 연방 정부 세입으로부터 재정 지원을 받을 것이지요?

질문 1은 시간이 낭비될 위험이 있는 개방형 질문이다. 토론자들은 반대신문에서 듣고자 하는 답변에 대해 물어야 한다. 질문 2는 유도 질문이다. 이것은 일반적인 유도 질문들처럼 상대측이 질문자가 제안한 방식으로 대답하도록 만든다. 질문 3은 『반대신문: 과학과 기술(Cross-Examination: Science and Techniques)』(2004)을 쓴 포즈너가 선언 질문이라고 명명한 것이다. 그것은 질문자가 원하는 방향으로 답변이 나오도록 강력하게 압박한다. '무엇', '왜' 또는 '설명해 보라' 등으로 시작하는 질문은 질문 시간에 대한 통제권을 답변자에게 넘겨주는 개방형 질문이다.

복합적인 질문은 피하라. 경험이 많은 질문자들은 한 번에 하나의 쟁점에 초점을 맞춘다. 다음 질문에 대해 생각해 보라. "찬성 측의 방안에 얼마의 비용이 소요됩니까? 그리고 그 비용은 어떻게 충당합니까?" 질문자가 복합질문을 할 때, 판정관은 답변자가 질문의 각 요소에 일일이 대답할 책임이 없다고 본다. 질문자는 사실상 상대방이 비용 쟁점에 대하여 방어막을 치도록 허락하는 것이다.

결과가 아닌 사실에 집중하라. 경험이 부족한 토론자들은 반대신문의 목표가 상대측 스스로 입론의 내재성이 어긋났다는 것, 제기한 불이익이 효과가 없다는 것, 또는 토론에서 졌다는 것을 인정하게 하는 것이라고 생각한다. 이처럼 굴복을 받아 내는 것은 토론 경력 중 한 번 정도는 일어날 수 있겠지만, 앞서 기술한 잘못된 목표를 달성하는 데 반대신문 시간을 사용한다면 많은 시간을 허비하게 될 것이다. 래리 포즈너가 말했듯이, "변호사는 불리한 증언을 하고 있는 증인에게서 결정적으로 유리한 증언을 얻어내고자 애쓰기보다는 배심원들이 사실에 근거해 각자의 결론을 얻도록 하는 것이 훨씬 안전하다."

반대신문의 결과를 자신의 발언에서 보여 주라. 판정관은 흐름표에 반대신문 단계의 정보를 계속 적지는 않는다. 토론의 승패를 결정할 때, 판정관은 흐름표에서 핵심 논증을 추적하여 판정한다. 만약 반대신문에서 중요한 사실을 확립하는 데 성공했다면, 그리고 그 반대신문이 판정관의 판정에 영향을 주기를 원한다면, 반대심문의 결과를 팀의 발언 단계에서 직접 언급해야 한다.

더 읽을거리

Brown, Peter. *The Art of Questioning: Thirty Maxims of Cross Examination*. Macmillan: New York, 1987.

Ehrlich, J. W. *The Lost Art of Cross Examination*. G. P. Putnam's Sons: New York, 1970.

Pozner, Larry S., and Roger J. Dodd. *Cross Examination Science and Techniques, 2nd Ed*. Matthew Bender & Associates: Newark, NJ, 2004.

정책 토론에서 비판

10

일부 정책 토론자들은 필수 쟁점 또는 정책 입안과 같은 전통적 모델 대신 새로운 논증 형식을 실험하고 있다. '비판'은 포스트모더니즘 철학에 따른 다양한 형식을 이용해, 상대측이 만든 잘못된 가정을 드러내는 것이다. 이 장에서는 정책 토론에서 전통적 접근에 대한 새로운 도전을 설명하고, 이에 대응할 수 있는 전략을 소개하고자 한다.

이 장의 마지막 부분을 읽을 때쯤 필자가 '비판' 또는 '정책 입안 모델을 약화시키는 다른 논리적 기술들'을 선호하지 않음을 알아차릴 것이다.

비판이란 무엇인가?

비판(critique)은 상당히 구체적인 것을 의미한다. 'critique'은 프랑크푸르트학파와 연관된 독일 철학자로부터 유래되었기 때문에 종종 독일어 'kritik'으로 표시되기도 한다. 프랑크푸르트학파의 철학자들(테오도르 아도

르노, 발터 벤야민, 허버트 마르쿠제, 막스 호르크하이머, 위르겐 하버마스 등)은 독일 프랑크푸르트에 있는 사회학연구협회의 회원이었다. 프랑크푸르트학파 철학자들은 모두 칼 마르크스의 역사적 결정주의(historical determinism) 이론을 옹호해 왔다. 이 이론은, 자본주의의 과잉이 필연적으로 그 자체의 붕괴를 야기하고, 이를 통해 유일한 궁극적 가치인 노동이 부르주아를 뛰어넘는 프롤레타리아의 승리를 낳게 될 것이며, 그러므로 미래 세계에 자본주의가 공산주의로 교체되는 것은 불가피하다는 내용이다. 그러나 프랑크푸르트학파는 공산주의로의 이행이 필연적이라면 어째서 그 진입이 이렇게 느린가에 대한 의문을 풀기 위하여 애썼다. 이에 대한 일반적 답변 중 하나는 자본주의가 그 억압의 실체를 가리는 데 성공하기 때문에 자본가의 힘이 지속된다는 것이다. 자본가는 노동자들이 자본가의 사슬을 수용하도록 기만하는 진보적 상징을 이용해 자신들의 악의를 가린다.

가리기(masking)에 대한 몇몇 미국의 예들을 생각해 보자. 마르크스주의자들은 1930년대 경제 대공황이 자본주의 종말의 신호를 보여 주는 자본가의 마지막 고비라고 믿었다. 그러나 프랭클린 루즈벨트(Franklin Roosevelt) 대통령은 공공산업진흥국(Works Progress Administration)과 공공근로단(Civilian Conservation Corps)을 통해 임시 일자리를 제공하는, 외견상 진보적 움직임을 통해 자본주의의 폐해를 가렸다. 나아가 그러한 사회보장제도의 시행은 대중을 진정시켰다. 그럼에도 마르크스주의자들은 역사적 결정주의 이론을 포기하지 않았고, 여전히 공산주의가 자본주의를 넘어서 필연적으로 승리할 것이라고 믿었다. 다만 이 운동의 선지자들이 자본가의 상징을 폭로하는 데 성공할 수 있다면, 공산주의로의 이행은 더 빨리 시작될 것이라고 여겼다. 그러므로 마르크스 이론가에게는 서구 정부의 어떠한 선한 노력도 악의를 가리려는 목적에서 나온 것이다. 그런 까닭에, 비판은 '그러한 궁극적 선이 실제로는 악하다'는 논증이 된다. 미국 연방 정부가

하는, 표면적으로 선하게 보이는 일은 실상 나쁜 것이다. 이는 공산주의 미래로의 불가피한 이행을 지연시키는 역할을 하기 때문이다.

각양각색의 포스트모더니즘 비판에 대한 옹호자들은 자신의 이론이 마르크스주의자들의 대서사에서 벗어난 것이라 논증할지도 모른다. 하지만 그 실체를 보면 대부분의 포스트모더니즘 이론가들(푸코, 데리다, 리오타르, 아감벤, 보드리야르, 라캉, 크리스테바, 이리가레, 들뢰즈 등)은 뻔뻔하게도 마르크스의 서사를 추구한다. 그들이 하는 비판의 목적은 자본주의의 악을 폭로해서 보다 빨리 전복되도록 하는 것이다.

이제 포스트모더니즘 이론가에게 마르크스주의자라는 표식을 붙이지 않고 포스트모더니즘 비판과 마르크스주의 간의 연관성을 끌어내고자 한다. 진지한 학자들은 마르크스주의의 가치에 대해 자유롭게 토론할 수 있어야 한다. 필자는 포스트모더니즘 이론가들이 동기와 추정을 폭로하는 데 그토록 관심을 가지는 이유를 토론자가 이해할 수 있도록, 그 연관성을 끌어낸 것이다.

포스트모더니즘 철학자들의 깊은 회의론은 정부 정책 입안자가 겉보기에 이로운 어떤 조치를 시행하든 여기에는 자본주의의 악의를 가리려는 동기가 있다는 결론으로 이어진다. 그래서 외관상 좋은 조치는 자본주의의 폭력과 해악을 지속시킴으로써, 미국에서의 자본주의의 생명을 연장해 주고 피원조국이 과분한 신뢰를 갖도록 하기 때문에 나쁜 것이 된다. 그런 까닭에, 서구의 힘과 영향을 무력화하는 것은 무엇이 되었든 결과적으로 좋은 것이 된다. 이러한 생각은 프랑스 포스트모더니즘 철학자 장 보드리야르(Jean Baudrillard)에 의해 자극되었는데, 그는 9·11 테러 공격에 대해 다음과 같이 언급했다.

전 세계가 이 사건이 일어나길 원했다. 본질적으로, 행동을 저지른 사람은 테러리스트이지만 행동을 바랐던 사람은 우리다(『디 오스트레일리안(The Australian)』, 2004년 10월 12일, 29쪽에서 인용).

정책 토론에서 비판은 어떻게 이용되는가?

다음 예를 생각해 보자. 찬성 측 입론은 사하라 사막 이남 아프리카 지역에 깨끗한 물과 위생시설을 제공하는 것을 돕기 위해 미국 정부가 공중보건 지원을 두 배로 늘리도록 요청하는 것이다. 찬성 측 입론은 인권이라는 표현을 써서 깨끗한 물을 이용하는 것이 인간의 기본 권리임을 논증한다. 반대 측의 공격은 뉴욕 주립대학교 버펄로 캠퍼스의 법학교수인 마카우 무투아(Makau Mutua)가 만든 야만/희생자/구원자(savage/victim/savior: SVS) 비판에 기초를 둔다. 무투아의 저서 『인권: 정치문화적 비판(Human Rights: A Political and Cultural Critique)』(2002)에 따르면, 국제적 인권 캠페인은 트로이의 목마에 지나지 않는다. 아프리카 등지에서 서구인의 노력은 야만인을 다시 식민화하기 위한 것이다. 서구인들은 아프리카인들을 희생자로, 자신을 구원자로 묘사한다.

이 책에서 무투아는, 역사상 인권은 유색인들을 찾아가 막대한 고통을 주고 야만적인 잔혹행위를 하면서 특권을 누려온 백인이 "더 낮고" "불운하며" "열등한" 민족들을 "지키고" "문명화"함으로써 스스로를 구원하는, 구원자의 자기구원 프로젝트로 보일 수 있다고 말한다. 그러므로 인권 캠페인은 이러한 자기구원의 병적 행태의 한 형식이다.

단순히 말하면, 아프리카에서 좋은 일을 하려는 미국의 어떠한 노력도 자유기업 자본가의 이익을 도모하기 때문에 실제로는 해악이라는 것이다. 이런 논리에 따르면, 사하라 사막 이남 아프리카에서 생명을 구하는 것보다 미국을 아프리카 구호자의 위치에 놓음으로써 자유 시장 자본주의의 진전을 초래하여 결국 아프리카를 다시 식민화할 것이라는 사실이 더 중요하다. 토론 판정관이 기꺼이 이 논증을 지지하려 한다면, 반대 측 토론자가 이기는 것이 얼마나 쉽겠는가. 반대 측은 찬성 측 입론이 사하라 사막 이남 아프리카에서 인권을 진전시키거나 생명을 구하려고 시도한다는 것만 증명하면 된다.

비판의 문제는 무엇인가?

첫째, 비판은 정책 토론을 강력한 비판적 사고 교육 방법으로 만드는 논리적 판정 과정을 피해 간다. 비판은 필수 쟁점 가운데 어떤 것에 대해서도 작동하지 않는다. 비판은 피해, 내재성, 해결성을 무시한다. 찬성 측 방안만이 비판을 일으키는 이유를 제시하지 않기 때문에 불이익 논증으로도 부족하다. 찬성 측 방안이 채택되는 것과 무관하게 미국 연방 정부 프로그램은 자유 시장 자본주의를 촉진한다. 많은 정책 토론자와 판정관이 필수 쟁점 패러다임에서 정책 입안, 가설 검증 또는 다른 판정 패러다임으로 옮겨갔다. 그러나 비판은 이 모든 모델의 바깥에서 작동하려고 한다. 사실, 대부분의 포스트모더니즘 비판은 본질적으로 파괴적인 서구의 사고방식인 선형 논리 개념을 공격한다.

둘째, 비판은 내부적 모순이 있다. 그들이 유일하게 확신하는 것은 '확실한 것은 없다'는 것이다.

셋째, 비판 이론가들은 자신도 모르는 사이 서구 사회의 극단적 보수주의자들의 협력자가 된다. 자본주의의 범죄를 더 깊숙이 감춘다는 이유만으로, 가난하거나 혹사당하는 사람들을 돕는 어떠한 노력에도 포스트모더니즘은 냉소적 태도를 보인다. 어떤 포스트모더니즘 철학자들은 아이러 니하게도, 어려움에 처한 사람들에게 아무런 도움을 주지 않는 무위(inaction)를 주장하는 극단적 보수주의자와 뜻을 같이하기도 한다.

넷째, 포스트모더니즘 비판에 내재하는 가치 상대주의(value relativism)는 폭정과 억압을 만들어 낼 수 있다. 대부분의 포스트모더니즘 이론 가들은, 모든 가치 위계는 단지 진실인 체하는 선택 사례일 뿐이며 위선적 이라고 주장한다. 이러한 냉소적 상대주의는 르완다 집단 학살이 실제로 자유 기업 자본주의 체제가 행하는 가상의 폭력보다 나쁘지 않다는 결론으 로 이끈다. 포스트모더니즘 이론가 마르틴 하이데거(Martin Heidegger)와 폴 드 만(Paul De Man)은 나치 시대 동안 히틀러의 최종 해결책*을 변호했 다. 미셸 푸코는 이란이 이슬람 급진주의로 돌아선 것을 열렬히 옹호하였 다. 포스트모더니즘 이론가들의 이상적 세계에서, 민주적 자본주의는 마르 크스주의 유토피아로 대체될 것이다. 소련, 중국, 쿠바 그리고 각양각색의 동유럽 독재 국가들과 같이 마르크스주의 유토피아를 구성하기 위해 노력 한 몇몇 예가 있다. 이 모든 노력은 단순한 실패가 아니라 놀랄 만한 실패 를 겪어 왔다.

포스트모더니즘 비판의 마지막 문제는 거의 이해할 수 없는 용어를 사 용한다는 것이다. 필자는 대학원 과정을 가르치면서 학생들이 수사학 이 론에서 푸코, 데리다, 보드리야르와 다른 포스트모더니즘 이론가들의 주요 저서를 읽도록 과제를 주었다. 고전과 현대 수사학 이론에서 배경지식이 걸출한 학생들임에도 불구하고, 포스트모더니즘 저서를 제대로 해석하는 것은 거의 불가능했다. 그런데도 많은 철학 박사 과정 대학원생들조차 어

....

* 2차 세계대전 도중 나치가 점령한 유럽 지역에서 대량 학살을 통해 유대인을 전멸시키려 했던 계획.

려워하는 비판 논증을 고등학생들이 이해하도록 유도하고 있다.

아마도 포스트모더니즘적 사고의 어려움에 대한 주목할 만한 설명은, 뉴욕 대학교 물리학 교수 앨런 소칼(Alan Sokal)이 1996년 봄/여름 호로 출판된『소셜 텍스트(Social Text)』*에 기고한 글에 나타나 있다. 소칼 교수는 포스트모더니즘 이론가들이 학문적 기만행위를 하고 있다고 확신하게 되었다. 다른 사람들이 그것을 심오하다고 여기도록 혼동시키기 위해 포스트모더니즘 이론가들이 불가해한 언어를 만들어 쓴다고 본 것이다. 소칼은 횡설수설한 표현으로 논문을 써서 포스트모더니즘의 주요 학술지인『소셜 텍스트』에 제출하고 상호심사(peer-review)를 받음으로써 이 이론을 시험했다. 그 논문의 표제는「경계를 초월하기: 양자 중력 이론의 해석을 향하여(Transcending the Boundaries: Towards a Hermeneutics of Quantum Gravity)」이다. 이 글에 실린 문장을 보자. "파이(π)는 변함없고 보편적이라 생각하지만, 관찰자의 위치에 비례하고, 그래서, 피할 수 없는 역사성에 종속된다." 이 논문의 언어는 이해할 수 없는 것이었지만 발행물로 채택되었다.

논문 출간 즉시, 소칼은 자신의 거짓말을 드러냈다. 그는 그 논문을 출간하기로 한『소셜 텍스트』의 결정에 대한 본인의 생각을 출판할 수 있도록 발행인을 설득하였지만,『소셜 텍스트』는 더 이상 난처해지지 않기 위해 그것을 거절했다.

앨런 소칼과 프랑스에 있는 루뱅 가톨릭 대학교 교수인 장 브리크몽(Jean Bricmont)은 1998년『지적 사기: 포스트모던 사상가들은 과학을 어떻게 남용했는가(Fashionable Nonsense: Postmodern Intellectuals' Abuse of Science)』**라는 제목의 책을 썼다. 이 책은 포스트모더니즘 이론가들이

....

* 듀크 대학교에서 발행하는 학술지.
** 이 책은 2000년에 한국경제신문사에서 번역 출판되었다.

사용하는 언어는 의미가 없기 때문에 정확하게 이해하기 어려운 것이라고 논증한다.

설상가상으로 포스트모더니즘 이론가들의 언어는, 명료한 사고와 작문을 포기함으로써 가르침과 문화에 악영향을 준다. 학생들은 간신히 이해에 도달했을 따름인 담론을 반복하고 꾸미는 법을 배운다. 운이 좋으면 심지어 박식한 용어의 속임수를 쓰는 데 전문가가 됨으로써 학문적 경력을 쌓을 수도 있다. 어쨌든, 우리 중 한 명은 포스트모더니즘을 공부한 지 석 달 만에 명망 있는 학술지에 게재하기에 충분할 만큼 포스트모던 용어를 다룰 수 있었다. 카사 폴리트(Katha Pollitt)는 날카로운 통찰력으로, 소칼 사건의 우스꽝스러움은 포스트모더니스트들조차도 실제로는 다른 포스트모더니스트의 글쓰기를 이해하지 못하고, 수련의 잎들을 디딤돌 삼아 뛰어다니며 진흙 연못을 가로지르는 개구리처럼 하나의 친숙한 이름이나 관념으로부터 다음 관념으로 이동함으로써 텍스트를 통과할 뿐임을 암시한다고 기록했다.

언어 비판이란 무엇인가?

몇 해 전 주요 대학 토너먼트 준결승에서, 한 팀이 'blackmail'*이라는 용어가 쓰인 증거를 읽어 내려갔다. 상대측은 토론 라운드에서 다른 모든 논증은 포기한 채, 'blackmail'이 흰색(혹은 백인)은 좋으며 검은색(혹은 흑

....

* 갈취, 협박을 뜻한다. 여기에서는 'black'이 부정적 의미로 드러나는 단어를 썼다는 점에서 문제가 되었다.

인)은 나쁘다는 고정관념을 이용한다는 주장에 기초한 언어 비판 논증(lan-guage critique argument)을 시작했다. 반대 측은, 상대측이 인종적 고정관념을 지속시키는 용어를 사용했기 때문에 패배해야 한다는 논증으로 그 토론에서 이겼다. 언어 비판의 세계에서, 가장 명백한 규칙 위반자는 인종차별적 또는 성차별적 언어를 사용하는 ('police officer'가 아닌 'policeman'을, 'he 또는 she'가 아닌 'he'만 사용하는 것 등) 팀이다.

언어 비판의 철학적 배경은 사피어 워프 가설과 포스트모던 해체주의이다. 사피어 워프 가설은 20세기 초 예일 대학교 언어학자인 에드워드 사피어(Edward Sapir)와 벤야민 워프(Benjamin Whorf)가 제시한 것이다. 이 가설은 언어가 사고를 구축한다는 것이다.

자크 데리다(Jacques Derrida), 폴 드 만(Paul De Man)과 포스트모던 철학자들의 철학적 아이디어인 해체주의는, 문화적 선입견의 암시와 전제를 찾기 위해 텍스트(토론의 경우, 증거 카드)의 구석을 조사하려 애쓴다. 해체주의 옹호자는 억압적 구조가 스스로를 언어 안에 은폐하려고 시도하지만, 주의 깊은 비판을 통해 억압적 구조의 흔적을 발견할 수 있다고 믿는다. 이는 언어 비판이 하나의 단어 또는 표현에 격렬한 방식으로 반응하는 것처럼 보이는 이유를 설명한다.

토론자는 언어 비판이 의미 있는 대화를 냉각시킨다고 논증해야 한다. 1991년 6월 9일자《인디펜던트(Independent)》에 에드워드 루카스(Edward Lucas)가 기고한 다음 글을 읽어 보자.

특정 단어와 견해로 인해 인종차별주의자로 부당하게 비난받게 될 것이라는 공포감은 지적 대화의 기류 자체를 냉각시킨다. 한 조사에 따르면 심지어 보수적인 프린스턴 대학교에서도 졸업생의 1/2에서 2/3가 교실에서 자유롭게 말하기 어렵다고 느낀다고 한다. 프린스턴 대학교의 사회학자

폴 스타르(Paul Starr)는, 나 자신을 괴롭히는 것은 이러한 분위기가 비판적 사고를 대체하고 있는 것이라고 말했다. 인종과 성이 중요한 문제인 것은 맞지만, 이것으로 인해 자유로운 토의를 해치는 기류가 분명 존재한다.

모리스 울프(Morris Wolfe)는 1991년 1월 31일자 《글로브 앤 메일 (Globe and Mail)》에 언어 비판을 조지 오웰의 사상경찰(thought police)에 비유한 글을 썼다.

지금 모든 것을 알고 조종하기 원하는 사상경찰은 독단주의(dogmatism)를 제외한 모든 '－주의(-ism)'에 대해 두려워하는 것 같다. 사상경찰의 도덕적 폭력은 메이르 카하네(Meir Kahane)나 루이스 패랙한(Louis Farrakhan)의 전술과 구별되지 않는 것 같다. 사상경찰 교수와 동료 학생들에 의해 학생들이 조종되는 상황은 특히 불쾌하게 느껴진다. 어느 미국인 교수가 말했듯이, 당신은 학생들이 가장 터무니없고 어리석은 것을 말하더라도 내버려둬야 한다. 스스로 생각하고 말하는, 스스로의 생각에 의문을 갖는 사람들로 성장하도록 하기 위해서는 그들의 발언을 규제해서는 안 된다. 오늘날 교육받지 못한 사람들보다 교육받은 사람의 불관용이 더 심하다. 그 반대의 길로 가야 하지 않을까? 정치적으로 올바른 생각을 강요하는 것은 무서운 것이다.

어떻게 언어 비판에 답변하는가?

비판이 이용될 때, 세 가지 필수적 요소가 작동하기 시작한다.

1. 프레임워크
2. 연계
3. 영향

분석을 위한 프레임워크(framework)는 정책 토론에서 비판이 작동해야 하는 역할을 결정한다. 이 논증들은 토론 논증으로서 비판의 적격성 여부를 결정하기 위해 설계된다. 비판 반대자들은 그 비판이 토론 논증으로서 불합리하다는 것을 논증해야 한다.

연계(link) 논증은 비판이 상대측을 옹호하는 데 어떤 관련이 있는지 판단하려는 것이다. 많은 경우 비판은 그 주장이 특정한 찬성 측 입론과 무슨 관련이 있는지를 모호하게 남겨 둔 채, 단순히 현재 제도를 비난한다.

영향(implication) 논증은 토론 라운드에서 비판의 효과를 다른 논증과 비교한다. 비록 비판이 진실(대부분의 포스트모던 비판에서 진실이 존재하지 않는다고 논증한다는 점에서 역설적 용어)이라 하더라도 왜 이것이 판정관으로 하여금 상대측에 반대하는 투표를 할 이유가 되어야 하는가?

비판을 다룰 때, 반대신문 시간은 토론 라운드 중 매우 중요하다. 이 장에서 앞서 설명한 '야만/희생자/구원자(SVS)' 비판을 예로 생각해 보자. 이 비판은, 찬성 측 입론이 아프리카인들을 구원이 필요한 희생자로 암시하기 때문에 사하라 사막 이남 아프리카 지역에 안전한 물과 위생시설을 공급하는 공중 보건 지원 확대는 거부되어야 한다고 논증한다. 이 구원자 은유는 아프리카의 재식민화를 촉진한다. 찬성 측 토론자는 반대신문에서 반대 측 토론자에게 이 비판의 의미를 설명하도록 다음과 같이 요청할 수 있다.

• 안전한 물과 위생시설 지원이 어떻게 아프리카 지역을 재식민화하는지

설명해 주십시오.

- 사하라 사막 이남 아프리카 지역에 미국이 식민화했던 식민지가 얼마나 많이 있습니까?
- 그래서, 아프리카 지역에서 생명을 구하기 위한 어떠한 노력도 피해야만 합니까?
- 그러면, 미국이 아프리카 지역에 대한 모든 지원 형식을 중단해야 한다는 것을 옹호하는 것입니까?
- 사하라 사막 이남 아프리카 지역의 정부가 원조 없이 비위생적인 물 문제를 해결할 수 있다는 것이거나, 또는 그들이 죽더라도 신경 쓰지 않는다는 뜻입니까?
- 우리가 쓴 용어가 문제인가요? 아니면 조치 자체가 문제인가요? 즉, 우리가 '구하다' 또는 '구원자'라는 단어를 쓰지 않는 한 생명을 보호하는 것은 문제가 되지 않습니까?
- 사하라 사막 이남 지역의 아프리카인들을 감히 희생자라고 부르지 말라고 말씀하셨는데, 그러면 당신은 아프리카인들이 자신의 빈곤에 책임이 있다고 주장하는 것입니까?
- 아프리카 지역을 괴롭히는 대부분의 문제는 식민지화에 책임이 있다고 말씀하시면서, 지금 식민지 개척자는 이러한 문제들을 도울 의무가 없다고 말씀하시는 것입니까?

문제의 진실은, 탐구심이 많은 토론자가 언어 비판 옹호자에게 설명을 요구하면 그들은 자가당착에 빠질 만큼 대부분의 비판이 지나치게 비상식적이라는 것이다. 토론이 횡설수설하는 수준(사회적 소외의 구체화, 또는 하버마스의 담론과 맥락의 하위 텍스트 패러다임 사이에서 선택해야 한다 등)에 머무르는 한, 비판은 벌거숭이 임금님과 같은 길을 가게 될 것이다.

비판에 대한 마지막 생각

비판을 이용하는 대부분의 토론 팀은 특정한 토론 주제의 세부사항을 무시한 채 매년 동일한 토론 개요를 쓴다. 대체로 비판 개요는 원래 대학 토론 논제에서 활용되었으나, 최근에는 고등학생 토론자들도 이것을 활용한다.

비판 옹호자들은 '실행 당위(fiat)'란 그저 인위적으로 만든 것이어서 어쨌든 토론 결과가 실제로 세계에 미치는 효과는 없을 것이라고 주장할 것이다. 비판 옹호자들은 토론자들이 직접 실행할 수 있는 것에 관해 고민하는 데에만 시간을 써야 한다고 말한다. 다시 말해, 토론자들의 태도가 자본주의의 악과 같은 중요한 주제로 향해야 한다는 것이다. 이러한 관점에서 정치는 개인만큼 중요하지는 않다. 하지만, 실행 당위의 역할과 무관하게 토론자들은 자신의 개인적 옹호에 대해 기꺼이 책임져야 한다. 야만/희생자/구원자 비판을 옹호하는 것은 실제로 사하라 사막 이남 아프리카 지역 사람들을 돕는 것보다 미국이 식민화 공모를 인정하는 것이 더 중요하다고 말하는 것이다. 야만/희생자/구원자 비판의 반대자들은 실제로 사하라 사막 이남 아프리카 지역 사람들을 돕는 것이 식민화에 대한 책임을 염려하는 것보다 더 중요하다고 말하는 것이다. 어째서 실제 어려움에 처한 사람들을 돕기를 옹호하는 것보다 책임과 죄책감의 수사학에 동참하는 것이 중요한가?

토론에서 포스트모던 비판이 유행하는 것처럼 보이는 바로 이 시점에 학문적 세계에서의 포스트모던 비판의 지적 영향은 쇠퇴하고 있다. 2004년 10월 17일자 《뉴욕 타임스》에 에밀리 이킨(Emily Eakin)은 다음과 같이 썼다.

데리다의 이론은 루이 알튀세르(Louis Althusser), 롤랑 바르트(Roland Barthes), 피에르 부르디외(Pierre Bourdieu), 미셸 푸코(Michel Foucault), 자크 라캉(Jacques Lacan), 그리고 질 들뢰즈(Gilles Deleuze)보다 더 오래

살아남았지만, 이론의 영향력은 줄어들고 있다는 신호들이 수년간 축적되어 왔다. 1990년대 초반 이래로 이 사람들이 두드러지게 관련되어 있었던 그 거대한 지적 패러다임(마르크스주의, 정신분석학, 구조주의)은 추종자들과 명망을 꾸준히 잃어왔다. 세상은 바뀌었지만 거대 이론의 열렬한 옹호자들이 바랐던 방식으로 바뀐 것은 아니다. 혁명을 위한 잠재적 촉매제로서 한때 환영받던 신념들이 사회적 변화를 달성하기에는 시시하거나 무관하거나 또는 단순히 불충분하게 보이기 시작했던 것이다.

필자는 유명 대학 토론 코치들로부터 비판이 대학 토론에 미친 영향에 대해 안타깝게 생각한다는 말을 자주 전해 듣는다. 고교 정책 토론에서는 지금도 늦지 않았다. 여전히 다수의 지역에서 비판 토론은 드문 현상이다. 많은 판정관들이 비판에 반대하여 투표하는 경향이 있지만, 그들이 그렇게 투표하기 위해서는 그 투표를 정당화해 줄 수 있는 실질적인 답변을 갖춰야만 한다. 고교 토론에서 비판을 활용하는 많은 사람들은 순전히 그들 논증이 주는 충격 덕분에 이긴다. 이해할 수 없는 언어에 기초한 비판에 대해 찬성 측이 어떻게 답변해야 할지 혼란스러워 하고 확신할 수 없기 때문에, 그들이 이기는 것이다.

더 읽을거리

Cheshier, David. "Defending Pragmatism as a Defense Against Certain Critiques." *The Rostrum*. March 2002. http://debate.uvm.edu/NFL/rostrumlib/cxCheshier0302.pdf.

Heidt, Jenny. "Performance Debates: How to Defend Yourself." *The Rostrum*. April 2003. http://debate.uvm.edu/NFL/rostrumlib/cxHeidtcx0403.pdf.

Schwartzmann, Roy. "Postmodernism and the Practice of Debate." *The Rostrum*. March 2000. http://debate.uvm.edu/NFL/rostrumlib/SchwartzmanMar%2700.pdf.

링컨-더글러스 토론의 개요

링컨-더글러스 토론(Lincoln-Douglas Debate)은 다른 학교의 학생과 1대 1로 맞서 토론하는 형식이다. 찬성 측 토론자에게는 세 번의 발언 기회가 있다. 첫 번째 발언은 토론자가 사례(case)를 구축(conducting)한다는 점에서 '입론(constructive speech)'이라고 불린다. 찬성 측 토론자는 두 번의 반박을 하는데, 이때는 새로운 논증을 제시할 수 없다. 이 반박의 목적은 반대 측 토론자가 제시한 논증에 답변하고 찬성 측 논증의 핵심을 발전시키는 것이다.

반대 측 토론자에게는 입론과 반박이라는 두 번의 발언 기회가 있다. 왜 찬성 측 토론자가 세 번 발언하는 동안, 반대 측 토론자는 단 두 번만 발언하는가? 그것은 찬성 측이 첫 번째 발언과 마지막 발언을 담당하기 때문이다. 그리고 반대 측의 입론과 반박 시간이 더 길기 때문에 양측 발언 시간의 총량은 같다.

링컨-더글러스 토론의 형식

링컨-더글러스 토론의 한 라운드에는 5번의 발언과 2번의 반대신문 단계가 있다.

입론

찬성 측 입론	6분
반대 측 반대신문	3분
반대 측 입론	7분
찬성 측 반대신문	3분

반박

찬성 측 첫 번째 반박	4분
반대 측 반박	6분
찬성 측 두 번째 반박	3분

각 팀의 총 준비 시간	4분*
한 라운드 총 소요 시간	36분

* 전미 토론 연합(NFL) 토너먼트에서는 결선을 포함하여 준비 시간을 라운드마다 팀 당 4분으로 규정하고 있다. 일부 토너먼트의 준비 시간은 다를 수 있다.

찬성 측인지 반대 측인지 어떻게 아는가?

각 토론 라운드에는 찬성 측 토론자와 반대 측 토론자가 있다. 찬성 측은 논제에 대하여 '예'라고 말하고, 반대 측은 논제에 대하여 '아니요'라고 말한다. "정의로운 사회는 처벌의 형태로 사형을 집행해서는 안 된다."라는 논제에 대하여 생각해 보자. 찬성 측은 논제를 옹호해야 하고, 반대 측은 이것을 반대해야 한다.

모든 링컨-더글러스 토론 대회는 찬반의 입장이 바뀔 수 있기 때문에, 각 토론자는 찬성과 반대 양 쪽을 준비해야 한다. 토론자들은 토너먼트 시작 몇 분 전까지 첫 번째 라운드에서 찬성 측일지 반대 측일지 알 수 없다. 토론 대회 운영을 위해 주최 측이 선임한 인원인 '탭 룸'에서는 대회 시작 직전에 일정을 게시한다. 여기에는 각 팀의 입장, 토론 상대, 판정관의 이름, 토론 장소가 공지된다.

토론 참가자는 예선 라운드를 통틀어 찬성과 반대 입장을 동일한 횟수로 배정받는다. 예선을 통과하면 조금 다른 방법으로 입장이 결정된다. 두 토론자가 예선에서 서로 만나지 않았다면 동전 던지기로 찬성 측과 반대 측을 결정한다. 동전 던지기에서 이겼다면 입장을 선택할 수 있다. 두 토론자가 이미 예선에서 만난 경우라면 본선에서는 예선에서 취했던 입장과 다른 입장으로 교대된다.

준비 시간이란 무엇인가?

링컨-더글러스 토론 라운드에서 토론자는 정해진 준비 시간을 갖는다. NFL 토너먼트에서는 토론자 당 4분의 준비 시간을 부여한다. 다수의 지역 토너먼트들은 준비 시간이 서로 다르기 때문에, 토너먼트 공지사항에서 반드시 이를 확인해야 한다.

만약 준비 시간이 4분이라면, 토론자가 각 발언마다 4분을 받는 것이 아니다. 이것은 한 라운드 동안 총 준비 시간이 4분이라는 것을 의미한다. 첫 번째 발언 전에 4분을 모두 사용하였다면, 남은 발언 동안 준비 시간은 없다. 토론자는 앞 단계 발언이 끝난 직후에 즉시 일어나 발언하는 것이 유리하다. 바로 이어서 발언할 준비가 되어 있지 않더라도 부여받은 발언 시간은 곧장 계측된다.

준비 시간을 적절히 사용하는 전략은 간단하다. 마지막 반박 직전까지 준비 시간을 가능한 한 많이 아껴두는 것이다. 토론 경험이 누적되어 숙달되면서, 결정적인 마지막 반박을 위하여 준비 시간을 최대한 아낄 수 있는 방법을 발견할 것이다.

토론 논제는 어떻게 선택되는가?

대부분의 링컨-더글러스 토론 대회들은 NFL이 선택한 전국 논제를 사용한다. 이 논제들은 NFL 링컨-더글러스 기획 위원회(NFL Lincoln-Douglas Wording Committee)의 협의에서 비롯한다. 각 학년도마다 위원회는 토론 가능한 10개의 링컨-더글러스 논제를 신중하게 선정한다. 그런 다음, NFL에 속한 학교들이 10개의 논제 중 하나를 선택하는 투표(지금은 온라인으로 진행)에 참여한다. 이 투표는 9월~10월, 11월~12월, 1월~2월, 3월~4월 등 각 2개월 단위로 바뀌는 토론의 논제를 선정하고, 전국 NFL 토너먼트의 주제를 선정하기 위한 것이다. NFL은 대략 링컨-더글러스 토론이 시작하기 한 달 전까지 논제를 발표하지 않는다. 각 논제는 NFL 웹사이트에서 발표된다.

NFL 논제들은 대부분 전국 대회와 지역 토론 토너먼트에서 사용되지만, 몇몇 주 대회에서는 그들만의 특정한 논제를 사용한다. 예를 들어, 텍사스주에서는 대학 간 리그(UIL)에서 고유한 링컨-더글러스 논제들을 선택한다. 또한 2개월마다 논제를 바꾸기보다는 가을 학기 동안 하나의 논제를 사용하고, 봄 학기 동안은 또 다른 논제로 UIL을 진행한다. 논제를 알 수 있는 가장 확실한 방법은 토너먼트의 공지사항을 참고하는 것이다. 토너먼트 공지사항은 논제가 9월~10월 NFL 논제나 봄 학기 UIL 논제 등이 될 것이라고 알려 준다. 또한 토너먼트 공지사항에서 실제 논제 진술과 논제의 어구를 검색할 수 있는 웹 주소를 알 수 있다.

링컨-더글러스 토론 대회의 특징

링컨-더글러스 대회는 1970년대 NFL의 후원 행사로 시작되었다. 현재 링컨-더글러스 토론 참가자 수는 전통적인 정책 토론 참가자 수와 동일하거나 더 많다. 2007년, NFL 집행 위원회는 링컨-더글러스 토론의 정의를 규정하였다. 다음 항목들은 링컨-더글러스 토론의 형식에 대한 NFL의 공식적인 설명을 제시한 것이다.

링컨-더글러스 토론은 가치 명제에 초점을 맞춘다. 가치 명제는 '무엇이다(what is)'가 아니라 '무엇을 해야 한다(waht ought to be)'에 관한 것이다.

가치는 '개인, 사회, 정부가 지닌 이상(ideal)'으로 정의된다. 링컨-더글러스 토론자들은 가치관에 기초하여 논증을 발전시킨다. 그래서 토론자들은 특별한 방안이나 대체 방안을 내놓는 대신에 보편 원리를 옹호하는 근거에 초점을 맞추어야 한다. 토론자들은 특정 가치가 실제로 어떻게 나타나는지를 명백하게 하기 위해 예들을 제시해야 한다.

링컨-더글러스 토론의 핵심은 다음과 같다.

1. 동등한 입증 책임

2. 가치 구조

3. 논증

4. 반대신문

5. 효과적인 전달

1) 동등한 입증 책임

'동등한 입증 책임(parallel burdens)'은 찬성 측과 반대 측 모두 논제에 대한 각자의 입장이 보편적 원리로서 더 바람직하다는 것을 증명할 책임을 가지고 있음을 의미한다. 논제가 항상 참임을 증명하기 위해 찬성 측이 충족해야 할 절대적인 입증 기준은 없다. 링컨-더글러스 토론 논제는 논란이 많기 때문에 신중하게 선택된다. 가치에 대한 어떤 질문은 전적으로 옳거나 그르다고 할 수 없는 것이다. 좋은 가치 논제는 논쟁의 여지가 있다. 어떤 토론자도 절대적인 입증 기준에 붙들려서는 안 된다. 어떤 토론자도 논제에 대해 완벽하게 타당하거나 부당하다고 증명할 수는 없을 것이다. 대체로 유능한 토론자는 논제에 대한 자신의 입장이 보편 원리로서 더 타당하다고 증명하는 사람이다.

링컨-더글러스 토론에서 '입증 책임(the burden of proof)'은 각 토론자에게 자신이 주장하는 가치를 증명할 책임이 있음을 의미한다. 가치 토론 논제에서는 찬반 어느 쪽에도 옳고 그름에 대한 전제가 없다. 따라서 정책 토론과 달리 찬성 측과 반대 측 모두 입증의 책임을 가진다.

'의견 충돌의 책임(the burden of clash)'은 각 토론자에게 상대측이 제시한 논증에 답변할 동등한 책임이 있음을 의미한다. 판정관들은 상대측이 제시한 논증을 완전히 무시하는 발언을 하는 토론자를 우수하다고 평가해서는 안 된다고 교육받는다.

'논제의 책임(the burden of the resolution)'은 각 토론자에게 논제 그대로 논쟁해야 하는 의무가 있음을 뜻한다. 논제가 토론할 만한 가치가 있는가라는 질문은 그 라운드의 승패 결과와는 무관하다. 대회 공지사항에서 토론의 초점으로 제시한 것 이외의 논쟁을 하는 반대 측 토론자가 좋은 평가를 받아서는 안 된다.

2) 가치 구조

링컨-더글러스 토론은 가치 구조나 프레임워크에 초점을 맞춘다. '가치 구조(value structure)'는 논제에 대한 중요한 초점을 제시하고, 판정관에게 이 초점을 결정하거나 평가하는 방식을 제공한다. 링컨-더글러스 프레임워크는 다음 요소를 포함한다. 논제의 진술, 핵심 용어 정의, 가치 전제(혹은 핵심 가치), 그리고 가치 기준(혹은 가치 표준)이다.

'핵심 용어 정의(definitions of key terms)'는 찬성 측이 토론을 위한 합리적 근거를 제공하는 맥락상 정의나 사전적 정의를 제시해야 한다는 것이다. 맥락상 정의는 용어의 실제 용법에 기초한 함축적인 정의를 의미한다. 가정 폭력의 맥락상 정의는 폭언을 수반한 자녀 훈육일 수도 있다. 반대 측은 찬성 측의 용어 정의에 도전하고 대체 정의(counter-definition)를 제시할 수 있는 선택권을 갖는다.

'가치 전제(value premise)' 혹은 '핵심 가치(core value)'는 개인, 사회, 정부가 지닌 이상이며, 보호되거나 존중받거나 극대화되거나 발전되거나 성취되어야 할 최상의 목표이다. 가치 전제나 핵심 가치를 세우는 것은 논제의 본질을 가장 잘 포착하는 가치를 선택하고 논증을 위한 초점을 제공한다는 것을 의미한다.

‘가치 기준(the value criterion)’ 혹은 ‘가치 표준(value standard)’은 다음 중 하나 또는 그 이상의 것을 제공한다.

1. 가치 기준은 해당 가치가 어떻게 보호되거나, 존중받거나, 극대화되거나, 발전되거나, 성취되어야 하는지 설명한다.
2. 가치 기준은 토론자에게 주어진 입장이나 토론자의 주장이 해당 가치를 보호하거나, 존중하거나, 극대화하거나, 발전시키거나, 성취할 수 있는지 판단한다.
3. 가치 기준은 라운드의 맥락에서 논증의 관련성과 중요성을 평가한다. 각 토론자는 가치 전제(핵심 가치)와 기준(평가를 위한 표준) 간의 관계를 명확하게 보여 주어야 한다.

일부 토론에서는 가치 구조가 상충되는데, 찬성과 반대 양측이 자신의 가치 전제와 기준을 각각 제시한다. 다른 경우, 반대 측은 찬성 측의 가치 전제에 동의하지만, 이와 경쟁하는 기준을 제시할 수도 있다. 또 다른 경우, 반대 측은 찬성 측의 가치 전제와 기준 모두를 받아들이지만, 논제에 대한 반대 측의 해석이 그 전제와 기준에 더 부합함을 보여 줄 수도 있다.

프레임워크를 다음 링컨-더글러스 논제에 적용해 보자. "대학은 교내에서 혐오 발언(hate speech)을 금지할 도덕적 의무를 가진다."라는 논제가 주어질 때, ‘논제의 진술’은 단순히 찬성 측 토론자가 첫 번째 발언 앞부분에 바로 이 논제를 언급할 것이라는 것을 의미한다. 찬성 측은 혐오 발언의 정의를 『아메리칸 헤리티지 사전(American Heritage Dictionary)』에 나와 있는 ‘어떠한 사회 집단이나 민족 집단, 혹은 그러한 집단의 구성원을 공격하거나 폄하하는 편협한 발언’으로 제시할 것이다. 또한, 찬성 측은 대학이 도덕적 의무를 가장 잘 충족시킬 수 있는 핵심 가치는 안전이라고 제안할 수 있다. 안전이 보장되어 왔는지에 대한 판단 기준은 소수 집단 학생들이 위험으로부터 자유롭도록 해주는 최고의 장치가 무엇인지를 묻는 것이다.

이때, 반대 측 토론자 또한 그 반대의 목적으로 논제를 진술할 것이다. 반대 측 토론자는 '인종, 사회적 지위, 문화나 성적 지향과 같은 요소를 토대로 다른 개인을 폄하하는 발언'의 의미로 혐오 발언을 정의할지도 모른다. 반대 측은 대학의 도덕적 의무를 규정하는 최선의 가치인 핵심 가치가 표현의 자유라고 주장할지도 모른다. 표현의 자유에 대한 반대 측의 판단 기준은 학문의 자유와 자유롭고 개방적인 탐구가 유지되는가이다. 다른 개인을 폄하하는 발언을 금지하는 것은 자유로운 표현에 찬물을 끼얹을 수 있다. 예를 들어, 한 학생이 다르푸르에서의 집단 학살과 관련하여 수단인을 비난함으로써 다른 인종이나 문화를 폄하할지도 모른다. 학문의 자유를 보장하려면 다른 인종이나 문화에 대해 비판할 수 있는 권리가 필요하다.

3) 논증

일반적으로 링컨-더글러스 토론에서 논리적 뒷받침은 권위 있는 사람의 말을 단순하게 인용하는 것 이상이어야 한다. 토론자들이 권위 있는 사람의 말을 인용할 때는 학문적 언어와 정확한 인용 출처를 사용하도록 요구받는다. 그러나 링컨-더글러스 토론자는 전문가 증언 뿐 아니라 독창적인 분석, 철학의 적용, 예시, 유추, 통계, 서술 등 폭넓고 다양한 형태의 논리적 뒷받침을 흔히 활용한다. 링컨-더글러스 토론은 가치 위계를 전문적으로 다루기 때문에 공리주의, 상대주의, 정언명령, 합리주의, 실존주의, 인본주의, 공동체주의, 객관주의와 같은 위대한 철학 개념을 논의하는 능력을 중요하게 여긴다.

4) 반대신문

반대신문은 해당 라운드에서 상대측의 논증에 도전하거나, 논증을 명료하게 하고 발전시키는 데 활용되어야 한다. 링컨-더글러스 토론에서 반대신문을 더 적절하게 사용하는 방법은 15장에서 다루기로 한다.

5) 효과적인 의사소통

링컨-더글러스 토론은 공적 말하기 기술이 강조된 토론 형식이다. 일반적인 청중이 이해할 수 있도록 논증을 구성하고 제시해야 한다. 링컨-더글러스 토론 라운드의 판정관은 고등학교 교장, 교육 위원회 위원 또는 지적인 성인이라면 누구나 할 수 있어야 한다. 예상 청중은 토론 유경험자, 대학 토론자, 고등학교 토론 코치로 제한되지 않는다.

문장 표현력은 링컨-더글러스 토론에서 매우 중요하다. 토론자들은 찬성 측 혹은 반대 측의 입론을 표현력, 적절한 어휘 선택, 설득력을 갖춰서 미리 글로 써 보아야 한다. 입론은 명확한 논리를 사용하고 논제 관련성이 있는 자료 조사로 뒷받침되어야 한다.

찬성 측과 반대 측 입론이 사전에 준비되었을지라도, 토론 현장에서 눈을 맞추며 집중하고 제스처를 사용하며 적절한 자세를 취하여 이를 인상 깊게 전달해야 한다.

말하기 전달 과정에서 마지막 고려 사항은 정중함이다. 토론자는 상대 측을 정중하게 대해야 한다. 링컨-더글러스 토론에서 모든 참가자들은 전문가처럼 처신해야 한다.

링컨-더글러스 토론에서 토론자의 책무

　찬성 측 입론: 이 발언에서 찬성 측 토론자는 논제를 옹호하는, 준비된 입론을 제시한다. 이 발언에서는 논제를 진술하고, 핵심 용어를 정의하며, 논제에 대한 핵심 가치나 가치 전제를 규명해야 하고, 핵심 가치나 가치 전제를 측정하거나 달성하기 위한 기준을 제시한 후 논제가 이 기준에 부합함을 보여 주어야 한다.

　반대 측 입론: 대개 이 발언에 할당된 7분 중 절반가량을 반대 측 입론을 드러내는 데 사용한다. 그런 다음 반대 측은 찬성 측 입론에 대한 답변을 제시한다. 반대 측 입론은 논제에 반대하여 사전에 준비한 진술이다. 반대 측 입론은 핵심 용어를 정의하고, 가치를 규명하고, 핵심 가치를 측정하거나 달성하기 위한 반대 측의 기준을 옹호한 후 논제가 이 기준에 부합하지 않음을 보여 주는 것이어야 한다.

　찬성 측 첫 번째 반박: 4분 동안 찬성 측은 반대 측 입론에 답변하고 난 뒤, 반대 측 입론에서 공격받은 찬성 측 입론을 재방어해야 한다. 반박 단계에서는 새로운 논증이 허용되지 않지만 토론자는 기존의 논증을 옹호하는 새로운 증거를 제시할 수는 있다. 상대 토론자의 논증에 대한 답변은 새로운 논증으로 계산되지 않는다.

　반대 측 반박: 6분 동안 반대 측은 토론이 판가름 나도록, 어째서 반대 측 입론이 찬성 측 입론보다 우세한지를 보여 준다.

　찬성 측 두 번째 반박: 3분 동안 찬성 측은 반대 측에 맞서, 찬성 측 입론을 옹호하여 논증을 확장하고 요약하는 기회를 가진다. 찬성 측 입론이 반대 측보다 우월하다는 설득력 있는 이유를 밝혀내는 토론자의 능력이 높게 평가받는다.

링컨-더글러스 토론에서 흐름표

흐름표는 토론에서 만들어진 논증의 윤곽을 놓치지 않기 위해 토론자가 기록하는 것이다. 토론자는 자신의 논증과 그에 대한 상대측의 답변을 기록한다. 이 기록은 토론의 반박 단계를 구성하는 데 쓰인다.

전형적인 링컨-더글러스 토론에서 토론 기록은 종이 두 장으로 이루어지는데, 한 장은 찬성 측 입론을 위한 것이고, 다른 한 장은 반대 측을 위한 것이다. 각각의 종이는 각 발언 당 하나의 세로 줄을 쓰도록 4~5개의 세로 줄로 나눈다.

링컨-더글러스 토론에서 일부 판정관은 토론에서 제시된 논증을 직접 기록하는 논증 흐름 판정관(flow judge)이다. 그 외의 판정관은 가끔 논증을 적어 두지만 대개 단순히 발언을 듣기만 한다.

더 읽을거리

Halvorson, Seth, and Cherian Koshi. *Introduction to Lincoln-Douglas Debate.* 2006. www.nflonline.org/uploads/Main/IntroductiontoLDDebateOnlineText.pdf.

Lewis, Stan. *Lincoln-Douglas Debate: The Basics of Value Argumentation.* Indianapolis, IN: National Federation of High Schools, 2000.

Wiese, Jeffrey. *Lincoln-Douglas: Values in Conflict.* Topeka, KS: Clark Publishing, 1993.

Woodhouse, Cynthia. *Lincoln-Douglas Debate.* New York: Rosen Central, 2007.

링컨–더글러스 토론의
가치 위계와 철학

링컨-더글러스 토론은 가치에 초점을 맞춘다. 유능한 토론자는 가치를 선택하고 비교하는 데 능숙하다. 이번 장에서는 링컨-더글러스 토론에서 가장 보편적인 핵심 가치와 더불어 가치의 중요성을 평가하기 위해 사용하는 기준에 대한 논의를 간결하게 제시한다.

링컨-더글러스 토론의 핵심 가치

자유(freedom): 미국의 독립선언문에는 자유가 양도할 수 없는 권리라는 것이 자명하게 나타난다. 권리장전에는 발언의 자유, 언론의 자유, 단체 결사의 자유, 스스로를 방어하고 무장할 자유, 종교의 자유, 고충을 해결하기 위해 정부에 청원할 자유, 자기부죄(自己負罪)로부터의 자유, 잔인하고 비정상적인 형벌로부터의 자유, 임의 수색 및 압수로부터의 자유 등 수많은 구체적인 자유에 대한 설명이 나타난다. 권리장전 이후 헌법에는 노예

해방과 여성의 투표권에 관한 내용이 추가되었다.

　자유가 하나의 가치만을 내포하는 것은 아니다. 이는 밀접하게 관련된 여러 가치들의 집합이다. 미국 헌법과 권리장전에 열거된 '자유' 가운데 어느 것이라도 링컨-더글러스 토론의 각 라운드에서 핵심 가치가 될 수 있다. 이 모든 자유는 제한된 정부를 설명한다. 미국 헌법의 기초를 마련한 사람들은 당시 영국 왕실의 권력에 대한 좌절로 인해 제한된 정부를 주장하였다. 또한 자유에 대한 갈망은 예를 들면 존 로크(John Locke), 장 자크 루소(Jean-Jacques Rousseau), 샤를 드 몽테스키외(Charles de Montesquieu)와 같은 정치 철학자의 저술로부터 영향을 받았다. 로크는 『통치론(Two Treatises of Government)』(1690)에서 군주제에 부여되어 있던 신성한 권리를 부정하고, "생명, 자유, 재산" 이 세 가지는 그중 하나라도 잃게 된다면 다른 것들도 잃은 것이나 다름없는 자연 발생적인 권리들이라고 주장했다. 루소는 저서 『사회 계약론(The Social Contract)』(1762)의 서두에 "인간은 자유롭게 태어나지만 도처에서 쇠사슬에 묶여 있다."고 하면서, 정부와 시민의 계약을 통해 시민들의 자유를 보전하는 체계를 제안했다. 몽테스키외는 저서 『법의 정신(The Spirit of Laws)』(1648)에서 정부가 삼권분립을 기반으로 하고 독립된 사법부가 헌법을 만들 때 개인의 자유가 가장 잘 보장될 수 있다고 말했다.

　안전(safety): 인류 구성원 전체는 신체적 위험 없이 안전하기를 원하며 안전의 필요성을 느낀다. 폭력 범죄, 환경오염, 국제 테러, 그리고 다른 국가의 공격으로부터 스스로를 보호하기 위해 자기 자신, 가족, 그리고 자국을 보호하고 싶어 한다. 한편, 개인의 안전이 위기에 놓일 때 자유는 제한받을 수 있다. 9·11 테러리스트의 공격이 있고 한동안 미국인은 자신과 가족과 이웃의 안전을 염려하여 수많은 자유를 포기하였다. 공항에서의 과도한 수색과 정부의 전화 감청, 이민자 구금까지 모두 다 일상적인 일로 받아들이게 되었다. 이와 유사한 예로 약물 범죄가 들끓는 곳에 사는 사람은 밤에 마음 놓고 나갈 수 있는 자유가 없다. 따라서 안전에 대한 요구는 자유를 유지하는 데 있어서 선결 요소로 볼 수 있다.

철학자 토머스 홉스(Thomas Hobbes)는 저서 『리바이어던(The Leviathan)』(1651)에서 사람들이 강력한 정부로부터 보호받는 것을 거리낌 없이 추구하는 이유는 바로 안전에 대한 요구 때문이라고 말했다. 정부가 없으면 사람은 "만인의 만인에 대한 싸움"으로 여겨지는 "자연 상태"에서 산다. 홉스에 따르면 자연 상태에서의 삶은 "고독하고, 가난하고, 끔찍하고, 야만적이며, 짧다." 생명을 위협하는 자연 상태로부터 벗어나기 위해 사람들은 그들의 세계에 질서를 가져올 군주 또는 강력한 정부에 이 중요한 자유를 양도한다. 또한 자신과 가족의 안전을 보장받기 위해 경찰, 군대, 법체계를 만든다.

정의(justice): 우리는 법체계가 개개인의 처지와 무관하게 모두에게 동등한 보호와 정당한 사법 절차를 제공할 것이라고 믿는다. 사람들이 일반 시민은 법을 준수하는 반면 권력과 돈을 가진 사람은 법에 연연하지 않고 자기 뜻대로 행동할 수 있다고 생각하면 심리적으로 위축된다. 철학자 존 롤스는 저서 『정의론(A Theory of Justice)』(1971)에서 "정의의 원칙은 무지의 장막 속에서 선택된다."고 말했다. 이 말은, 한 개인이 어떤 권리를 가져야 하고 주어진 행위에 관해 어떤 처벌을 받아야 하는지를 결정하기 전에, 그 사람의 지위를 알려고 해서는 안 된다는 것을 의미한다.

고등학교 시절 학교의 기물을 파손했을 때 받는 '정학 3일'이라는 명시된 규칙을 떠올려 보라. 영향력 있는 부모를 가진 학생을 위해 교장이 규칙에 예외를 만든다면 어떨까? 정의는 법(과 법적 보호)이 모두에게 동등하게 적용되어야 한다는 것이다. 정의란 모든 사람에게 마땅히 주어져야 할 것이 주어질 것을 요구한다. 미국 연방 수정헌법 제14조에서 주 정부는

"사법권 안에서 모든 이가 법의 동등한 보호를 받아야 한다는 것을 거부할" 권리가 없다는 것을 선언했다.

개인주의(individualism): 미국인들이 소중히 여기는 가치들 중 많은 것은 개인이 자신의 타고난 성향을 따를 때 사회가 가장 잘 작동한다는 것이다. 랠프 월도 에머슨(Ralph Waldo Emerson)은 「자기 신뢰에 관한 에세이(Essay on Self Reliance)」(1841)에서 "신성한 것은 마음의 진실성 뿐"이라고 했다. 헨리 데이비드 소로(Henry David Thoreau)는 그의 유명한 강의 「시민 불복종(On Civil Disobedience)」(1849)에서 "자신의 힘과 권위에서 유래된 개개인의 고차원적이고 독립적인 힘을 인정하고 맞추어 대우해 주는 정부가 들어서면 비로소 진실로 자유롭고 계몽된 나라가 올 것이다."라고 하였다.

자유기업 체제는 개인주의를 기반으로 한 경제체제이다. 스코틀랜드의 경제학자 애덤 스미스(Adam Smith)는 저서 『국부론(The Wealth of Nations)』(1776)에서 개인의 이익 추구가 사회적으로 유익한 결과로 이어질 것이라고 주장했다. 또 자유 시장 경제의 보이지 않는 손이 가격과 바람직한 수준의 생산량을 정확하게 알아낼 것이라고 했다. 아인 랜드(Ayn Rand)는 개인의 이익 추구가 건강한 사회를 만드는 가장 확실한 방법이라고 했다. 그녀의 저서 『자본주의: 알려지지 않은 이상(Capitalism: The Unknown Ideal)』(1966)에는 다음과 같이 쓰여 있다. "미국의 풍요는 공익을 위한 공공의 희생으로 만들어진 것이 아니다. 오히려 그들 자신의 개인적 이익과 사유재산을 추구하는 자유로운 사람들의 천재성으로 창조되었다. 그들은 미국의 산업화를 위해 돈을 들임으로써 사람들이 굶주리도록 내버려두지 않았다. 그들은 사람들에게 더 나은 직업과 더 높은 임금, 그리고 더 저렴한 상품들을 제공했다. 이는 그들이 발명한 모든 새로운 기계와 모든 과학적 발견 혹은 기술적 진보를 통해 가능했다. 이렇게 하여 미국 전역은 매순간 이익을 내며 점차 앞으로 나아갔다."

공동체(community): 개인주의의 반대 극단에는 공동체주의가 있다. 공동체주의자는 인간 존재는 사회적 동물이며, 개인에게만 초점을 맞출 때 공동체의 가치가 훼손된다고 믿는다. 매우 유명한 현대 공동체주의자로 조지 메이슨 대학교의 사회학 교수 아미타이 에치오니(Amitai Etzioni)가 있다. 32권의 책을 쓴 에치오니는 『새 황금률(The New Golden Rule)』(1997)에서 다음과 같이 이야기했다. "당신의 자율성을 존중받고 보호받고 싶은 만큼 사회의 도덕적 질서를 존중하고 보호하라."

또 다른 유명한 공동체주의자는 하버드 대학교 법대 교수인 메리 앤 글렌든(Mary Ann Glendon)이다. 글렌든은 저서 『권리 이야기: 정치 담론의 결핍(Rights Talk: The Impoverishment of Political Discourse)』(1993)에서 개개인의 권리에 대한 집요한 옹호는 공동체의 발전 가능성을 가로막는다고 주장했다.

우리의 권리를 절대적인 것처럼 이야기할 때, 비현실적인 기대를 촉진시키고, 사회적 갈등을 조장하며, 일치나 조화 아니면 적어도 공통점으로 이끌 대화의 장을 가로막는다. 책임에 대해 침묵하는 것은 개인과 시민의 의무는 행하지 않고 민주 사회의 복지국가에서 살아가는 편익만을 받아들이는 것으로 보인다. 무자비한 개인주의 속에서 사회적 패배자에게 적대적인 분위기가 촉진된다. 나이가 많든 적든 돌봄을 받는 사람과 피부양자, 아이와 노인에게 제도적인 불이익이 주어진다. 시민 사회가 무관심하면 시민적·개인적 선행이 자라날 주요한 바탕이 약화된다. 시민 사회가 편협하면 자기 반성적 배움의 과정으로 가는 중요한 도움이 차단된다.

지식(knowledge): 자유로운 탐구, 과학적 방법의 추구, 학문의 자유는 모두 서구 문명에서 중요한 가치이다. 지금까지 우리의 문명은 지식의 진보를 빌미로 많은 사람들을 희생시켰다. 소크라테스는 아테네의 젊은이들로 하여금 궁금증을 갖게 했다는 이유로 독이 든 잔을 강요받았다. 갈릴레오는 망원경을 발명한 후 지구가 태양 주위로 공전한다는 것을 발견한 것 때문에 교회로부터 핍박을 받았다.

로마 제국 멸망으로부터 1500년간의 암흑시대는 고대 두루마리를 태워 가며 지식의 추구를 막던 시기였다. 그리고 마침내 자유로운 탐구를 반기는 르네상스 시대의 막이 올랐다. 런던 왕립 학회(The Royal Society of London)는 과학적 지식을 함양하는 것에 힘을 쏟은 공동체 중 하나로, "다른 어떤 사람의 것이 아닌 말로(in the words of no one else)"를 강령으로 한다. 이 강령은 과학이 권위 있는 인용구보다 실험에 기반을 두고 있다는 것을 의미한다. 과학적 진보에 대한 헌신적인 노력은 인간의 기대 수명, 여행의 자유, 의사소통 능력, 전반적인 삶의 질에 걸쳐 극적인 향상을 가능하게 해 왔다.

학문의 자유는 비과학적인 영역에서도 중요하다. 존 스튜어트 밀은 1859년에 발표한 『자유론(On Liberty)』에서 "사상의 자유 시장(free marketplace of ideas)"의 중요성을 논한다. 밀은 진실을 발견하는 가장 좋은 방법은 모든 생각을 공개 토론할 수 있게 하는 것이라고 주장한다. 비판으로부터 몇몇 소중한 생각들을 지키려는 노력은 역효과를 불러일으킬 뿐이다. 그것은 오직 "죽은 교리(dead dogma)"만을 생산하게 될 것이다. 모든 생각이 경쟁할 수 있도록 허용함으로써, 진실은 가장 잘 평가될 수 있다.

대부분의 미국 대학들은 자유로운 탐구와 학문의 자유에 헌신할 것을 맹세해 왔다. 그들은 실제로 지식의 발전을 위해 맹세 이상의 것을 한다. 이것은 자신의 학문 영역에서 질적으로 특정한 조건을 충족시킨 교수들이 그들의 관점이 대중적이지 않다는 이유로 해고되어서는 안 된다는 것을 의미한다.

아름다움(beauty): 존 키츠(John Keats)의 시 〈그리스 항아리에 부치는 노래(Ode on a Grecian Urn)〉에는 다음과 같은 유명한 시구가 포함되어 있다. "아름다움은 진리이고, 진리는 아름다움이다. 그것은 당신이 지상에서 알고 있는 모든 것이자 알아야 할 모든 것이다." 적어도 고대 그리스 시대 이후부터 예술은 중요한 사회적 가치로 인식되어 왔다. 예술은 창의력을 북돋고 자부심의 중요한 근원을 제공하며 사회 공동체를 통합시킨다. 1963년 10월 26일 애머스트 대학에서 존. F. 케네디 대통령은 다음과 같이 말했다. "나는 조국과 문명의 미래가 예술가의 지위를 충분히 인정하는 것보다 더 중요한 것은 아니라고 본다. 예술이 우리 문화의 근간을 키우도록 하려면, 사회는 예술가의 이상이 어디든 뻗을 수 있도록 허용해야 한다."

음악 교육, 미술 교육의 가치를 알아보거나 공연 예술을 지원하는 것에 실패할 때 사회는 많은 것을 잃는다. 상기한 세 유형의 예술 교육은 표준화된 검사로 측정될 수 있는 학문적 성취의 결과물을 산출한다는 실용적 근거에 의해 옹호되어 왔다. 하지만 많은 교육자들은 실용적 가치를 들먹이며 예술을 정당화해 온 노력은 잘못된 것이라고 주장한다. 예술은 인간 정신을 고양시킨다는 점에서 그 자체로 고유한 가치가 있다.

민주주의(democracy): 'democracy'는 '시민'을 뜻하는 그리스어 'demos'와 '정부'를 뜻하는 그리스어 'cratos'에서 유래되었다. 문자 그대로 민주주의는 시민에 의해 만들어진 정부를 뜻한다. 고대 그리스의 몇몇 도시국가에서 실현된 민주주의는 도시의 모든 구성원을 위한 법을 제정하고 집행하기 위해 부유한 남성 지주가 모인 것을 뜻했다. 이것은 일부 남성에게만 투표권을 보장하였기 때문에 직접 민주주의의 불완전한 체계라 볼 수 있다. 그러나 투표할 권리가 있는 모든 사람들이 의회에 모여 법을 만들기 때문에 '직접 민주주의'로 일컬어진다.

성 토마스 아퀴나스(St. Thomas Aquinas)는 그의 저서『왕의 국가(De Regno)』(1267)에서 최초로 현대의 대의 민주주의를 제안했다. 아퀴나스는 정부의 가장 좋은 형태는 "최상의 대변자들과 한 명의 대표자"가 시민들을 대표하는 정부라고 제안했다. 대의 민주주의에서 우리는 입법 의회에서 우리를 대표할 (바라건대 가능한 '최상의') 사람들을 선출하고, (대통령이 될) 한 명의 리더를 선택한다.

미국 헌법 제정자를 위한 청사진을 제공한 정치 철학자들은 존 로크, 샤를 드 몽테스키외, 장 자크 루소 등이다(이들 철학자 각각이 세운 특별한 공헌들에 대해서는 앞의 '자유' 부분을 참고하라).

독일의 철학자 이마누엘 칸트는 그의 에세이 「영구한 평화를 위한 방안(Project for a Perpetual Peace)」(1795)에서 민주주의 수호에 대한 흥미로운 관점을 제시한다. 칸트는 민주주의가 다른 것에 맞서는 전쟁으로 치닫지 않을 것이기 때문에 민주주의의 확산이 평화를 촉진한다고 주장했다. 21세기에도 많은 이들이 민주적 평화에 관한 그의 논지를 옹호하고 있다. 실제로 조지 부시(George Bush) 미국 대통령과 콘돌리자 라이스(Condoleezza Rice) 미국 국무장관이 중동의 민주화를 강행하는 미국의 조치를 정당화하는 데 민주적 평화 이론을 사용했다.

민주주의의 가치는 근원적인 인간 권리 가운데 하나인 자기 결정권과 함께 유엔 헌장 제1장에 명시되어 있다. 윈스턴 처칠(Winston Churchill) 영국 수상은 1947년 11월 11일 하원의사당 앞에서 다음과 같이 말했다. "민주주의란 최악의 정치제도지만 인류 역사상 그보다 나은 제도도 없었다."

생명의 존엄성(sanctity of life): 일부 링컨-더글러스 토론자들은 생명 그 자체가 최고의 가치로 평가되어야 한다고 주장할 것이다. 이와 같은 맥락에서 인간의 생명을 보호하는 행동은 가치 있는 것으로, 인간의 생명을 훼손하는 것은 무가치한 것으로 간주되어야 한다.

삶의 질(quality of life): 삶 그 자체가 삶의 질보다 더 중요한가? 많은 미국인들은 유언장에 생명 연장을 위한 어떠한 노력이 삶의 질을 감소시키거나 사라지게 한다면 이 같은 노력을 하지 말라고 명시해 두었다. 나아가 안락사 지지자들은 만약 목숨을 잇는 것이 끝없는 아픔과 고통을 뜻한다면, 의사와 환자가 삶을 끝낼 권리를 가져야 한다고 주장한다.

이 관점을 비판하는 사람들은 우리가 생명 자체의 가치를 존중하는 데 실패할 때마다 언제든지 '미끄러운 비탈길'로 내려갈 위험이 있다고 주장한다. 고령의 환자가 고통을 지속하는 것 대신 죽음을 선택하는 것을 사회가 용인한다고 선언한 이후에는, 죽을 권리는 죽을 '의무'로 쉽게 바뀔 것이다. 어쩌면 불치병 환자들은 삶을 이어가는 것이 사랑하는 사람들에게 재정적으로 부담을 주는 것은 아닌가하는 고민을 자연스레 하게 될지도 모른다.

사생활(privacy): 사생활의 권리는 얼마만큼 절대적인가? 미 대법원은 '로 대 웨이드(Roe v. Wade)' 재판에서 사생활의 권리를 여성의 임신 초기 유산 권리를 합법화하는 근거로 사용하였다. 국민에게는 정부의 어떤 간섭도 없이 인터넷 검색을 할 권리가 있는가? 국민에게는 집과 자동차를 정부 요원으로부터 수색 당하는 것을 거부할 권리가 있는가? 만약 우리에게 이런 권리가 있다면 아동 포르노, 불법 마약 거래, 테러리스트의 활동 등의 해악으로부터 어떻게 사회를 지킬 것인가?

자아실현(self-actualization): 심리학자 에이브러햄 매슬로(Abraham Maslow)가 제안한 인간의 욕구 위계에서, 최상위 욕구는 '자아실현'이다. 자아실현에 대해 설명하면서, 매슬로는 삶에서 주어진 각자의 과제를 수행하는 데 헌신하는 것과 그 과제 자체를 목적으로 여기는 것에 관해 언급하였다. 음악가는 위대한 음악을 만듦으로써 성취감을 느낀다. 조각가는 위대한 조각품을 만듦으로써 성취감을 느낀다. 시인은 시를 씀으로써 성취감을 느낀다. 사람들은 자신의 잠재력을 깨닫기 위한 노력을 통해 그들 고유의 가치를 이루어 낸다.

자아실현에 대해 비판하는 사람들은 자기만족이 좋은 사회에서 가장 높이 평가받을 가치는 아니라고 주장한다. 자신에게 집중하는 것이 가정과 공익을 약화시키는 자기도취(나르시시즘)의 형태를 낳을 수 있다는 것이다.

가치를 비교하기 위한 기준

공리주의(Utilitarianism): '실용주의(pragmatism)'라고도 불리는 공리주의의 원칙은 보통 '최대 다수의 최대 행복'의 가치로 설명된다. 공리주의는 영국의 철학자 제러미 벤담(Jeremy Bentham)과 그의 제자인 존 스튜어트 밀에 의해 정립되었다. 벤담은 그의 저서 『도덕과 입법의 원리서설(The Principles of Morals and Legislation)』(1789)에서 어떤 행동이 행복을 증대시킨다면 그 행동은 정의로운 것이고, 행복을 감소시킨다면 그 행동은 부당한 것이라고 주장했다. 이 같은 윤리학 체계는 결과가 수단을 정당화하도록 규정해 왔다. 일견 악하게 보이는 행동이라도 다수의 행복을 낳는다면 결국은 선하다고 볼 수 있다는 것이다.

조셉 플레처(Joseph Fletcher)는 하버드 신학교 기독교 윤리학과 교수로 공리주의에 현대적 색채를 가미하였다. 플레처는 저서 『상황윤리학(Situation Ethics)』(1963)에서 어떤 행동에 대한 옳고 그름을 판단하기에 앞서, 특정 상황의 본질을 먼저 평가해야 한다고 주장했다. 하지만 플레처는 벤담이 말한 행복의 기준을 사랑으로 대체했다. 인간은 '사랑하는 것'이 무엇이든 간에 그것을 행위의 기준으로 두어야 한다. 플레처의 철학은 6가지 명제를 기반으로 한다.

1. 오직 사랑만이 본질적으로 선한 것이다.

2. 기독교에서 행위를 결정하는 유일한 규범은 사랑이다.

3. 사랑과 정의는 동일하다.

4. 사랑은 우리가 이웃을 좋아하든 싫어하든 우리로 하여금 그의 행복을 생각하게 한다.

5. 사랑은 모든 수단을 정당화한다.

6. 사랑의 결정은 오직 구체적 상황에서 만들어지는 것으로서 미리 규정될 수 있는 것이 아니다.

플레처의 책은 수많은 윤리적 딜레마의 사례를 통해, 독자들이 '사랑하는 것'이 무엇이든 간에 자신만의 기준을 갖도록 한다.

윤리적 딜레마 가운데 하나로는 히로시마와 나가사키에 핵폭탄을 투하하는 것에 대해 해리 트루먼(Harry Truman) 미국 대통령이 직면했던 결정을 들 수 있다. 이것은 '핵폭탄으로 인해 수천 명의 사망자가 발생할 것을 감수해서라도 2차 세계 대전을 조기에 종결시키고 더 많은 사람을 살릴 것인가'라는 윤리적 딜레마와 관련되어 있다. 또 다른 딜레마는 '생명을 조금 더 연장할 수는 있지만 가족에게 경제적 부담을 주는 의료비를 지불할 것인가'에 대해 결정해야 하는 노인과 관련되어 있다. 플레처는 은연중에 핵폭탄을 투하하거나 소극적 안락사에 동참하는 것이 진정 '사랑하는 것'이 될 수도 있다는 것을 암시하는 것처럼 보인다.

의무론(deontology): 그리스어 'deon'은 의무 또는 책임을 뜻한다. 그래서 의무론자는 하나의 행동이 행위의 결과에 기반하는 것이 아니라, 행위의 본질에 기반해야 한다고 생각한다. 의무론은 공리주의와 실용주의, 상황윤리학과 반대된다. 이 견해는 좋은 결과가 무가치한 수단을 정당화할 수 없음을 주장한다.

독일의 철학자 이마누엘 칸트는 가장 유명한 의무론 옹호론자이다. 그는 저서『도덕 형이상학 정초(The Groundwork of the Metaphysics of Morals)』(1785)에서 정언명령에 관한 자신의 생각을 설명한다. 칸트는 무엇이 좋은 것인지를 결정하기에 앞서 무엇이 옳은 것인지 결정해야 한다고 말한다. 어떠한 행위가 장기적으로는 사회의 선을 도모할 것이라는 주장에 기반하여 부도덕한 행동을 정당화해서는 안 된다. 특히 칸트는 인간은 한낱 목적을 위한 수단으로 사용되어서는 안 된다고 말했다.

플레처의『상황윤리학』에 나오는 사례를 살펴보자. 1830년대 아일랜드 이민자들은 오하이오를 지날 때 인디언들을 발견하면 근처의 숲에 숨었다. 이민자들은 인디언들이 이민자를 죽인다는 이야기를 들어 왔다. 잠든 아기를 안고 있던 한 여자가 아기가 깨어나 울음을 터뜨리려는 것을 깨달았다. 인디언이 가까이 다가올 때, 아기 엄마는 그녀가 아기의 입을 너무 꼭 막고 있어 아기가 질식하기 직전임을 알아차렸다. 엄마가 아기의 입을 계속 막고 있으면, 그녀는 아기를 죽이게 될 것이다. 만약 아기의 입에서 손을 뗀다면, 아기는 소리 내어 울 것이고 인디언들은 이민자들을 모두 죽일 것이다. 엄마는 무엇을 해야 할까?

플레처는 현실적으로 '사랑하는 것'이 엄마에게는 그녀의 아기를 죽이는 것이 될 수 있음을 암시하는 것 같다. 이마누엘 칸트는 인간은 먼저 항상 옳은 것을 해야만 한다고 말했을 것이다. 엄마가 자신의 아기를 죽이는 것은 항상 옳지 않은 것이다. 엄마는 아기를 살리기 위한 행동을 해야 하고, 그리고 나서 나중에 위기를 벗어나기 위한 기회를 찾아야 한다. 누구도 확실하게 미래를 알 수는 없다. 아기가 우는 것과 상관없이, 인디언이 이민자를 찾아내는 상황은 피할 수 없을지도 모른다. 이주민들이 인디언들에게 저항하며 그들의 공격으로부터 스스로를 충분히 보호할 수 있을지도 모른다. 인디언들이 언제나 이주민들을 학살한다는 말이 어쩌면 과장된 소문에 불과할지도 모른다. 현 시점에서 엄마는 도덕적 결단을 해야만 한다. 그녀는 단순히 더 많은 사람이 죽을지도 모른다는 추측에 기반해 자신의 아기를 죽이기로 결정할 수 있는가? 칸트는 아기를 그저 목적에 대한 하나의 수단으로 봐서는 절대 안 된다고 말했을 것이다.

비용 편익 분석(Cost Benefit Analysis: CBA): 가치를 비교하는 이 방법은 경제학에 기초한다. 비용 편익 분석론에서는 훌륭한 의사 결정자는 어떤 것이 가장 좋은 것인지 결정하기에 앞서 주어진 행동의 이익과 불이익을 손꼽아 보아야 한다고 제안한다. 의사 결정은 비용과 편익을 비교한 기록에 기반해 이루어진다.

대부분의 역사적 기록에 따르면 비용 편익 분석은 프랑스 경제학자 쥘 뒤퓌(Jules Dupuit)의 논문 「공공사업의 실용성 판단(On the Measurement of the Utility of Public Works)」(1844)에서 처음 제안되었다. 이 논문에서 뒤퓌는 의사 결정에 관여하는 모든 요소를 금전적 단위로 변환시켜, 다리 건설의 비용 편익을 비교한다. 비용 편익 분석에 대한 현대적 접근은 대차 대조표 접근법으로 유지되지만, 의도적으로 금전적 요인과 비금전적 요인 모두를 구성 요소로 다루도록 한다.

어떤 행동의 편익을 검토할 때는 직접적 편익, 간접적 편익, 무형의 편익을 고려해야 한다. 만약 당신이 차를 사려 한다면 직접적인 편익은 일하러 가거나 학교에 갈 때 버스 혹은 부모의 차를 타려고 기다리지 않아도 된다는 점에서 시간을 절약할 수 있다는 것이다. 간접적인 편익은 부모가 더 이상 당신에게 교통수단을 제공하기 위해 자신의 업무 시간을 방해받지 않는다는 것이다. 무형의 편익은 자신의 차량이 있다면 가능해지는 새로운 우정 혹은 연애 경험을 포함한다.

어떤 행동의 비용에는 직접 경비, 기회비용, 외부 효과가 포함된다. 직접 경비는 행동에 따르는 즉각적인 자원 지출을 뜻한다. 앞선 차량 구입 사레에서 직접 경비는 매월 지출되는 차 할부금, 보험료, 연료비, 그리고 유지 비용이다.

기회비용은 어떠한 문제에 대해 선택한 행동으로 인해 포기해야 하는 편익과 관련이 있다. 문제는 차량 구입에 드는 비용이 아니라, 차량 구입에 쓰는 돈으로 소비할 수 있는 다른 무언가이다. 대학 교육 또는 새 컴퓨터를 위한 비용으로 쓸 수 있는 돈을 차량 구입에 지출하는 것일지도 모른다.

외부 효과는 어떤 행동의 부정적 부산물로, 금전적으로 측정하기 어려운 것이다. 환경오염은 종종 무시되는 외부 효과이다. 당신이 걷는 것 대신 자동차를 운전함에 따라 환경오염에 한몫을 한 것이다. 또 학교에 가기 위해 걷지 않고 운전하기로 결정함으로써 체력 또한 떨어질 수 있다.

피츠버그 대학교의 미국정치학 교수인 가이 피터스(B. Guy Peters)는 『공공 정책: 약속과 실행(American Public Policy: Promise and Performance)』(7판)에서 비용 편익 분석은 정치적 결정을 내리는 데 있어 불충분한 기준이라고 주장한다. 피터스는 "그 계산에 수많은 가정이 포함되어 있어서 프로젝트의 미래 효과에 관하여 헤아리기 힘들기" 때문에 비용 편익 분석은 "공공영역에서 요술(witchcraft)과 기능적으로 동등한 것"이라고 언급한다. 그는 생명, 건강, 멸종위기종과 같은 것에 경제적 가치를 매기는 것은 불가능하다고 말한다. 피터 교수에 따르면 비용 편익 분석은 다른 윤리적 분석과 결합될 때만 가치가 있다.

비용 편익 분석은 예를 들어 새로운 다리 건설에 대한 제안이나 보험 미가입자들을 위한 건강보험을 제공하겠다는 대선 후보의 계획 등 구체적 방안을 검토할 때 가장 효과적이다. 하지만 링컨-더글러스 토론에서는 구체적인 방안이나 제안을 발표하지 않는다. 대신에 다양한 공공 정책의 맥락에서 하나의 가치와 다른 가치를 비교한다.

더 읽을거리

Baird, Robert M. *Socrates in the Forum: The Role of Philosophy in Lincoln-Douglas Debate*. Indianapolis, IN: National Federation of High Schools, 1995.

Polk, Lee R., William B. English, and Eric Walker. *The Value Debate Handbook*, 6th Ed. Waco, TX: Baylor Briefs, 2000.

링컨–더글러스 토론에서
찬성 측 입론 구성

이 장은 찬성 측 입론을 작성하는 방법에 초점이 맞추어져 있다. 찬성 측 입론 준비에 포함되는 절차들은 논제 분석, 자료 조사, 용어 정의, 입론 쓰기이다.

논제 분석

링컨-더글러스 토론자는 두 가지 질문을 하면서 논제에 대해 생각해야 한다.

1. 논제에서 다루는 평가 대상들은 무엇인가?
2. 이 대상들을 평가하는 데 어떤 가치가 사용되어야 하는가?

모든 논제는 평가 대상에 해당하는 하나 이상의 용어를 포함한다. 예를 들어 "인간 유전공학은 도덕적으로 정당하다."라는 논제는 하나의 평가 대상만을 다룬다. 이 논제는 '인간 유전공학'이라는 하나의 평가 대상만을 다루고 있는 것이다. 그리고 이 대상에 얼마나 높은 가치를 매겨야 하는지에 대해 묻고 있다.

많은 링컨-더글러스 토론 논제들은 두 개의 평가 대상을 포함한다. 그리고 토론자들은 두 대상의 중요성을 견주게 된다. "다수결의 원리는 소수자의 권리보다 가치 있게 평가되어야 한다."라는 논제를 생각해 보라. 이 논제는 두 개의 평가 대상, '다수결의 원리'와 '소수자의 권리'를 포함한다. 이때, 토론자는 한 개념과 다른 개념의 가치를 서로 비교하여 경중을 따져야 한다.

논제에 대해 답해야 할 두 번째 질문은 논제의 맥락에서 어떤 평가 용어(evaluative term)가 사용되어야 하는가이다. 일부 논제는 논제 내에 평가 용어가 포함되어 있다. "모든 것을 감안할 때, 교육 자료에 대한 제도적 검열은 학생들의 교육적 성장에 해롭다."라는 논제를 예로 들어 살펴보자. 이 논제에서 평가 대상은 '교육 자료에 대한 제도적 검열'이다. 이 논제는 평가해야 할 가치를 '학생들의 교육적 성장'으로 규정하고 있다. 이 논제는 교육적 성장이 가치 있는 것인지를 토론자가 결정하도록 묻지 않는다. 이 가치는 논제 내에 이미 전제되어 있다. 논제는 오직 '교육 자료에 대한 검열'이 '교육적 성장'을 증진시키는지 손상시키는지에 대해서만 묻고 있다.

대부분의 링컨-더글러스 논제는 평가 용어를 명시하지 않으며, 평가에 쓸 가치를 선택하는 것은 토론자의 몫이다. "억압적인 정부가 무정부보다 더 바람직하다."라는 논제를 살펴보자. 이 논제에서 바람직함을 판단하는 데 어떤 가치를 사용할 것인가에 대한 결정은 개별 토론자에게 달려 있다. 찬성 측 토론자는 안전과 같은 가치를 선택해 억압적 정부가 '자연 상태(state of nature)'*에서 나타나는 무정부 상태로부터 우리를 보호한다고 주장할 것이다. 반대 측 토론자는 자유와 같은 가치를 선택해 무정부 상태가 압제보다 낫다고 주장할 것이다.

자료 조사

링컨-더글러스 토론자들은 철학서를 읽는 것과 최근의 쟁점을 다루는 뉴스 기사를 읽는 두 종류의 자료 조사에 생산적으로 참여할 수 있다. 탁월한 링컨-더글러스 토론자들은 공리주의, 사상의 자유 시장, 정언명령과 같은 중요한 철학적 개념들에 친숙하다. 제러미 벤담, 존 스튜어트 밀, 이마누엘 칸트의 철학적 개념에 대해 이해하는 가장 좋은 방법은 그들의 원저들 중 일부를 읽는 것이다. 운 좋게도 고전이 된 일부 저서들은 인터넷상에서 무료로 읽는 것이 가능하다. 이해하는 데 어려움을 겪으면, '인터넷 철학 백과사전'(www.utm.edu/research/iep/), '서양 철학자 집합'(www.philosophypages.com/ph/index.htm)과 같은 인터넷 사이트에서 도움을 받을 수 있다.

두 번째 자료 조사 유형은 토론 논제에 영향을 미친 당시의 뉴스와 논평을 조사하는 것이다. 토론 논제로 선택되는 이유 중 하나는 그것이 시의적절하기 때문이다. 이는 논제를 논의의 여지가 있는 쟁점으로 만드는 현재의 논란이 있다는 뜻이다. 자료 조사를 시작하는 최적의 출발점은 가치 논쟁을 일으키는 현재의 이슈들을 찾아내는 것이다. 2006년 NFL 전국 토너먼트 논제 "군사 정보 수집에서 목적이 수단을 정당화한다."로 생각해 보자. 당시 군대가 관타나모 수용소에서 억류자들에게 가한 비상식적인 심

....

* 홉스는 『리바이어던』에서 '인간의 자연 상태'를 '만인의 만인에 대한 투쟁'으로 묘사하였다.

문을 둘러싼 논란이 있었기 때문에, 이 논제는 시의적절했다.

관타나모 수용소에서 사용된 심문 방법에 대해 조사함으로써, 서로 맞부딪히는 가치를 정당화하는 방법을 발견할 수 있다. 일반적으로 이러한 심문 방법을 옹호하는 사람들은, 한 테러리스트 용의자의 삶을 불편하게 만들어 정보를 캐냄으로써 수백만 명의 무고한 사람들의 생명을 살릴 수 있다는 공리주의적 계산을 사용한다. 반대 측 토론자는 미국 군인이 사용한 심문 방법을 묘사하기 위해 '고문'이라는 단어를 사용한다. 그들은 미국이 억류자들을 대우할 때 인간 품위의 기준을 무시함으로써 스스로를 테러리스트 수준으로 깎아내린다고 말한다. 논제가 쟁점이 된 당시 시점에 대한 자료 조사를 통해, 쟁점의 양 측면을 뒷받침하는 가치들에 대한 감각을 발전시킬 수 있다.

용어 정의

일부 링컨-더글러스 토론의 결과는 양 팀 중 어느 쪽의 예시가 논제의 초점에 더욱 부합하는가에 따라 결정된다. 논제를 구성할 때, 링컨-더글러스 토론 논제의 입안자(framer)들은 '항상(always)' 또는 '절대로(never)'와 같은 단어들을 피해서 논제를 진술한다. '삶은 언제나 자유보다 중요하다'나 '사법 적극주의는 결코 적절하지 않다'와 같은 논제로 토론하지는 않는다. 대신 "모든 것을 감안할 때(On balance), 교육 자료에 대한 제도적 검열은 학생들의 교육적 성장에 해롭다."와 같은 논제로 토론한다. 이 경우 찬성 측은 해리 포터 책을 읽는 것을 금지한 한 교육 위원회의 사례처럼, 검열이 해를 끼친 단 하나의 사례를 보여 주는 것으로는 결코 충분하지 않다. 반대 측 토론자 또한 잡지《플레이보이》구독을 거부한 고등학교 사서의 결정처럼, 검열이 정당했던 하나의 사례를 보여 주는 것으로는 충분하지 않을 것이다. 이 검열 논제는 각 기관 내 검열에 대해 모든 것을 감안한 평가를 요구한다. 심지어 논제가 '모든 것을 감안할 때'라는 말로 명시하지 않을지라도, 찬성 측은 가장 중요한 예시에서 논제의 진술이 진실임을 증명해야 한다. 마찬가지로, 반대 측은 가장 중요한 예시에서 논제의 진술이 진실이 아님을 증명해야 한다.

그렇다면 이 모든 것이 정의라는 작업과 어떤 관련이 있을까? 논제의 핵심 용어를 신중하게 정의함으로써, 찬성 측은 어떤 것이 가장 필수적인지 미리 결정할 수 있다. 앞서 언급한 검열 논제를 살펴보자. 반대 측은 교사들이나 사서들이 자료들을 선택할 때 해야 하는 일반적인 결정으로부터 검열의 특징을 탐색할 것이다. 교사가 생물 수업에서 창조론에 대한 독서를 포함하지 않기로 결정할 때, 교사는 검열을 하고 있는 것인가? 만약 검열이 단지 교육적으로 가치 있는 것을 선택하는 것이라고 정의되는 것을 찬성 측 토론자가 용인한다면, 그 토론은 이미 반대 측에게 진 것이다. 찬성 측 토론자가 이기기 위해서는 검열이 『허클베리 핀(Huckleberry Finn)』이나 찰스 다윈(Charles Darwin)의 『종의 기원(On the Origin of Species by Means of Natural Selection)』과 같이 높이 평가받는 책들을 금지한 교육위원회 결정의 맥락에서 발견된다고 할 필요가 있다.

찬성 측은 '정치적, 사회적 또는 도덕적 질서를 위협하는 것으로 여겨지는 어떤 유형의 표현에 대한 공식적인 금지 또는 제한'이라는 『콜롬비아 백과사전(Columbia Encyclopedia)』에 수록된 검열에 대한 정의(www.answers.com/censorship&r=67)를 더 좋아할 것이다. 찬성 측은 논제에 '제도적' 검열이라고 언급된 점을 들어, 자료를 검열하는 결정이 뜻하는 것은 학급의 교사 개인의 결정이라기보다는 학교나 교육위원회의 결정이라고 지적할 것이다.

입론 쓰기

좋은 찬성 측 입론은 간단한 주의 집중 요소로 시작된다. 대중 연설에서, 좋은 도입부는 세 가지 목적을 달성하도록 구성된다.

- 주의 끌기
- 우호적 관계 형성
- 연설의 본론으로 연결하기

도입부에서는 적절한 인용을 사용하거나, 짧은 이야기를 들려주거나, 수사적인 질문을 하거나, 유추를 들면서 주의를 끌 수 있다. 토론자는 적절한 감정적 어조를 보여 주거나, 눈 맞춤을 함으로써 판정관과 우호적 관계를 형성할 수 있다. 마지막으로 도입부는 논제 진술로 자연스럽게 이어져야 한다. 여기서 찬성 측 연설의 본론이 시작된다.

도입부는 짧아야 한다. 보통 30초를 넘겨서는 안 된다. 도입부는 판정관이 흐름표에 써 둘만한 논증으로 간주되지 않는다. 그리고 반대 측 토론자는 찬성 측 도입부에 반박하지 않아도 된다. 따라서 도입부에 지나치게 많은 시간을 쓸 필요는 없다.

찬성 측 입론의 다음 요소는 논제 진술이다. 2007 링컨-더글러스 토론 챔피언인 호커데이 스쿨의 타리니 보라(Taarini Vohra)가 논제를 소개한 방식을 보자.

"타인의 자유를 부인하는 자들은 그들 스스로도 자유를 누릴 자격이 없다." 저는 에이브러햄 링컨의 이 말에 동의하기 때문에, 오늘의 논제인 "모든 것을 감안할 때, 폭력적 혁명은 정치적 억압에 대한 하나의 대응일 뿐이다"에 대해 긍정할 수밖에 없습니다.

논제 진술 후, 입론에서는 논제의 핵심 용어들에 대한 정의를 제공해야 한다. 타리니 보라는 다음의 두 가지 관점에서 정의를 내렸다.

I. 평가 용어의 정의
  A. '모든 것을 감안할 때'는 정의되었다.
  B. '하나의'는 정의되었다.
II. 평가 대상의 정의
  A. '억압'은 '권력을 지속적이고 잔인하게 행사하는 것'을 의미한다.
  B. '정치적'은 '억압의 주체가 정부'라는 것을 의미한다.
  C. '폭력적 혁명'은 '법에 의해 금지된 방법으로 정부 체제를 바꾸려 하는 상당한 또는 파괴적인 힘'을 의미한다.

보라는 핵심 가치와, 그 가치의 경중을 따질 기준을 직접적으로 알리면서 입론을 전개해 나갔다.

- 궁극적 가치: "저는 '정의'를 논제에 함축된 궁극적 선으로 여기고 중시합니다. 정의에는 여러 가지 개념들이 있는데, 사람들은 그들의 행동이 받아야 할 대우를 받아야 한다는 점에서 모두 공정성의 개념에 기초하고 있습니다. 즉, 정의는 각자가 마땅히 가져야 할 것을 각자에게 주는 것으로 정의됩니다."
- 가치 기준: "가치 기준은 인간을 사물과 구별하는 내재적 가치인 '인간 존엄성'을 존중하는 것입니다. 존엄성은 정의를 의미 있게 만듭니다. 왜냐하면 오직 가치 있는 존재만이 마땅히 보장받아야 할 것을 지니기 때

문입니다."

찬성 측 입론의 나머지 부분은 주요 세부 주장(contention)과 하위 주
장(subpoint)으로 채워진다. 보라는 주장들을 권위 있는 인용과 예시로 각
각 뒷받침하여 아래와 같이 제기하였다.

I. 인간은 폭력적 저항을 일으킬 수 있는 생득적 권리를 갖는다.
   A. 억압적인 정부는 충성을 요구할 권위를 상실한다.
   B. 폭력적 저항의 권리는 자기방어의 한 형태로서 정당성을 지닌다.
II. 권리를 회복하기 위한 어떤 혁명이든 폭력을 수반할 것이다.

찬성 측 입론의 마지막 요소는 결론이다. 좋은 결론은 개요를 간단히
제시하고, 결정적 인상을 주는 것이다. 보라는 아래의 두 문장으로 입론을
마무리하였다.

정의를 실현할 수 있는 유일한 가능성은 시민들에게 폭력적 저항에 관한
그들의 근본적 권리를 허용하는 것입니다. 이에, 찬성 측에 표를 던질 것
을 촉구하며 반대신문을 준비하겠습니다.

더 읽을거리

Hanes, T. Russell, and Scott Devoid. "Toward a New LD Paradigm."
   The Rostrum, October 2006. www.nflonline.org/uploads/
   Rostrum/1006_047_050.pdf.

Luong, Minh A. "Burden of Proof and Presumption in Lincoln-Douglas
   Debate: A Call for Reform." *The Rostrum*, November 1995. www.
   nflonline.org/uploads/Rostrum/debate1195luong.pdf.

링컨–더글러스 토론에서 반대 측 전략

반대 측 입론 발언은 반대 측 입론 발표와 찬성 측 입론에 대한 대응 두 부분으로 구성된다. 정책 토론의 상황과 달리, 링컨-더글러스 토론에서 반대 측은 추정을 통한 이익을 얻기 어렵다. 반대 측이 토론에서 이기기 위해서는 논제가 옳다는 것(참)에 대해 의심을 제기하는 것만으로는 충분치 않으며, 논제가 일반적으로 옳지 않음(거짓)을 확실히 보여 주어야 한다.

반대 측 입론 선정

반대 측 입론 쓰기에 대한 절차는 찬성 측과 거의 동일하다. 결정적 차이는 반대 측 입론이 더 짧다는 것으로, 보통 찬성 측 입론의 2/3 이내이다. 이렇게 짧은 이유는 찬성 측 입론에 대응하기 위해 입론 발언 7분 중 적어도 1/3 정도를 남겨 둬야하기 때문이다.

논제가 옳지 않다고 판단할 수 있는 구체적 사례를 생각해 보면서 반대 측 논제 분석을 시작하라. "두 가지가 충돌할 때, 세계화는 국가 주권보다 중요시되어야 한다."라는 논제를 생각해 보자. 이 주제에 대한 자료를 조사하고 나면, 세계화 반대론자들이 세 가지 핵심 주제에 초점을 맞추고 있음을 알 수 있다.

- 세계화는 개발도상국보다 선진국에게 이익이 된다.
- 세계화는 환경보호를 경시한다.
- 세계화는 문화를 획일화한다.

반대 측 입론은 세 가지 주제 중 하나에 초점을 둘 수 있다. 각 입장의 기저를 이루는 가치 전제를 생각해 보라. 만약 '개발도상국에 대한 피해의 중대성'에 초점을 둔다면, 가치 전제는 사회 정의나 공정성을 강조하는 것에 해당한다. 예를 들어, 철학자 존 롤스는 정의의 기준이 하나의 조치가 사회의 혜택을 가장 적게 받는 사람들을 보호하는 것이어야 한다고 주장한다. 만약 '환경에 대한 피해'에 초점을 둔다면, 궁극적 가치로서 안전을 선택할지도 모른다. 우리는 항상 지구상의 생명을 유지하는 환경 망을 파괴하지 않도록 주의하는 사전 예방 원칙에 따라야 한다는 것이 기준이 될 수있다. '문화의 획일화'에 초점을 맞춘다면, 토착 문화를 약화시키는 것은 무엇이든 인류 전체를 빈곤하게 한다고 주장하면서 공동체를 중심 가치로 선택할지도 모른다.

찬성 측 용어 정의에 대한 대응

반대 측은 찬성 측이 제안한 정의를 수락할 것인지, 반대 측의 정의를 제안할 것인지를 선택할 수 있다. 간혹 반대 측 토론자는 찬성 측이 제안한 정의에 따르면서도 반대 측 입론의 우월성을 보여 줄 수 있다고 확신할 수도 있다. 하지만 일반적으로 반대 측은 대체 정의를 제안하고, 어째서 반대 측의 정의가 논제에 대한 더 적절한 이해인지 보여 주고 싶어 할 것이다.

"민주주의는 교회와 국가의 분리(정교분리) 상태에서 가장 효과적이다."라는 논제를 생각해 보자. 찬성 측은 '민주주의(democracy)'를 '다수의 참여가 특징인 정치제도'로 정의하고, 종교적 가치를 정부 기능에 주입하는 것은 소수 집단의 참여를 무시하게 한다고 주장한다. 비록 찬성 측의 정의가 '민주주의'에 대한 하나의 관점을 제시하고 있기는 하지만, 민주주의에 대한 보편적인 정의는 '소수의 요구보다 다수의 의지가 더 중요하다'는 의미의 '다수결 원칙' 체제이다. 이 논제는 교회와 국가의 분리가 '바람직한' 것인지를 묻는 것이 아니다. 대신, 교회와 국가를 엄격히 분리함으로써('다수결 원칙'을 뜻하는) 민주주의가 발전한다고 주장하는 것이다. 이 예를 포함하여, 다수의 링컨-더글러스 토론 입론에서 어떤 정의를 선택하느냐는 토론 라운드 결과에 매우 중요하다.

찬성 측 핵심 가치에 대한 대응

반대 측 토론자는 찬성 측 방안의 가치 전제를 수락할 것인지, 아니면 이것을 대체하는 가치 전제를 제안할 것인지를 선택해야 한다. "군사 정보 수집에서 목적이 수단을 정당화한다."라는 논제를 가정해 보자. 찬성 측 입론은 '안전'의 중요성을 옹호하면서, 향후 테러리스트 공격에 맞선 최선의 보호 방법은 테러리스트 용의자를 심문하고 구금하는 것이라고 주장한다.

찬성 측 입론에서 안전의 기준은 향후 테러리스트의 공격을 방지할 정보를 알아내는 것이다.

반대 측 토론자는 정의와 법률을 옹호함으로써 안전의 가치에 반대할 수 있다. 이 경우, 반대 측 토론자는 테러 용의자를 고문하여 얻는 이익보다 제네바 조약을 포함한 국제법을 따르는 것이 더 중요하다고 주장해야 한다.

또 다른 전략은 찬성 측 핵심 가치(이 입론에서는 '안전')를 수락하지만, 이 가치를 측정하는 기준으로 다른 기준을 제시하는 것이다. 반대 측은 안전에 대한 기준은 향후 테러리스트의 테러 행위 가능성을 최소화하는 것이라고 주장할 수 있다. 테러 용의자를 고문하고 관타나모 형태의 강제 수용소를 유지함으로써, 미국은 중동에서 아랍을 과격하게 만들어 실제로는 미래의 테러리스트를 양산하는 결과를 낳을지도 모른다.

마지막 전략은 찬성 측 가치와 기준 모두를 수락하지만, 해당 논제를 반대함으로써 그 기준이 가장 잘 성취된다고 주장하는 것이다. 찬성 측 가치는 안전이고, 안전의 기준은 향후 테러리스트의 공격을 방어할 정보를 알아내는 것이라는 점을 기억하라. 반대 측은 중동 이민자들을 가혹하게 구금함으로써 연방 정부가 이민자 공동체의 협조를 잃게 된다고 주장할 수 있다. 미국에서 살고 있는 중동 이민자들은 이슬람 급진주의자들을 포착하고 알리는 데 가장 적합한 위치에 있기 때문에 테러리스트들의 음모를 알아낼 수 있는 최선의 대책이다. 그러나 만약 그들이 정부의 가혹 행위를 두려워할 만한 충분한 이유가 있다면, 그들은 반테러리스트 활동에 협력하기 위해 정보를 제공하는 행동을 하지 않을 것이다.

반박에서 논증 확장

링컨-더글러스 토론에서 반박 시간의 길이는 반대 측에 결정적으로 유리한 요인이 된다. 반대 측에게는, 4분에 불과한 찬성 측 반박에 대응하기 위한 6분의 반박 시간이 주어진다. 반대 측은 이 시간 규칙을 최대한 활용해야 한다.

찬성 측이 첫 번째 반박에서 만든 논증들을 신중하게 써 내려가라. 그렇게 하면서, 찬성 측이 반박에서 대응하는 데 실패한 논증에 주의를 기울여라. 링컨-더글러스 토론에서는 모든 판정관들이 연설을 기록하는 것은 아니다. 따라서 찬성 측이 대응하지 못한 지점의 중요성을 환기시키는 것은 반대 측의 몫이다.

반박은 일반적으로 찬성 측 입론에 대한 답을 확장함으로써 시작해야 한다. 논증 내용에 대해 한 줄 한 줄씩 답변하며 반박하는 형식을 따를 것인지는 판정관의 유형을 면밀히 분석한 결과에 따라 판단해야 할 것이다. 판정관의 판정 철학에 대한 안내문이나 판정관을 관찰한 것을 바탕으로, 판정관이 논증을 한 줄 한 줄씩 답변하며 반박하는 것을 선호하는지 여부를 알고 있는가? 만약 판정관이 논증 내용에 일일이 반박하기보다는 큰 그림의 틀에서 반박하는 것을 좋아한다면, 반박이 잘 조직되어 있고 찬성 측의 핵심 논증에 대응하고 있다는 인상을 주어야 한다. 만약 토론 흐름표에서 개별 논증 내용에 대해 한 줄 한 줄씩 답변하며 반박하는 것을 좋아하는 판정관을 만났다면, 제시된 논증 각각에 대해 충분히 답함으로써 이 점을 최대한 활용해야 한다. 그렇게 함으로써, 반대 측 반박의 절반 길이밖에 되지 않는 찬성 측 마지막 반박 시간 동안 찬성 측이 답변하는 것을 매우 어렵게 할 수 있다.

빼어난 설득력을 지닌 토론자는 마지막 반박을 위해 반대 측의 입론으로 쓸 수도 있었던 가장 탁월한 것을 아껴 둔다. 반박의 마지막 몇 분은 반대 측 입론의 핵심 요소를 강조하고, 찬성 측 첫 번째 반박에서 답변되지 않은 항목을 언급하는 데 활용한다.

더 읽을거리

Cossette, N. André. "Three Not-So-New Negative LD Strategies." *The Rostrum*, April 1994. www.nflonline.org/uploads/Rostrum/ld0494cossette.pdf.

Gottfried, Grant. "How to Win at Lincoln-Douglas." *The Rostrum*, December 1994. www.nflonline.org/uploads/Rostrum/ld1294gottfried.pdf.

Menick, Jim. "Brainstorming on the Hudson: Knowing the Real Issues." *The Rostrum*, January 2006. www.nflonline.org/uploads/Rostrum/0106_059_060.pdf.

링컨-더글러스 토론에서 반대신문 기술

9장에 논의된 원리 중 대부분은 링컨-더글러스 토론에서도 적용된다. 그러나 링컨-더글러스 토론의 반대신문을 고유한 것으로 만드는 몇 가지 핵심 요소가 있다.

링컨-더글러스 토론의 전달 초점이란 반대신문에서 만들어진 인상이 정책 토론에서보다 더 중요하다는 것을 의미한다. 정책 토론에서는 대개 판정관이 적용하는 특정한 판정 논리(필수 쟁점 모델, 정책 입안 모델, 가설 검증 모델 등)가 있다. 링컨-더글러스 토론에서는 이미 고안된 판정 논리에 대한 판정관과 참가자 간의 합의가 드물다. 일반적으로 판정관들은 대중 연설에서 침착하고 자신감 있게 표현할 수 있는 토론자에게 더 좋은 점수를 주도록 교육받는다. 반대신문은 토론자들이 판정관을 감동시킬 (또는 흥미를 잃게 할) 중요한 기회이다.

링컨-더글러스 토론에 반대신문이 단 두 번만 있다는 사실은 각각의 반대신문을 더욱 중요하게 만든다. 양측은 각자의 입장을 진전시킬 수 있는 오직 한 번의 기회를 갖는 셈이다.

정책 토론과 달리 링컨-더글러스 토론에서 반대신문은 팀 동료에게 준비 시간을 주지 못한다. 반대신문을 주도하는 사람이 다음 연설자가 되기 때문이다.

반대신문에서 강력한 인상 만들기

반대신문은 토론자가 판정관에게 자신의 생각뿐 아니라 인격을 보여주는 기회가 된다. 판정관은 토론의 다른 단계보다 반대신문 시간 동안 토론자에게 좀 더 세심하게 주의를 기울일 가능성이 높다. 반대신문의 상호작용성은 자연스럽게 판정관의 관심을 낳는다. 또 반대신문 동안은 판정관이 흐름표를 작성하지 않기 때문에 토론자는 더 자주 판정관과 직접적인 눈 맞춤을 할 수 있다.

강력한 인상을 만드는 것에는 비언어적 요소도 관련된다. 토론자는 상대측 토론자가 아니라 판정관에게 시선을 줘야 한다. 토론자는 연단 가까이 서야 하지만, 연단이 자신과 판정관 사이에 장애물이 되지 않도록 해야 한다. 질문을 받을 때, 연단으로부터 자유롭게 떨어져 섬으로써 더 강한 인상을 줄 수 있다. 토론자는 오만하게 굴거나 상대측을 무시하지 않으면서 강력하고 자신감 있는 인상을 남길 수 있어야 한다.

자기 팀의 논증에 초점을 유지하기

토론에서 벌어지는 대부분의 일은 시간 조절과 관련되어 있다. 토론에서 토론자의 발언 시간은 단 13분이어서, 반대신문 시간 6분은 비교적 중요하다. 만약 반대신문에서 상대측 입론에 초점을 둔다면, 토론에서 자신의 입론은 덜 중요하다는 인상을 줄 수 있다. 그러므로 반대신문의 주도권을 가질 때, 자신의 입론에 초점을 유지하기 위해 애써야 한다. 물론 반대신문에서 연설을 할 수는 없지만 자신의 입론을 뒷받침하는 사례를 강조하는 질문을 할 수 있다.

유추 사용하기

링컨-더글러스 토론에서 반대신문의 가장 흥미로운 부분은 상대측이 가상의 사례나 유추에 응답하도록 요구하는 것이다. "모든 것을 감안할 때, 폭력적 혁명은 정치적 억압에 대한 하나의 대응일 뿐이다."를 논제로 한 2007년 링컨-더글러스 토론 전국 결승에서 두 토론자는 유추의 사용을 확장했다. 첫 번째 반대신문 단계에서, 제임스 로건 고등학교 토론자 빌랄 말리크(Bilal Malik)는 호커데이 스쿨 토론자 타리니 보라(Taarini Vohra)에게 다음과 같이 일련의 질문을 던졌다.

Q: 내가 강도를 만났다고 잠시 상상해 봅시다.
A: 그러죠.
Q: 나를 공격한 사람에게 맞서 보복하는 것이 나에게 정당한 것이라고 생각합니까?
A: 그것은 자기방어의 권리라고 말할 수 있습니다.
Q: 그래서, 정당하다는 것입니까?
A: 정당한 것으로 보입니다.
Q: 나를 공격하는 사람을 제압하기 위해 그를 묶고 야구 방망이로 때리는

것이 나에게 정당한 것일지도 모른다는 것이죠?

A: 당신이 묻고자 하는 질문은… 이 질문에 대한 답변은 좀 더 복잡합니다.

Q: 좋습니다. 계속하세요.

A: 누군가 당신을 공격할 때, 모든 개인은 자기방어라는 근본적인 권리를 지닙니다. 이는 곧, 정의와 사람들이 마땅히 보장받아야 하는 것에 대한 물음에서, 권리는 어떤 식으로 행사된다 하더라도 중요한 것임을 뜻합니다.

Q: 좋습니다, 하지만 자기방어에 어느 정도 과잉 조치 금지의 원칙이 있지 않을까요? 만약 당신이 제게서 1달러를 훔친다면, 제가 당신의 무릎뼈를 부서뜨리는 것이 정당화됩니까?

A: 제 논증은 억압적인 정부가 휘두르는 폭력에 맞설 때…

Q: 아니, 아니요. 저는 그저 논제 밖에서 당신에게 묻고 있는 것입니다. 자기방어에 과잉 조치 금지의 원칙이 있습니까?

A: 개인은 억압자에 대항하여 폭력을 사용하는 것이 허용됩니다.

Q: 그래서, 만약 제가 당장 당신에게서 1달러를 빼앗는다면, 당신은 저를 때릴 수 있습니까?

A: 당신의 분석에 따른 문제는… 아니요, 나는 당신을 때릴 수 없을 것입니다.

Q: 왜 그럴 수 없죠?

A: 당신이 묘사하는 상황은 억압적인 정권의 상황과 유사하지 않습니다.

Q: 하지만 우리는 정치적 억압에 대한 대응이란 면에서 과잉 조치 금지의 원칙이 어느 정도 필요하다고 말할 수 있습니다. 맞지요?

이 반대신문에서 빌랄 말리크는, 비폭력적 방법이 가능할 때 압제에 폭력적 혁명으로 대응하는 것은 균형에 맞지 않다는 반대 측 입론의 핵심 논증을 확립하는 것을 시도하고 있다.

상대측에게 책임 부과하기

때로 반대신문은 상대측이 주장을 뒷받침하는 데 실패했다는 사실을 부각시킬 수 있다. 상대측은 정의에 대한 권위 있는 뒷받침 없이 용어의 정의를 제시했을지도 모른다. 역사적 사건에 대한 설명이 그 사건에 대한 해석과 일치하지 않는 것일 수도 있다. 이러한 약점들이 지적되었을 때, 상대측은 다음 발언에서 이를 뒷받침하는 증거를 제시할 것이다. 만약 그렇지 않으면, 상대측에게 뒷받침할 만한 증거를 제시하도록 요구해야 한다. 반대신문은 상대측이 실패할 수도 있는 수행 기준(performance benchmarks)을 만들어 낸다는 점에서 생산적이다. 비록 상대가 그 증거를 제시한다 해도, 최소한 상대가 다른 논증에 소모하려고 계획했던 시간을 바꾸는 데는 성공한 것이다.

더 읽을거리

Goldman, Robert E. *The Modern Art of Cross-Examination*. Englewood Cliffs, NJ: Prentice-Hall, 1993.

Mann, James L., II. "Cross-Examination in Policy and LD Debate." *The Rostrum*, November 1994. www.nflonline.org/uploads/Rostrum/pol1194mann.pdf (accessed August 30, 2007).

공공 포럼 토론의 형식과 토론자의 역할   16

공공 포럼 토론(Public forum debate)은 미국에서 가장 빨리 성장하고 있는 경쟁적 토론 대회이다. 공공 포럼 토론은 CNN의 〈크로스파이어(Crossfire)〉와 〈캐피탈 갱(Capital Gang)〉, PBS의 〈맥러플린 그룹(Mc-Laughlin Group)〉, Fox의 〈벨트웨이 보이즈(Beltway Boys)〉와 같이 잘 알려져 있는 방송 토론의 형식을 모델로 한다. 또한 '논쟁 토론(controversy debate)'이라는 이름으로 통하기도 하였으나, CNN의 설립자 중 한 명인 테드 터너가 이 대회의 초기 발기인 중 하나이기 때문에, 본래 '테드 터너 토론'으로 불렸다. 현재 전국 대부분의 지역에서 이 토론 대회는 공공 포럼 토론으로 불리고 있다.

공공 포럼 토론의 역사

2002년에 시작된 이 대회는, NFL의 최고 집행 위원회 구성원인 사우스다코타 소재 워터타운 고등학교(Watertown High School)의 도너스 로버츠(Donus Roberts)가 고안하였다. 초기의 규칙 구조와 전체적인 틀은 NFL의 사무국장 제임스 코플랜드(James Copeland)가 구성하였으며, NFL 위원인 콜로라도 소재 멀린 고등학교(Mullen High School)의 프랭크 스페라(Frank Sferra)와 일리노이 소재 글렌브룩 노스 고등학교(Glenbrook North High School)의 테드 벨치(Ted Belch)의 도움이 있었다. 그들은 학문적인 10종 경기, 모의 유엔총회, 기타 유사한 대회와 같이 다양한 활동을 원하는 총명한 학생들이 관심을 가질만한 행사를 만들고자 의도하였다. 그들의 바람은 공공 포럼 토론으로 인해 더 많은 고등학교가 경쟁적 토론 프로그램을 후원하도록 만드는 것이었다. 이 대회는 세 가지 주요 원칙으로 인해 참여하고자 하는 학교에 대한 진입 장벽이 낮다. (1) 논제는 뉴스의 헤드라인에서 선정되고 매달 바뀐다. (2) 언론 매체에 초점을 두고 있어 복잡한 논증 이론이나 토론 용어를 피할 수 있다. (3) 일정한 지성을 갖춘 성인은 누구라도 판정관 역할을 수행할 수 있다(특별한 훈련이나 인증이 필요하지 않다).

도너스 로버츠는 흥미진진하고 시의성이 높으며 논란이 되는 논제(topic)들을 생생하고 짧고 극적인 형식으로 제시함으로써, 성인과 방송 매체가 토론을 들으려 할 것이며 학생들 또한 참여하는 데 흥미를 가질 것이라고 예측하였다. 그의 예측은 현실이 되었다. NFL은 이 대회가 시작된 지 거의 5년 만에 표본 조사 기간인 두 달 동안 64,000라운드 이상의 공공 포럼 토론이 치러졌다고 발표하였다.

공공 포럼 토론 형식

공공 포럼 토론은 한 학교에서 출전한 두 명의 선수가 팀을 구성하여 다른 학교와 대전하는 단체전 방식의 토론이다. 참가자들은 토론 대회로부터 불과 1주일 남짓한 짧은 기간을 남겨 두고 토론 논제를 부여받는다. 논제는 "미국의 대학에서 해당 대학의 1군 운동선수들에게 급료를 지급하는 것이 허용되어야 한다."와 같이 무엇이든 될 수 있다. 대회를 준비하기에 앞서 학생들은 논제의 찬반 양쪽 토론 개요를 모두 준비하도록 요구된다. 그 이유는 학생들이 찬반 어느 쪽에서든 토론할 수 있어야 하기 때문이다. 대회 주최자는 각각의 라운드에서 서로 맞붙을 팀과 토론실 배정이 기록된 표를 제공한다. 일정표는 다음과 같은 형태로 제시될 것이다.

아이오와 대학교의 초청 경기

1라운드		시작 시간: 오후 6:30	
A팀	B팀	토론실	판정관
Newton AH	Oskaloosa CC	CC 130	Johnson, Dennis
Grinnell FT	Regis GK	CC 132	Griffin, Amy
Tiffin ER	Dubuque GR	CC 141	Masters, Ron
Ankeny DC	Cedar Falls GH	CC 153	Rollins, Steve

조지아 주립대학교의 시즌 첫 대회

1라운드		시작 시간: 오후 4:00	
A팀	B팀	토론실	판정관
A231	G119	Dahlonega	Alford, Phil

T113	P421	Louden	Nakayama, Tom
V201	A252	Falcons	Myers, Rhonda
N310	M003	Bruster	Bien, Songsook

아이오와 대학교의 초청 경기 사례를 보면, 뉴턴(Newton)과 오스컬루사(Oskaloosa)에서 온 팀들은 지정된 토론실에서 다가올 대진 경기를 준비할 것이다. 이 일정표에서는 관행적으로 각 토론자들의 성에서 첫 글자를 따 와서 학교 이름에 덧붙이는 방식을 사용한다. 예를 들어, 뉴턴 AH(Newton AH)는 제니퍼 애블레스(Jennifer Ables)와 제이슨 헤레라(Jason Herrera)의 팀일 것이다. 조지아 주립대학교 일정표는 공공 포럼 토론 대회에서 일반적으로 쓰이는 참가자 코드 사용을 보여 준다. 참가자 코드를 사용하는 토너먼트에서, 주최자는 참가자 각각을 구분하기 위해 문자 또는/그리고 숫자를 부여한다.

라운드를 진행하기에 앞서 해야 할 일은 '동전 던지기'이다. 두 팀 가운데 어느 팀이 동전을 던질 것인지를 정하고 앞면과 뒷면 중 어느 쪽을 할지도 정할 것이다. 동전 던지기의 승자는 선택권을 갖는다. 그들은 입장(찬성과 반대 중 어느 편을 할지)을 선택하거나, 발언 순서(토론에서 먼저 발언할지 나중에 발언할지)를 정할 수 있다. 만약 동전 던지기의 승자가 입장을 선택한다면, 동전 던지기의 패자는 발언 순서(먼저 발언할지 나중에 발언할지)를 선택한다. 만약 동전 던지기의 승자가 발언 순서를 선택한다면, 동전 던지기의 패자는 입장을 선택한다. 판정관이 토론실에 도착하면, 토론자는 방금 합의된 대로 입장과 발언 순서가 드러나도록 그들의 이름을 투표용지에 작성한다. 투표용지의 적절한 기입 예시는 다음과 같다.

팀 이름/코드 : _____ 입장 : _____	팀 이름/코드: _____ 입장 : _____
토론자 1: _____	토론자 2: _____
토론자 3: _____	토론자 4: _____

먼저 발언하기로 정해진 팀은 그들의 이름을 '토론자 1'과 '토론자 3'
에 기입하고, 일정표에 기재된 팀 이름이나 코드를 기록한다. 먼저 발언하
기로 정해진 팀의 입장은 찬성 또는 반대가 정해진 후에 기입한다. 나중에
발언하기로 정해진 팀은 그들의 이름을 '토론자 2'와 '토론자 4'에 기입한
다. 전체 토론 수행은 아래의 각 단계를 포함하여 완료되기까지 거의 30분
정도 걸린다.

첫 번째 발언자 – 팀 A = 4분

두 번째 발언자 – 팀 B = 4분

  상호반대신문 = 3분

세 번째 발언자 – 팀 A = 4분

네 번째 발언자 – 팀 B = 4분

  상호반대신문 = 3분

요약 – 첫 번째 발언자 – 팀 A = 2분

요약 – 두 번째 발언자 – 팀 B = 2분

  전체 상호반대신문 = 3분

최종 변론 – 세 번째 발언자 – 팀 A = 1분

최종 변론 – 네 번째 발언자 – 팀 B = 1분

  준비 시간(팀당) = 2분

공공 포럼 토론의 각 단계에서 어떤 일이 일어나는가?

2006년 공공 포럼 토론 전국 대회 결승전에서 비숍 힐런 고등학교(아이오와주 수시티)와 마저리 스톤먼 더글러스 고등학교(플로리다주 파클랜드)가 맞붙었다. 이 토론의 전사본 전체가 부록 C에 제시되어 있다. 공공 포럼 토론에 관심이 있는 학생들은 가장 성공적인 토론 팀이 어떻게 시간을 분배하는지 배우기 위해 이 전사본을 신중하게 검토해야 한다.

첫 번째와 두 번째 발언: 다른 경쟁적 토론 형식과 달리, 공공 포럼 토론은 동전 던지기의 선택에 따라 찬성 측과 반대 측 중 어느 쪽 토론자든 토론에서 첫 번째로 발언할 수 있다. 첫 번째와 두 번째 발언자는 논리정연하게 논제를 옹호하거나 거부하는 내용의, '입론'이라고 불리는 사전에 준비한 4분짜리 발언을 설득력 있게 제시한다. "미국의 대학에서 해당 대학의 1군 운동선수들에게 급료를 지급하는 것이 허용되어야 한다."라는 논제를 예로 들면, 찬성 측 첫 번째 토론자는 대학 운동선수들에게 급료를 지급하는 것이 좋은 일이 될 수 있는 이유를 상술하며 사전에 준비한 4분 분량의 설득력 있는 연설을 진행한다. 반대 측 토론자는 대학 운동선수들에게 급료를 지급하는 것의 문제점을 서술하면서 미리 준비한 4분 분량의 설득력 있는 연설을 진행한다.

첫 번째 상호반대신문(First Crossfire): 찬성 측 토론자 한 명과 반대 측 토론자 한 명 간의 열린 의견 교환 시간이다. 두 번째 발언자는 발언대에 머물러 있고, 이미 발언했던 상대측 토론자인 첫 번째 발언자가 합류한다. 토론자들은 둘 다 토론실 앞쪽에 나란히 서야 한다. 3분 동안, 두 발언자는 상대측 논증의 약점을 조사하기 위해 면밀히 질문하면서 서로 상호작용한다. 다른 토론 형식들과 달리, 참가자들의 역할이 질문자와 답변자로 한정되지 않는다. 두 토론자 모두 질문과 답변을 수행할 수 있다.

세 번째와 네 번째 발언: 토론자들은 상대측 입론 논증을 공격하고 그들의 입론에서 공격받은 부분들에 답변하는 데 이 발언들을 활용한다. 능숙한 토론자는 이전 발언들과 첫 번째 상호반대신문에서 만들어진 논증들에 답변하는 것으로 설득 능력을 증명해 낸다.

두 번째 상호반대신문(Second Crossfire): 방금 발언을 마친 네 번째 토론자와 세 번째 토론자 사이에서 의견 교환이 이루어진다. 두 번째 상호반대신문도 첫 번째 상호반대신문처럼 상대측 입론의 약점과 강점을 조사하면서 질문하는 방식으로 진행된다. 토론자들은 딜레마를 제시하고 상대측 입장의 모순을 밝히는 것이 좋다.

요약 발언(Summary Speech): 입론에서 가장 중요한 부분을 방어하고 상대측 입론의 핵심적인 약점들을 부각시키도록 첫 번째와 두 번째 토론자에게 각각 2분간의 발언 시간이 주어진다. 시간제한이 있기 때문에, 토론자가 상대측이 제기한 모든 논점에 대해 반응할 것이라고 기대하지는 않는다. 대신 자기 팀의 입론에서 가장 설득력 있는 요소를 찾아내거나, 상대측 입론에서 핵심적인 문제점을 지적하는 경우 가산점이 있다.

전체 상호반대신문(Grand Crossfire): 네 명의 토론자 모두가 마지막 의견 교환에 참여한다. 시간은 3분이다. 모든 토론자들은 마지막 반대신문에서 앉아 있는 상태를 유지하지만, 그들의 위치에서 판정관, 청중, 카메라와 눈 맞춤을 유지하는 데 주의를 기울여야 한다. 관례상 요약 발언을 먼저 한 팀이 요약을 방금 끝낸 팀에 질문을 한다. 첫 번째 질문 이후, 누구든지 누구에게나 질문을 할 수 있다. 경쟁적인 공공 포럼 토론 모형에서, 판정관이나 관객에게는 질문을 받지 않는다.

최종 변론(Final Focus): 세 번째와 네 번째 토론자는 그들의 입장이 우위에 있고 상대측의 입장이 거부되어야 한다는 이유들을 들어 1분간의 강력한 재진술을 펼친다. 본래 공공 포럼 토론 규칙에는 최종 변론 발언에서는 입론의 가장 강력한 논점이나 상대측 입론의 가장 약한 논점을 선택하여 오직 하나의 논증만을 펼칠 수 있다는 규정이 있었다. 이 규칙은 어떤 논증이 하나의 논증인지 여러 개의 논증인지를 판단하는 것이 때로 불가능했기 때문에, 규정으로 강제하기 어렵다는 것이 증명되었다. 최근 개정된 규정에서는 토론자들이 최종 변론에서 하나 이상의 논증을 제시하는 것도 허용하지만, 핵심적인 강점과 약점을 강조하도록 권장한다. 논증의 개수가 논증하는 입장에 대한 설득력보다 중요한 것은 아니다. 공공 포럼 토론의 판정관들은 토론자가 기존 입장을 뒷받침하는 새로운 증거를 제시하는 것은 용인하더라도, 최종 변론에서 새 논증이 제기될 경우에는 이를 판정에 반영하지 않도록 교육받는다.

준비 시간: 각 팀은 선택적으로 쓸 수 있는 총 2분의 준비 시간을 부여받는다. 팀은 이 준비 시간의 일부를 요약 발언 이전에 사용할 수 있으며, 시간을 절약해 두었다가 최종 변론을 준비할 때 활용할 수도 있다. 경험이 있는 토론자들은 최종 변론의 중요성을 인지하고 마지막 발언 직전에 사용할 수 있도록 모든 준비 시간을 아껴 둔다. 만약 해당 팀이 준비 시간을 모두 써 버렸다면, 계측자(보통 판정관이 이를 수행함)는 다음 발언 차례를 즉시 진행한다.

판정관의 결정: 라운드가 종료된 직후, 판정관은 객관적으로 판정할 것과, 판정관의 개인적인 신념이나 판정관이 해당 토론에서 구축되기를 바랐던 논증이 아니라 온전히 토론에서 만들어진 논증의 질에 의거해 토론을 판정할 것을 요구받는다. 판정관은 승리 팀(무승부는 허용되지 않는다)과, 팀의 점수(20~30점의 범위로, 30점이 최고점)를 투표용지에 표시해야 한다. 공공 포럼 토론 규정에서는 판정관에게 투표용지에 판정 이유에 대한 설명을 작성하도록 요구한다. 판정관의 결정은 투표용지 수합 창구에 전해지지만, 공공 포럼 토론의 판정관들은 참가자들에게 판정 결과를 밝히지 않는다.

공공 포럼 토론의 토너먼트 형식

대부분의 초청 경기 형식은 예선(preliminary rounds)과 본선(elimination rounds)* 경쟁을 포함한다. 전형적인 2일 일정의 토너먼트에서는 6라운드의 예선이 이루어지고, 예선 승리 팀들은 본선에 배정된다. 1일 일정의 토너먼트에서는 3~4라운드의 예선이 이루어지고, 1~2라운드의 본선이 이어진다. 토론의 한 라운드는 30분가량 소요되며, 배정된 두 팀 사이의 논쟁으로 이루어진다.

예선: 전형적인 초청 경기에서 경쟁의 첫 두 라운드는 무작위로 배정되기 때문에, 각 팀의 상대편은 무작위로 선택된다. 이어지는 예선 경기는 파워매치(power-match)로, 이는 비슷한 승패 기록을 가진 상대편과 만나도록 팀을 배정한다는 뜻이다. 2승을 하여 3라운드에 진출한 팀들은 마찬가지로 2승을 한 다른 팀들과 만나게 된다.

본선: 예선 끝에, 토너먼트 주최자는 예선에서 승리한 횟수와 팀이 얻은 점수에 기반하여 1등부터 꼴찌까지의 순위를 결정한다(판정관들은 각 라운드에서 승자를 정하는 것뿐만 아니라 각각의 팀에 수치화된 점수를 부여한다). 판정관들이 무승부를 내는 것은 허용되지 않기 때문에, 각각의 팀에게는 승패 여부와 평가 점수 기록이 주어진다. 본선에 참여할 수 있는 팀 수

....

* 원문인 'elimination round'를 직역하면 '탈락전'이다. 이는 예선 경기(qualify round)에 출전할 자격을 정하기 위한 시합을 뜻하지만, 본서의 저자가 'elimination round'에 대하여 설명하고 있는 내용은 'elimination tournament'에 가깝다. 'elimination tournament'는 스포츠 대회에서 팀 대항 또는 개인전을 펼칠 때 가장 많이 이용되는 대결 형태이다. 이는 참가자들을 한 쌍씩 묶어 서로 겨루게 하고 패자들은 제외시키는 것으로, 마지막에 단 한 명의 챔피언이 나올 때까지 승자들을 짝지어 계속 겨루게 한다. 일반적으로 모든 참가자들은 단 한 번의 패배로 경쟁에서 탈락한다. 여기에서는 'elimination round'를 '예선'의 상대 개념으로 일반적으로 쓰이는 '본선'으로 의역하였다[체육학연구회(2012), 『체육학사전』, 스포츠북스 참조].

는 대회의 규모마다 다른데, 그 수는 대체로 예선에서 경쟁한 전체 팀 수의 절반보다 적다. 예를 들어, 40개의 팀이 예선에 참여하였다고 가정해 보자. 토너먼트 주최자는 가장 성적이 좋은 16팀을 서로 맞붙도록 하는 본선 8개 경기(octa-final)의 배정표를 발행할 것이다. 1위 팀은 16위 팀과 맞붙고, 2위 팀은 15위 팀과 맞붙는 형식으로 16개의 팀이 잇따라 배정될 것이다. 예선과 본선을 구별하는 중요한 차이 두 가지는 다음과 같다. (1) 복수의 판정관들이 각 라운드에 할당된다(보통 적어도 3명). (2) 오직 본선 라운드의 승리자만이 다음 본선 라운드에 참여할 수 있다(본선 라운드에서 패배하여 다음 라운드에 참여하지 못한 팀은 예선을 통과하여 본선에 진출했다는 것을 보여주는 상을 받는다). 본선 참가 팀들은 라운드와 라운드를 거치며, 최고의 두 팀이 남는 최종 라운드에서 정점에 이른다. 최종 라운드의 승자는 토너먼트의 승자가 된다.

판정관들은 누구인가: 대부분의 초청 경기에서, 참가 팀의 코치들은 자기 팀이 참여하지 않는 라운드를 평가하는 판정관으로 활동할 것으로 예상된다. 공공 포럼 토론에서, 판정관에게는 특별한 훈련이나 교육이 요구되지는 않는다. 판정을 하는 데 있어서 지켜야 할 간단한 규정을 들은 뒤 따르겠다는 서약만 하면 성인은 누구나 판정관이 될 수 있다.

찬반 입장 바꾸기: 대부분의 경쟁적 토론 형식에서, 참가자들은 다음 라운드로 넘어갈 때 입장을 바꾸도록 요구받는다. 정책 토론과 링컨-더글러스 토론의 경우에는 본선 라운드에서만 동전을 던져 입장을 결정하되, 만약 참가자들이 이전 예선에서 맞붙은 적이 있다면 본선에서는 수행했던 입장을 바꾸어 토론한다. 그러나 공공 포럼 토론에서는 찬반 입장과 발언 순서를 결정하기 위해 모든 라운드에서 동전 던지기를 한다. 예선 라운드에서 만났던 팀이 본선 라운드에서 서로 만났을 때에도 마찬가지이다. 그러므로 어떤 팀이 대회 내내 논제의 한쪽 입장에서만 토론하게 되는 것도 이

론상 가능하다.

　　NFL 토너먼트 대회: NFL 지역 및 전국 토너먼트는 초청 경기와 조금 다르게 이루어진다. NFL 지역 토너먼트에서는 토론 라운드에서 두 번째 패할 때까지 경쟁을 지속할 수 있는 이중 본선 모형(double-elimination format)이 쓰인다. NFL 전국 토너먼트에서는 예선에서 여섯 라운드에 토론자들을 배정하고, 각 라운드에는 두 명의 판정관이 배정된다. 참가 팀들은 여섯 번의 예선을 치르는 동안 판정관 총 12명의 투표 중 적어도 8명의 투표를 받아야 본선에 진출할 수 있다. 참가 팀들은 두 번 패하거나 전국 대회 우승 팀이 결정되기 전까지 토론을 이어간다.

참가할 토너먼트 찾기

　　토론 대회를 후원하는 대부분의 주 단체들은 토론 대회 시즌 동안 승인된 토너먼트의 목록과 각 토너먼트에서 제공되는 행사들을 기록한 웹사이트를 운영한다(이러한 웹사이트의 주별 목록에 관해서는 부록 D를 보라). 많은 토론 대회가 또한 'Joy of Tournaments' 웹 등록 시스템(www.joyoftournaments.com)을 통한 온라인 등록을 허용한다. 'Joy of Tournaments' 웹사이트는 토론 대회 시즌을 주간 단위로 나타내어 토론 대회들을 시기별로 목록화하고 있다. 토론 코치와 토론자들은 속해 있는 지역의 대회에서 가능한 주말에 참가할 수 있는 토너먼트를 찾기 위해 이 목록들을 살펴볼 수 있다.

　　자신이 속해 있는 지역에 공공 포럼 토론 대회가 없다면 어떻게 하는가? 공공 포럼 토론 대회 지역을 새로 구획하는 데 관심이 있다면 자신이 속해 있는 지역의 토너먼트 코치와 접촉할 수 있다. 대부분의 토너먼트 주최자들은 토론 대회에 관심을 보이는 토론 코치와 토론자만 충분히 있다면 기꺼이 새로운 토론 대회를 지원하고자 한다. 만약 참가 가능한 토너먼트가 없다면, 이웃 학교와 연습 경기를 추진해 볼 수도 있다. 이처럼 연습 경기로 시작한 몇몇 학교들이 공공 포럼 토론 프로그램을 만든 후에 새로운 토너먼트가 만들어질 수도 있다.

공공 포럼 토론 논제들

누가 논제들을 정하는가? 전국 공공 포럼 토론 대회의 논제들은 NFL의 웹사이트에 토론 대회 기간인 11월부터 4월까지 매달 1일에 공지된다. 각각의 초청 경기에서, 참가자들은 논제를 결정하기 위해서 초청장을 신중하게 읽어야 한다.

더 읽을거리

Cardoza, John A. "California High School Ted Turner Debate: Proposed Judge Guidelines," *The Rostrum*, April 2003. www.nflonline.org/uploads/Rostrum/rr0403califproposedballot.pdf (accessed March 17, 2007).

Copeland, James M. "Secretary James Copeland Responds," *The Rostrum*, February 2003. www.nflonline.org/uploads/Rostrum/pf0203sharpcopeland.pdf (accessed March 17, 2007).

_____ "Ted Turner Public Forum Debate: Not Just Another Contest," *The Rostrum*, April 2004. www.nflonline.org/uploads/Rostrum/pf0404copeland.pdf (accessed March 17, 2007). (Donus Roberts, Ted Belch, Frank Sferra)

Durkee, John. "Ted Turner Debate: Establishing the Theoretical Grounds," *The Rostrum*, January 2003. www.nflonline.org/uploads/Rostrum/pf0103durkee.pdf (accessed March 17, 2007).

NFL. "Public Forum Debate," National Forensic League, 2007. www.nflonline.org/uploads/CoachingResources/PFGuidelines.pdf (accessed March 17, 2007).

공공 포럼 토론의 미디어 모델

우리는 15초간의 인상적인 한마디가 지배하는 미디어의 시대에 살고 있다. 청중의 미디어 지향성으로 인해 교육자들은 물론 정치가, 홍보 전문가, 그리고 마케팅 책임자들의 설득 방법이 재정립되어 왔다. 공공 포럼 토론은 학생들이 미디어에 더욱 정통하도록 돕기 위해 구성되었다. 공공 포럼 토론의 미디어 집중 경향은 다음 요소에 의해 나타난다.

- 공공 포럼 토론 형식은 시사 문제에 관한 언론의 논쟁과 흡사하게 구성되었다.
- 논제는 뉴스의 헤드라인으로부터 도출된다.
- 참가자들은 자유롭게 의견을 교환하면서 토론에 참여한 사람들을 사로잡는 것이 권장된다.
- 판정관은 논증의 단순한 개수나 주장을 뒷받침하는 증거의 양보다 설득력 있는 말하기 기술을 더 높이 평가하도록 장려 받는다.

그렇다면 미디어에 정통해지려면 어떻게 해야 할까? 이 질문에 답하기 위해, 스포크스컴(SpokesComm)의 사장이자 창업자이며 공인된 기업 의사소통가인 바버라 깁슨(Barbara Gibson)에게 조언을 구했다. 이 장의 조언들은 방송 토론자를 위한 충고를 공공 포럼 토론의 절차에 맞게 반영한 것이다.

모든 것은 카리스마에서 시작된다

청중은 연설가와 친밀감이 있을 경우 더 쉽게 설득될 것이다. 아리스토텔레스는 이러한 특성을 '에토스(ethos)'라고 불렀다. 많은 사람들은 카리스마가 생득적인 것이라고 잘못 생각한다. 그러나 노력과 연습을 통해 신뢰성과 호감도를 높일 수 있다. 이 과정에서 피드백을 받고 조정하는 것이 중요하다. 관심의 초점을 청중에 두고, 주제를 흥미롭고 이해하기 쉽게 만들어라. 논제에서 자신이 열정적으로 다룰 수 있는 특정한 관점을 찾아야 하는데, 이는 조사 과정에서 찾은 어떤 터무니없이 잘못된 이야기가 될 수도 있다. 열정은 토론자를 좀 더 역동적이고 흥미롭게 만든다.

주도권을 잡아라

연단에 서면, 토론장의 모든 사람들에게 자신이 청중을 주도하고 있다는 것을 분명히 보여 주어야 한다. 목소리 크기, 직접적인 눈 맞춤, 그리고 자신감 있는 전달로 주의를 집중시켜야 한다. 상호반대신문 단계에서는 설명하고, 예시를 들고, 관점을 드러내기 위해 이야기하는 모든 기회를 이용해야 한다. 이것은 상호반대신문의 의견 교환을 점령하고 독점해야 한다는 것을 의미하는 것이 아니라, 주어진 모든 기회를 극대화해야 한다는 말이다.

간명함을 유지하라

토론자의 언어는 짧고, 간결한 문장으로 시작하는 등 경제적이어야 한다. 사전에 준비하는 논증 개요는 5~10개의 이유보다는 2~3개의 이유를 가지고 각 입장을 옹호하는 것이 좋다. 각 세부 주장에 대한 증거나 예시 또한 짧아야 한다. 개요는 한 페이지나 한 개의 메모 카드에 채워질 정도로만 서술하라. 논증 개요의 간결성은 장황한 답변을 피하도록 상기시키는 역할을 할 것이다. 기업 의사소통 코치 바버라 깁슨은 다음과 같은 말로 BTC를 제거하는 것의 중요성을 강조했다.

뭐라고? BTC가 뭔지를 모른다고? 분명히 상대방이 BTC를 모른다는 것은 내가 더 똑똑하고, 더 정통하고, 더 최첨단이라는 것입니다. 그렇지 않습니까? 음… 그런데… 사실, BTC는 내가 만든 말입니다. 알다시피, 나는 통신기술을 포함해 두문자어를 사랑하는 산업에서 대부분의 사회생활을 해 왔습니다. 그래서 두문자나 특정 용어가 의사소통에 장벽을 초래한다는 관점을 강조하기 위해 BTC라는 말을 만들어 영어 화자들을 방해하기 시작했습니다. 미안하지만, 그 방해 도구가 BTC입니다. 회의에서 나는 BTC라는 작은 표지판을 들기도 합니다. 물론 BTC는 어떤 의미도 가지고 있지 않기 때문에, 연설자는 내가 무엇에 관해 말하는지에 대한 단서가 없을 것입니다. 상대방이 당황하거나, 이를 모른다는 사실을 감추려하거나, 마침내 BTC가 무엇인지를 질문하게 되는 것은 정말 재미있었습니다. 그리고 이것은 그가 청중들에게 어떻게 하고 있는지를 알려주는 가장 효과적인 방법이었습니다.

비언어를 극대화하라

대중 연설, 소규모 그룹 또는 대인 의사소통 등을 불문하고 대부분의 의사소통 담화 자료는 1967년 『컨설팅 심리학 저널(Journal of Consulting Psychology)』에 발표된 앨버트 머레이비언(Albert Mehrabian)의 고전적 연구 결과를 인용하고 있다. 이 연구의 가정은 어휘 단서(단어의 문자 그대로의 의미), 목소리 단서(단어가 목소리로 생성되는 방식) 그리고 표정/신체 비언어적 단서에서 사회적 의미가 전적으로 구성된다는 것이다. 머레이비언은 의미의 7퍼센트만이 단어 그 자체에서 오고, 28퍼센트는 목소리 단서, 그리고 55퍼센트는 표정/신체 비언어적 단서에서 온다는 것을 발견했다. 만약 머레이비언의 연구가 맞다면, 의미의 약 90퍼센트가 우리가 사용하는 단어가 아닌 그 외적 요소들로부터 생겨난다고 볼 수 있다.

TV로 방영한 첫 대선 토론은 1960년에 있었던 존 F. 케네디(John F. Kennedy)와 리처드 닉슨(Richard Nixon)의 논쟁이었다. 설문 조사 결과, 라디오로만 토론을 청취했던 사람들은 리처드 닉슨이 토론에서 이겼다고 생각했지만, TV로 토론을 시청했던 사람들은 존 F. 케네디가 이겼다고 생각하는 것으로 나타났다. 닉슨은 많은 양의 사실적 근거를 제시하였지만, 그의 시선은 뭔가를 감추고 있는 것처럼 보였다. 또한 닉슨은 토론 동안 눈에 띄게 땀을 흘리고 있었던 반면, 케네디는 편안하고 아주 침착해 보였다. 토론자들은 종종 비언어적 요소가 단지 판정의 허용 범위 내에서만 차이를 발생시키며, 판정에서 가장 중요한 고려 사항은 뒷받침하는 증거의 양과 관련된다고 가정하는 실수를 한다. 미디어 연구는 사실은 그 반대라는 것을 보여 주었다. 눈 맞춤, 자신감 있는 자세, 불안해 보이는 버릇의 억제, 그리고 자연스런 몸짓과 같은 비언어적 요소가 청중을 설득하는 데 성공하는 결정적 요소가 된다는 연구 결과가 일관되게 나타나 있다.

감탄사 및 담화표지 사용을 자제하라

전형적인 문제 발화는 '음(um)', '에(er)', '어(uh)'이다. 하지만 실제로는 '오케이(okay)', '네(right)', '아시다시피(you know)', '예를 들면(like)' 등의 다른 감탄사와 담화표지가 더 흔하다. 감탄사와 담화표지를 가끔 사용하는 것은 (공공 포럼 토론에 적절한) 즉흥적 전달 방식과 자연스럽게 어울린다. 그러나 청중이 '오케이'의 수를 세기 시작하면 문제는 심각해진다.

일부 토스트마스터즈(Toastmaster)*는 연설자가 감탄사나 담화표지를 사용할 때마다 표지판을 들고 있음으로써 구성원들이 간투사를 사용하는 습관을 교정하는 데 도움을 준다. 수업 시간에 이와 같은 방법을 접목한다면 효과를 볼 수 있을지도 모른다.

사실을 말하라

유능한 방송 토론자는 자신의 전문 지식과 관련된 사실을 쉽게 구사한다. 그러려면 주제에 관해 철저히 조사하는 것 외에는 방법이 없다. 지금 이야기하고 있는 것에 대해 알고 있는 것처럼 보이게 하는 최고의 방법은 실제로 아는 것이다. 공공 포럼 토론에서의 광범위한 상호반대신문 단계는 깊이 있게 알고 있는 사실과 사례를 제시하는 것에 중요성을 부여한다.

....

* 세계 각국에서 자발적으로 구성한 '스피치 클럽'의 한 유형이다. 토스트마스터의 어원은 건배(toast)를 제의하는 사람이다.

거만함을 버려라

청중은 따돌림을 뿌리 뽑고 싶어 한다. 미디어 코치 바버라 깁슨은 "홍보 전문가들과의 수백 건의 대화를 통해, 거만함이 기업 대변인의 가장 큰 약점이라는 점을 확신했다."라고 보고하였다. 거만함은 토론자들에게도 중요한 문제라고 말할 수 있다. 토론자가 상대방에게 존경이나 필요한 만큼의 예의를 보여 줄 때, 판정관들도 그에 보답할 것이다.

예시를 들어라

몇몇 반복적인 어구는 피해야 하지만, 이 어구 하나만큼은 잘 활용해야 한다. 상대방이 상호반대신문 동안 질문을 할 때, "예를 들어 보겠습니다."라는 문구로 대답을 시작하는 것을 가정해 보라. 예시는 이해를 도울 뿐만 아니라, 예를 들어 가며 최선을 다해 설명하고 있을 때 상대방이 '예/아니요'로 대답해 달라고 고집하는 것이 불합리하게 보이도록 할 것이다.

토론을 준비할 때, 전달하고자 하는 모든 주요한 내용의 예시를 생각해 보라. 예시는 사실, 허구, 또는 가정일 수도 있다. 그러므로 청중에게 그 예가 실제인지 허구인지 인식시켜야 한다.

이야기를 들려주라

이야기는 미디어 시대에 중요한 기술이다. 세부적인 묘사와 분명한 교훈을 통해 청중을 이야기로 끌어들이는 것을 목표로 삼아야 한다. 최근의 공공 포럼 주제에 대해 조사해 보면, 아마도 각 관점의 중요성을 설명하면서 인간적 관심을 끄는 수많은 이야기들을 만나게 될 것이다. 이는 실제 기자들이 내용을 뒷받침하기 위해 활용하는 방법이다. 기자들은 독자들이 인간적 관심을 끄는 이야기들을 원한다는 것을 알기 때문에 이야기를 활용한다. 토론 라운드를 준비할 때도 미디어의 동일한 특성을 활용할 수 있다.

정책 토론자들은 이러한 인간적 관심이 가는 이야기들을 무시하고, 단지 통계적이고 권위 있는 뒷받침이 있는 진술문만을 보고할지도 모른다. 그러나 공공 포럼 토론에서는 내용을 뒷받침하는 이런 이야기들에 각별히 주의를 기울여야 한다.

쟁점의 틀을 구축하라

미디어 메시지는 대부분 쟁점을 바라보는 데 바탕이 되는 맥락인 '틀 구축하기(framing)'에 관한 것이다. 오슈코시에 있는 위스콘신 대학교의 의사소통학 교수인 토니 팔미에리(Tony Palmieri)는 「미국에 대한 사랑/증오 관계: 미디어의 틀 짜기(The Love/Hate Relationship with the U.S.: Media Framing)」라는 논문에서 다음의 예를 제시했다.

- 이야기 1: 16세의 엄마가 복지 수표를 현금으로 교환하러 간 동안, 요람에서 잠들어 있던 아기를 쥐들이 계속 물어뜯었다. 아기의 울음소리를 들은 이웃이 그 아기를 성 요셉 병원에 데려가 치료를 받고 엄마의 보호 아래 있도록 해 주었다.
- 이야기 2: 밀워키에 사는 8개월 된 남자 아이가 요람에서 잠자고 있는 동안 쥐들에게 물어뜯겼다가 치료를 받고 성 요셉 병원에서 퇴원했다.

세입자들은 임대인 헨리 브라운(Henry Brown)이 쥐 퇴치에 대한 반복적 요청을 무시해 왔다고 주장했다.

- 이야기 3: 쥐들이 어제 요람에서 낮잠을 자고 있는 8개월 된 마이클 번스(Michael Burns)를 5번 물어뜯었다. 번스는 "죽음의 구역"이라고 명명된 도심 빈민가 주민들을 괴롭히고 있는 쥐 관련 전염병의 최근 희생자이다. 보건부 관료는 이 지역의 유아 사망률이 제3세계 국가의 유아 사망률에 필적한다고 전했다.

각 이야기는 동일한 사건에 기초한다. 그러나 처음 예시에서 기자는 십대의 임신 문제를 강조하는 방식으로 이야기의 틀을 구축했다. 두 번째 이야기에서 기자의 틀은 임대인의 무책임함에 초점을 맞추었다. 세 번째 이야기는 미국의 빈곤 수준을 강조하는 방식으로 틀을 짰다.

일부 학생들은 미디어의 틀이 뉴스를 어떻게 변화시키는지를 처음 발견했을 때 충격을 받는다. 더 중요한 교훈은 틀 짜기란 필연적인 것이며 피할 수도 없다는 것이다. 동시대의 사건들은 어떤 방식으로든지 틀이 짜인다. 능숙한 토론자들은 자신에게 유리하게 틀을 구축하는 법을 배운다.

더 읽을거리

Gibson, Barbara. "SpokesBlog: A Resource for Corporate Media Spokespeople and the PR People Who Support Them." 2007. http://spokesblog.wordpress.com/tag/spokesperson-coaching-tips/.

Kline, Jason. *Public Forum Debate*. NY: Rosen Central, 2007.

Lundstrom, Meg. "Media-Savvy Kids." *Instructor*. November/December 2004. http://content.scholastic.com/browse/article.jsp?id=3776.

공공 포럼 토론의 전략

공공 포럼 토론은 청중 중심의 역동적인 토론이다. 토론에서 성공하기 위해서는 전문적인 용어에 의존하지 않고 논리적 기반을 준비해야 한다. 또한 다른 토론 형식보다 제한 시간이 훨씬 짧기 때문에 한 번 발언할 때 권위 있는 인용을 4~5개 이상 활용하는 것이 불가능하다. 공공 포럼 토론은 강력하고 논리적이면서도 간명한 설명을 제공하는 참가자의 능력을 특히 중요하게 여긴다.

논제 분석

공공 포럼 토론에서의 성공은 제대로 된 논제 분석에서 시작된다. 정책 토론자가 1년 동안 하나의 논제로 토론하는 것에 비해, 링컨-더글러스 토론자는 같은 논제로 두 달 동안 토론한다. 하지만 공공 포럼 토론자는 매달 논제를 바꾸어 토론한다.

토론의 논제는 사실 논제, 가치 논제, 정책 논제의 세 가지 유형으로 나뉜다. 사실 논제는 진술문이 사실인지를 묻는다. 2006년 초반, NFL 대회에서 "대형 할인점은 지역사회에 이익이 된다."와 같은 사실 논제가 활용되었다. 이와 같은 사실 논제는 과거에 초점을 두고 있어서, 사실 논제에 대한 토론에서는 과거에 관한 진술의 사실성을 입증하기 위하여 역사적 근거를 검토하는 것이 요구된다.

가치 논제는 어떤 대상에 얼마나 높은 가치를 두어야 하는지, 또는 다른 것과 비교하여 무엇에 더 높은 가치를 두어야 하는지를 묻는다. "인간 유전공학은 도덕적으로 정당하다."라는 가치 논제를 생각해 보자. 이와 같은 가치 논제는 주로 현재에 초점을 두고, 어떤 것의 가치와 비교하거나 확인할 것을 요구한다.

정책 논제는 특정한 조치가 시행되어야 하는지를 묻는다. 2005년도 NFL 공공 포럼 토론에서 활용한 정책 논제인 "미국의 공립 고등학교 과학 교육과정은 지적 설계론 연구를 포함해야 한다."를 살펴보자. 이와 같은 정책 논제는 미래에 초점을 두고, 특정 조치가 더 바람직하거나 덜 바람직한지를 묻는다. 정책 토론 논제는 미래에 행해져야 할 조치에 초점을 두고 있다는 표시로서 '~해야 한다(should)'라는 단어를 사용한다.

공공 포럼 토론이 시작되고 초기 5년간, 45개의 논제로 토론이 이루어져 왔다(이들 논제의 목록은 부록 E를 참조할 것). 지금까지 토론된 45개 논제 가운데 71퍼센트는 정책 논제였으며 29퍼센트는 사실 논제였다. 지금까지 공공 포럼 토론에서 진정한 의미의 가치 논제는 선정되지 못했다.

공공 포럼 토론을 위해 선택된 사실 논제는 일반적으로 'x는 y에 이롭다', 'x는 y에 도움이 된다', 'x는 y에 부정적인 영향을 준다', 'x는 y에 긍정적인 영향을 준다'와 같은 공식을 따른다. 공공 포럼 토론에서 활용된 사실 논제들 13개 중 12개는 이 공식을 따른다. 이례적으로 2004년에만 "미국은 테러와의 전쟁에서 패배했다."라는 논제를 사용하였다.

사실 논제, 가치 논제, 정책 논제와 관계없이 논제에 대한 분석은 핵심 용어를 정의하는 데서 시작된다. "대형 할인점은 지역사회에 이익이 된다."라는 논제에 대해 생각해 보자. '대형 할인점'은 무엇을 의미하는가? 여기에 답하기 위해, 인터넷 검색엔진에 인용 부호 안의 전체 문구를 넣어 자료 조사를 할 수 있다. 그런 다음 검색 결과로 나온 할인점의 종류를 써 내려간다. 확실한 예로 월마트(Wal-Mart)와 K마트(Kmart)가 있는 것으로 보인다. 샘스 클럽(Sam's Club)도 포함되는가? 많은 사람들은 월마트가 소상공인들에게 피해를 끼친다고 주장하기 때문에, 이 질문에 답하는 것은 중요하다. 반면, 샘스 클럽은 소상공인들을 돕기 위해 설계되었다. 그럼에도 샘스 클럽을 할인점이나 도매상점으로 분류할 것인가?

또한 논제 분석은 사실을 바라보는 관점과 시점을 채택하도록 요구한다. 추가 질문 없이 어떤 것이 좋은지 나쁜지, 이익인지 손해인지를 말하는 것은 불가능하다. 기원전 350년 경 아리스토텔레스는 『오르가논(The Organon)』에서 이러한 질문들을 '토포이(topoi)'*라고 언급하였다. '대립(contraries)'이라 불리는 몇몇 논제들은 상대측과 쌍을 이룰 수 있다. 수사학을 공부하는 학생들에게는 이러한 대립을 통한 사고를 바탕으로 가능한 모든 설득 수단을 분석하는 것이 권장되었다. 다음 단락들은 공공 포럼 토론에 적용하는 대립 쌍 질문들을 목록화한 것이다.

단기적인가 장기적인가: 단기적으로는 공동체에 이익이 될 것 같지만 결국 장기적으로는 피해를 입힐지도 모른다. 단기적으로는 새로운 월-마트가 원스톱 쇼핑(one-stop-shopping)과 낮은 가격을 제공하는 것이 공동체에 이익을 가져다줄지도 모른다. 그러나 장기적으로는 중소기업이 도산하

....

* 토푸이라고도 하며, 연설의 골격을 구성하는 주요 아이디어들의 집합을 뜻한다.

고, 연봉이 높은 직장이 사라지며, 지역 학교 관할 구역의 세금 수입을 잃게 되어 더 큰 비용을 지불할지도 모른다.

경제적인가 문화적인가: 금전 단위로 이익을 따지는 것이 언제나 가능한가? 대형 할인점은 소비자의 돈을 절약하게 할 수 있지만, 머지않아 모든 공동체를 획일화하여 단일한 문화로 만들어 버린다. 사람들이 단지 문화적 다양성을 경험할 수 있다는 이유로 세계의 먼 곳을 여행하는 것처럼, 인간 정신의 어떤 부분은 다양성을 갈망한다.

기업인가 소비자인가: 때때로 기업과 소비자의 이해관계는 엇갈린다. 컴퓨터 회사는 제품에 관한 기술 지원을 중국에 아웃소싱하여 비용을 절감할 수 있을지도 모른다. 그러나 소비자는 영어가 모국어가 아닌 사람에게 자신의 문제를 설명하는 데 어려움을 겪을지도 모른다.

고용주인가 피고용인인가: 고용주들이 직업안전위생관리국(OSHA)의 수많은 규제를 신경 쓰지 않아도 된다면, 그들은 사업을 더 효율적으로 진행할 수 있다. 그러나 OSHA의 규제가 해제된다면, 노동자들은 위험한 화학 물질에 더 많이 노출될지도 모른다.

청년층인가 노년층인가: 저소득층 의료 보장 제도인 메디케이드(Medic-aid)의 가입비와 약을 처방받는 데 필요한 자기부담금을 낮춘다면, 노년층은 즉각적으로 이익을 볼 수 있을 것이다. 그러나 청년층은 노년층에 지불되는 의료비를 마련하기 위해 높은 의료보험료를 지불하게 될 것이다.

국가적인가 세계적인가: 미국인에게 이익이 되는 조치들은 개발도상국 사람들에게 불이익이 될 수 있다. 대형 할인점의 낮은 가격은 중국의 아동 노동이나 죄수 노역의 결과일 수 있다.

공동체인가 개인인가: 개인의 권리를 보장하는 데는 비용이 많이 든다. 살인 혐의자가 공정한 재판을 받도록 보장하는 데에 보통 백만 달러가 소요될 수 있다. 한 건의 의료 사고 소송이 공동체 구성원 모두의 의료비를

높일 수 있다.

양인가 질인가: 입학 기준을 완화하고 등록금을 대폭 인하한다면, 더 많은 미국인들이 대학에 갈 수 있을 것이다. 그러나 대학은 학력을 보충하기 위해 보충 강좌를 개설해야만 할 것이고 시설 확충과 우수한 교수진 유치에 지출해야 할 예산이 감소하므로, 대학 교육의 질이 타격받을 것이다.

생명인가 자유인가: 미국은 차량 운행을 금지함으로써 자동차 사고와 연관된 현재의 모든 죽음을 예방할 수 있을 것이다. 그러나 이렇게 생명을 구하는 것은 여행할 자유를 제한하는 것과 같은 커다란 대가를 치를 것이다.

경제인가 환경인가: 값싼 화석연료를 사용하거나 산업폐기물 배출 규제를 완화하면 경제적인 이익이 발생한다. 그러나 환경보호의 입장에서는 그 반대, 즉 재생 가능한 에너지와 산업 폐기물에 대한 엄격한 규제를 요구할 수 있다.

공공 포럼 토론에서 선택된 논제는 대부분 정책 논제였다. "미국 연방 정부는 개인의 총기 소지를 규제해야 한다."라는 논제를 생각해 보자. 정책 논제는 아래의 필수 쟁점을 활용할 때 가장 훌륭하게 분석할 수 있다.

- 피해의 중대성 – 개인의 총기 소지로 인해 어떤 문제가 발생하는가?
- 인과관계 – 권총이, 말하자면 소총이나 식칼보다 더 위험한 이유는 무엇인가?
- 해결성 – 총기 규제로 문제를 해결할 수 있는가?
- 불이익 – 총기 규제로 인해 발생할지 모르는 문제가, 개인의 총기 소지로 인해 야기된 문제보다 더 큰가?

피해의 중대성: 권총 사용으로 인한 피해의 중대성을 조사할 때에는 '누

구에게 심각한 문제를 일으키는가'를 질문해야 한다. 입론을 구성할 때 어린이 사고사, 가정 폭력 및 치정 사건, 자살, 강력 범죄의 피해자 등에 초점을 둘 수 있다.

인과관계: 정책 토론의 토론자들은 인과관계를 '내재성(inherency)'이라 일컫지만, 공공 포럼 토론에서는 일반인 청중이 즉각적으로 이해할 수 있는 용어를 사용해야 한다. 원인을 규명하는 것이 왜 중요한가? 인과관계를 알아야 적절한 해결책을 찾을 수 있기 때문이다. 예를 들어, 권총이 어린이 사고사를 야기한다는 찬성 측 입론을 통해 피해의 중대성을 검증해 보자. 사고사의 원인은 어른의 부주의일지도 모른다. 권총의 총알을 빼놓거나 방아쇠를 잠가 놓았다면, 어린이의 피해는 총기 규제 조치 없이도 막을 수 있었을 것이다. 그러므로 어린이 사망의 원인이 어른의 부주의라면, 약품이나 독극물을 아이들의 손에 닿는 곳에 내버려 두는 것과 같이 총기와 관련 없는 부주의에 의해서도 마찬가지로 어린이들이 쉽게 피해를 입을 수 있다는 것이다. 총기 규제를 정당화하기 위해 찬성 측은 어른의 부주의를 줄이는 것과 같이 이미 실현 가능한 해결책들이 어째서 어린이들을 총기로 인한 피해로부터 지켜 줄 수 없는지 보여 주어야 한다.

해결성: 논제를 채택하면 찬성 측 입론에서 인용한 문제가 해결되는가? 권총이 흔히 자살에 사용되는 것은 사실이지만, 권총을 금지하면 자살 문제 해결에 도움이 되는가? 자살로 마음이 기울어 있는 사람들은 간단히 다른 방법을 선택하지 않을까?

불이익: 논제를 채택함으로써 해결되는 것보다 발생하는 문제가 더 큰가? 권총을 금지할 때, 준법정신이 높은 시민들은 더 이상 총을 소지하지 않겠지만 범죄자들은 무장을 계속할 것이다. 어린이의 사고 위험(혹은 찬성 측이 입론에서 제기한 피해)이 줄어들 것이라는 이점이 강력 범죄에 더욱 취약해지는 것보다 우위여야 한다.

브레인스토밍

브레인스토밍(brainstorming)은 새로운 논제에 대한 생각을 창의적으로 만들어 내기 위해 사용하는 기술이다. 토론 파트너 및 토론 팀 전체와 함께, 또는 시민 수업(civics class)에서 프로젝트의 하나로도 브레인스토밍 회의를 할 수 있다. 브레인스토밍의 가치를 극대화하려면 몇 가지 기본 규칙을 세워야 한다.

- 참가자의 모든 생각을 칠판이나 화이트보드에 잘 보이도록 적어야 한다.
- 브레인스토밍을 하는 동안의 목표는 질이 아니라 양이다─어떤 생각이 가치 있는지는 추후에 결정할 것이다.
- 심지어 "아마도 이것은 바보 같은 생각이지만…"과 같은 자기 비판적인 발언도 허락하지 않는다.
- 시간을 한정한다─15분이 최적의 시간이다. 팝콘이 터지듯이 빠르고 맹렬하게 아이디어들이 흘러나오는 감각을 만드는 것이 목적이기 때문이다. 하나의 아이디어는 다른 아이디어들을 자극해야 한다.

브레인스토밍 시간에 질문을 던져 간명한 의제를 생성하라. 의제를 구성하기 위해서는 앞의 '논제 분석' 부분에서 고딕체로 쓰인 부분을 활용하라. 논제에서 핵심 용어 각각을 목록화하고, 이들이 무엇을 의미하는지 묻는 것에서부터 시작하라. 논제에서 어떤 것이 이익인지 불이익인지 묻는다면, 대립 쌍의 목록을 통해 생각하라. 토론 논제가 정책 논제라면, 각각의 필수 쟁점을 통해 생각하라.

브레인스토밍이 끝나면, 조사할 만한 가치가 있는 것을 결정하기 위해 목록에 있는 항목들로 돌아가라. 3장에서 조사에 도움이 될 방안을 제공한다.

입론 쓰기

공공 포럼 참가자들은 각 4분 분량의 찬성 측 입론 발언과 반대 측 입론 발언을 모두 준비해야 한다. 각 발언은 단어의 수가 (영문 기준) 760개에서 800개 정도가 되도록 한다.

발언은 짧게 주의를 집중시키면서 시작해야 하고, 논제에서 자신의 입장에 대한 서술이 뒤따라 이어진다. 2006년 전국 토너먼트에서 쓰인 논제는 "미국은 교토 의정서를 비준해야 한다."였다. 아래는 2006년 우승팀인 비숍 힐런(아이오와주 수시티)의 첫 번째 찬성 측 발언자인 발레리 홉스(Valerie Hobbs)의 입론 도입부이다.

교토 의정서를 옹호하는 데 앞장서는 환경 운동가 단체인 '지구의 벗'의 대표인 피터 로더릭(Peter Roderick)은 최근 "교토 의정서가 지구를 보호하기 위해 필요한 내용을 담아 내지 못했다는 점에서 사람들이 절망하고 있지만, 교토 의정서의 핵심은 내용 그 자체가 아닙니다. 오히려, 지구를 보호하기 위한 노력을 한다는 교토 의정서 자체가 갖는 상징성이 중요합니다."라고 말했습니다. 이러한 발언에 대해 우리 팀이 교토 의정서를 절망적이라고 생각하는 것에는 동의하나, 교토 의정서가 담고 있는 내용이 핵심이 아니라고 하는 말은 잘못된 생각입니다.

입론 발언은 논제를 뒷받침하거나 반대하는 이유를 제시해야 한다. 각 논증은 권위 있는 인용으로 뒷받침되어야 한다. 비숍 힐런 팀은 다음과 같이 교토 의정서를 반대하는 4가지 이유를 제시하였다.

1. 교토 의정서는 효과가 없다.

- 교토 의정서는 배기가스를 5.2%밖에 감소시키지 못한다.
- 교토 의정서는 134개의 개발도상국을 제외한다.
- 교토 의정서는 거대한 허점을 내재하고 있다.

2. 교토 의정서는 경제적으로 악영향을 미칠 것이다.

- 환경오염방지 비용으로 2조 2천억 달러가 소요될 것이다.
- 휘발유 가격이 1갤런 당 66센트가 더 상승할 것이다.
- 가정의 평균 수입은 한 해 3만 달러씩 감소할 것이다.
- 주(state) 세수는 연간 천억 달러씩 감소할 것이다.
- 국방부는 훈련과 군사 준비 태세를 감축하도록 강요받을 것이다.

3. 교토 의정서의 대안이 있으며, 이는 지구온난화 문제를 다루는 데 효용이 있다.

- 이산화탄소 포집 저장 리더십 포럼(The Carbon Sequestration Leadership Forum)은 재생 가능한 에너지를 장려한다.
- 2006년에 시행된 에너지 정책 조치는 시장에 기반한 세금 우대책이다.

4. 과학계는 교토 의정서를 옹호하지 않는다.

최종 변론은 논거를 요약하고 결론의 느낌을 줄 수 있는 표현으로 마무리하라. 비숍 힐런 팀은 다음 문장으로 반대 측 발언을 성공적으로 마무리한다. "우리는 여러분이 미국의 국가 안보뿐 아니라 경제적 안정을 위협하는 교토 의정서를 비준하는 것에 찬성표를 던지지 않기를 바랍니다."

실제 토론에서 입론을 하기 전에, 준비한 입론을 듣고 피드백해 줄 수 있는 코치나 다른 사람 앞에서 입론 발언을 연습해 보라. 리허설을 할 때마다 소요 시간을 확인하라. 찬성 측이든 반대 측이든 각 발언이 모두 제한 시간 4분에 안정적으로 들어맞도록 확실하게 준비하라. 대화하는 것과 같은 속도로 말해야 한다. 뒷받침하는 근거를 추가할 시간을 벌기 위해 더 빠르게 말하려는 유혹을 견뎌야 한다.

첫 번째 입론을 세부 조정한 다음, 논증 답변 개요를 준비해야 한다. 이 답변 개요서는 상대 팀이 만든 논증에 대응하는 데 쓰일 것이다. 상대 팀이 제시할 것이라 예상할 수 있는 모든 논증에 대한 답변 개요서를 갖추는 것을 목표로 삼아야 한다.

어떻게 상대 팀이 생각할 수 있는 논증의 목록을 구성할 수 있는가? 자신의 입론 발언에서 만든 논증들에 확실히 답변할 수 있도록 해 두는 것에서 시작해야 한다. 아마 당신이 구성하고자 계획했던 것과 동일한 논증을 제시하는 상대팀을 만날지도 모른다. 브레인스토밍 기록을 검토하면서 상대측이 제시할 가능성이 있는 논증의 목록을 만들어 보라. 입론에서 쓰려고 했으나 결국 탈락된 논증 가운데 다수가 상대팀 논증으로 제시될 가능성이 있다. 토너먼트를 마치고 돌아가서, 예측하지 못했던 논증 내용이 있었는지 확인하기 위해 주의 깊게 흐름표를 검토하라. 그러한 논증들을 답변 개요서의 목록에 추가하라.

정책 토론에서 답변 개요서는 수 페이지 분량이며, 10개 이상의 뒷받침 근거를 포함하고 있다. 공공 포럼 토론에서는 한두 개 이상의 답변을 제시할 시간이 없기 때문에 그러한 개요서의 효용이 제한적이다. 4″×6″의 색인 카드에 답변 개요를 준비하도록 권한다. 각각의 답변 개요에는, 통계 자료나 권위 있는 짧은 인용을 덧붙인 최선의 답변을 두 개 정도 선택해 기재한다. 증거가 되는 뒷받침에 대한 완벽한 출처를 준비하라.

전략적으로 선택하기

공공 포럼 토론의 모든 라운드는 동전 던지기로 시작된다. 동전 던지기의 승자는 입장(찬성인지 반대인지)을 선택하거나, 발언 순서(첫 번째인지 두 번째인지)를 결정해야 한다. 동전 던지기의 패자는 승자가 선택하고 남은 것을 선택한다.

동전 던지기의 승자라면 찬반 중 어느 것을 선택해야 하는가? 승자는 대개 더 선호하는 입장을 선택하기를 원한다. 비록 공공 포럼 논제의 입안자는 찬반 어느 쪽에도 특별히 더 유리하지 않고 균형 잡힌 논제를 만들기 위해 노력하지만, 그럼에도 불구하고 대개 자연스럽게 한쪽 입장이 더 유리하다. 논제가 고르게 균형 잡혀 있을지라도, 입론에서 찬반 중 어느 한쪽 입장에 더 큰 자신감을 가질 수도 있다. 또한 상대 팀의 평판도 고려해야 한다. 그동안 상대 팀이 찬성을 맡았을 때 더 많이 승리한 경험이 있다는 정보를 알게 된 경우라면, 찬성 측 입장을 선택하여 상대 팀을 더 취약한 입장에 둘 수도 있다.

하지만 찬반 입론 모두에 자신이 있다면, 더 선호하는 발언 순서를 선택하기로 고려할지도 모른다. 대부분의 공공 포럼 토론자들은 선택권이 주어질 때, 두 번째로 발언하기를 선호한다. 두 번째로 발언한다는 것은, 토론 전체에서 판정관들을 설득할 수 있는 최후의 기회인 최종 반박을 할 수 있다는 것을 뜻한다. 첫 번째로 발언하는 것의 유일한 이익은 세 번의 상호반대신문 시간 모두 먼저 질문할 기회를 얻는다는 것이다. 하지만 일반적으로 최종 반박의 이익이 상호반대신문 시간에 질문권을 선점하는 것보다 더 중요하다.

연습 라운드

공공 포럼 토론의 성공에서 중요한 부분은 일상에서 적절한 연습 과정을 개발하는 것이다. 축구팀이 다방면에 걸친 훈련 시간 없이 상대와 경기하는 것을 생각할 수 없는 것처럼, 토론 팀도 훈련 전략을 계획해야 한다. 학교에 하나 이상의 공공 포럼 팀이 있다면 서로를 상대로 연습할 수 있다. 이웃 학교에 공공 포럼 토론 팀이 있다면 방과 후에 연습 경기를 할 수도 있을 것이다. 상기한 어떤 선택지도 불가능하다면, 팀 내에서 한 사람은 찬성 측을 맡고 다른 한 사람은 반대 측을 맡아 연습할 수 있다. 마지막 옵션은 차선책이지만, 연습을 전혀 안 하는 것보다는 확실히 낫다.

연습 라운드의 청중을 찾기 위해 노력하라. 수업에서 시범 토론할 기회를 주고자 하는 사회 선생님이나 화법 선생님이 있을 수도 있다.

연습 경기에 참가할 때마다, 실제 토너먼트에서 하듯 동전 던지기로 시작해야 한다. 이것은 라운드가 시작되기 몇 분 전까지 찬성과 반대 중 어떤 편이 될지 알 수 없는 실제 상황에 익숙해질 수 있는 기회가 된다.

부록

부록 A 정책 토론 결승

부록 B 링컨–더글러스 토론 결승

부록 C 공공 포럼 토론 결승

부록 D 토론 대회 운영 준비

부록 E 토론 논제 목록

부록 F 토론 용어 사전

정책 토론 결승

NFL 전국 토너먼트 2007 결승

논제: 미국 연방 정부는 다음 중 하나 또는 그 이상에 봉사하는 사람들의 수를 대폭 늘리는 정책을 수립해야 한다. 아메리코프(AmeriCorps),* 봉사 학습단(Learn and Serve America), 노인 봉사단(Senior Corps), 평화 봉사단(Peace Corps), 미국 연방군(the United States Armed Forces).

찬성 측: 앤드루 베이커(Andrew Baker)와 세라 위너(Sarah Weiner) — 쇼니 미션 웨스트 고등학교, 코치: 켄 킹(Ken King)

반대 측: 스테퍼니 스파이스(Stephanie Spies)와 매트 피셔(Matt Fisher) — 글렌브룩 노스 고등학교, 코치: 크리스티나 탈룽간(Christina Tallungan)

....

* 미국 내 지역사회 봉사단체로, 이 단체의 회원들은 집짓기, 집수리, 공원 청소 등을 하고 학비를 지원받기도 한다.

[1] 찬성 측 첫 번째 입론 발언

: 앤드루 베이커(쇼니 미션 웨스트 고등학교)

오늘 토론을 시작하는 것에 대해 축하와 감사의 말씀을 드립니다. 먼저 상대측 토론자께 말씀드립니다. 저는 저희 팀이 이 토론 쟁점에 대해 준비한 만큼 상대측도 충분히 준비했고, 이로써 의견 충돌(clash) 중심의 라운드가 될 것임을 확신합니다. 이번 라운드는 좋은 토론이 될 것입니다.

우선, 저의 파트너 세라 위너에게 진심 어린 감사를 전합니다. 아시다시피, 탁월한 논증을 만들려면 토론 파트너가 필수적입니다. 라운드 안팎에서 믿을 만한 토론 파트너를 얻는 것은 대단히 귀한 일입니다. 세라는 글자 그대로 백만 명 가운데 한 명인 아주 특별한 파트너이며, 내년에 제가 대학에 진학하여 또 다른 토론을 하게 되더라도 저는 그녀를 몹시 그리워할 것입니다. 대회 참가를 위해 멀리 떨어진 이곳까지 온 보람이 충분히 있을 것임을 저는 확신합니다.

또한 올해 저를 지원해 준 친구들과 가족에게 고마움을 전합니다. 이들은 늘 저의 성공을 축하해 주었고 패배로 힘들어할 때는 격려해 주었습니다.

그리고 토론 코치께도 감사의 말씀을 전합니다. 논증과 교육으로 한 팀을 지도하는 것은 마음을 쏟아야 하는 일입니다. 더 나은 존재로 만드는 것을 목표로 팀을 지도해 내는 것은 매우 대단한 것입니다. 선생님은 매번 저희를 위해 그것을 해내셨고, 저희는 그 점에 대해 항상 감사드립니다. 선생님은 세라와 제게 선생님일 뿐 아니라, 멘토이자 친구이기도 하다는 점을 말씀드립니다.

다음으로 캔자스 토론 공동체에 감사드립니다. 모든 토론 코치, 조교, 토론자 그리고 부모님께 감사드립니다. 이 토너먼트에서 팀들이 실제로 활동하기 시작했을 때, 저희 팀은 규모가 작았고 토너먼트에 참가하게 되었다는 것을 불과 일주일 전에 알았기 때문에 세라와 저는 토너먼트에서 겨뤄볼 기회를 잡을 수 있을지 여부를 예측하기 어려웠습니다. 상대 토론자들은 우리 혹은 캔자스의 다른 팀들과 토론했던 것이, 사실 캔자스주 전체와 겨뤘던 것이라는 사실을 알지 못했을 것입니다. 상대 토론자들은 캔자스가 모든 사람이 논증과 지성을 공유할 수 있는 전략 회의실(war room)을 구성했다는 것을 알지 못했을 것입니다. 상대 토론자들은 세라와 제가 글자 그대로 이 토너먼트 기간 내내 얼마나 넘치는 후원을 받았는지 상상하기 어려울 것입니다. 이 결속력은 지금까지 토론 공동체에서 보지 못한 것이고, 누구나 얻으려고 애써야 하는 것이라 믿는 어떤 것입니다. 캔자스는 오늘 저희가 여기서 토론하고 있는 이유입니다. 때가 왔을 때 캔자스 토론 공동체가 거기에 있었고, 토론하는 내내 우리에게 필요한 모든 도움을 주셨습니다.

(박수)

그들은 지금까지도 이곳에서 함께 하고 있습니다.

또한, 제가 내년에 토론하기 위해 다니게 될 댈러스의 텍사스 대학교에 감사드립니다. 텍사스 대학교는 실제 토너먼트가 시작되기 전부터 토너먼트 내내 지속적으로 후원해 주셨습니다.

마지막으로, 토너먼트를 운영하는 지역 주최 위원회뿐 아니라 NFL 집행위원회에 감사드립니다. 저희 관점에서 보면 이 토너먼트는 저희가 반드시 감사를 표시해야 할 정도로 몹시 잘 운영되어 왔습니다. 더불어 이 토너먼트에 저희가 참여할 수 있도록 토론을 개최해 주신 후원자들께 진심으로 감사드립니다.

더 이상 지체 없이 바로 토론을 시작하겠습니다.

첫 번째 의견은 내재성입니다. 미국은 위기에 직면해 있습니다. 특히,

최근 여름 봉사 활동 기회를 가장 필요로 하는 대부분의 위기 청소년은 봉사 활동을 하지 못하고 있습니다. 셜리 사가와(Shirley Sagawa), 미국진보센터(Center for American Progress) 방문연구원 및 아동·청소년 정책 전문가, 이틀 전, 「여름 봉사: 10대를 위한 새로운 통과의례」, 미국진보센터, 온라인 자료에는 다음과 같은 설명이 있습니다.*

"이것의 실행 이래 15년 동안, 사회 봉사 활동은 하나의 시범 프로그램에서 75,000명 이상이 참가하는 대규모 시스템으로 성장해 왔다. 안타깝게도, 연구에 따르면 이러한 종류의 경험이 가장 필요한 청소년의 참여 확률이 가장 낮다. 취약 가정 청소년들은 더 유리한 배경을 갖춘 동료들보다 지원할 확률이 43~59퍼센트 낮다. 하지만 봉사 활동을 경험한 취약가정 청소년들은 보다 더 건강한 시민의식을 갖추고 정치를 논하며 변화를 가져올 수 있다고 믿어서, 이들의 대학 진학 계획 비율이 봉사 활동을 하지 않은 저소득층 동료보다 더 높게 나타났다."

불행히도, 2007년 발의된 여름 봉사 활동법이 의회에서 2개월 동안 표류해 지연되고 있습니다. 이는 의회도서관, 2007년 6월 21일 온라인 접속, 여름 봉사 활동 주 승인 프로그램을 수립하기 위해 1990년의 전국 및 지역 봉사 법을 개정하는 것에 대한 법안, 2007년 4월 17일 제정, 상원위원회에 회부된 자료입니다.

그래서 저희는 다음의 방안을 제시합니다. 방안의 제1항목은 집행, 즉 미국 연방 의회에 대한 것입니다. 방안의 제2항목은 요구입니다. 연방 의회는 2007년의 여름 봉사 활동을 구체화하기 위해 1990년의 전국 및 지역 봉사 법을 개정(법안 7.1128.)함으로써 아메리코프에서 봉사하는 사람의 수를 대폭 증가시켜야 합니다. 방안의 제3항목은 시행과 자금에 대한 것입

....

* 　부록 A에서 증거를 인용한 부분은 토론의 전사본이므로 구어체로 표현하였다.

니다. 이는 일반적인 방법으로 보장됩니다. 방안의 제4항목은 우리가 실행 당위와 용어를 명확하게 할 권리를 갖는다는 것입니다.

첫 번째 이익은 교육입니다. 첫째, 여름 봉사 활동은 그렇지 않으면 대학 교육을 받지 못할지도 모를, 소외 계층 학생들에게 대학 장학금을 제공합니다.

(이미 위에서 인용했던) 사가와에 따르면 "이 법안에 따라, '여름 봉사 활동'을 수행한 중학생들은 장학금을 수여받을 것이다. 학생들과 그 가족들이 대학에 대해 생각하기 시작해야 할 때, 이 부분은 대학에 갈 만한 인재—심지어 그 가능성을 생각해 보지 않은 사람들에게도—가 되기 위해 청소년기를 보내는 것에 대한 긍정적인 인식을 줄 것이고, 이들 학생과 가족들이 대학 진학을 위해 저축할 수 있도록 할 것이다."라고 언급했습니다.

또한 이것은 두 가지 측면에서 경제적 성장에 중요합니다. 첫 번째는 국내 잠재력입니다. 소수자 교육에 대한 지원을 증가시키는 것은 미국의 경제적 성장과 국가 안보를 유지할 국내 인재를 창출하는 데 중요합니다.

셜리 말콤(Shirley M. Malcolm), 다릴 추빈(Daryl E. Chubin), 졸린 제시(Jolene K. Jesse), 미국과학진흥협회(American Association for the Advancement of Science)와 공학계 소수자를 위한 국가관리위원회(National Action Council for Minorities in Engineering), 2004년 10월, 「우리의 입장을 견지하기: 포스트 미시간 시대에 STEM* 교육자를 위한 가이드북」, 온라인 자료에는 다음과 같은 설명이 있습니다.

"다양성을 위한 사례는 분명하게 표현되어 왔다. 경제학자들은 미국의 경제성장에 있어 가장 중요한 결정적인 요소가 '진보'였다고 설명하는

....

* 'Science(과학), Technology(기술), Engineering(공학), Mathematics(수학)'의 머리글자를 조합한 용어로, 융합교육 정책의 하나이다.

데, 이 요소가 지난 50년 동안 국가 장기 성장의 절반 정도를 차지한다고 한다. 국가 안보에 가장 위협적인 두 가지는 과학에 적절히 투자하지 않는 것, 과학과 수학 교육이 젊은 미국인 과학자를 미국이 필요로 하는 만큼 충분히 양산할 것이라는 확신을 주지 못하는 것이다."

만약 미국에서 주류 사회에 들어오지 못하는 여성, 소수 민족 그리고 장애인이 과학과 기술 인력으로 인정받게 된다면, 숙련된 미국인 노동력 부족 현상은 개선될 수 있을 것입니다. 지금 우리가 소외된 집단을 노동 인구로 통합하지 않으면, 미래에 우리의 경제와 국가 안보는 위험에 처할 것입니다.

두 번째는 다문화 역량입니다. 학문의 다양성은 다문화 역량 및 미국의 산업과 경제에 핵심인 비판적 사고에 있어 중요합니다. 토머스 고트샬크(Thomas A. Gottschalk), 제너럴 모터스 기업 수석부사장 및 법무자문위원, 2005년, 신문, 「항소인을 옹호하는 법정 조언자로서 제너럴 모터스의 의견서」, 온라인 자료에는 다음과 같은 설명이 있습니다.

"21세기에 번창할 수 있는 미국 산업의 역량은 우리 국민의 다양성을 증대시키기 위한 국가의 대응에 꽤 많이 좌우될 것이다. 미국 산업이 성공하려면 다문화 역량, 즉 여러 인종의 사람들이 가진 관점의 다양성과 상호작용하고, 이를 이해하는 수용력을 소유한 리더를 선택해야 한다. 당국은 미래에 세계 시장에서 효과적으로 성과를 내기 위해 가장 중요한 새로운 자질이 다문화 역량이라는 데 동의한다. 연구에 따르면 학생들은 동질 집단끼리 단순히 이론적으로 다문화 의사소통을 시도하는 것보다, 다른 문화의 학생들과 교수들 사이에서 상호작용하는 다문화적 학습 환경에서 더 크게 다문화 역량을 획득한다."

끝으로, 경제성장은 사회적 문제의 주범을 해결하고, 국가 안보를 돕고, 생활수준을 향상시키는 핵심이 됩니다. 레너드 실크(Leonard Silk), 페이스 대학교 경제학과 석좌 교수 및 랄프 번치 연구소 선임연구원, 《포린 어페어스(Foreign Affairs)》, 72권 1호, 1994년에서는 다음과 같이 설명합니다.

"경제적 어려움은 사회적·정치적 병리의 원인이 될 뿐 아니라, 이 모두와 경제적 발전을 악화시키는 것으로 돌아온다. 이는 또 환경오염, 마약 생산과 밀매, 범죄, 질병, 기아, 에이즈와 같은 지구 차원의 문제와 다른 재앙을 처리하는 노력을 무력화한다. 경제적 성장은 더 높은 생활수준, 국가와 집단에 대한 안전보장, 더 건강한 환경, 더 자유롭고 개방된 경제와 사회 같은 근본적 목표를 성취할 수 있도록 하는 추가 자원을 창출한다."

두 번째 이익은 봉사를 배우는 것입니다. 첫째, 현재 소외된 청년들을 위한 국가 프로그램들은 실패한 보수적인 정책을 사용합니다. 저희 찬성 측이 시행하려는 것은 학생들에게 동기를 부여하고 효과적인 사회를 구성하는 데 중요합니다. 사가와, 앞의 인용에서는 다음과 같이 설명합니다.

"청소년의 경험은 자신의 봉사를 시민의식으로 이어가도록 돕는 학습 과정의 일부분이 될 것이다. 일부 학생들은 참가하기를 원하는 경험에 의해 동기 부여될 것이고, 일부는 자아 존중감, 공동체, 협력, 그리고 미래의 일을 위한 다른 기술들의 감각을 키우는 방식으로 각자의 경험을 이용할 것이다. 불행하게도, 이러한 종류의 기회들은 오늘날 미국에서 통례가 아니라 예외로 존재한다. 십대 초기는 매우 중요한 시기임에도 불구하고, 청소년에 대한 투자는 잠재력이 아니라 문제들을 강조하는 경향을 보인다. 우리는 십대들이 마약에서 멀리 떨어지도록, 임신을 피하도록 말하는 데 비용을 지불한다. 그러나 연구 결과는 젊은이들에게 수용할 만한 것을 주는 일이 거부할 것을 가르치는 일의 중요한 일부임을 보여 준다."

찬성 측의 방안에 따른 공동체 건설은 실증적으로 효과적입니다. 그 사례들은 환경과 노숙자에 대한 지원, 그리고 어린이들을 가르치는 것부터 노인들을 돌보는 것에 이르는 도움을 포함합니다. 찬성 측의 방안은 학생들이 그들의 사회에서 실제 문제들을 조사하고 더 나은 사회를 만드는 데 도움이 되도록 각자의 프로젝트를 구성하는 것을 가르칩니다.

사가와, 앞의 인용에서는 다음과 같이 설명합니다.

"학생들과 그 가족에게만 혜택이 있는 것이 아니라, 공동체에도 이로울 것이다. 현존 프로그램들은 재활용 프로그램을 관리하는 데 중학교 학생들을 동원하고 환경오염원에 대해 공동체를 교육하고 어린이를 가르치는 것이다. 허리케인 찰리 이후, 학생들은 5,000명 이상 자원봉사자를 면접하고 등록하고 배치했다. 십대들이 이 프로그램을 통해 자각, 권한 부여, 책임감이 길러지는 것을 어디에서든 볼 수 있다. 우리는 여름 봉사 활동 기회를 제공하면서, 그들이 자신의 삶을 긍정적 궤적 위에 올려두고 자신의 공동체에 필수적인 자원이 되는 것을 도울 수 있다."

끝으로, 사회적 유대를 파괴하는 것은 복지의 형태를 악화시킵니다. 오직 봉사를 배우는 것만이 인간 갈등의 근원을 해결하고, 서로를 연결 짓는 공동체의 전통을 구축할 수 있습니다.

조 앤 모트(Jo Ann Mort), 통합을 위한 의사소통 이사, 전국 의류 및 섬유 연합, 「우리를 위한 곳: 시민 사회와 민주주의를 강하게 만드는 방법」, 1998년에서는 다음과 같이 설명합니다.

"오늘날 많은 것이 위태롭다. 복지 개혁 정책에서 직업윤리를 핵심 가치로 보는 직업 이데올로기를 재확인하는 그 순간, 직업이 사라지는 경제적 현실은 문제를 일으킨다. 우리 사회에서 일은 인간의 삶에 의미, 존엄성, 지위를 부여해 왔다. 일자리가 사라질 때 우리는 자신을 규정하는 새로운 방식을 생각해야 한다. 완벽한 방법은 우리 자신을 좋은 시민으로 만드는 것이다. 민주주의는 토의에 참여하고, 봉사 활동에 시간을 보내고, 시민활동에 자원하는, 교육받은 사람들에게 달려 있다. 만약 우리가 노동에 기반하지 않은 생산성의 결실을 분배하는 새로운 방식을 찾지 않으면, 더 많은 시민들이 경제적·사회적 의미에서 가난해질 것이고 새로운 형태의 계급투쟁과 정치적 불안정으로 제도 그 자체가 무력해지고 파괴될 것이다."

두 번째 의견은 해결성입니다. 첫째, 저희 찬성 측 방안은 지역사회 봉사 활동을 고등학교에 입학하는 학생들에 대한 통과의례로 만들어 청소년들과 지역사회 전체를 변화시킬 것입니다. 우리의 의견을 구상한 사람은 이 분야의 전문가입니다. 사가와, 앞의 인용에서는 다음과 같이 설명합니다.

"법률 제정은 고교 여름 동안 십대들을 집약적인 봉사에 '통과의례'로써 참여시키려는 지역사회의 노력을 뒷받침할 것이다. 연구에 따르면 봉사를 배우는 것은 학생들이 목표를 달성할 동기를 부여하고, 개인적·사회적·시민적 책임성을 가르치는 소수의 프로그램들처럼 청소년의 긍정적인 발달을 촉진한다. 고등학교로 진학하는 청소년들에게 여름 봉사 활동을 통과의례로 만듦으로써 전체 공동체가 바뀔 수 있다. 아메리코프 회원들과 대학생들이 봉사 활동에서 청소년들을 이끌도록 하는 것은 비용을 합리적으로 유지하고 긍정적인 역할 모델을 보여 준다는 두 가지 이익을 갖는다. 도드-코크런-데라우로(Dodd-Cochran-DeLauro) 법안은 이러한 파견 모델을 권장한다."

둘째, 이 방안에서 각각의 구체적인 측면은 절대적으로 중요합니다. 우리가 염두에 두는 청소년은, 보모가 돌보기에는 다 커버린 나이이고 직업을 구하기에는 어린 나이입니다. 여름은 우리의 방안이 실행되기에 특히 중요한 시간입니다.

사가와, 앞의 인용에서는 다음과 같이 설명합니다.

"중학교와 고등학교 사이의 여름 3개월은 청소년이 스스로를 재정립하고, 좋건 나쁘건 그들이 어른으로서 어떤 사람이 될지를 정하는 의사 결정의 과정에 놓이는 중요한 시험 시간이 될 수 있다. 일하는 부모에게, 이

몇 개월은 어려운 과제이다. 그들의 아이는 보수를 받는 일을 하기에는 너무 어리고, 보모에게 맡기기에는 너무 자라버렸다. 경제적으로 여유로운 가정은 언어 몰입 교육부터 라크로스(lacrosse)*를 배우는 기회까지 주는 다수의 여름 캠프에 보낼 수 있다. 하지만 정말 많은 지역사회에서는 나이 든 청소년에 대한 지원이 제한적이고 비용이 높아 여름 기간을 위험하게 만든다."

감사합니다. 이제 반대신문을 받겠습니다.

[2] 첫 번째 반대신문
: 반대 측 두 번째 토론자(매트 피셔)가 찬성 측 첫 번째 토론자(앤드루 베이커)를 반대신문

Q: 네, 첫 번째 질문은 그 방안이 8학년을 졸업하고 고등학교로 진학할 개개인에게 적용될 것이냐는 것입니다. 맞습니까?

A: 네, 맞습니다. 기본적으로 중학교 학생들 대상입니다.

Q: 토론자의 경우는 모르겠지만, 저는 중학교를 졸업한 후 대학 장학금을 받는 권리를 획득하는 것에 대해 생각하지 않았습니다. 그렇다면, 어째서 이들이 경제적 동기부여에 대해 생각할 필요가 있다는 겁니까?

A: 우리가 제시한 사가와 증거는 실증적 연구입니다. 경제적 동기부여뿐 아니라 청소년들이 아무 것도 하지 않는 것에 대해 부모들이 압박을 받는 것 또한 사실입니다.

Q: 그래서, 여름기간 동안 청소년들이 아무 것도 하지 않습니까? 8학년들이 9학년으로 진급할 때 여름에 할 일로 봉사 활동보다 나은 것은 없

....

* 하키와 비슷한 운동경기.

습니까? 예를 들어, 여름은 분명 야구를 할 수 있고 충분히 즐길 수 있는 시간이라는 것을 〈원더 이어스(Wonder Years)〉*에서 다수 확인할 수 있습니다.

A: 방금 말씀하신 것은 모든 청소년들이 경제적으로 여유로운 환경에 있다고 가정할 때의 상황입니다. 우리가 제시한 증거는 그들이 이미 보살핌을 잘 받은 것임을 가리킵니다. 제가 읽어드린 사가와 증거의 마지막 부분은 현재 불우한 상태의 저소득층 가정에서는 앞서 말씀하신 그러한 활동에 비용을 지불할 수 없음을 보여 줍니다.

Q: 그래서, 사람들이 오직 경제적 동기에 따라 움직여야 하나요? 누구도 봉사 활동의 이익을 위해 봉사해야 하는 것은 아니지 않습니까? 단지 경제적인 도움을 받을 수 있다는 이유로 모두 봉사해야 하나요?

A: 우리 논증은 그것이 이익이 된다는 것입니다. 부모들 역시 그 사실을 알 수 있습니다. 우리 논증은 그것이 옳은지 아닌지에 대한 추론이 아닙니다. 교육에 대한 우리의 논증은 그들이 지급받는 500달러가 그들이 대학에 입학하는 데 유익할 것임을 명확히 보여 주는 것입니다.

Q: 그들이 500달러를 받나요? 평균적으로 연간 대학 등록금은 500달러보다 훨씬 더 많습니다. 저는 아이들이 미래에 구직활동을 할 수 있는 4년이라는 시간이 있는데, 왜 이 여름의 경제적 자극이 그렇게나 필요한지 의문입니다.

A: 사가와 증거의 첫 부분은 이 논증에서 실증적이고 핵심적입니다. 그것은 중요한 시기에 이 500달러가 대학 교육에 대해 생각해 보지 않은 가족을 그 과정으로 이끌고 더 많은 장학금을 얻도록 한다는 것을 보여 줍니다.

....

* 소년의 성장 과정을 다룬 미국 TV 프로그램.

Q: 그래서 방안에서 도출되는 경제적 이익이 고등학교 4년뿐 아니라 대학 4년과 이들 개인이 취직을 한 후에도 역시 발생할 것이라는 것이죠, 맞습니까?

A: 음, 저희는 이 방안의 직접성이 대학에 들어가고자 하는 인식을 끌어낸다고 주장하는 것입니다. 이 방안은 그들이 대학을 지향하도록 합니다.

Q: 대학 입학자 숫자는 증가할지 모르겠지만 4년 후 졸업생 숫자까지 증가할지는 모르겠습니다. 증거의 어떤 부분이 그 구별을 보여 주죠? 구체적으로 지적해 주세요.

A: 이 청소년들은 곧장 봉사합니다. 시민사회에서 사가와 증거는 …

Q: 제가 질문한 것들에 대해 구체적으로 지적해 주시겠습니까? 그것이 제가 요청하는 전부입니다.

A: 아시다시피 시민사회 이익에 있어, 사가와의 증거에서 나온 우리의 증거는 이들이 당장 봉사하게 될 것이어서 그들이 할 수 있고 할 수 없는 것에 대한 지역사회의 감각이 증가할 것이라는 점을 보여 줍니다.

Q: 그러면 미국 경제가 8학년 학생들에게 지급되는 500달러의 장학금에 달려 있다는 건가요?

A: 아니요. 미국 경제는 우리 교육 제도 내 문화적 다양성에 달려 있습니다.

Q: 그래서 우리가 비판적 사고자가 되어야 하고 더 많은 학생들을 참여시켜야 한다는 건가요?

A: 그것이 우리 논증의 본질입니다. 우리가 찾고 있는 것은 특정한 학생들입니다.

[3] 반대 측 첫 번째 입론 발언

: 스테퍼니 스파이스(글렌브룩 노스 고등학교)

시작하기에 앞서, 감사드리고 싶은 몇 분이 계십니다. 이 토너먼트를 주최하신 NFL에 감사드립니다. 토너먼트를 후원해 주신 위치토(Wichita) 주최 위원회의 비키 펠러스(Vickie Fellers)와 특히 이 토너먼트의 종목으로 정책 토론을 주최한 콜로라도 대학교에 감사드립니다. 그리고 토너먼트를 원활하게 운영하고 즐길 수 있도록 위치토 동부에서 토론 장소를 제공해 주신 데 대해서도 감사드립니다. 이 중요한 토론을 판정하기 위해 시간을 내주신 존경하는 판정관께도 감사드립니다. 또한 저희 팀의 지도 선생님께 감사드립니다. 저희 글렌브룩 노스의 토론 총괄자인 크리스티나 탈룽간, 코치이신 마이클 클링거(Michael Klinger), 트리스탄 모랄레스(Tristan Morales) 그리고 그렉 말리스(Greg Malis) 선생님, 그리고 올해 내내 저희에게 큰 도움을 준 동료이자 친구인 막스 볼드먼(Max Boldman). 이들은 모두 올해 저희 팀이 성공하는 데 중요한 역할을 해 왔고, 저의 마지막 토론 학년을 잊지 못할 경험으로 만들어 주었습니다.

또한 토론을 해 온 내내 그리고 어디서든 항상 저를 격려하고 옹호해 준 저의 파트너, 토론에서 마지막 해를 매우 성공적이고 흥미롭고 무엇보다 즐겁게 만들어 준 저의 파트너, 매트 피셔에게 고마움을 전합니다.

또한 상대측 토론자, 쇼니 미션 웨스트에서 온 앤드루와 세라에게 감사를 표합니다. 저의 마지막 토론을 이렇게 경쟁력 있고 성공적인 팀과 하게 되어 영광입니다. 마지막으로, 그렇지만 앞서 말씀드린 분들과 마찬가지로 중요합니다. 이렇게 멋진 오후를 허락한 와일드 웨스트 월드(Wild West World)에 감사드립니다.

저희는 찬성 측 입론에 대한 세 가지 비입론을 제시한 다음, 해결성을 제시하는 순서로 말씀드리겠습니다.

첫 번째 비입론은 논제 관련성입니다.

A: 주장. 논제와 관련되기 위해. 찬성 측은 아메리코프에서 봉사하는 사람들의 수를 대폭 증가시켜야 합니다. 이를 정의로 뒷받침하겠습니다. 우선, 증가는 결과가 아니라 과정을 언급하는 것입니다. 방안은 그 자체로 활발하고 적극적인 모집을 통해 참가자를 증가시켜야 합니다. 그것은 단순하게 저절로 증가되는 것이 아닙니다. 고등교육 기금 위원회(Higher Education Funding Council), 2004년, 온라인 자료에는 다음과 같은 설명이 있습니다. "'증가'는 그 자체로 목적이 되기보다 기능을 수행함에 있어서 감안해야 할 고려 사항과 관련되어 쓰인다. 주요 규제 당국이 규제 그 자체를 '증가'시키려는 의무는 법적 의무의 성격 또는 한계를 적절히 정의하지 않는 한 실행 불가능하다. 규제는 계속 증가하는 것으로 고려될 수 있다."

또한, '대폭'은 증가의 정도가 명확해야만 함을 의미합니다. 미래의 잠재적 증가는 논제에 부합하지 않습니다. 『단어와 문장(Words and Phrases)』, 1964년, 온라인 자료에는 다음과 같은 설명이 있습니다. "'대폭'은 감춰진 것을 뜻하지 않고, 그저 될 수 있는 것이 아니라 현재 가능한, 분명한, 확실한, 진짜 존재하는 것을 나타낸다."

B: 위반. 찬성 측은 단지 법안을 통과시키고 여름 봉사 활동의 선택권을 제공합니다. 이는 방안 시행 후 더 많은 사람들이 동참할 것을 실제로 보장하는 것이 아닙니다.

C: 기준. 첫째, 찬성 측은 논제를 폭발적으로 확장시킵니다. 신규 모집을 증가시키기 위해 프로그램의 매력도를 높이는 방법은 엄청나게 많습니다. 그것은 반대 측에게 불가능한 자료 조사 부담을 주고 토론의 질을 떨어뜨립니다.

리펠(Rieffel), 브루킹스 연구소 방문연구원, 2005년, 온라인 자료에는 다음과 같은 설명이 있습니다.

"봉사 활동 참여자의 수에는 8개 요소(사명감, 인구통계, 구직 기회, 보상, 사전 경험, 기술, 안전, 안정성)가 영향을 미치는 것으로 나타났다. 해외 봉사에 대한 관심은 더 힘든 고용 시장과 연관되어 있다. 경기 순환 또한 나이든 자원봉사자의 공급에 영향을 미친다. 경기가 활황일 때에는, 자신의 경력에서 이미 안정적인 자리를 잡은 사람들이 자원봉사를 위해 시간을 쓰는 데 따르는 위험 부담이 줄어든다."

둘째, 찬성 측은 우리의 핵심 근거(core ground)를 빼앗습니다. 가장 일반적인 것은 사람들이 봉사하도록 의무화하고 수를 증가시키는 것을 기반으로 합니다. 사회봉사에 대한 질문을 심도 있게 다루려면 반대 측 근거가 적당하게 보장되는 것이 핵심입니다.

D: 논제 관련성은 투표 쟁점입니다. 찬성 측이 논제의 범위 내에서 입증하는 것이 선결 요건 책임(prima facie burden)입니다. 찬성 측이 그 책임을 지지 않으면, 찬성 측에 투표하는 것은 여러분의 권한을 벗어나는 일입니다.

다음 비입론은 정당화 논증입니다. 미국 연방 정부가 사회봉사자들의 수를 증가시켜야 하는지가 올해 논제에서 핵심적인 질문입니다. 찬성 측에 대한 투표를 정당화하기 위해, 찬성 측은 그 중대한 피해를 해결하는 데 연방 정부에 의한 조치가 필요함을 증명해야 합니다. 저희는 찬성 측이 워싱턴 D.C.와 다른 모든 50개 주에서 정책 토론 프로그램을 만들고 유지하기 위해 중등학교에 대한 지원을 대폭 늘리기만 하면 쉽게 해결될 수 있는 단 하나의 고립된 피해만을 언급했기 때문에, 연방 정부의 조치를 정당화하는 데 실패했다고 봅니다. 찬성 측이 제기한 피해는 연방 정부의 조치 없이 해결하는 것이 연방 수준의 비용 낭비를 막기 때문에 더 효율적입니다. 또한, NFL 방식의 토론을 확대하는 것이야말로 학문적인 성취와 시민적 참여를 해결할 것입니다. 러셀 헤인스(Russell Hanes), 2007년 뉴욕 및 남부 캘리포니아 도시 토론 리그 자원봉사자,《로스트럼(The Rostrum)》, 온라인 자료에는 다음과 같은 설명이 있습니다.

"토론에 참여하는 학교의 비율이 감소해 왔다. 교육적 불평등은 토론 코치들이 직면해야 하는 것이다. NFL 프로그램이 없는 학교의 학생은 심각한 교육적 불이익에 처한다. 이 활동에 참여하는 것이 가장 필요한 학생들에게 오히려 이러한 기회가 주어질 가능성은 가장 낮다. 코치에게 요구되는 것은 교육에서 실질적인 불평등 중 하나를 해결하기 위한 집단행동으로, 이는 더 많은 학생들에게 학교를 통해 NFL에 참가할 기회를 주기 위한 것이다. 새로운 전략은 새로운 학교를 유치하고 작은 프로그램을 크게 키우면서 활동적이어야 한다. 공정성 쟁점은 토론 공동체에는 생존 쟁점이다."

또한 토론은 국내 정치에 대해 개인을 교육하고 실제 사람들이 박식한 시민으로서 참여하도록 하는 최선의 방법입니다. 조이너(Joyner), 조지타운 대학교 국제법 교수, 1999년 봄, 온라인 자료에는 다음과 같은 설명이 있습니다.

"토론은 학생들이 정치적 쟁점에 대한 다양한 관점을 이해하도록 돕는, 사회과학 교육을 위한 효과적인 교육학적 도구가 될 수 있다. 토론은 수동적인 소비자가 아니라 비판적인 청중 앞에서 수사학적 관례에 따라 대체 방안과 결과들을 공식적으로 제시한다. 법을 적용하고 시행하는 것의 복잡성을 깨달을 때, 학생들은 실제 세계의 법적 딜레마에 대한 훌륭한 시각을 얻으면서 법률을 옹호하게 된다."

또한, 교육적 정책은 주 정부에 의해 가장 잘 운영됩니다. 페어존(Fere-john), 후버 연구소 선임연구원, 그리고 와인개스트(Weingast), 후버 연구소 선임연구원 및 스탠포드 대학교 정치학과 학과장, 1997년, 온라인 자료에는 다음과 같은 설명이 있습니다.

"지방 정부 공무원들은 본질적으로 지역의 여건과 선호에 관한 정보를 더 많이 알고 있다. 공립학교들은 지방 정부의 책임으로 관리되어 왔다. 연방 정부는 인근 학교를 지역적 요구와 선호에 맞추기 위한 정보가 불충분한 것 같다. 지역적 제공은 내재적 이익을 갖는다."

다음 비입론은 연방 정부 예산 불이익입니다. 주장은 다음과 같습니다. 우리 연방 정부의 교육 예산이 이미 바닥난 상황에서 찬성 측 방안은 연방 정부 지출을 더 증가시킵니다. 우리나라가 두 개의 전쟁을 수행하고 조국을 방어해야 할 때에, 찬성 측 방안을 위해 불가역적인 지출을 하는 것은 무모하며 국가 안보를 위험하게 할 수 있습니다.

고유성(uniqueness): 부시 대통령이 얼마 전 새로운 예산관리국장으로 짐 너슬(Jim Nussle)을 임명했고, 그는 어떠한 새로운 지출에도 현재 수준을 유지할 것입니다.

저스텐장(Gerstenzang), 《타임스(Times)》 선임기자, 《로스앤젤레스 타임스(Los Angeles Times)》, 2007년 7월에서는 다음과 같이 설명합니다.

"부시 대통령은 포트만을 대신하여 짐 너슬을 임명했다. 너슬은 보수적으로 예산을 운영하고 예산 집행에 엄격하기로 잘 알려져 있다. 예산관리국 국장으로서 그는 납세자들의 돈이 존경과 절제 속에 쓰이는 것을 보장하기 위해 예산 수립 과정에 대한 자신의 전문성을 사용할 것이다."

연계: 방안은 새로운 사회봉사에 우선순위로 자금을 지출합니다. 방안은 폐지될 수 없기 때문에 연방 정부 예산에서 절대적인 것이 되고, 중복되고 낭비되는 예산 지출을 유발합니다. 브래디(Brady), 텍사스 출신 공화당 대표, 2006년, 그의 의회 증언에서는 다음과 같이 설명합니다.

"의회가 생산 공장이었다면, 우리는 지출을 생산했을 것이다. 한 번 생산된 연방 정부 프로그램은 절대 없어지지 않는다. 지구상에서 우리가 목격하는 것 중 가장 생명력이 긴 것은 정부 프로그램일 것이다. 그것은 없어지지 않을 뿐 아니라 의회를 통해 복제되기까지 한다. 모든 연방 정부 프로그램은 5개의 다른 것으로 복제된다. 큰 적자가 발생하는 전쟁 시기에, 우리에게는 이러한 비효율성을 감당할 여력이 없다. 신성성은 불필요하다."

효과: 국내 우선순위에 낭비적으로 지출하는 것은 국가 안보를 위험하게 해 세계적으로 파괴적인 결과를 초래합니다. 피터슨(Peterson), 외교협회 의장 및 뉴욕 연방 준비제도 이사회 의장, 1999년 1월, 《포린 어페어스》, 온라인 자료에는 다음과 같은 설명이 있습니다.

"GDP 성장이 노동력과 생산성 증가의 산물임을 이해하기 위해 노벨 경제학상 수상자가 될 필요는 없다. 국방은 전형적인 예이다. 서구 사회는 이미 생물학 및 화학 무기고로 무장한 테러지원국으로부터의 위협에 직면해 있다. 이러한 외부적 위험 중 어떤 것도 우리의 GDP 감소를 수용하기 위해 줄어들지는 않을 것이다. 선진국들이 국방에 현재 수준보다 더 많은 비용을 지불해야 한다는 것은 틀림없을 것이다."

이제 찬성 측 입론의 해결성에 대해 말씀드리겠습니다. 첫째, 찬성 측이 촉진하는 학문적 성취의 유형은 다른 종류의 것입니다. 그것은 그저 만년에 사람들이 자원봉사를 하도록 할 뿐입니다. 경제에 있어 긍정적 기여를 유발하는 것이 아닙니다.

둘째, 청소년들이 경제에서 GDP 성장에 실질적으로 영향을 주기까지는 매우 긴 기간이 필요합니다. 경제에서 찬성 측 방안에 따른 즉각적 효과는 없는 것입니다.

게다가, 최근 5년간 청소년의 시민적 참여가 급등하는 추세입니다. 레스터(Lester), 2007년 연합통신 기고문, 온라인 자료에는 다음과 같은 설명이 있습니다.

"이 나라 사람들은 9월 11일 이후 수 년 동안 기록적 수준으로 자원봉사 활동을 해 왔다. 2006년에는 국민의 1/4 이상이 자원봉사를 했고, 이는 자원봉사자 중 16세에서 19세까지 청소년 비율이 급격히 증가(거의 2배)한 것에 영향을 받은 것이다. 9·11과 허리케인의 황폐함이 자원봉사를 하는 것에 대한 강한 관심과 사회참여와 같은 바람직한 일을 낳았다. 또 자원봉사 비율은 대부분의 연령대에서 증가했다.”

그리고 누구도 여름을 봉사 활동에 쓰지 않을 것입니다. 중학생과 고등학생이 그들의 여름을 포기하고 아메리코프에서 자원봉사할 이유는 없습니다.

게다가, 이라크 때문에 시민적 참여는 높습니다. 포드(Ford),《바이브 뉴스(Vibe News)》기고 작가, 2007년에서는 다음과 같이 설명합니다.

“학생들은 지난 역사에서 최대 규모로 반전시위를 했고, 이는 역사상 최대 규모의 반전시위의 날로 기록되었다. 대학생들은 동맹휴학, 수업 거부, 성토대회와 항의에 다양하게 참여했다. 학생들은 권한이 있다고 느꼈다.”

그리고 내부적 모순(internal tradeoff, 방안 자체의 이율 배반성)이 있습니다. 보통 때였다면 학기 중에 아메리코프를 할 사람들이, 방안의 더 나은 이익 때문에 이를 여름까지 연기할 것입니다. 이것은 실제로 자원봉사에서 순감소를 초래할 것이고, 찬성 측이 문제를 해결할 수 없음을 뜻합니다.

게다가 사람들이 금전적인 이익만을 위해 참여한다면, 이는 직업과 다를 바가 없습니다. 이는 그릇된 이기심을 대신하는 이타주의적 생각을 약화시키고, 청소년들이 진짜 직업을 구하는 대신 아메리코프에 참여할 것이기 때문에 자원봉사와 시민적 참여의 이점을 변질시키는 것입니다.

또한, 이미 아메리코프 자원봉사 활동 참여도는 높습니다.《월드 매거진(World Magazine)》, 2007년 3월 10일, 온라인 자료에는 다음과 같은 설명이 있습니다.

“9·11 테러 발생 이후 애국심에 힘입어, 지난 5년 동안 정부가 후원하는 봉사 활동 프로그램에 자원봉사자들이 몰려들었다. 비영리단체로 설립되어 자원봉사자를 배치하는 아메리코프 프로그램 지원자가 2004년에 비해 50퍼센트 증가했다."

반대신문을 받겠습니다.

[4] 두 번째 반대신문
: 찬성 측 첫 번째 토론자(앤드루 베이커)가 반대 측 첫 번째 토론자(스 테퍼니 스파이스)를 반대신문

Q: 반대 측에서 언급한 논제 관련성 위반에 대해 얘기해 봅시다. 첫째, 저 희 찬성 측의 사가와 증거 첫 부분은 저희 법안이 실제로 현 상태에서 소외된 중학생들을 모집한다는 것을 가리킵니다. 저희가 어떻게 해야 반대 측의 위반을 피할 수 있죠?

A: 저희의 해석은 찬성 측이 다음과 같아야 한다는 겁니다. 찬성 측의 선 결 요건 책임을 정당화하려면 우선, 현 상태로부터 변화되어야 하고 현 상태와는 달라져야 합니다. 이 프로그램들이 이미 있다면, 찬성 측 은 그것을 변화시키는 것이 아니라는 의미입니다. 둘째로 ….

Q: 잠깐만요. 사가와 증거의 첫 부분은 현 상태에서 그들이 사람을 모집 하고 있지 않다는 것을 가리킵니다. 이 논증이 어떻게 적용되나요?

A: 그 법안 … 찬성 측 방안의 문구는 그 법안을 시행할 것이라는 게 전부 입니다. 그것은 아메리코프에 가입할 사람들을 실제로 모집하는 것이 아니고, 찬성 측이 인센티브를 제공하더라도 실제로 사람들이 인센티 브 때문에 가입할 것임을 보증하지는 않습니다.

Q: 저희 사가와 증거 첫 부분은 이 법안이 실제로 사람들을 모집한다는 것을 가리킵니다. 어디에 위반이 있다는 거죠?

A: 저희가 제시한 증거는 증가는 과정에 대한 언급이지, 결과에 대한 것

이 아니라는 점과 찬성 측 방안의 통과로 증가가 즉각 시작되어야 함을 보여 줍니다. 물론, 때로는 찬성 측 방안이 통과된 후, 법안이 통과된 후, 실제로 사람들을 모집하기 시작할 것이지만 그것이 방안의 즉각적 효과는 아닌 것입니다.

Q: 그래서 이것이 다른 것보다 더 긴급한, 즉시성 논증(immediacy argument)이라는 것입니까?

A: 둘 다입니다. 특히 찬성 측 방안은 단지 500달러를 제공할 뿐이기 때문에 누구든 금전적 인센티브를 받아들일 것이라고 보증할 수 없는 것이어서 가입할 사람들을 확실히 증가시킬 수 있는 정책이 아닙니다.

Q: 그러면 저희가 이 논제에 대해 사람들이 참여할 것이라는 증거를 읽으면 됩니까?

A: 증거뿐 아니라, 찬성 측 방안에서 즉각적 증가가 좋은 생각이 될 것이라는 이유를 정당화해야 합니다.

Q: 알겠습니다. 다음번에 정당화 논증(justification argument)을 제시하죠.

A: 좋습니다.

Q: 토론이 저희 찬성 측의 모든 측면을 해결할 것이라 주장하시는 것이죠?

A: 그렇습니다. 토론은 찬성 측의 모든 측면을 해결할 수 있지만, 저희는 또한 다음과 같이 이야기합니다.

Q: 할 수 있다고요?

A: 찬성 측은 논제에서 연방 정부 조치를 정당화해야 합니다.

Q: 놀랍군요. 토론이 사람들을 실제로 모집하나요?

A: 네, 반대 측의 대체 방안은 사람들을 실제로 모집해야 한다고 말하는 것입니다.

Q: 이 논증을 증명하는 다른 증거가 있나요?

A: 네, 저는 이 질문에 대한 증거 두 가지를 읽었습니다.

Q: 아니요, 그들이 행하거나 옹호할 것임을 보여 주는 증거, 그리고 실제로 사람들을 모집하고 문제를 해결할 것이라는 증거 말입니다.

A: 네, 저희 논증은 그들이 토론을 해야 한다는 것과 토론이 피해를 해결할 것이라는 것입니다.

Q: 그들이 토론을 해야 한다지만 그들이 토론해야 하는 이유에 대한 다른 분석이 있나요?

A: 저희는 그들이 그것을 해야 한다는 점을 옹호합니다.

Q: 반대 측은 옹호하고 있군요. 좋습니다. 이 경제적 불이익에 있어서, 저희 찬성 측은 문화적 다양성의 결핍 때문에 경제가 이미 적자 상태임을 지적했습니다. 반대 측 첫 번째 입론에서 이에 대한 다른 논증을 제시했었나요?

A: 네, 저희가 제시한 증거는, 실제로는 이라크와 아프가니스탄과 전쟁에 대한 추가 세출 예산 지출을 지속하는 행정부와 정부 때문에 경제가 수렁에 빠져 있음을 가리킵니다. 정부가 여기에 대한 관심을 옮기도록 압박하는 것은 …

Q: 현 상태가 이미 추가 예산을 지출하고 있는 것이라면, 어째서 저희 찬성 측 방안과 함께 실행될 수 없는 것이지요?

A: 찬성 측 방안은 이라크나 아프가니스탄에 사람들을 보내는 것이 아니기 때문입니다.

Q: 맞습니다. 하지만 반대 측의 고유성 증거가 그들이 추가적으로 지출하는 것을 지속할 것임을 가리키는 것이라면, 어째서 찬성 측이 …

A: 아니요. 저희의 고유성 증거는, 이라크와 아프가니스탄 같은 곳에서 감당할 수 있는 능력을 넘어섰기 때문에, 부시 대통령이 추가적인 연방 정부 국내 예산을 동결하고자 최근 예산관리국에 새로운 국장을 임명

했다는 점을 가리킵니다. 찬성 측 방안, 즉 의회가 새로운 프로그램을 계속 확대하도록 허용할 것이라는 그 방안은 수정될 수밖에 없을 것입니다.

Q: 그렇다면 이 논증에서 위기(brink)는 무엇입니까? 연계 논증에서 이기려면 저희 찬성 측이 반대 측에 영구적으로 얼마나 많은 비용을 지불해야 하는 거죠?

A: 무슨 뜻이죠? 이해가 안 되는데요.

Q: 연계 논증을 차단하려면 저희 방안에 어느 정도의 비용이 지출되어야 한다고 보십니까?

A: 찬성 측 방안은 예산 지원을 필요로 합니다. '대폭적인 증가'를 위해서는 분명 '엄청난(a lot)' 비용이 있어야 합니다.

Q: '엄청난'이 뜻하는 게 뭐죠?

A: 무슨 뜻입니까?

Q: '엄청난'을 맥락화해 주십시오.

A: 저희 반대 측의 연계 증거는 점증적(linear) 연계입니다. 연방 정부 프로그램에 지출되는 비용의 양은 …

Q: 어디에 있죠?

A: 그럼요, 확인하기를 원합니까?

Q: 그렇습니다.

A: (논증 개요에서 증거 부분을 가리키며) 증거의 이 부분입니다. 모든 연방 정부 프로그램은 … "우리가 지구상에서 확인할 수 있는 영원한 생명력을 지닌 것에 가장 가까운 것은 연방 정부 프로그램이다. 그것은 없어지지 않을 뿐 아니라 의회는 오히려 그것을 복제해 낸다."

Q: 네, 감사합니다.

[5] 찬성 측 두 번째 입론 발언

: 세라 위너(쇼니 미션 웨스트 고등학교)

시작하기에 앞서, 제 파트너와 상대 토론자, NFL 총 책임자, 집행위원회, 지역 주최 위원회, 탭 룸 스태프, 정책 토론 토너먼트 기간 동안 매일 엘리베이터 찾는 것을 도와주셨던 위치토 동부 지역 자원봉사자들께 감사의 박수를 보냅니다. 이 토너먼트를 위해 애써 주신 모든 분들께 영원한 감사를 표합니다. 이 토너먼트는 우리 모두에게 탁월한 경험이었고 절대 잊지 못할 것입니다.

또한 항상 저희를 지도해 주신 지도 선생님들께 감사의 박수를 보냅니다. 수석 코치 킹 선생님과 저는 왜 토론을 지도하시는지, 우리가 왜 토론을 하는지에 대해 자주 이야기해 왔습니다. 우리가 찾아낸 한 가지는 즐기는 것입니다. 토론은 지금까지 제가 참여해 본 것 가운데 최고의 활동 중 하나이며, 저는 오늘 여러분 앞에 서게 된 것을 영광으로 여깁니다. 또한 제가 만날 수 있는 최고의 토론 파트너인 제 파트너에게 고마움을 전합니다. 그가 내년에 대학에 진학하고 나면 저는 그를 끔찍이 그리워할 것입니다.

그럼, 첫째 논제 관련성, 다음으로 해결성, 정당화, 비용의 순서로 말씀드리겠습니다.

첫째, 논제 관련성에 대한 것입니다. 저희는 반대 측이 주장하는 위반에 마주쳤습니다. 첫 번째 해결성 증거 부분은, 사가와가 6월 20일에 우리가 통과시키는 법안이 청소년 참여를 법제화할 것임을 구체적으로 언급한 것입니다. 그 토론 카드 내용은 다음과 같습니다. "법률 제정은 고교 여름 동안 십대들을 집약적인 봉사에 '통과의례'로써 참여시키려는 지역사회의 노력을 뒷받침할 것이다." 이 법제화는 실제로 소외된 10대를 모집할 것이고, 이것이 찬성 측 첫 번째 입론의 전제입니다.

또한, 찬성 측 방안은 여름 봉사 프로그램을 통해 아메리코프에 봉사하는 사람의 수를 증가시키는 것을 의도하기 때문에 논제에 부합합니다. 우리는 이러한 증가를 방어하고 있고, 반대 측의 논증은 그들이 주장한 모든 불이익에 연계되기 때문에 우리의 논증에는 오류가 없습니다.

또한, 방안은 10만 명의 학생들이 여름 봉사 활동에 참여하도록 하는 데 단지 1억 달러의 비용만을 들이는 것입니다. 찬성 측 첫 번째 입론에 인용되었던 사가와에 따르면, "십대들이 자각, 권한 부여, 책임감이 길러지는 것을 어디에서든 볼 수 있다. 1억 달러로 10만 명을 여름 봉사에 참여하도록 할 수 있고, 대학 장학금 500달러를 제공할 수 있다."고 합니다. 또한, 현재 아메리코프에서 봉사하는 사람은 7만 명뿐인데, 이는 우리의 방안이 기관에 있는 사람들의 수를 배 이상 늘려 아메리코프에 사람들을 대폭 증가시킬 것임을 뜻합니다.

저희의 대체 해석은 '증가'란 점진적이라는 것입니다. 2006년 『메리엄 웹스터 온라인』에서는 증가를 '크기, 양, 수, 강도 등이 점진적으로 더 커지는 것'라고 정의하고 있습니다. 그리고 우리의 기준은 더 나은 것입니다. 첫째는 제한(limits)입니다. 어떤 프로그램이든 사람들이 즉시 투입될 수는 없기 때문에 반대 측 해석 아래서는 논제와 관련된 입론이 존재할 수 없습니다.

또한, 우리는 반대 측에게 더 많은 근거를 제공하는 셈입니다. 국가 봉사 프로그램에 참여하는 사람들의 수를 즉각적으로 증가시키는 단 한 가지 방법은 그들에게 실행당위를 주는 것인데, 이는 반대 측의 근거를 모두 없앨 것이기 때문입니다.

반대 측에서는 저희가 제한을 넘어선다고 말하지만, 저희는 저희의 방안을 옹호하고 10만 명의 학생을 증가시키기 때문에 이는 사실이 아닙니다. 또한, 반대 측은 저희가 활발하게 사람들을 모집해야 한다고 합니다. 여러분께서 만일 법제화가 당장 활발하게 사람들을 모집하지 않는다고 믿는다면, 반대 측은 저희가 사람들을 모집할 조직을 만들기 위해 현 상태에서 무언가를 근본적으로 바꾸도록 할 것입니다. 이보다 더 반대 측 근거를 훼손시킬 문헌적 기초는 없을 것입니다.

마지막으로, 반대 측은 저희의 방안이 의무화되어야 하는 것이기 때문에 핵심 근거를 훼손시킨다고 말하지만, '의무화'는 논제의 입안자가 제한을 넘어선 것이라고 여겼기 때문에 이 논제(topic)에서 배제되어 있습니다. 저희는 완벽히 논제 관련성을 지켰습니다. 여러분께서는 오늘 토론 라운드에서 논제 관련성 위반에 투표할 이유가 없습니다.

해결성에 대한 것입니다. 반대 측의 첫 번째 논증은 저희의 방안이 단순히 나중에 자원봉사자를 증가시키는 것에 불과하다는 것이지만, 찬성 측 방안이 아메리코프 하계 봉사 프로그램에 청소년들을 활발하게 모집한다는 찬성 측의 첫 번째 해결성 증거를 생각해 보십시오. 그리고 저희의 방안이 10만 명의 청소년을 증가시킬 것이라는 사가와 증거를 생각해 보십시오.

반대 측의 다음 논증은 GDP 증가에 장시간이 소요된다는 것입니다. 하지만 저희 방안의 교육적 이익은 경제적인 면을 해결합니다. 이틀 전 자료인 사가와 증거는 그렇지 않으면 대학 교육을 시도하지 않을 것 같은 소외된 학생들에게, 하계 봉사 활동이 대학 장학금을 제공할 것이라는 점을 가리킵니다. 또한, 2004년 말콤, 추빈과 제시는 미국의 경제적 성장을 지탱하기 위한 국내 인재들을 증가시키는 데 있어 소외된 학생들에 대한 교육을 증가시키는 것이 필수적임을 가리킵니다. 마지막으로, 2005년 고트샬크는 다양성이 다문화 역량과 비판적 사고, 더 현명한 노동자와 더 나은 경제사회에 중요함을 가리킵니다. 현 상태는 경제적 문제를 해결하지 못할 것입니다. 오직 찬성 측 방안만이 미래 경제를 살릴 수 있는데, 이는 여러분께서 지금 당장을 그 시기로 고려하셔야 함을 뜻합니다.

반대 측에서는 현재 상태에서 시민적 참여가 높다고 말합니다. 하지만 소외된 십대들이 시민적 활동에서 배제되어 있음을 보여 주는, 사가와 증거 중 내재성 증거의 첫 부분을 생각해 보십시오. 우리가 세계 시장에서 경쟁력을 갖추려면 소외된 청소년들을 과학과 수학 같은 경제 분야로 데려와야 하기 때문에, 이들 소외된 청소년들은 경제의 핵심입니다.

반대 측은 청소년들이 각자의 여름을 포기하지 않을 것이라고 말하지만, 해결성에 관한 사가와 증거는 모두, 이들 청소년들이 여름방학 동안 할 일을 찾고 있고 그들의 부모들 또한 마찬가지로 뭔가를 찾고 있음을 가리킵니다.

반대 측은 이라크 때문에 시민적 참여가 높다고 하지만, 이들 청소년이 시민적 활동에 참여하지 않고 있기 때문에 위의 답변으로 대신할 수 있습니다.

반대 측은 아메리코프에서 청소년들이 학기 중에 활동하지 않고 여름 동안 활동할 것이기 때문에 저희 주장에 내부적 모순이 있다고 말하지만, 아메리코프의 고등교육을 위한 프로그램은 2년을 약속하는 것입니다. 이 것은 오직 여름에만 한정된 아메리코프 고유 프로그램입니다. 또한, 사가와 증거는 이들 소외된 청소년들이 분명히 여름방학 동안 할 일을 찾고 있음을, 학기 중에는 그것을 하려고 하지 않을 것임을 가리킵니다.

반대 측은 저희가 단지 일자리를 만드는 것뿐이라고 말하지만, 저희의 방안은 그들에게 500달러의 장학금을 제공하는 것입니다. 교육적 이익의 맨 위에서 사가와 증거는, 이 500달러 장학금이 이들 청소년을 그들도 그 부모들도 이전에는 고려하지 않았을 잠재적 대학생으로 특정 짓는다고 말합니다. 그들을 대학으로 가는 길 위에 올려둔다는 것입니다. 그들은 그것을 직업으로 보지 않고 기회로 볼 것입니다. 또한 어쨌든 이 청소년들이 여

름방학 동안 일자리를 구하기에는 너무 어리다는, 해결성에 관한 마지막
사가와 증거를 생각해 보십시오.

마지막으로, 반대 측은 아메리코프에 대한 관심이 높다고 말하지만, 내
재성에 대한 사가와 증거의 첫 부분은 소외된 청소년들이 시민적 활동에
참여하지 않고 있음은 물론이고 그들이 아메리코프에서 시민적 활동을 하
지 않는 것이 분명하다는 것이었음을 생각해 보십시오.

반대 측의 정당화 논증에 대한 것입니다. 첫째, 반대 측은 저소득층 사
람들을 토론 영역으로 데려올 수 있음을 보여 주는 증거를 제시하지 않았
습니다. 게다가 저희는 찬성 측 첫 번째 입론으로 이러한 시민적 참여를 해
결합니다. 저희는 지금 당장 십대들이 시민적 참여를 하지 않고 있다는 것
과 소외된 청소년들이 시민적 참여를 하지 않고 있다는 것을 말씀드리고
있습니다. 고등학교 신입생이 되기 전 여름에 그들을 시민적 참여로 이끈
다면, 그러고 나서 신입생이 되면 그들은 공공 쟁점에 관심을 가질 것이기
때문에 토론과 같은 활동에 더 많이 참여할 것입니다.

또한, 저희는 찬성 측 방안이 이익을 해결하는 유일한 방식임을 정당
화할 필요가 없습니다. 저희는 단지 논제를 정당화할 필요가 있을 뿐입니
다. 그리고 저희는 연방 정부를 통해 아메리코프 사람들의 수를 증가시켜
야 한다는 것을 여러분 앞에 입증해 보이겠습니다.

첫째, 주에서는 저희 법안이 시행하고자 하는 연방 정부 법률을 개정
할 수 없습니다. 그리고 저희 방안의 국가 기반 시설은 모든 해결성 주장에
중요한 내적 연계입니다. 찬성 측 첫 번째 입론에 인용했던 셜리 사가와는
"보편적으로 이용 가능한 여름 봉사 프로그램은 지역사회가 십대들에게
긍정적인 대체 방안을 만들도록 도움으로써 이러한 정책 격차를 메울 수
있다. 현존하는 봉사 활동과 청소년 프로그램 인프라 위에 만들어지는 제
도라면 모든 청소년들이 봉사 활동에 참여할 수 있도록 하는 국가적 제도

를 하나의 통과의례로 개발하는 것이 가능할 것이다."라고 했습니다.

끝으로, 비용으로 넘어가겠습니다. 첫째, 지금 지출하는 것은 재정 규율과 재정 책임을 장기적으로 개선할 것입니다. 경제정책 연구소, 온라인, 2003년: "1990년대 후반 동안 겪은 것처럼 결국에는 지출 제안이 재정 책임을 실제로 개선시킬 것이다. 고속 성장은 적자감축을 위한 확실한 방법이다. 그렇게 할 필요가 있을 때, 정부의 경제적 지출을 늘리기 위한 임시조치를 사용함으로써 실업을 줄이고 번영으로 나아가는 동시에 재정 보전을 촉진할 것이다."

또한, 논제 관련성을 다루면서 읽어드렸던 셜리 사가와의 증거는 저희 찬성 측 방안에 1억 달러만이 소요될 것임을 보여 줍니다. 1억 달러 지출이 경제를 무너뜨릴 것이라는 위기(brink)를 증명해 보일 것을 반대 측 토론자께 요청합니다. 또한, 아메리코프에 대한 현재의 재정 규율이 약하기 때문에, 이는 비고유성 논증입니다. 알렉스 웨인(Alex Wayne), CQ 기자, 6월 19일, 〈상원 법안은 부시 대통령의 절제와 지출에 반대한다〉,《콩그레셔널 쿼터리 위클리(Congressional Quarterly Weekly)》에서는 다음과 같이 설명합니다.

"이 법안은 사회보장국과 아메리코프와 같은 몇몇 소규모 기관을 포함하는 세 개의 큰 부처 간 임의 지출에 1,492억 달러를 분배한, 국내 지출 최대 지표이다. 부시 대통령은 총 1,409억 달러를 넘지 않는 2008년도 노동·복지·교육 회계 예산 법안을 요청했다."

또한, 해결성 논증에서 저희 찬성 측 방안이 경제 문제를 더 빨리 해결한다는 것과 그 기간을 분석해 보인 것이 중요함을 생각해 보십시오. 결국, 찬성 측 방안은 두 가지 중요한 방법으로 경제적 성장을 돕습니다. 첫째는 말콤 등이 언급한 국내 잠재력 증거입니다. 이 증거는 너무 명백해서 그대로 인용하고자 합니다. "다양성의 사례는 미국 경제성장에서 가장 중요한 단 하나의 결정적인 요소입니다." 이는 오직 국내 교육을 통해서 회복할 수 있는 심각한 노동력 부족 문제를 해결하는 것을 찬성 측 방안이 도울 수 있기 때문입니다. 둘째는 미국인의 역량이 해외 시장에서 경쟁하는 데 핵심이라는 고트샬크의 문화적 역량 증거입니다. 또, 말콤과 추빈, 제시는 2004년에 소외된 청소년들에 대한 교육을 늘리는 것이 미국의 국가 안보를 지탱하는 국내 인재를 늘리는 데 필수적임을 언급했습니다. 찬성 측 방안을 통해 국내 인재가 늘어나지 않으면, 테러리스트의 공격을 피할 수 없을 것입니다. 또한 저희가 제시한 증거가 매우 구체적이기 때문에 저희 찬성 측의 전환이 반대 측의 연계 논증보다 우위에 있습니다.

[6] 세 번째 반대신문
: 반대 측 첫 번째 토론자 스테퍼니 스파이스가 찬성 측 두 번째 토론자 세라 위너를 반대신문

Q: 여름 봉사 활동에 참여한 사람이 경쟁력 있는 경제로 만들기 위해 경제 활동을 할 수 있는 인재로 바꾸려면 얼마나 걸리는 거죠?

A: 저희는 청소년들이 일을 하기에 충분한 나이가 되자마자 즉시 경제에 기여할 것이라고 봅니다.

Q: 최소한 여름 전체 기간이 소요되지 않을까요?

A: 여름 3개월이 걸리겠죠.

Q: 그러면 찬성 측에서 생각하기에 경제에 더 빠르고 큰 효과를 미치는 것은 무엇일까요? 청소년들이 시민으로 참여하는 법을 배우고, 그런 다음 과학자가 되는 과정을 거쳐서 우리 사회를 더 경쟁적으로 만드는 것일까요? 아니면 이라크와 아프가니스탄에서 우리가 감당할 수 있는 능력 이상을 요구하는 이때, 국내 쟁점에 1억 달러를 지출하는 것일까요?

A: 두 가지 답변을 드립니다. 첫째, 방금 하신 질문의 마지막 부분은 이것이 비고유성임을 증명합니다. 저희는 이라크와 아프가니스탄에 수백억 달러를 쓰고 있고 아직 부도 위기에 놓이지도 않았습니다.

Q: 맞습니다. 하지만 국내적으로는 아닙니다.

A: 또한 그 논증은 … 저희의 고트샬크 증거는 경제적 지위와 미래 경쟁력을 유지할 유일한 방법이 지금 다문화 교육을 하는 것임을 가리킨다는 것입니다. 이는 곧 반대 측 불이익이 비고유성이 될 것임을 뜻합니다. 찬성 측 첫 번째 입론이 시행되지 않는다면, 경제는 위기에 놓일 것입니다. 찬성 측 방안은 미래 경제를 구하기 위한 유일한 선택지입니다.

Q: 의문이 생기는데요. 미래에, 위기가 필연적일 것이다, 아마 그럴 것이다, 하지만 어째서 학생들을 토론에 참여하도록 하는 것이 국내 쟁점에 비용을 지출하지 않고 경쟁력을 갖추도록 하는 것이 될 수 없나요?

A: 왜냐하면 사람들이… 이해가 안 됩니다. 반대 측 논증이, 사람들이 다문화적으로 토론에 참여하는 것이 대외적 성취를 높일 것이라는 거라면 …

Q: 좋습니다. 저희가 저소득층 사람들을 토론 프로그램에 참여하도록 할 수 없을 것이라는 증거가 있습니까?

A: 반대 측은 … 소외 계층이 활발하게 토론에 참여하도록 할, 판정관이 투표할 만한 정책을 갖고 있지 않다는 겁니다.

Q: 아마도 오해하신 것 같습니다. 저희의 정당화 논증 또한 연방 정부가 사회봉사 활동보다는 정책 토론 프로그램에 참여하는 사람들을 대폭 증가시키도록 하는 대체 방안을 내세울 수 있다는 것입니다.

A: 이들 소외 계층이 시민적 참여를 하지 않으면 정책 토론에 참여하지 않을 것이라는 것이 저희 찬성 측의 논증입니다. 상대 토론자께서도 정책 쟁점에 신경 쓰지 않았다면, 토론에 참여하지 않았을 것입니다.

저희 찬성 측의 주장은 고등학교에 진학하기 전 여름방학 때 이 청소년들이 시민적 참여를 하도록 하는 것입니다. 이 활동에 사람들을 참여시키는 것에 관하여 저희의 주장은 반대 측의 논증과 내적으로 연계되어 있습니다.

Q: 이미 이 청소년들이 정책 쟁점에 참여하지 않는다면, 어째서, 무엇 때문에, 그들이 대학에 가는 것에 관심을 가지고 500달러의 급료를 얻을 거란 거죠?

A: 정확히 그것이 바로 사가와 증거가 가리키는 점입니다. 첫째, 부모들은 이들 청소년과 할 일을 찾아보지만, 저소득층 부모들은 여름 캠프에 보낼 여유가 없고 이들 청소년들은 일자리를 구하기에 너무 어렵습니다. 사가와 증거는 대학에 지불할 비용이 아닌 500달러 장학금이 청소년들의 마음속에 그들이 잠재적 대학생이라는 것과 대학에 가기 위한 저축에 애써야 한다는 것을 심어 준다고 가리킵니다.

Q: 그러면 그들을 시민적으로 참여시키는 방법은, 여름 봉사 프로그램이 대학 진학을 돕는 방법이 될 것임을 알기 때문에 부모들로 하여금 청소년들을 여름 봉사 프로그램에 보내도록 강요하는 것인가요? 이것이 참여를 촉진시킬 것 같지 않습니다.

A: 청소년들은 봉사 활동 프로그램을 통해 시민적 참여를 배웁니다. 그것이 찬성 측 첫 번째 입론의 편익입니다.

Q: 알고 있습니다. 그리고 찬성 측에서는 이것이 좋은 방안일 것임을 가리키는 사가와 증거를 많이 인용했지만, 사람들이 실제로 봉사 활동을 하기 원할 것이라는 증거는 하나도 제시하지 않았습니다. 맞습니까?

A: 사가와 증거는 10만 명의 청소년들을 모집할 수 있음을 보여 줍니다.

Q: 그렇게 할 수 있다고요?

A: 네.

[7] 반대 측 두 번째 입론 발언

: 매트 피셔(글렌브룩 노스 고등학교)

코치 선생님들의 뒷받침, 친구들, 존경하는 판정관님, 상대측 토론자, 저희의 관대한 후원자님, 부모님, NFL 위원회, 비키 펠러스, 탭 룸 스태프, 토너먼트를 잘 운영해주신 주최 위원회의 모든 분들께 제 파트너 스테퍼니의 감사 인사를 한 번 더 전하고 싶습니다. 무엇보다도 와일드 웨스트 월드에서 즐거운 시간을 갖게 해 준 제 파트너, 스테퍼니 스파이스의 친밀감, 유쾌함, 그녀의 협업 방식에 고마움을 전합니다.

저희는 비용, 또는 연방 정부 예산 불이익을 말씀드릴 것입니다. 먼저 그것에 대해 개관한 다음 입론 논증을 시작하겠습니다.

저희 반대 측의 비용 논증은 어떤 패러다임으로 판정하더라도 반대 측에 투표해야 함을 보여 줍니다. 새로운 지출은 즉각 국가 안보 우선순위를 위협할 것이기 때문에, 찬성 측 입론의 효과보다 저희 반대 측의 불이익에 대한 효과가 더 빠른 시간 내에 나타납니다. 게다가, 피터슨 증거는 핵 및 생물학적 전쟁 또는 테러를 포괄하는 정부 예산이 과도한 데서 비롯되는 위험이 찬성 측 피해보다 훨씬 큰 규모임을 설명합니다.

저희의 불이익 논증은 또한 9·11이 입증한 것처럼, 다른 국가나 또 다른 테러 공격에 맞서 장기간에 걸쳐 전쟁 중인 세계에서 경제는 부정적 영향을 받을 것이 명백하기 때문에, 찬성 측의 문제 해결 능력을 의심하게 합니다. 정책 입안자로서, 여러분께는 정부의 새로운 지출과 관련된 것에 지나칠 정도의 주의를 기울여야 할 의무가 있습니다. 찬성 측의 재정 낭비를 거부하기 위해서는 반대 측에 투표하셔야 합니다. 웰든(Weldon), 플로리다 주 대표,《FDCH 정치 의사록》, 2002년에서는 다음과 같이 설명합니다.

"불확실성과 전쟁의 시대를 사는 우리에게는 실적이 저조한 기관과 프로그램에 대한 자금 지원을 끝낼 도덕적 의무가 있습니다. 사람들에게 도움이 되지 않는 프로그램에 지출하는 달러는 곧 우리가 국가 안보에 지출할 수 없는 달러인 것입니다. 미국인의 신체적 안전을 지키기 위해 정부가 비싼 비용을 들일 과업들이 많은 때에, 실적이 저조한 프로그램에 자금을 쓰는 것은 부도덕한 일일 것입니다. 모든 미국인을 대표하여 일한다는 특권에는 납세자들이 애써서 번 달러를 현명하고 효과적으로 사용할 책임이 따릅니다."

찬성 측 두 번째 입론에서 만든 첫 번째 논증은 지금이 경제 활성화에 중요한 시기라는 2003년 경제정책 연구소 증거입니다. 첫째, 이 증거가 4년 전 자료라는 사실은 경제를 활성화시키기 위해 지출을 감행하는 것에 대해 여러분께서 상당히 회의적이어야 하는 이유가 됩니다. 둘째, 이 증거는 찬성 측이 제시한 경제 활성화 방안을 가정하여 나온 것이 아닙니다. 오히려, 만일 정부가 세금을 감면해 준다면 경제 활성화에 도움을 줄 것이라는 것과 같은 경제적 이론 논증이며, 국가가 국가적 봉사 활동에 대한 비용 지출을 증가시키는 것을 전제로 한 것이 아닙니다.

찬성 측 두 번째 입론에서 만든 두 번째 논증은 방안에 단지 1억 달러의 비용만 든다는 것입니다. 첫째, 그 비용은 저희가 주장하는 불이익 전체이기 때문에 '단지'라는 단어 사용에 의문이 듭니다. 둘째, 저희는 찬성 측의 진술에 동의하지 않습니다. 그보다, 저희가 주장하는 불이익은 참여시키게 되는 수만큼 지출하는 방식에 입각한 것입니다. 반대 측 첫 번째 입론의 브래디 증거는, 새로운 우선적 예산 배정 방안에 자금을 쓰는 것은 부작용을 낳을 것이 예상되며, 의회가 그 예산에 실제로 배정하는 1달러 당 또 다른 5달러를 낭비하게 되는 결과로 귀착됨을 보여 줍니다. 하원에서 다수의 임기를 보낸 브래디 의원의 증거는 이 쟁점에 관한 가장 적합한 출처입니다. 이 논증은 방안에 실제로 지출되는 비용의 양을 찬성 측이 지나치게 과소평가했다는 것과 지출의 대부분이 낭비가 될 것이라는 것도 증명합니다. 이는 여러분에게 정책 입안자로서 찬성 측 방안을 거부해야 할 의무가 있음을 증명합니다.

아메리코프의 맥락에서, 그것은 낭비되는 정부 행정일 뿐입니다. 산체스(Sanchez), 카토 연구소 연구원, 2003년에서는 다음과 같이 설명합니다.

"아메리코프 국장은 아메리코프를 '또 하나의 복잡하고 예측 불가능한 정부 관료'로 묘사했다지만, 아메리코프는 세금을 낭비하는 것만이 아니다. 허가된 프로그램에 개인적 기부금과 자원봉사 시간을 전용하는 것이다."

찬성 측 두 번째 입론에서 만든 세 번째 논증은 현재 재정 규율이 없다는 것이지만, 찬성 측의 첫 번째 논증은 바로 최근 통과되었던 예산안에 많은 지출이 배정되어 있음을 말합니다. 저희 반대 측의 고유성 증거는 새로 임명한 예산관리국장이 이 배정된 예산을 고려할 수 있다는 것과 실제로 지출안이 제출되었을 때 부시 대통령이 이 지출을 거부할 수 있음을 고려한 것입니다.

저희 반대 측의 다음 논증은 현재 미국 경제가 성장하고 있고 강력하다는 것입니다. 《블룸버그 뉴스(Bloomberg News)》, 온라인 자료, 2007년에서는 다음과 같이 설명합니다.

"댈러스 연방 준비 은행 총재 피셔는 2분기 미국 경제성장률이 가속화될 것으로 예측한다. 우리 경제는 강력하다."

또한, 부시 대통령은 과도한 지출을 억제할 것입니다. 와이즈먼(Weisman), 2007년 6월 20일, 《뉴욕 타임스(New York Times)》, 온라인 자료에는 다음과 같은 설명이 있습니다.

"행정부는 지출에 대해 강경책을 약속했다. 부시 대통령은 포트만이 지출에 대한 통제를 유지하고 적자 감소를 위해 많은 애를 쓰는 것을 칭찬했다. 대통령은 '그가 과도한 지출 수준의 법안을 거부할 것임을 국회 민주당 지도부에 통고했다'고 말했다."

또한, 현재 정부 지출이 높다 하더라도, 이는 저희 논증을 증명하는 것일 뿐입니다. 그러한 지출의 대부분은 국가 방위를 위한 것이고, 이는 피터슨 증거에서 드러나듯이 참사를 막는 데 중요합니다. 정부가 이미 많은 비용을 지출하고 있다는 사실은, 요즘 같은 분위기에서 건드릴 수 없는 새 국내 지출 우선사항이 위험하고 무책임한 것일 수 있다는 또 하나의 이유가 될 뿐입니다.

찬성 측의 네 번째 논증은 찬성 측 방안이 경제 문제를 더 빨리 해결한다고 말합니다. 첫 번째 반대신문에서 찬성 측은 미국 경제에 어떠한 긍정적 효과를 미치는 데 최소한 여름 3개월, 최악의 경우 2년이 걸릴 것임을 승인했기 때문에, 찬성 측 두 번째 입론은 여기에 대해 농담을 하고 있었던 것인지 모르겠습니다.

찬성 측의 마지막 논증은 경제에 다양성이 중요한 것이라고 말합니다. 첫째, 반대 측의 대체 방안인 토론 활동이 다양성이 좋은 이유에 접근할 수 있다는 것을 스테퍼니가 설명할 것입니다. 둘째, 대학에 진학하는 사람들은 방안이 시행된 후 8년까지 노동 인구가 될 수 없기 때문에 노동자 부족 문제, 즉 찬성 측의 중대한 피해를 해결하는 데는 역시 긴 기간이 소요됩니다.

문화 역량 논증에서, 찬성 측이 인용한 말콤 증거와 고트샬크 증거는 타인을 위한 봉사 시간이 아니라 과학, 기술, 수학과 같은 교육에 대한 것입니다. 그것은 장래의 미국 경제성장에 보다 더 중요한, 과학과 수학에서의 무능을 언급한 것입니다. 즉, 그들은 이것의 어떤 점이 어째서 좋은지에 대한 내적 연계에 접근하지 않았습니다.

입론 논증입니다. 첫째, 스테퍼니가 제시했던 첫 번째 논증을 확장하겠습니다. 찬성 측 방안이 시행되는 시기에 자원봉사를 할 개개인들은 장래에 일자리를 얻지 못할 가능성이 크고, 오히려 비영리 자원봉사자가 되려고 할 것입니다. 이들 개개인은 미국 GDP 증가에 관여하지 않기 때문에 경제에 생산적으로 기여하지 않습니다. 찬성 측의 모든 증거는 개인들이 대학으로 진학하고 나면 노동 인구로의 진입이 촉발된다고 추정하는 것일 뿐, 그렇다고 말할 수 있는 증거는 없습니다. 더 정확히 말하면, 방안 시행 후 이들은 비영리 기구에서 자원봉사하게 될 가능성이 더 높습니다.

반대 측 첫 번째 입론의 두 번째 논증은 찬성 측이 주장한 경제적 피해를 해결하는 데 장기간이 소요된다는 것입니다. 그것은 이미 비용 불이익 논증에서 설명되었습니다. 안 좋은 시나리오로는 2년이 걸릴 수 있고, 2년 동안 찬성 측 방안은 좋은 생각일지도 모릅니다. 하지만 미국이 다른 두 전쟁에서 싸우고 있어서, 어떤 새로운 지출도 의회 정책 입안자에게는 무책임한 것이 될 수 있는 지금은 아닙니다.

세 번째 논증은 지난 5년이 현 상태에서 시민적 참여가 매우 높음을 증명한다고 지시하는 레스터 증거입니다. 저소득층에 대해 언급한 찬성 측의 사가와 증거는 저소득층이 참여할 수 없었음을 실증적으로 언급한 것입니다. 저희 반대 측의 레스터 증거는 현재 자원봉사와 그 지속 추세를 보여주는 것으로, 사가와 증거에 집계된 것보다 더 많은 개인들이 현재 자원봉사 중임을 보여 줍니다. 사가와는 1980년대 또는 1990년대 초기 혹은 후기에 대해 말하는 것 같은데, 그때는 저소득층 사람들이 그만큼 자원봉사하지 않았다지만 저희 반대 측의 레스터 증거와 마지막에 읽어드렸던《월드 매거진》증거는 모두 현 상태에서 자원봉사 활동이 전반적으로 높다는 것을 보여 줍니다. 즉 사람들은 이미 참여하고 있는 것입니다.

다음으로, 사람들은 봉사 활동에 참여하기 위해 각자의 여름을 포기하지는 않을 것입니다. 찬성 측 증거는 단지 부모들이 이 청소년들을 압박할 수 있지만, 청소년들은 대학 진학에 대해 생각하지 않는다는 것을 보여 줄 뿐입니다. 부모들은 이 청소년들이 대학에 진학하는 것에 대해 생각할 수도 있습니다. 그러나 부모, 특히 소득이 떨어지고 있는 저소득층 부모들은 대학 진학을 위해 4년 이상 저축할 수 없을 것이기 때문에, 500달러는 그 부모들이 대학 진학을 생각하도록 촉발하기에는 역부족입니다. 이것은 찬성 측이 이 피해들을 실제로 해결할 수 없음을 뜻합니다.

저희 반대 측의 포드 증거는 이라크에 반대하는 시위 때문에 현 상태에서 시민적 참여가 높음을 보여 줍니다.

찬성 측은 두 번째 입론에서, 지금 대가 없이 봉사 활동을 하는 개인들이 실제로 참여할 경제적 동기 부여가 있는 여름까지 기다릴 것이라는 이유로 나타날 내부적 모순 논증에 대해 정확하게 답변하지 않았습니다. 즉, 사람들은 이 모든 것에 대한 대가를 전혀 받지 않으려 하기보다는 봉사 활동에 대한, 각자의 여름을 봉사 활동에 지불하는 것에 대한 대가를 받으려 할 것입니다.

[8] 네 번째 반대신문
: 찬성 측 두 번째 토론자 세라 위너가 반대 측 두 번째 토론자 매트 피셔를 반대신문

Q: 비용 불이익에서, 반대 측 토론자께서는 아메리코프가 낭비적인 프로그램이라고 말하는 증거를 읽었습니다. 맞습니까?

A: (고개 끄덕이며 동의).

Q: 하지만 부시 대통령이 비경제적인 지출을 삭감한다고 말하는 증거 또한 읽으셨죠. 혼란스럽군요.

A: 그러니 찬성 측 방안은 부시 대통령에 의해 중단될 거라는 거죠. 그러므로 토론자께서 이기기는 어렵습니다.

Q: 아메리코프가 낭비적인 지출을 한다면 어째서 현 상태에서 부시 대통

령이 아메리코프의 지출을 삭감하지 않는 거죠?

A: 부시 대통령은 아메리코프 재정을 삭감해 오고 있습니다. 산체스 증거는 과거 아메리코프의 잘못된 재정 관리로 의회가 아메리코프에 대한 감독을 강화하게 되었음을 구체적으로 보여 줍니다.

Q: 잠깐만요. 의회가 금융 감독을 강화했다고요?

A: 그렇습니다. 찬성 측에서 무엇을 말씀하시려고 애쓰는지 압니다. 그 점은 저희가 제시한 브래디 논증에 대한 답이 못됩니다. 브래디 증거는 의회가 한 프로그램에 대해 지출할 때, "그것을 복사한다"고 말합니다. 실제로 그것이 뜻하는 의미는 '복제'로, 그것을 다섯 개의 다른 프로그램으로 복제하는 것을 말한다고 생각합니다. 기본적으로 동일한 것을요. 그러고 나면 찬성 측 방안의 비용은 …

Q: 그 점은 이해합니다. 하지만 현재 국가적인 봉사 프로그램 내에서 그러한 문제가 있고, 부시 대통령이 그러한 프로그램에 반대하는 단호한 입장을 취하고 있다면, 어째서 부시 대통령이 현 상태에서 시민 단체인 아메리코프를 거부하지 않는 거죠? 아메리코프가 더 이상 자금을 지원받지 못한다는 증거가 어디에 있습니까?

A: 반대신문에서 이 논증을 만들려고 하는지 몰랐기 때문에, 이에 대한 증거를 앞서 읽지 않았지만, 부시 대통령은 아메리코프 트리플 C 프로그램과 같은 국가적인 봉사 자금을 삭감해 오고 있습니다. 예를 들면, 국가보전단(National Conservation Corps)은 태풍 카트리나가 발생한 직후에도 예산이 삭감되었습니다.

Q: 모든 국가적인 봉사… 모든 국내 프로그램들이 재정 규율에 해롭다고 말씀하시는 겁니까?

A: 저는 아메리코프에 대해 말하고 있습니다. 전쟁 중인 지금 정책 입안자에게는 이것이 위험하고 무책임한 일이라는 것입니다.

Q: 증거를 보여 줄 수 있습니까? 반대 측에서 국내 지출이 나쁘다는 것을 말하는 증거는 많이 읽었다는 것을 알지만, 아메리코프에 대한 지출이 전쟁 비용과 관련이 있음을 가리키는 증거를 보고 싶군요. 증거를 제시해 주십시오.

A: 그 요청에 적합한 증거가 바로 브래디 증거라고 생각합니다.

Q: 좋습니다.

A: 그것 좀 건네줄 수 있나요? 제 손이 거기까지 닿지 않을 것 같습니다. (읽는다) "어느 쪽이든, 의회가 생산 공장이라면, 우리는 제조할 것이다 …"

Q: '아메리코프'에 대한 언급이 어디에 있다는 거죠?

A: 아시다시피, 여기에 아메리코프에 대한 언급은 없습니다. 이 증거는 연방 정부 프로그램에 대해 말하는 것입니다.

Q: 시간이 다 되기 전에 다음으로 넘어가겠습니다. 그것이 제가 확인하고자 한 전부입니다. 고맙습니다.

A: 이 증거는 꽤 좋은 것인데, 찬성 측 토론자는 이 증거를 믿을 만하다고 생각하지 않으시는군요.

Q: 그건 제 알 바가 아닌 것 같습니다. 해결성에 대해 이야기합시다. 저희 찬성 측의 사가와 증거가 1980년대에 대한 언급이라고 논증하셨습니다. 어디에 …

A: 찬성 측에서 인용하는 실증적 역사 연구와 같은 증거는 실증적 역사를 인용하는 것과 같습니다.

Q: 이건 이틀 전에 작성되었는데, 증거 중 어디에서 그것을 볼 수 있습니까?

A: (증거를 보면서) "실증적 역사" … 찬성 측 증거는 통계에 의존하는 것입니다.

Q: 그 증거가 1980년대 통계에 의존했다는 것이 어디에 나와 있는지 보

여 주십시오.

A: 사가와는 '조사를 했다'고 말했는데 이 점은 미래에 대해 조사한 것이 아님을 뜻합니다. 사가와는 과거에 있었던 사실에 대한 조사에 기초하고 있습니다.

Q: 하지만 그 조사가 작년에 이뤄지지 않았다는 것이 그 증거의 어디에 있다는 거죠?

A: 그 증거는 요즈음 아메리코프에 자원봉사 하는 사람 수가 많다고 말하는 저희 반대 측 증거보다 오래된 것입니다.

Q: 하지만 반대 측 증거가 소외 계층 청소년에 대한 것입니까?

A: 네, 저희 반대 측 증거는 전반적인 청소년에 대한 것입니다.

Q: 감사합니다.

[9] 반대 측 첫 번째 반박 발언
: 스테퍼니 스파이스(글렌브룩 노스 고등학교)

네, 대체 방안 논증(counter advocacy argument)*을 정당화한 다음 논제 관련성을 말씀드리겠습니다.

찬성 측 두 번째 입론의 첫 번째 논증은, 저희가 소외 계층을 토론에 참여시킬 수 있다는 증거를 제시하지 않았다는 것입니다. 우선 저희 반대 측의 대체 방안(counter advocacy)은 주 및 지방 정부로 하여금 현재 NFL에 참여하지 않는 모든 학교에 NFL 참여를 확대시키도록 할 것입니다. 찬성 측 조치가 투표할 만한 최선의 정책임을 입증하는 것을 돕기 위해 저희

....

* 'counter advocacy'는 대체 옹호에 해당하나, 이 토론에서는 '대체 방안(counterplan)'의 요건을 갖춘 논증을 지시하고 있고, 이후 토론 단계에서 이 논증을 'counterplan'으로 지칭하고 있었기에 대체 방안으로 번역하였다.

가 대안적 조치를 옹호할 필요는 없기 때문에, 이에 대해 찬성 측 두 번째 입론에서 만든 논증 대부분은 해결할 수 있습니다.

　찬성 측의 두 번째 논증은 찬성 측 방안이 시민적 참여를 최적으로 해결할 수 있지만, 그 여름 봉사 프로그램은 토론을 포함하지 않을 것이라는 것입니다. 찬성 측의 두 번째 입론과 첫 번째 반박에서 그러한 것을 말하기 위해 찬성 측의 증거를 그럴싸하게 돌려 제시하는 것이 용납되어서는 안 됩니다. 몇 개의 이유로 저희 반대 측의 대체 방안은 피해를 해결할 수 있습니다.

　첫째, 헤인스 증거는 저소득층이 시민적으로 참여하지 않는 것은 단지 토론과 같은 능동적 교육 프로그램에 대한 참여가 부족하기 때문임을 가리킵니다. 이는 토론 프로그램이 배포되는 일부 방식에 교육적 불평등이 내재해 있기 때문입니다. 유일한 해결방식은 모든 고등학교로 NFL을 확대해서 누구라도 토론에 참여할 수 있도록 하는 것입니다.

　둘째, 토론은 500달러 이상의 대학 장학금을 줄 수 있습니다. 예를 들어, 콜로라도 대학은 토론 우승자에게 장학금을 아끼지 않습니다. 게다가, 루이빌 프로젝트(Louisville project),* 롱비치(Long Beach), 조던(Jordan), 캔자스시티 센트럴(Kansas City Central)과 같은 대학 프로젝트 팀이나 다른 프로그램들은 토론이 다양성에 접근하는 핵심 지점임을 증명하였습니다. 따라서 토론은 다문화주의와 문화적 다양성을 불러일으킬 수 있습니다. 또한, 헤인스 증거가 언급한 도시 토론 리그(the Urban Debate League)*는 저소득층이 토론 라운드에 참가할 때, 저소득층 장벽의 유형들

....

* 　2000년에 시작된 루이빌 대학교의 정책 토론 팀 지원 프로젝트.
* 　주로 소수 민족 학생들과 활동하는 고등학교 정책 토론 팀 그룹으로, 대부분 미국 대도시에 위치한다.

을 토론함으로써 이 장벽을 극복하게 할 수 있습니다. 또한 토론은 조지아 (Georgia) 같은 중학교 프로그램도 제공하므로, 찬성 측 방안이 다루는 것과 같은 더 어린 연령대에 속하는 청소년일지라도 토론에 참여할 수 있습니다.

찬성 측의 세 번째 논증은 찬성 측이 증가 외의 어떤 것도 정당화할 필요가 없다는 것입니다. 하지만, 찬성 측은 저희 측의 정당화 논증을 오해했습니다. 찬성 측은 논제에 있는 용어로 규정한, 반드시 미국 연방 정부가 시행해야 한다는 것을 정당화하지 않았습니다. 연방 정부 대신에 주들과 워싱턴 D.C. 및 관련된 모든 하위 조치자들이 정책 토론 프로그램을 채택할 수 있습니다. 시민적 참여를 해결하는 데 증가가 좋은 생각이란 점에서 찬성 측이 이긴다 할지라도, 정책 입안자로서 그들의 방안이 반대 측의 대체 방안보다 더 나은 방법임을 증명해 보이지는 않은 것입니다.

찬성 측의 마지막 논증은 주 정부에서 법률을 제정할 수 없다는 것이지만, 저희는 주 정부에서 그걸 할 수 있다고 주장하는 것이 아닙니다. 그보다 저희는 주 정부가 정책 토론 프로그램을 시행할 수 있다는 것과 연방 정부에서는 찬성 측이 주장하는 피해를 해결하기 위한 조치를 취할 필요가 없다는 것을 주장하는 것입니다. 찬성 측은 선결 요건(a prima facie)인 입증 책임, 즉 찬성 측 방안이 주장하는 중대한 피해를 해결하는 유일한 방법이라는 필수 쟁점에 대한 입증 책임을 충족시키지 않았습니다. 헤인스 증거에 따르면, 고등학교 NFL 프로그램은 … NFL 프로그램이 없는 고등학교는 심각한 교육적 불이익에 처한 것이고, 그 학생들은 미래에도 시민적으로 참여할 가능성이 적기 때문에 정책 토론 프로그램은 피해를 해결할 수 있습니다. 이것은 실제로 저희 반대 측의 대체 방안이 사람들을 장래에 아메리코프 같은 곳에 참여하도록 할 수 있어서, 실제로 시민적 참여 문제를 해결하는 최선의 방법임을 뜻합니다.

둘째, 토론은 고등학생들에게 국내 정치와 국제적 관계를 교육하는 최선의 도구입니다. 찬성 측 두 번째 입론에서 상대 토론자가 감사 인사를 한 바대로, 토론은 주어진 역할 수행과 자료 조사에 초점을 맞추는, 고등학교 경험 전반에 걸쳐 사람들을 참여시키고 교육하는 가장 좋은 방법입니다. 우리는 정치에 참여하기를 지속하고 전 생애에 걸쳐 시민적으로 참여하게 될, 박식한 시민이 됩니다.

이제 논제 관련성에 대해서입니다. 찬성 측의 첫 번째 논증은 방안이 논제에 부합한다는 것이었지만, 방안이 법안으로 시행된 이후 사람들이 이를 수용할 것임을 보여 주는 증거는 하나도 제시되지 않았습니다. 찬성 측의 증거는 모두 법안이 사람들을 모집하는 효과를 낼 수 있음을 언급하는 것일 뿐, 저소득층 사람들이 이 방안을 받아들일 것이라고 언급한 증거는 하나도 제시되지 않았습니다. 찬성 측에서는 아마 사람들이 이러이러한 이유로 이것을 할 것이라고 말하는 수사적 증거를 제시하긴 했지만, 곧장 확실한 증가를 유발할 것이라는 확정적이고 결정적인 증거는 제시하지 않았습니다. 저희 반대 측의 고등교육 기금 위원회 증거는 어떻게 증가시킬 것인지가 아니라 실제로 그 과정에서 증가를 유발하는 것에 대해 말합니다.

찬성 측의 다음 논증은 증가에 대한 공격을 방어해 낸다는 것입니다. 하지만, 찬성 측에서 하나를 방어한다 할지라도, 방안의 문구에서는 일반적 불이익에 대한 연계가 없음을 뜻하는 확실한 증가가 없기 때문에, 반대 측으로서는 예측할 수 없는 것입니다. 예를 들어, 저희는 그것을 읽는 것이 좋은 생각인지를 알고자, 찬성 측 두 번째 입론에서 실제로 비용 불이익에 답변할 때까지 기다릴 필요는 없습니다.

찬성 측의 세 번째 논증과 네 번째 논증은 얼마나 많은 사람을 증가시킬지에 대한 것이지만, 그 법안이 확실하게 유발할 증가의 양에 대한 증거는 제시하지 않았습니다. 아마도 그럴 수 있다는 것일 뿐이어서, 여전히 저희 반대 측의 연계를 보증하지는 않습니다. 찬성 측이 이 점을 방어한다면, 법안의 시행이 많은 비용을 지출하기 때문에 이것은 반대 측의 비용 불이익에 연계된다는 것을 보증합니다.

리펠 증거에 따르면, 프로그램의 매력도를 증가시킬 수 있는 것은 수없이 많습니다. 예를 들어, 이라크에서 철수, 에이즈 연구 중단과 손실중단주문(Stop Loss order)을 금지하는 것과 같은 모든 것이 매력을 증가시킬 것이기 때문에, 찬성 측의 대체 해석은 반대 측의 해석보다 우월하지 않습니다.

찬성 측은 저희가 한계를 넘는다고 말하지만, 저희는 찬성 측 방안의 문구 내에서 존재하기만 한다면 논제의 핵심인 선발이나 프로그램 강화와 같은 증가의 의무화를 허용합니다. 현 상태를 바꾸는 것은 쉽습니다. 현 상태를 바꾸거나 의무화하는 것에 찬성하는 문헌 자료는 많습니다. 찬성 측 첫 번째 입론의 증거가 이를 증명합니다. 반대 측의 증거는 의무적인 증가에 대한 것이 아닙니다.

[10] 찬성 측 첫 번째 반박 발언
: 앤드루 베이커(쇼니 미션 웨스트 고등학교)

정말 흥미로운 토론입니다. 논제 관련성 토론, 해결성 토론, 정당화 토론, 그 다음 예산 불이익에 대한 개관, 이후 예산 불이익을 올바르게 보여 드리겠습니다.

논제 관련성에 있어, 반대 측 첫 번째 반박에서는 충분한 시간을 가지고 이 논증을 다루지 않았습니다. 반대 측의 해석은 말이 안 되는 것이, 반대 측은 논제 관련성이 있는 어떠한 입론도 설명하지 않고 있습니다. 찬성 측 첫 번째 입론 전반에 걸쳐 저희는 논제를 충족시킵니다. 이틀 전 조사된 사가와 증거는 사람들이 즉시 가입할 것임을 가리킵니다. 이 증거는 허리케인 찰리가 닥친 동안 이 프로그램이 시도되었던 때의 실증적 사례를 인용합니다. 반대 측은 저희 증거에 대한 이유(warrant)에 답변하지 않았습니다. 또한, 찬성 측 두 번째 입론 전체에 걸쳐 저희는 "논제를 충족시킵니다." 반대 측 정의는 반대 측의 논증과 모순됩니다. 반대 측 논증은 정책에는 반드시 목표가 있어야 한다는 것입니다. 저희의 목표는 사람들을 증가시키는 것으로, 이는 저희가 이 논증에 부합함을 의미합니다. 그 점이 반대 측 구역에서 답변되지 않았습니다. 또한, 반대 측은 고유성 남용을 분리시키지 않았습니다. 저희는 계속해서 불이익에 대한 연계를 반대 측에 제시했습니다. 저희는 곧장 그것을 전환시켰습니다. 반대 측은 저희 측이 불이익에 대한 연계를 증명하지 않고 있다는 이유에 관한 어떠한 논증도 만들지 않고 있습니다. 게다가, 이틀 전 조사된 사가와 증거 전반에 걸쳐 허리케인 찰리 때 이 방안이 효과가 있었음이 실증적으로 나타나 있기 때문에 찬성 측 방안은 즉각 10만 명을 참여시킬 것입니다.

또한, 반대 측은 현재 아메리코프에 참여하는 사람들이 7만 명뿐이라는 찬성 측 해석을 승인하고 있습니다. 방안은 그 규모를 두 배 이상 … 두 배 이상 증가시킵니다. 이는 방안이 '대폭적'임을 의미하는데, 반대 측에서는 이에 맞서는 어떠한 논증도 제시하지 않습니다.

반대 측은 대체 해석에 문자 그대로 절반을 허비하였습니다. 『메리엄 웹스터 사전』 증거는 반대 측의 '정책' 정의가 찬성 측이 논제와 관련됨을 증명한다고 입증해 보입니다. 반대 측은 저희의 논증에 답변하지 않았습니다. 저희 중 누구도 찬성 측 방안에 있는 문구의 맥락에서 모든 사람이 즉각 아메리코프에 가입한다고 옹호하지 않았기 때문에, 이 점은 그야말로 중요합니다. 게다가, 정당성이 담보된 논제에서 의무화는 배제되어 있는데, 이는 찬성 측 입론이 예측될 수 없는 이유에 대한 고유한 시나리오가 없음을 뜻합니다.

해결성 토론에서, 반대 측은 명백히 틀렸습니다. 찬성 측 증거는 자원봉사 활동에서 사람들을 끌어내 직업 세계에 들어가도록 한다는 것을 보여 줍니다. 저희 찬성 측만이 그것을 할 수 있고 대학 교육을 거치게 할 수 있습니다. 그 점은 사가와 증거가 실증합니다. 반대 측은 해결에 장시간이 걸린다고 말하지만, 지금 당장 가능한 것입니다. 그것이 봉사 활동을 학습하는 이익입니다. 저희는 그들을 곧바로 참여시킬 것이고, 이에 따라 그들은 더욱 안정적인 경제를 이끄는 공동체 내 다문화적 다양성을 만들어 낼 것입니다. 이에 대해 반대 측은 현 상태에서 경제 붕괴가 불가피하다는 논증을 승인하고 있습니다. 이것이 핵심입니다. 이는 이 부분이 토론에서 핵심 쟁점이라는 것을 보여 줍니다.

반대 측은 또 저희 찬성 측이 두 번째 이익을 100퍼센트 해결한다는 것을 승인하고 있습니다. 해결성의 위험만 지적되었을 뿐, 반대 측으로부터 공격은 없었습니다.

이제 '시민적 참여를 높이는' 반대 측의 모든 논증에 답변하겠습니다. 저희 찬성 측의 증거는 이틀 전 것이고, 반대 측 증거는 1년 전 것입니다. 심지어 이를 평가할 이유조차 없습니다. 또한, 저희 찬성 측 증거는 봉사 활동이 모든 곳에서 일어날 것인데, 이는 저희 측 방안이 가져올 결과입니다. 찬성 측 증거는 이것이 고유한 핵심임을 증명합니다. 아메리코프가 소외된 청소년 지역뿐 아니라 전 지역에 걸쳐 있는 것은 저희 찬성 측 방안이 고유한 중요성을 가진다는 것을 뜻합니다. 저희 증거는 청소년들이 참여를 원할 것이라는 쟁점에서 사가와가 전문가임을 가리키는데, 반대 측은 허리케인 찰리에 대한 실증적 근거를 해명하지 않고 있습니다. 청소년들이 각자의 여름을 포기하지 않을 것이라는 이유가 없습니다.

반대 측에서는 모순 논증(trade-off argument)을 확장하지만, 사가와 증거는 현 상태에서 이 사람들은 아메리코프에 포함되지 않았기 때문에 그들을 참여시키는 것이 다른 사람들을 떠나게 하는 것은 아닐 것이라고 구체적으로 말합니다. 방안을 시행하지 않을 이유가 없습니다.

정당화 논증에 대해 말하겠습니다. 이 논증이 실제로 무엇인지 들어봅시다. 그것은 경쟁력 없는 대체 방안입니다. 저희 논증은 연방 정부가 유일한 열쇠라는 6월 20일자 사가와 증거에 바탕을 둔 것입니다. 찬성 측의 증거는 세 개의 전제를 언급하는데, 이는 반대 측 구역에서 답변되지 않았습니다. 첫째는 방안이 어디에서나 가능한 것이 되어야 한다는 것이며, 이는 연방 정부만이 할 수 있습니다. 주마다 차이가 있기 때문에, 그것을 해낼 수 있는 토론 프로그램은 없습니다. 이것은 반대 측 첫 번째 반박 발언의 논증 그 자체입니다. 이는 찬성 측 방안만이 문제를 해결할 수 있음을 뜻합니다.

둘째는 전국적 수준에서 시행될 때만이 통과의례입니다. 이 역시 반대 측 구역에서 답변되지 않은 것인데, 찬성 측 증거가 언급하는 것은 미국에 사는 모든 사람들이 대학에 가기 전에 봉사 활동을 해야 할 것이라는 것으로 그것이 문화적 다양성을 끌어내는 통과의례가 될 것임을 뜻합니다. 또한, 찬성 측의 세 번째 증거는 결속된 현존 기관(existence institution)이 중요함을 가리킵니다. 주들 또는 다른 토론 프로그램이 이것을 할 수 있다는 근거가 없기 때문에, 또 다른 전제가 승인되었습니다. 게다가, 반대 측은 사람들이 현존하는 혜택의 양을 증가시킬 것임을 가리키는 해결성 옹호를 하지 않았습니다.

토론 프로그램에 대해 말하자면, 사람들이 교육의 기회를 얻는 최선의 방식은 봉사 활동에 참여하는 것이기 때문에 저희는 그 점을 해결할 수 있습니다. 사가와 증거는 이 주제에 대해 비교우위가 있습니다.

재정 규율 불이익에 대한 개관입니다. 반대 측에서 붕괴가 불가피함을 승인한 반대 측 두 번째 입론은 결정적 실수입니다. 이 논점에 대한 찬성 측 증거는 이 토론에서 핵심 쟁점이 문화 다양성임을 보여 줍니다. 또한, 이틀 전 작성된 사가와 증거는 우리가 지금 방안을 통과시켜야 하고 그렇지 않으면 완벽하게 비효율적임을 가리킵니다. 그리고 이 사람들은 장래에 대학을 졸업하지 못할 것입니다. 4년 이내에 경제는 반드시 … 붕괴할 것입니다. 저희는 이러한 논증을 하는 유일한 팀입니다. 또한, 찬성 측은 입론의 효과를 해결합니다. 반대 측에서는 다양성이 국가 안보 전략의 핵심임을 가리키는 저희의 다문화 경쟁력 논증을 승인하였습니다. 반대 측에서는 이에 반대하는 논증을 제시하지 않았고, 반대 측 두 번째 입론에 그 논증을 인용했습니다. 이에 대해서는 절대 반대 측을 편들어서는 안 됩니다.

또한, 찬성 측의 개연성은 최우선 고려 사항입니다. 찬성 측의 증거는 이 불이익이 고유한 것이 아님을 가리킵니다. 지난 달 아메리코프에 대한 재량 지출이 있었습니다. 이는 영구적인 지출인데, 반대 측은 이 논증에 답변하지 않았습니다. 이는 반대 측의 연계 전체를 제거합니다. 또한, 붕괴는 불가피합니다. 찬성 측 논증 맥락에서 현재의 경제 상황은 중요하지 않습니다. 오직 찬성 측 논증이 이틀 전의 현 상태를 인용하였기 때문에 반대 측은 찬성 측의 전환이 우위임을 승인했습니다.

또한, 2003년 경제정책 연구소 증거 전반을 한 줄 한 줄씩 확장하겠습니다. 그것은 미래에 필요성이 있기 때문에 저희 찬성 측 방안을 지금 시행한다면, 이러한 유형들을 유지할 수 있음을 가리킵니다. 또한, 반대 측에서는 위기 논증을 증명하지 않았습니다. 아메리코프에 지출해 온 비용과 비교하면, 지금 아메리코프에 1억 달러를 쓰는 것은 새 발의 피에 지나지 않습니다.

또한, 6월 19일 웨인 증거를 설명하겠습니다. 이것은 부시 대통령이 이미 재량 지출을 해 왔음을 가리키는 증거입니다. 반대 측은 이것이 현 상태의 관료 체제라고 말합니다. 찬성 측 증거는 문화적 다양성을 투입함으로써 이것이 해결될 수 있음을 보여 줍니다. 또한 이것은 저희 찬성 측 입론에 영향을 미치지도, 제한을 가하지도 않습니다.

[11] 반대 측 두 번째 반박 발언
: 매트 피셔(글렌브룩 노스 고등학교)

예산 불이익, 그 다음으로 정당화 논증, 그리고 나서 입론 논증을 설명하겠습니다.

방안이 전쟁 시기에 책임질 수 없는 비용의 사례임을 반대 측이 증명한다면, 정책 입안자로서 여러분께서는 반대 측에 투표할 도덕적 의무가 있음을 찬성 측도 승인하였습니다. 반대 측 첫 번째 입론에서 읽었던 브래디 증거 및 반대 측 두 번째 입론에서 읽었던 비용 불이익을 개관한 증거는, 정부가 지출하는 달러가 우리가 겪고 있는 두 전쟁에 대한 것이 아니라면 미국인을 위한 것이 아니라는 것을 가리킵니다. 저희 측의 웰든 증거는 여러분께서 찬성 측 첫 번째 입론에서 언급된 유형의 장기적인 편익을 검토하기 전에, 우선 판정 규칙(prior decision rule) 질문으로 이것을 평가해야 하며, 지금 당장의 현재 상황을 직시해야 한다고 말했습니다. 우리에게는 두 개의 전쟁이 있습니다. 우리는 국가 안보에 지출해야 합니다.

둘째, 경제 문제를 해결하는 데 장시간이 소요된다는 것과 장래에 찬성 측이 유발할 일자리가 국가 GDP에 기여하지 않음을 찬성 측이 승인한다는 점에서, 반대 측은 방안이 현 상태보다 못함을 입증해 왔기 때문에 여러분께서는 정책 입안자로서 반대 측에 투표하셔야 합니다.

셋째, 방안은 찬성 측 증거가 이야기하고자 하는 교육적 계획의 유형이 아닙니다. 이것은 방안이 재정 적자를 악화시킬 것이라는 위험에 있어 반대 측이 이길 것을 의미합니다. 다음 발언에서 찬성 측은 새로운 논증을 제시할 수 없습니다. 반대 측 두 번째 반박 후 이 토론에서 저희가 이기고 있다고 생각하신다면, 여러분께서는 토론을 종식시키는 제안을 한다 할지라도 찬성 측 두 번째 반박의 어떤 논증에 대해서건 매우 회의적이셔야 합니다.

찬성 측이 만든 첫 번째 논증은 경제적 붕괴가 불가피하다는 것입니다. 첫째, 실제로 이것은 사실이 아닙니다. 댈러스 연방 준비 은행 총재를 인용한 블룸버그 증거는 미국 경제 GDP가 현 상태에서 성장하고 있음을 지시합니다. 붕괴가 불가피한 이유에 대한 찬성 측의 증거는 수학과 과학 교육이 더 많이 이뤄지지 않으면 경제적 붕괴가 불가피하다는 2005년 자료이기 때문에, 찬성 측은 여기에 접근조차 못한 것입니다.

둘째, 경제적 붕괴가 불가피하다고 할지라도, 찬성 측 방안은 이를 즉각 해결하지 않습니다. 반대 측의 정당화 논증 역시 경제적 붕괴에 직면할 수 있다는 위험이 존재한다는 것만을 보여줄 뿐입니다.

찬성 측의 다음 논증은, 4년이면 경제가 붕괴될 것이라는 것입니다. 네, 이들 개인이 노동 인구에 포함되는 데 긴 시간이 걸립니다. 이미 반복해서 말씀드린 것 같지만, 대학을 다니는 데 적어도 고등학교 4년, 대학에서 4년이 걸리기에 노동 인구가 되려면 장시간이 소요된다는 것을 찬성 측이 받아들이지 않기 때문에 다시 말씀드립니다.

피터슨 증거는 전쟁 시기에 재정 적자가 고조되는 것은 생물학적 전쟁 또는 핵전쟁과 테러리즘을 방지하는 데 필요한 국가 안보에 충분히 지출할 수 없도록 한다는 것을 가리킵니다. 경제 붕괴는 미국에 한정된 국내적 효과인 반면, 테러 공격이나 핵 공격은 국제적 효과이기 때문에 국가 안보가 더 중요하다는 것은 이미 찬성 측이 승인한 것입니다.

찬성 측은 다문화 역량이 문제를 해결할 수 있다고 말하지만, 토론의 해결성은 그것을 능가합니다.

찬성 측의 네 번째 논증에서 찬성 측은 현재 재량 지출 때문에 지출이 이뤄지고 있다고 말하지만, 그것은 저희 논증에 대한 답변이 못 됩니다. 이 질문에 관한 반대 측 첫 번째 입론 저스텐장 고유성 증거와 반대 측 두 번째 입론 와이즈먼 고유성 증거는 더 많은 지출과 예산 제안이 있을지라도 부시 대통령은 실제로 그러한 제안서들을 거부할 것임을, 즉 더 이상의 지출이 없을 것임을 보여 줍니다.

찬성 측의 다음 논증은 붕괴가 불가피하다면 비용은 무관하다고 말한 것인데, 그 점은 앞서 답변되었습니다. 방안이 지금 실행되는 것이 중요하다고 찬성 측에서 말한 것 또한 앞서 답변되었습니다. 제 짐작으로 찬성 측은 이 점에 대해 누차 반복하고 있습니다.

찬성 측의 다음 논증에서 찬성 측은 아메리코프가 부패하지 않는다, 현재 아메리코프에 100만 달러가 지출되고 있다고 말했습니다. 찬성 측에서 문자 그대로 언급한, "아메리코프의 규모를 배로 늘리다."를 논제 관련성에 교차 적용해 주십시오. 고비용의 연방 정부 프로그램은 끝나기까지 5배로 늘어난다고 언급한, 즉 비용을 절감할 수 있다는 것에 대해 매우 회의적이어야 한다는 저희 측 브래디 증거와 결합해 주십시오.

산체스 증거에 따르면, 비용이 낭비되고 비효율적으로 쓰이기 때문에 아메리코프는 어쨌든 지출이 많은 관료 체계입니다. 이것은 판정 규칙 질문인데, 찬성 측 첫 번째 반박에서 답변되지 않았습니다.

정당화 논증입니다. 찬성 측은 연방 정부 조치가 중요하다는 것을 정당화하지 않았습니다. 여러분이 정책 입안자로서 정책 토론 프로그램을 장려한다면, 어쨌든 여름만 활동하고 500달러를 지불하는 봉사 활동 조치를 장려하는 것보다 더 낫습니다.

찬성 측은 두어 개의 해결성 적자를 만들었습니다. 찬성 측은 대체 방안이 보편적으로 가능한 것이 아니라고 말합니다. 저희 반대 측 정당화 논증은 토론 프로그램을 전국 도처에 운영해야 한다는 것이기 때문에 찬성 측 주장은 터무니없습니다. 지금 보편적으로 접근 가능한 것이 아니어서, 그렇게 되어야 한다고 저희는 말하는 것입니다. 연방 정부는 피해를 해결하는 데 큰 역할을 하지 못합니다. 주 정부가 정책 토론 프로그램을 운영하면서 찬성 측 첫 번째 입론에서 밝힌 중대한 피해를 효과적으로 다룰 수 있습니다.

둘째는 이미 현 상태에서 각 주의 교육적 활동에 차이가 있다는 것입니다. 페어존 증거는 연방 정부가 모든 주의 교육에 동일한 조치를 요구하는 것이 좋지 않음을 가리킵니다. 이는 교사들이 지켜야 할 또 하나의 연방 규정을 만드는 것과 다르지 않습니다.

다음 논증입니다. 찬성 측은 통과의례가 좋은 것이라고 말하지만, 첫째, 방안은 저소득층에 속한 사람들에 한정된 것으로서 엄밀하게는 통과의례가 아닙니다. 지금 찬성 측이 말하는 것은, 상위 소득자에게는 필요하지 않은 어떤 종류의 통과의례가 저소득층에게는 필요하다는 것입니다. 이는 대단히 불쾌한 것이고 찬성 측 첫 번째 입론 주장을 전환하는 것입니다. 게다가, 토론은 저소득층 사람들을 포함할 수 있습니다.

저희에게는 해결성 옹호 논증이 있습니다. 반대 측 첫 번째 입론에서 읽어 드린 증거 중 첫 번째 부분과 반대 측 첫 번째 반박에서 스테퍼니가 설명한 것은 토론이 교육적 혜택을 줄 수 있고, 도시 토론 리그 또는 프로젝트 팀과 같은 것에 합류함으로써 다문화 맥락을 제공할 수 있는 이유에 대한 것입니다. 이로써 청소년들은 비판적 사고를 키울 수 있는데, 이 또한 경제에 유익합니다.

입론 논증입니다. 방안은 더 많은 사람을 노동 인구로 끌어들일 수 없습니다. 현재 자원봉사하는 사람들이 장기적으로 비영리 단체에서 자원봉사할 가능성이 높다는 것은, 대부분의 토론자들이 미국 경제에 생산적으로 기여하는 법률가와 같은 부류로 진출하는 반면에, 자원봉사자들은 미국 경제를 활성화시키지 않는 비영리 단체에 기여함을 뜻합니다.

[12] 찬성 측 두 번째 반박 발언
: 세라 위너(쇼니 미션 웨스트 고등학교)

해결성, 그 다음 정당화, 다음으로 비용 개관, 비용 적절성 순서로 말씀드리겠습니다.

앞선 발언에서 반대 측 토론자는 해결성 토론을 하며 10초를 남겨 두었습니다. 저희 찬성 측이 입론의 100퍼센트를 해결하지 않는다고 믿도록 강요하는 반대 측에 투표할 이유는 없습니다.

허리케인 찰리 당시 그 끔찍한 결과를 해결하기 위한 사회 봉사 활동에 참여하려고 아메리코프로 집결된 청소년들에 대해 언급한 사가와 증거를 생각해 보십시오. 이것은 찬성 측 방안이 사람들을 아메리코프에 참여시키고 일하도록 할 수 있다는 해결성에 대한 100퍼센트의 실증적 사례입니다.

또한 이들 청소년을 지금 아메리코프 여름 봉사 활동에 참여시키는 것은 여생을 봉사 활동에 참여시키는 것이 아니라, 생산적 노동 인구가 되기 위해 대학에 진학하도록 하는 것임을 구체적으로 보여 주는 사가와 증거를 확장해 보십시오.

반대 측은 어째서 이 사람들이 노동 인구가 되지 않을 것인지에 대한 증거, 인용, 전제를 제시하지 않았습니다. 저희의 구체적 증거를 더 눈여겨 봐주십시오. 특히 찬성 측 첫 번째 입론에서 말씀드렸던 2005년 말콤 등의 증거를 확장해 보십시오. 그러면 여러분께서는 어느 편의 손을 들어 주어야 할지 아시게 될 것입니다. 이 증거는, 경제 문제와 국토 안보를 해결하는 유일한 방식은 청소년을 수학과 과학 교육에 몰두하도록 하는 것임을 가리킵니다. 청소년들이 대학에 관심을 갖도록 한다는 점에서, 수학과 과학 교육은 찬성 측 첫 번째 입론을 통해서만 발전되었습니다. 청소년들이 대학에 진학할 때, 그들은 수학과 과학 교육에 참여할 것이라고 찬성 측 첫 번째 입론에서 제시되었습니다.

반대 측 정당화 논증은 이 부분을 해결하지 못했습니다. 반대 측의 정당화 논증에서는 시민적 참여에 대해서만 언급되었기 때문입니다. 저희는 이를 해결하기 위해 청소년들을 수학과 과학 영역의 대학에 진학하도록 해야 한다고 말했습니다.

또한, 저희 논증의 구체성을 눈여겨 봐 주십시오. 정당화에서 아메리코프 프로그램의 구체적 여름 봉사 활동에 대한 증거를 읽은 것은 찬성 측뿐입니다.

이 정당화 논증에 있어서 여러분은 무엇에 대해 투표한다고 생각하십니까? 반대 측 첫 번째 입론에서, 저희는 연방 정부를 정당화해야 했습니다. 반대 측 두 번째 입론에서, 저희는 토론이 대체 방안으로 부적합했음을 정당화해야 했습니다. 그리고 지금 반대 측은 여러분이 판정관으로서 모든 사람이 토론해야 한다는 말을 받아들이도록 하는 완벽한 대체 방안을 가지고 있다고 합니다.

그것은 딱 들어맞지 않습니다. 이것은 단지 우리의 방안에 대해 경쟁적이지 않은 대체 방안일 뿐이라는 논증을 확장해 보십시오. 사람들은 토론에도, 여름 봉사 활동 프로그램에도 참여할 수 있습니다. 아직 시민적으로 참여하고 있지 않은 사람들은 토론에 참여하지 않을 것이라는 찬성 측 첫 번째 반박에 따라 포기된 내부 연계 논증을 확장해 보십시오. 고등학교 진학 전에 이 청소년들을 시민 의식을 가지고 토론에 참여하고 싶도록, 그들을 토론으로 끌어들일 첫 지점인 공공정책에 대해 배우고 싶도록 하는 것이 찬성 측의 방안입니다.

또 이 시민적 참여가 모든 청소년에게 통과의례가 되어야 한다는 논증을 확장해 보십시오. 그것은 소외된 청소년들로 시작해 사회의 나머지 사람들에게 확대되는 것입니다. 모든 고등학생이 토론을 하지는 않을 것이기 때문에 토론은 통과의례가 되지 않을 것입니다. 하지만 저희 측 사가와 증거는 찬성 측 첫 번째 입론을 실행함으로써 우리가 여름 기간 사회적 봉사 활동을 장래의 경제를 해결할 통과의례로 만들 수 있음을 가리킵니다. 또, 이것은 장래에 해결할 것입니다.

반대 측은 토론이 토론 교육을 증가시킬 것이라고 말하지만, 토론은 수학과 과학 교육을 증가시키지 않기 때문에 그것은 사실이 아닙니다.

재정 규율에 대하여 말씀드리겠습니다. 재정 규율은 정당화가 이론적으로 비논리적이고 찬성 측이 그 정당화에 내부적으로 연계되기 때문에, 반대 측 두 번째 반박에서 여러분이 투표할지도 모르는 유일한 논증입니다.

비용에 대한 개관에서, 반대 측 토론자는 판정관인 여러분에게는 낭비적 지출을 해서는 안 되는 도덕적 의무가 있다고 했지만, 찬성 측 첫 번째 입론 전체는 그것이 낭비적 지출이 아님을 보여 줍니다. 특히 찬성 측 첫 번째 입론의 기저가 되며, 찬성 측 두 번째 입론과 첫 번째 반박에도 있는, 방안이 사람들을 수학과 과학 영역에 참여시키기 때문에 테러리즘을 해결한다는 말콤 등의 2005년 증거를 여러분의 흐름표에서 보십시오. 이 증거는 찬성 측 첫 번째 입론을 통해 사람들을 수학과 과학 영역에 참여시키는 것이 유일한 방법이라는 것과 수학과 과학 영역이 미래 경쟁력에 핵심일 뿐 아니라 이들이 국가 안보를 발전시킬 사람들이기 때문에 미래 테러리스트의 위협과 전쟁으로부터의 안보에도 핵심임을 가리킵니다.

찬성 측 증거는 우리가 이러한 문제들을 해결하지 않으면 국가 안보와 경제가 붕괴되는 것을 피할 수 없음을 가리키기 때문에, 이 불이익의 효과에 내부적으로 연계됩니다. 찬성 측만이 현 상태에 존재하는 이러한 문제들을 해결합니다.

한 줄 한 줄씩 답변하겠습니다. 반대 측은 현재의 지출이 장기적으로 경제를 활성화시키고 재정 관리를 창출할 거라는 2003년 경제정책 연구소 논증에 답변하지 않았습니다. 이것은 반대 측이 답변하지 않은 불이익으로 직접적으로 전환됩니다. 또한, 이것은 국가 안보에 유익한 것이며 낭비적 지출이 아님을 뜻합니다.

다음으로 6월 19일 웨인 논증을 확장해 보십시오. 이 논증은 여러분이 불이익에 투표하지 않아야 할 이유입니다. 이것은 문자 그대로 며칠 전 부시 대통령이 아메리코프의 재량 지출에 동의했음을 말합니다. 이 논증은 이 라운드의 재정 규율 토론에서 가장 구체적인 증거입니다. 이 재량 지출이 영구적이라는 것은 부시 대통령이 그것을 거부하지 않았다는 뜻으로, 불이익의 효과가 어떤 식으로든 발생하거나 최종적으로 고유한 것이 아닐 것임을 의미합니다. 저희 찬성 측 증거는 경제적 붕괴가 장래에 발생할 것이라는 점과 찬성 측 첫 번째 입론을 통해 경제적 붕괴를 예방하는 유일한 방법을 보였으므로, 저희 찬성 측이 경제적 붕괴에 대한 내부적 연계를 통제했음을 이 라운드의 막바지에서 기억해 주십시오.

■ 판정관들은 7 : 4로 표결하여, 이 토론에서 반대 측(글렌브룩 노스 고등학교)이 이겼다고 판정하였다.

링컨-더글러스 토론 결승

NFL 전국 토너먼트 2007 결승

논제: 모든 것을 감안할 때, 폭력적 혁명은 정치적 억압에 대한 하나의 대응일 뿐이다.

찬성 측: 타리니 보라(Taarini Vohra) — 호커데이 스쿨,* 코치: 스테이시 토머스(Stacy Thomas)

반대 측: 빌랄 말리크(Bilal Malik) — 제임스 로건 고등학교, 코치: 토미 린지 주니어(Tommie Lindsey, Jr.), 로버트 마크스(Robert Marks), 랜들 맥커천(Randall McCutcheon), 팀 캠벨(Tim Campbell), 크리스 마리아네티(Chris Marianetti), 저스틴 히노조자(Justin Hinojoza)

....

* '스쿨(school)'은 초중고를 포함한 사립 재단으로서의 학교법인 전체를 지칭한다.

[1] 찬성 측 입론

: 타리니 보라(호커데이 스쿨)

토론을 시작하기 전에, 지난 4년간의 토론 공부를 통틀어 믿을 수 없는 기회를 주신 NFL에 감사를 표하고 싶습니다. 또한 이 대회를 후원해 주시고, 이런 배움이 가능하도록 훌륭한 대회를 운영해 오신 링컨 파이낸셜 그룹에도 감사를 표합니다. NFL의 대표이신 빌리 테이트(Billy Tate), 사무국장이신 스콧 운(Scott Wunn), NFL 최고 집행 위원회의 한결같은 헌신에도 감사드립니다. 링컨-더글러스 토론 대회의 의장이신 폴린 캐로치(Pauline Carochi)와 비키 펠러스(Vickie Fellers), 달빈(Dalvin)과 베키 야거(Becky Yager), 이 대회를 잊지 못할 존재로 만들어 주신 더비/위치토 운영 위원회에도 감사드립니다. 특히 캔자스의 위치토에서 우리에게 문호를 열어 주신 것에 대해서도 감사드립니다. 이 놀라운 경험을 만들어 온 다른 경쟁 팀들과, 반대 측에도 축하를 전하고 싶습니다.

저는 토론자로서 뿐만 아니라, 한 사람의 인간으로서 성장하도록 도와준 공동체의 여러 구성원들로부터 많은 신세를 지고 있습니다. 존 크루즈(John Crews), 마이크 비츠(Mike Bietz), 조 본(Jo Vaughn)에게 전하고 싶습니다. 제게 준 여러분의 신뢰가 제 자신에 대한 믿음을 키워나가는 데 도움을 주었습니다. 저의 토론 코치인 스테이시 토머스(Stacy Thomas)와 톰 이브닌(Tom Evnen)에게도 전하고 싶습니다. 두 분의 끊임없는 지도는 인내와 연민, 유머와 함께 삶에서 늘 도전을 찾도록 가르쳐 주었습니다. 호커데이 팀의 동료 여러분, 집에서 멀리 떨어져 있는 동안 가족처럼 나를 지지해 주어 고맙습니다. 하지만 가장 중요한 것은, 할아버지, 어머니, 아버지, 당신들의 무한한 사랑과 옹호, 이해였으며, 이는 언제나 목표를 달성할 수 있는 힘을 주었습니다. 시바니(Shivani) 언니, 언니는 내 최고의 친구예요.

사랑해요. 언니와 같이 한 마지막 토론 대회의 기억을 함께 나누고 있는 것을 항상 감사히 여길게요. 그리고 마지막으로, 내 삶을 지켜 주시고 축복해 주시며 희망 가득한 새해를 맞을 수 있게 해 주시는 신께 감사드립니다.

그럼 지금부터 찬성 측 입론을 시작하겠습니다.

"타인의 자유를 부인하는 자들은 그들 스스로도 자유를 누릴 자격이 없다." 저는 에이브러햄 링컨의 이 말에 동의하기 때문에, 오늘의 논제인 "모든 것을 감안할 때, 폭력적 혁명은 정치적 억압에 대한 하나의 대응일 뿐이다."에 대해 긍정할 수밖에 없습니다. 그 이유로 두 개의 의견을 제시하도록 하겠습니다.

첫 번째 의견은 평가 용어입니다. 수식어인 "모든 것을 감안할 때"라는 표현은 일반적 원리에 비추어 평가할 것을 요구합니다. 게다가 "하나의 대응일 뿐이다."라는 구절에서 "하나의"는 『랜덤하우스 사전(Random House Dictionary)』에 따르면 "특별할 것 없는"을 뜻합니다. 이러한 조작적 용어로 볼 때, 오늘 토론에서의 질문은 '폭력적 혁명이 특정한 한두 가지 상황에서 올바른 반응이거나 혹은 최선의 선택인가'가 아니라, '폭력적 혁명이 이론상으로 억압에 대한 합법적 저항에 포함되어야 하는가'입니다.

두 번째 의견은 정치적 억압의 본질입니다. 억압은 『옥스퍼드 영어 사전(Oxford English Dictionary)』에서 "권력을 지속적이고 잔인하게 행사하는 것"으로 정의됩니다. 수식어인 "정치적인"은 억압의 주체가 정부라는 점을 알려 줍니다. 정치적 억압은 권리를 제한하는 것 이상입니다. 심지어 각 주들조차 사회복지를 위해 개인의 자율적인 결정을 일정 정도 제한할 수밖에 없기 때문입니다. 게다가, 모든 사회에서는 악법들을 통과시킬 수 있는데, 만약 사람들이 이러한 잘못들을 바로잡을 수 있는 방법을 갖고 있다면, 이러한 제도는 시민들이 궁극적으로 통제력을 갖고 있기 때문에 정치적으로 억압적인 것이 아닙니다. 정치적으로 억압받는 사람들은 정치적 권리들을 제한받기 때문에 법적 수단이 없습니다. 따라서 억압은 두 가지 구성요소를 갖습니다. 즉, A) 그것은 독단적이고, B) 억제할 수 없습니다.

마지막으로, 유니버시티 칼리지 런던의 철학 교수인 테드 혼더리치 (Ted Honderich)는 폭력적인 혁명을 "법에 의해 금지된 방법으로 정부 체제를 바꾸려 하는 상당한 또는 파괴적인 힘"으로 규정합니다.

저는 정의(justice)를 논제에 함축된 궁극적 선으로 여기고 중시합니다. '정의'는 여러 가지 개념들이 있는데, 사람들은 그들의 행동이 받아야 할 대우를 받아야 한다는 점에서 모두 공정성의 개념에 기초하고 있습니다. 즉, 정의는 각자가 마땅히 가져야 할 것을 각자에게 주는 것으로 정의됩니다.

가치 기준은 인간을 사물과 구별하는 내재적 가치인 '인간 존엄성'을 존중하는 것입니다. 존엄성은 정의를 의미 있게 만듭니다. 왜냐하면 오직 가치 있는 존재만이 마땅히 보장받아야 할 것을 지니기 때문입니다. 예를 들면, 제 물병이 마땅히 가져야 할 것이 무엇인지에 대해 토론하는 것은 우스꽝스러운 일입니다. 인간의 가치를 존중하기 위해서는, 시민들이 기본권을 행사하는 것이 허용되어야 합니다. 저는 입론을 통해 폭력적인 혁명을 일으킬 수 있는 선택권은 이러한 기본권 중의 하나라는 점을 증명할 것입니다. 따라서 찬성 측은 인간의 존엄성을 확인하고, 이것이 마땅히 보장받아야 할 행동 방침을 인식할 필요가 있습니다.

세부 주장 1: 인간은 폭력적 저항을 일으킬 수 있는 생득적 권리를 갖습니다.

하위 주장 A: 억압적인 정부는 충성을 요구할 권위를 상실합니다. 정부는 개인의 생득적 권리를 지켜주기 위해 만들어졌습니다. 그리고 그 대가로, 사람들은 정부가 강제력을 독점하도록 허용합니다. 정부의 존재를 설명하는 모든 사회 계약 이론은 이러한 생각에 기초를 두고 있습니다.

억압적 정부는 그들의 의무를 다하는 데 실패한 것일 뿐만 아니라, 법 규범을 구성원들에게 악용하는 것이며, 이는 사회 계약을 근본적으로 뒤엎는 것입니다. 정부에 주어진 힘은 더 이상 시민들을 지키는 안전보장조치가 아니라 박해의 무기가 됩니다. 이러한 상황에서 정부는 강제력을 독점할 권리를 상실합니다. 이 권리는 그들이 가져야 했던 힘인 강제력을 돌려받고자 하는 시민들에게 되돌아갑니다. 여기서 주목할 것은 본 논제가 폭력이 정당성을 갖는 상황들을 변수로 규정하고 있으며, 이때는 바로 '다른 주체로부터 시작된 억압에 대한 대응일 때'라는 점입니다. 따라서 찬성 측은 폭력에 대해 전반적으로 옹호하는 것이 아니라, 일정한 사회적 조건 하에서 적법화를 인정하는 논리를 구축하는 것입니다.

하위 주장 B: 폭력적 저항의 권리는 자기방어의 한 형태로서 정당성을 지닙니다. 역사적으로, 독재 정권은 시민들을 학살해 왔습니다. 이러한 일들은 다반사로 일어났으며, 예외적인 상황이 아니었습니다. 정치 철학자 R. J. 럼멜(R. J. Rummel)은 저서 『정부에 의한 죽음(Death by Government)』에서 이를 증명한 바 있습니다. 그의 조사에 따르면 1900년부터 1987년까지 전 세계에서 262만 명의 사람들이 그들의 통치자에 의해 학살당했습니다. 그는 다음과 같이 요약합니다. "[이] 숫자는 같은 기간 동안 국가 간 전쟁 또는 내전으로 사망한 34만 명보다 훨씬 더 많은 숫자이다."

럼멜은 이 기간 동안 대량 민중 학살을 저지른 218개의 정부를 조사한 뒤, 억압적인 통치자가 사망자들의 수를 숨기려 했기 때문에 살해된 사람들의 수는 확실히 축소되어 보고되었다고 덧붙입니다. 따라서 억압적 힘은 생존자들을 위협하였습니다. 이 점을 분석해 보면, 억압적인 정부에서 사람들이 갖고 있는 모든 권리는 오로지 정부가 충동적으로 부여한 것이기 때문에 결국 파탄 상태에 이르게 됩니다. 언제라도 존엄성을 빼앗길 수 있게 되면서부터 모든 권리가 불안정해지고, 삶은 늘 위협받게 됩니다. 말 그대로 억압적 통치자는 통치권을 더 이상 적법하게 행사하지 않으며 육체적 억압은 일상화되고, 이때 정부에 대항하는 폭력적 저항도 그에 비례하여 증가하게 됩니다. 모든 인간은 위협으로부터 자신을 방어할 권리를 갖고 있습니다. 습격을 받았을 때 개인적으로 폭력을 사용했다고 해서 비난할 수는 없는 것과 같이, 공동의 이익을 위해서 폭력을 사용한 시민들을 규탄할 수는 없습니다. 범죄자와 압제자 모두, 그들을 해침으로써 정의가 달성되는 상황을 고의적으로 만들어 온 것입니다.

이러한 하위주장들을 고려할 때, 폭력적 저항은 두 가지 명백한 방향에서 생득적 권리임이 증명됩니다. 인간에게 마땅히 주어져야 할 자유권으로서, 이 진술은 정의와의 연계가 명확하기 때문에 이미 뒷받침되었습니다. 그러나 저는 다음 단계의 분석으로 넘어가서 혁명에 대한 실제적인 반대 의견을 다루어 보도록 하겠습니다.

세부 주장 2: 권리를 회복하기 위한 어떤 혁명이든 폭력을 수반할 것입니다. 가장 잘 알려진 두 비폭력 운동조차도 다소 폭력적인 지원이 있었습니다. 인도 독립 운동은 세포이 항쟁의 영향을 받아 시작되었는데, 이는 영국에 대항한 유혈 폭동이었습니다. 비슷하게, 미국 흑인 평등권 요구 운동 시기 말콤 X(Malcom X)와 흑표당(Black Panthers)은 국가가 마틴 루터 킹(Martin Ruther King)의 주장을 진지하게 받아들이도록 유도하기 위해 폭력적 위협을 사용하였습니다. 심지어 킹 목사는 폭력에 대한 공포를 강력한 협상 도구로 하여, 만약 평화적 저항을 받아들이지 않는다면 유혈 사태를 감행할 것이라고 미국 정부에 경고하기도 했습니다. 비폭력은 제한된 상태에서만 작동할 가능성이 있는데, 저항의 대상이 되는 정부가 문제가 되는 점 외의 다른 부분에서는 민주적이며, 강경 조치가 그들의 자유주의적 이데올로기를 붕괴시킬 수 있다는 염려를 갖고 있을 경우일 때만 가능합니다. 모든 것을 감안할 때, 억압적 정부는 여기에 해당하지 않습니다. 비폭력을 옹호하는 정치 철학자 한나 아렌트(Hannah Arendt)는 이러한 한계를 인정하고 다음과 같이 표현하였습니다. "만약 간디가 영국이 아닌 스탈린의 러시아나 히틀러의 독일과 같은 다른 적과 대면하였다면, 비폭력 운동의 결과는 탈식민지화가 아닌 대량 학살이나 항복으로 이어졌을 것이다. 영국은 입헌 국가의 축복을 누렸기에 자제력을 발휘할 충분한 이유가 있었던 것이다." 본 논제를 부정하는 것은 인간 존엄성에 대한 영구적인 침해를 틀림없이 유발하게 됩니다. 그 이유는 억압받는 사람들은 변화를 일으킬 수 있는 무결한 수단을 갖지 못하기 때문입니다. 정의를 실현할 수 있는 유일한 가능성은 시민들에게 폭력적 혁명에 관한 그들의 근본적 권리를 허용하는 것입니다. 이에, 찬성 측에 표를 던질 것을 촉구하며 반대신문을 준비하겠습니다.

[2] 첫 번째 반대신문 단계
   : 반대 측 토론자(빌랄 말리크)가 찬성 측 토론자(타리니 보라)를 반
     대신문

Q: 내가 강도를 만났다고 잠시 상상해 봅시다.
A: 그러죠.
Q: 나를 공격한 사람에게 맞서 보복하는 것이 나에게 정당한 것이라고 생
   각합니까?
A: 그것은 자기방어의 권리라고 말할 수 있습니다.
Q: 그래서, 정당하다는 것입니까?
A: 정당한 것으로 보입니다.
Q: 나를 공격하는 사람을 제압하기 위해 그를 묶고 야구 방망이로 때리는
   것이 나에게 정당한 것일지도 모른다는 것이죠?

A: 당신이 묻고자 하는 질문은 … 이 질문에 대한 답변은 좀 더 복잡합니다.

Q: 좋습니다. 계속 하세요.

A: 누군가 당신을 공격할 때, 모든 개인은 자기방어라는 근본적인 권리를 지닙니다. 이는 곧, 정의와 사람들이 마땅히 보장받아야 하는 것에 대한 물음에서, 권리는 어떤 식으로 행사된다 하더라도 중요한 것임을 뜻합니다.

Q: 좋습니다, 하지만 자기방어에 어느 정도 과잉 조치 금지의 원칙이 있지 않을까요? 만약 당신이 제게서 1달러를 훔친다면, 제가 당신의 무릎뼈를 부서뜨리는 것이 정당화됩니까?

A: 제 논증은 억압적인 정부가 휘두르는 폭력에 맞설 때 …

Q: 아니, 아니요. 저는 그저 논제 밖에서 당신에게 묻고 있는 것입니다. 자기방어에 과잉 조치 금지의 원칙이 있습니까?

A: 개인은 억압자에 대항하여 폭력을 사용하는 것이 허용됩니다.

Q: 그래서, 만약 내가 당장 당신에게서 1달러를 빼앗는다면, 당신은 저를 때릴 수 있습니까?

A: 당신의 분석에 따른 문제는 … 아니요, 나는 당신을 때릴 수 없을 것입니다.

Q: 왜 그럴 수 없죠?

A: 당신이 묘사하는 상황은 억압적인 정권의 상황과 유사하지 않습니다.

Q: 하지만 우리는 정치적 억압에 대한 대응이란 면에서 과잉 조치 금지의 원칙이 어느 정도 필요하다고 말할 수 있습니다. 맞지요?

A: 글쎄요, 저는 과잉 조치 금지의 원칙의 형태에는 차이가 있다고 말하고 싶습니다.

Q: 네, 좋습니다.

A: 과잉 조치 금지의 원칙에 대해 논할 때, 제가 이야기하고자 하는 경우

는 억압적 정부가 시민들에게 폭력을 사용할 때 시민들이 단지 보복을 위해 폭력을 사용하는 경우만을 말하는 것입니다.

Q: 네, 좋습니다. 궁금한데요, 당신이 말하는 경우에 해당하는 것으로 무엇이 있는지 모르겠습니다. 민주적인 정부를 세운 폭력적 혁명을 정확히 말해 주시겠습니까?

A: 물론이지요. 저는 세 가지를 말할 수 있습니다.

Q: 네, 계속하세요.

A: 미국 독립 혁명, 루마니아 혁명, 그리고…

Q: 네, 거기까지 듣겠습니다. 미국 독립 혁명, 맞습니까? 미국 독립 혁명 이후에, 다음과 같은 사실이 있었지요? 첫째, 흑인들에게 투표권이 허용되지 않았고, 둘째, 여성에게 투표권이 허용되지 않았으며, 셋째, 재산이 없으면 투표권이 허용되지 않았지요?

A: 그건 사실이지만, 미국 독립 혁명은 분명히 민주주의로 가는 길을 열어 주었습니다.

Q: 따라서 당신의 논증은 미국에서 있었던 폭력적 혁명이 결국 우리의 문제를 해결하기 위해 나중에 가서는 비폭력적인 방법을 사용하였기 때문에 정당화될 수 있다는 말입니까?

A: 저는 "비폭력"이라는 단어를 언급한 적이 없습니다.

Q: 하지만 우리는 어떻게 시민권을 없애거나, 아프리카계 미국인들을 위해 시민권을 쟁취할 수 있었을까요?

A: 우리는 아프리카계 미국인들의 시민권을 미국 독립 혁명 이후 남북 전쟁을 통해 얻었으며, 이 또한 폭력적 방법이 사용되었습니다.

Q: 유색인종에 대한 차별이나 격리 같은 것은 없었나요?

A: 무슨 말이죠?

Q: 남북 전쟁 이후에는 유색인종에 대한 차별이 없었습니까?

A: 있었을 수도 있습니다. 하지만 제가 설명했던 바와 같이 ….

Q: 잠깐, 잠깐만요. 그래서 … 당신의 논증은 폭력적 혁명으로 인해 폐해도 있었지만, 그것은 무시할 만한 정도였다는 겁니까?

A: 제가 답변을 마무리하게 해 주신다면 좋겠는데요 ….

Q: 계속하세요.

A: 두 번째 세부 주장에서 제가 설명한 것은 인종 차별 문제에서조차도, 마틴 루터 킹 목사는 폭력적 위협을 사용하였다는 것이며, 국가가 마틴 루터 킹 목사를 심각하게 받아들일 수 있었던 이유는 말콤 X와 흑표당이 이미 주 정부에 대해 그렇게 하도록 유도해 왔기 때문입니다.

Q: 네, 고맙습니다.

[3] 반대 측 입론 발언
: 빌랄 말리크(제임스 로건 고등학교)

이곳에 오기까지 저를 도와주신 모든 분들께 감사를 표하는 데 얼마간의 시간을 쓰고 싶습니다. 이런 순간은 매우 귀합니다. 그래서 저는 제게 주어진 귀한 순간을 제가 이 먼 곳까지 도달하도록 저를 도와주신 모든 분들께 답례하는 데 쓰고자 합니다. 어제 곰곰이 생각하면서, 제가 토론을 시작한 초기부터, 토론은 항상 제게 정말 좋은 것이었다는 점을 깨달았습니다. 저는 닮고 싶은 사람들에게 둘러싸여 있었습니다. 예를 들면, 제 예전의 토론 코치는 전직 국내 챔피언이었던 애덤 프레이스(Adam Preiss)와 오스카 샤인(Oscar Shine)이었습니다. 그리고 그분들께 배운 것은, 그분들이 저를 열심히 훈련시키기를 바랐다면, 제가 해야 할 것은 그분들을 따르는 것밖에 없었다는 것입니다. 저는 또한 제 예전 토론 팀원이었던 마이클 조시(Michael Joshi), 보난 저우(Bonan Zhou), 폴 발도(Paul Baldo)와, 현재 링컨-더글러스 토론 코치이신 저스틴 히노조자(Justin Hinojoza)에게도 감사를 표하고 싶습니다. 저스틴 코치님, 이게 코치님과 제가 대회를 위해 타고 다닌 모든 야간 비행편과 함께 마신 카페인 음료들에 대한 적절한 보상이 되기를 바랍니다. 그리고 가족들의 사랑과 옹호에도 감사를 표하고 싶습니다. 그리고 이런 기회를 주신 NFL에도 감사드립니다. 또한 저의 두 번째 가족인 제임스 로건 고등학교 토론 팀에 감사를 표하는 것도 제게 무척 중요합니다. 그들이 저를 위한다는 것을 알고 있습니다. 왜냐하면 그들 모두가 청중으로 여기 앉아서, 도덕에 대한 두 10대의 45분 동안의 발언을 듣고 있기 때문입니다. 그리고 제임스 로건 고등학교 가족의 최고 책임자인 린지(Lindsey) 선생님께도 감사를 전합니다. 그가 학생들을 위해 한 것들과, 제가 그에게 얼마나 고마워하고 있는지에 대해서는 이루 형언할 수 없을 정도입니다. 몇 년 전에 한 학생이 우리는 우리 자신에게조차도 100퍼센트를 쏟아붓지 못할 것이라고 말했습니다만, 린지 선생님은 우리에게 110퍼센트를 쏟아 부었습니다. 린지 선생님, 당신이 우리에게 해 준 모든 것에 감사합니다. 그리고 당신이 저를 자랑스러워 할 수 있기를 바랍니다.

이와 함께, 반대 측 입론을 시작하도록 하겠습니다. 그리고 곧이어 찬성 측 입론에 대한 반박을 이어가겠습니다.

비폭력은 오늘날 중대한 정치적·도덕적 질문—억압과 폭력에 의존하지 않고 억압과 폭력을 극복하고자 하는 인류의 요구—에 대한 해답입니다. 저는 폭력은 답이 아니라는 마틴 루터 킹 목사에게 동의하기 때문에, 논제인 "모든 것을 감안할 때, 폭력적 혁명은 정치적 억압에 대한 하나의 대응일 뿐이다."에 반대하는 바입니다. 논제에서 폭력적 혁명의 정당성에 대해 의문을 제기했기 때문에, 이 토론 라운드의 가장 높은 가치는 정의여야 합니다. 그리고 정의는 그들이 마땅히 가져야 할 것을 갖는 것으로 정의되었습니다. 모든 인간은 본질적으로 기본권과 자유권을 타고나며, 그 권리 중 가장 명확한 것은 정의롭지 않은 위협으로부터의 자유입니다. 우리는 결백한 사람의 자유권을 침해하는 것을 결코 용서하지 않을 것이며, 이는 대단찮은 죄에 과도한 벌을 부과하는 것에 반대하는 것과 마찬가지입니다. 인간은 도덕과 정의의 궁극적인 요소로서, 본질적으로 존엄과 존중을 받아야 합니다. 이것은 위험한 노상강도를 막기 위해 폭력을 사용하는 것이 허용되는 이유입니다. 하지만 노상강도가 진압된 뒤에도 제가 계속해서 그를 고문하는 것은 정당화되지 않습니다. 불필요한 위해를 가함으로써, 저는 제가 공격한 사람의 권리와 인간성을 근본적으로 침해하게 됩니다. 따라서 개인에 대한 존중은 불필요한 고통을 일으키지 않도록 인간적으로 최대한 노력할 것을 요구합니다. 그러므로 정의의 가치 기준은 불필요한 고통을 방지하는 것입니다.

비폭력적 대체 방안들이 존재하기에 폭력적 혁명은 불필요한 고통을 유발한다는 것, 이것이 반대 측의 논지이자 유일한 쟁점입니다. 먼저, 비폭력적 변화는 혁명의 권위와 대중성을 증대시킵니다. 폭력을 자제하는 것은 혁명가들이 도덕적 우위를 점할 수 있도록 하며, 이는 혁명가들을 더 많이 모으는 데 도움을 줍니다. 이는 비폭력 혁명가들이 군대의 강력한 힘을 흡수할 수 있도록 해 줍니다. 결국, 군인들은 인간일 뿐입니다. 그들이 총을 맞았을 때, 그들의 자연스런 반응은 마주 총을 쏘는 것입니다. 그러나 역사적으로 비폭력적인 움직임들은 군대가 도덕적 딜레마에 처하도록 했으며, 이는 종종 비폭력적 혁명을 돕는 것으로 이어졌습니다. 예를 들어, 최근의 우크라이나 혁명에서 군인들은 대규모의 비폭력 시위를 해산시키기 위해 투입되었습니다. 그러나 군인들은 혁명가들의 동기와 행동에 설득되었고, 이어서 '오렌지 혁명(Orange Revolution)'으로 알려진 혁명에 합류했으며, 비합법적으로 선출된 지도자를 성공적으로 축출하였습니다. 반면 폭력적 혁명은 정부의 폭력이 혼돈을 예방하고 평화를 지키기 위한 것이라는 주장에 근거를 제공함으로써 정부의 폭력을 악화시킵니다.

둘째, 반대자들과 일반 대중들에게 동정심을 불러일으킴으로써, 혁명가들은 그들이 행사한 폭력보다 그들이 전하고자 하는 메시지에 모든 사람이 관심을 가지도록 영향력을 발휘합니다. 억압적 정부는 비폭력에 대항하여 폭력을 사용함으로써 더욱 폭압적으로 보입니다. 그리고 실제로, 현대사에서 성공한 대부분의 저항 운동은 비폭력 운동이었습니다. 피터 애커먼(Peter Ackerman)과 잭 듀발(Jack Duvall)은 비폭력 분쟁을 위한 국제 센터(International Center for Nonviolent Conflict)에 기고한 글에서 다음과 같이 썼습니다. "프리덤 하우스(Freedom House)의 연구에 따르면, 지난 35년간 67건의 권위주의로부터의 변혁 중 50건에서 폭력적 폭동이 아닌 비폭력 시민운동이 중요한 힘으로 작동하였다." 저항의 동기와 민주주의 정신에 충실한 비폭력 운동은 민주주의적 이상에 기반한 정당한 정부를 수립할 수 있는 유일한 저항 방법입니다. 반대 측 입론이 암시하는 바는 두 가지입니다. 첫째, 판정관 여러분께서 찬성 측의 기준이 이번 라운드에서 중요한 기제라고 생각한다 하더라도, 반대 측은 불필요한 고통을 주지 않고도 그러한 결말을 제공하기 때문에 그 기준을 보다 더 충족시킬 수 있습니다. 또한, 판정관 여러분은 반대 측의 입론에 근거하여 반대 측에 투표할 수 있습니다. 저희는 단순한 대체 방안을 제시하는 것에 그치지 않았습니다. 반대 측에서는 사람들을 다치게 하지 않는 대체 방안을 제시하였습니다. 만약 우리가 폭력과 비폭력 사이에서 하나를 선택할 수 있다면, 우리는 언제나 비폭력을 선택해야 할 것입니다. 그렇지 않으면, 우리는 무고한 사람들의 권리를 침해하게 됩니다.

이제 찬성 측 입론으로 넘어가 봅시다. 찬성 측의 입론을 이해하는 데 중요한 것이 있습니다. 찬성 측 입론자는 폭력적 혁명이 얼마나 필요한지에 대해 설명했지만, 왜 그것이 정당화되는지에 대해서는 설명하지 않았습니다. 예를 들면 우리는 때로는 살인이 필요하다는 것에 동의할 수는 있지만, 살인은 항상 정당화될 수 없다고 말합니다. 자기방어의 상황에서 살인은 필요할지도 모르지만, 그래서 결론은 그러한 살인이 허용된다는 것입니다. 같은 방법으로 폭력적 저항이 허용됩니다. 따라서 찬성 측이 그들의 흐름표에 적힌 모든 개별 논증에 성공한다 하더라도, 찬성 측은 논제의 책임을 수행한 것이 아니므로 판정관 여러분께서는 반대 측에 승점을 주셔야 합니다. 찬성 측은 특정한 경우에 폭력적 저항이 허용된다는 점을 입증했지만, 폭력적 저항이 정당화된다고는 입증하지 않았습니다. 게다가 정치적 억압에 대한 찬성 측 정의를 살펴봅시다. 여기에는 문제가 있습니다. 분명 심각한 정치적 억압의 사례들을 제시하고 있지만, 이는 논제 전체를 고려하지는 못하고 있습니다. 예를 들어, 2000년 플로리다에서 몇몇 사람들에게는 투표권이 허용되지 않았습니다. 그것은 정치적 억압이었지만, 시민들에게 무기를 들 것을 호소하고 정부를 해체할 만큼 가혹하지는 않았습니다. 비폭력적인 방법들은 분명히 존재합니다. 따라서 여러분께서는 분명히 지나치다 싶을 만큼 주의하셔야 하고, 반대 측에 투표해야 합니다. 왜냐하면 저희는 적어도 그와 같이 폭력을 혁명가의 무기고에 있는 도구로 사용하도록 허용하지는 않기 때문입니다.

이번에는 찬성 측이 두 번째 세부 주장에서 제시한 논증을 살펴볼 수 있는데, 이는 매우 중요합니다. 찬성 측에서는 폭력의 위협은 폭력적 혁명에 상응한다고 주장하였습니다. 하지만 이것은 이치에 맞지 않습니다. 만약 이 토론 논제의 입안자들이 폭력적 혁명의 위협에 대해 논하는 것을 원했다면, '위협'이라는 단어를 논제에 명시하였을 것입니다. 저는 폭력적 혁명의 위협이 이 논제를 긍정할 수 있는 방법이 아니라고 주장합니다.

게다가, 폭력적 혁명의 위협은 판정관 여러분께서 반대 측에 투표하였을 때에도 존재합니다. 우리는 이것을 부당한 것으로 분류하지만, 사람들은 여전히 폭력적 혁명을 통해 정부를 위협할 수 있습니다.

이제 찬성 측의 기준을 살펴봅시다. 이 기준에는 몇 가지 문제가 있습니다. 첫 번째 문제는 찬성 측에서는 반대 측이 관념으로서의 폭력적 혁명이 정당한지 아닌지에 대해서만 살피고 있다고 주장하고 있는 것입니다. 그러나 폭력적 혁명이 위해를 발생시킬 것임을 안다면, 저희는 폭력적 혁명이 정당하다고 주장하지 않을 것입니다. 우리는 폭력적 혁명의 역사를 알고 있습니다. 우리는 폭력적 혁명이 결백한 사람들을 해치고, 일반적으로 성공적이지 않았다는 것을 알고 있습니다. 이러한 지식에 따라, 우리는 폭력적인 혁명가들은 이상주의적으로 전진한 것이며 모든 결백한 죽음들은 부차적인 것일 뿐이라고 말할 수 없습니다. 바람직하지 않은 결과를 초래하는 행위에 의도적으로 관여함으로써, 혁명가들은 해를 끼칠 가능성이 있습니다.

게다가 찬성 측은 스스로와 모순되는데, 이는 매우 중요합니다. 찬성 측은 인간 존엄성을 존중할 필요가 있다는 것을 그들의 기준으로 두고 있습니다만, 폭력적 혁명은 장기적인 이익을 얻기 위해 단기적으로 인간 존엄성에 대한 침해를 필수적으로 요구합니다. 예를 들면 최종적으로 얻게 될 몇몇 이익을 위해 결백한 사람들을 다치게 해야 할 것입니다. 더욱이 이 기준은 혁명의 최종 결과에 기반해 있습니다. 찬성 측은 폭력적 혁명이 실제로 성공할 수 있다는 것을 입증할 책임이 있습니다. 만약 그러지 않으면 판정관 여러분은 찬성 측이 과연 인간 존엄성을 존중하고 있는지 절대 알 수 없을 것입니다.

첫째, 폭력의 사용은, 특히 관념적인 혁명가들이 부수적 피해라고 완곡하게 언급하는 것을 만들어 내는 경향이 있습니다. 이것은 제가 이미 앞서 구축한 논증입니다. 과격한 혁명가들이 결과가 의미를 정당화한다는 생각을 갖고 있는 한, 그들은 죄 없는 사람들의 권리를 침해할 것입니다.

둘째, 폭력적 혁명은 비민주적이고 억압적인 정부를 수립하는 경향이 압도적입니다. 폭력적 혁명과 더불어 발생하는 문제는 혁명가들이 총을 내려놓지 않는다는 것입니다. 폭력적 혁명이 정부의 힘을 제거하는 임시적 조치가 될 수는 있으나, 이는 또한 사회에서 정치 외적 방법들이 사회적 변화를 만드는 적절한 수단이 될 수 있다는 문화를 만들어 냅니다.

마지막으로 피터 애커먼과 잭 듀발은 정부의 본성 때문에 폭력적 혁명은 성공하기 어려울 것이라고 보았습니다. "폭력과 폭력이 서로 맞서는 경쟁 상태에서, 정부의 우월함은 언제나 절대적이었다. 봉기의 방법으로 총과 폭탄을 선택한 사람들은 그들이 공격하는 정권이 그러한 전투에 대한 경험이 훨씬 많다는 것을 발견하게 될 것이다." 이 문장은 마지막 순간에 폭력적 혁명은 성공적이지 않을 것이라는 뜻이며, 따라서 찬성 측은 인간으로서의 권리들을 지킬 수 없을 것입니다.

그 다음, 판정관 여러분께서는 찬성 측의 첫 번째 세부 주장을 봐 주십시오. 찬성 측은 사회 계약론에 대해 이야기하고 있지만, 사회 계약론에서는 결백한 사람들과 그들의 권리를 깔아뭉개는 것을 허용하지 않았다는 점을 잊고 있습니다. 혁명은 정당합니다. 그러나 폭력적 혁명은 정당화되지 않습니다. 우리는 언제나 비폭력을 선호할 수 있으며, 또한 판정관 여러분께서도 언제든 반대 측을 선택할 수 있습니다.

[4] 두 번째 반대신문 단계
: 찬성 측 토론자(타리니 보라)가 반대 측 토론자(빌랄 말리크)를 반대신문

Q: 준비됐습니까?
A: 물론이죠.

Q: 찬성 측 입론에 대응하여, 토론자께서는 정치적 억압의 예로 플로리다에 대해 이야기했습니다. 그리고 토론자께서는 이 논제는 '모든 것을 감안할 때', 일반 원리에 대한 질문이라는 점에 동의하셨습니다. 맞습니까?

A: 제가 이해하기로는 토론자께서는 이것이 하나의 예시일 뿐이라고 논증하려 하는 것 같습니다. 그러나 제 논증은, 찬성 측의 입론 어디에도 정치적 억압이 언제나 또는 모든 것을 감안할 때 폭력적이어야 한다는 것을 입증한 부분은 없다는 것입니다.

Q: 좋습니다, 단 제 질문에 답해 주십시오. 그래서 플로리다는 정치적 억압의 표준이라고 말할 수 있습니까?

A: 아니요, 하지만 그 대신 정치적 억압에 대해 이야기할 수 있습니다 …

Q: 그래서 정치적 억압의 표준이 아니라는 말씀이시지요?

A: 대답해도 되겠습니까?

Q: 좋습니다.

A: 네, 찬성 측 입론에서 언급한 정치적 억압의 사례들은 정치적 억압의 표준이 아니라고 말할 것입니다. 그래서 마찬가지로, 만약 찬성 측이 반대 측에서 제시한 정치적 억압의 예시를 거부한다면, 저희 반대 측도 찬성 측의 것을 거부하는 것이 당연한데, 이는 불공평하기 때문입니다.

Q: 네, 그러면 반대 측 사례를 살펴봅시다. 토론자께서는 만약 불필요한 고통이 수반된다면 그것은 부당하다는 생각을 펼쳤습니다.

A: 맞습니다.

Q: 좋습니다. 하지만 근무 중인 구조요원이 바다나 풀장 혹은 어디에서든 위험에 처한 아이를 보았고, 그리고 아이의 생명을 구하고자 한다고 가정해 봅시다. 그리고 만약 구조요원이 실패했다고 칩시다. 생명을 구

하고자 한 노력이 부당합니까?

A: 저는 그 사례에서 어떻게 불필요한 고통이 발생하는지 알 수 없는데요.

Q: 뭐, 저는 단지 알고 싶습니다. 이것이 부당합니까?

A: 타리니, 사람을 구하고자 하는 일은 훌륭한 것입니다.

Q: 그러니, 이건 정당하지요?

A: 그건 훌륭한 일이죠. 네, 맞아요. 하지만 저는 그것이 왜 불필요한 고통을 수반하는지 알 수 없네요.

Q: 좋습니다, 그럼 반대 측의 기준은 불필요한 고통의 예방이지요?

A: 맞습니다.

Q: 그러면 필요한 고통은 정당합니까?

A: 그것은 허용 가능합니다. 그건 찬성 측 입론에 대응하여 반대 측이 제시한 논증이며, 반대 측의 입론에도 있습니다.

Q: 하지만 반대 측의 기준 분석은 정의와 연관되어야 함에도, 반대 측은 불필요와 필요에 대해 논하였습니다. 그래서…

A: 타리니, 정의는 양자택일이 아닙니다. 만약 어떤 것이 불필요하다고 해서, 그것이 다른 것을 필요하게 만드는 것은 아닙니다. 그것은 허용될 수 있습니다. 저는 찬성 측 입론에 대응하여 왜 이것이 사실인지를 설명하기 위해 많은 시간을 할애했습니다.

Q: 그렇다면 왜 무언가 불필요하다면 부당한 것이지요?

A: 왜냐하면 불필요한 고통을 만들어 내기 때문입니다.

Q: 그건 제 질문을 반복해 말한 것일 뿐입니다. 제 질문은…

A: 아니요, 아니요, 아니요. 그게 찬성 측 질문에 대한 제 답변입니다. 왜냐하면 절대로 필요한 고통은 없기 때문입니다. 만약 불필요한 고통이라면, 그것은 부당한 것입니다. 만약 필요한 고통이라면, 그것은 허용

가능합니다.

Q: 왜죠?

A: 저는 우리가 살인은 나쁜 것이라는 일반적 기준을 갖고 있다고 설명했습니다. 우리는 결코 살인은 정당화될 수 없다고 말합니다. 우리는 찬성 측이 제시한 자기방어와 같은 형태 등의 특정 상황에서는 살인이 허용 가능하다고 말합니다.

Q: 그러면 반대 측에서는 자기방어와 같은 행동은 단지 허용 가능한 것일 뿐, 정당한 것은 아니라는 것이지요?

A: 네, 저는 우리 아이들에게 살인이 정당화된다고 말하고 싶지 않습니다.

Q: 그렇다면 누군가 길에서 습격을 받았고 생명을 지키고자 할 때, 그들이 그렇게 하는 것은 정당하지 않겠군요.

A: 아니요, 그들은 허용 가능한 일을 저지른 것입니다.

Q: 좋습니다, 그렇지만 허용 가능성은 정의와는 다르다고 말씀하셨는데요.

A: 하지만 그것은 부당하지 않습니다. 우리는 그것을 "부정당(ajust)"하다고 말합니다.* (청중 웃음) 이봐요, 여러분, 언어는 유동적인 거니까, 뭐든 만들 수 있잖아요.

Q: 시간이… 좋습니다. 그렇다면 정의를 위해 필요한 조건은 무엇입니까?

A: 필요한 조건이 무엇인지는 저도 모르겠네요. 제 논증은 만약 찬성 측의 주장이 불필요한 고통을 발생시킨다면 이것은 정당화될 수 없다는 조건을, 찬성 측이 만족시키지 못한다는 것입니다. 저희 반대 측의 역할은 논제를 반증하는 것이니까요.

....

* '정당한'을 뜻하는 형용사 'just'에 부정의 접두사 a를 붙여 반의어로 만드는 언어유희를 시도한 것으로 보인다.

[5] 찬성 측 첫 번째 반박 발언
: 타리니 보라(호커데이 스쿨)

반대 측의 기준으로 가 봅시다. 반대 측의 기준은 불필요한 고통을 예방하는 것입니다. 반대신문에서 토론한 바와 같이 이 기준은 정의와 명백한 연계를 가지며, 이는 만약 반대 측이 필요한 고통을 예방하고자 한다면, 옳지 않은 것임을 의미합니다. 반대 측 토론자가 기준으로서 "필요"와 "불필요"라는 단어를 사용할 때, 그는 필요한 고통과 정의 사이의 연계를 스스로 수립한 것입니다. 그러나 반대 측은 필요한 고통이 무엇인지 확정할 수 있는 특징을 변별하는 데 실패했습니다. 찬성 측 입론에서, 찬성과 반대 양측이 정의의 의미란 인간이 마땅히 가져야 할 것을 부여하는 것이라는 데 동의하였기 때문에, 만약 인간 존엄성과 인간 존엄성 보전이 정의를 실현하는 데 필수적 요소라고 가정한다면, 그때 그것은 정당한 것입니다. 그러나 반대 측 토론자는 찬성 측이 제시한 기준을 근본적으로 잘못 다루고 있는데, 만약 폭력적 혁명이 하나의 기본권이라면 이것은 개인의 존엄성을 존중하는 것이고, 따라서 폭력적 혁명의 권리는 사람들이 마땅히 가져야 할 것이라는 점에 대해 설명하는 데 실패한 바 있습니다. 반대 측 토론자는 이 점을 근본적으로 잘못 다루고 있습니다.

그래서 판정관 여러분께서 불필요한 고통의 예방에 관한 쟁점을 살펴야 하는 이유는 인간 존엄성의 개념 때문이며, 우리가 인간 존엄성을 지키는 방법은 기본권들을 지키는 것을 통해서입니다.

찬성 측 입론에 대해 말씀드리겠습니다. 가장 먼저, 반대 측에서는 찬성 측에서 폭력적 혁명이 왜 정당화되는지에 대해서만 설명했을 뿐 폭력적 혁명의 필요성에 대해서는 설명하지 않았다고 주장했습니다. 문제는 어떤 대상이 정의를 구현하기 위해 꼭 필요하다면, 그 대상은 정의의 한 부분이고, 그러므로 이는 정당하다는 것입니다.

따라서 정치적 억압이 무엇인가에 대해 논한 부분인 두 번째 의견에 대해 말씀드릴 수 있습니다. 반대 측 토론자는 저희 찬성 측에서 논제 전체를 포괄하지 못하고 있다고 주장했습니다. 문제는 반대신문에서 반대 측 토론자가 제시한 플로리다의 사례가 정치적 억압이 무엇인가의 표준이 되지 않는다고 말했다는 점입니다. 오히려 저는 정치적 억압이란 사람들이 정치적 권리를 갖지 못한 곳에서 나타나며, 그렇기에 이러한 억압은 독단적이고 감시받지 않는다고 생각합니다.

하지만 세부 주장 1의 하위 주장 B에 이르러, 저는 럼멜의 설명을 제시한 바 있습니다. 럼멜은 세계 218개의 정부에서 정치적 억압이 시민들을 살해하고 있다고 말했는데, 이것은 명백히 "모든 것을 감안할 때" 정치적 억압이 그곳에 속한 사람들에게 자행되는 폭력임을 의미합니다. 따라서 이것이 의미하는 바는 판단 기준을 뒷받침하며, 만약 제가 폭력적 혁명이 근본적 권리라는 것을 보여줌으로써 인간 존엄성을 존중하고자 한다면, 이 주장은 타당성을 확보합니다. 반대 측 토론자는 이에 관해 아주 적은 답변만을 내놓았는데, 만약 폭력적 혁명이 피해를 만들고 결백한 사람들에게 해를 입힌다면 부당하다는 것입니다. 그러나 반대신문에서, 저는 반대 측 토론자에게 '만약 구조요원이 힘써 노력하고 생명을 구하고 또 아마 생명을 구하는 데 실패할 수도 있다면, 생명을 구하고자 노력하는 행동은 그럼에도 불구하고 부당한가?'에 관해 물었습니다. 어떤 행동의 최종적 의미는 행동의 타당성만으로 결정되는 것이 아니라, 행동 그 자체로 결정됩니다. 반대신문에서 반대 측 토론자는 이를 인정함으로써 찬성 측의 판단 기준에 대한 논증을 구축하는 데 실패하였습니다. 반대 측의 나머지 주장 전부는 폭력적 혁명이 단기적으로 얼마나 인간 존엄성을 침해하는지와, 그 폭력적 혁명이 실제로는 성공하지 않았다는 내용입니다. 하지만 기억해 주십시오.

저는 여러분께 폭력적인 혁명의 성공 여부와 무관하게 단순히 폭력적인 혁명이 근본적인 권리인지 아닌지를 보여 드리면 됩니다.

따라서 하위 주장 B에 대해 말하자면, 이는 완벽하게 승인되었습니다. 럼멜이 억압적 정부는 시민들에게 폭력을 사용하고, 그들을 학살한다고 말한 점을 기억하십시오. 이것은 근본적인 권리인 자기방어의 권리를 가진 모든 개인들이 억압적인 정부에 저항하는 자기방어의 권리 주체인 시민으로서의 집합체로 변모한다는 것을 의미합니다. 이는 곧 개인들이 폭력적 혁명을 통해 그들 스스로를 지키고자 하는 것은 정당하다는 뜻입니다.

그러면 반대 측 사례에 대해 말씀드리겠습니다. 여기에는 두 가지 문제가 있는데, 그 대부분은 반대 측이 잘못 다른 찬성 측 입론의 두 번째 세부 주장으로 답변됩니다. 반대 측 토론자는 오직 두 개의 답변만을 내놓았습니다. 그중 하나의 답변은 만약 우리가 폭력의 위협성에 대해 논하고 있다면, 의미가 통하지 않습니다. 하지만 폭력의 위협은 폭력 그 자체가 오직 궁극적으로 사용될 것이기 때문에 중요하다는 것을 기억하십시오. 두 번째로, 우리는 여전히 부정적 세계에서 폭력의 위협을 활용할 수 있습니다. 부정적 세계에서, 반대 측 토론자는 비폭력을 통해 불필요한 고통을 예방하겠다고 말하고 있기 때문에, 비폭력이 오직 폭력의 사용을 통해서만 유효할 수 있는 바로 그 지점에서, 폭력적 혁명을 통하는 것은 정당화되고, 이는 분명히 찬성 측 두 번째 세부 주장에서 개략적으로 설명한 것입니다. 간디와 마틴 루터 킹의 두 가지 경우 모두에서 그들이 성공한 유일한 이유는 폭력적 혁명 때문입니다. 반대 측의 분석은 오렌지 혁명은 모든 것을 감안할 때 억압적인 정부가 아니라 민주적인 체제에서 일어났으며 그래서 비폭력이 중심이 되었다고 설명하고 있습니다. 이는 혁명을 성공적으로 이끌게 해 준 유일한 요소가 아닙니다. 따라서 저는 본 논제에 찬성하는 바입니다.

[6] 반대 측 반박 발언

: 빌랄 말리크(제임스 로건 고등학교)

반대 측 입론을 먼저 살핀 뒤에 찬성 측 입론을 살펴보도록 하겠습니다.

타리니 토론자는 매우 설득력 있지만, 타리니 토론자의 능변에 판정관 여러분의 판단이 흐려지지 않게 하십시오. 타리니 토론자는 반대 측의 입론을 완전히 잘못 다루고 있습니다. "불필요한 고통의 예방" 기준에 대해서, 찬성 측 토론자는 정의와 명백한 연계가 있다고 설명합니다. 만약 무언가 불필요하다면 그것은 부당한 것이고, 반대로 무언가 필요하다면 그것은 정당화된다는 뜻이겠지요. 하지만 이것은 사실이 아닙니다. 정의는 흑백 논리나 양자택일로 결정되는 것이 아닙니다. 만약 무언가가 불필요하다면, 필연적으로 다른 것이 필요하게 되는 것이 아닙니다. 기억하십시오, 저는 이에 관해 많은 설명을 덧붙였습니다. 저는 찬성 측 입론에 대응하여, 우리 모두는 살인이 부당하다는 것을 안다고 주장했습니다. 우리는 결코 살인이 정당하다고 말하지 않을 것입니다. 대신, 어떤 특정한 상황에서 살인이 허용될 수 있다고 말합니다. 이 논증에 대한 찬성 측의 반응은, 만약 무언가가 필요하다면 그것은 정당하며, 그것이 정당한 이유는 그것이 필요하기 때문이라는 것이었습니다. 찬성 측의 논증을 자세히 살피면, 그것이 매우 순환적이라는 사실을 알게 될 것입니다. 곧, 주장에 대한 이유가 주장 그 자체라고 하는 것입니다. 여기에는 왜 필요가 정의와 동일해야 하는지 확신할 이유가 없습니다. 저는 필요성은 허용 가능성을 의미한다고 여러분께 말하고 있습니다. 우리는 사람을 죽이는 것이 정당화된다고는 결코 말하지 않을 것입니다. 대신, 어떤 특정한 상황에서 사람을 죽이는 것은 허용될 수도 있는 것입니다.

찬성 측 토론자는 불필요가 의미하는 것이 무엇인지 반대 측에서 설명하지 않았다고 주장합니다. 논제의 문맥에서, 폭력적 혁명이 불필요한 이유는 필요하지 않은 곳에 위해를 발생시키기 때문이며, 그러면 이는 폭력적 혁명이 불필요하다는 것을 의미하기 때문에 결과적으로 부당하다고 설명했습니다. 그러므로 저는 불필요 요소에 관해 설명하였습니다.

그럼 첫 번째 세부 주장으로 가 봅시다. 찬성 측 토론자의 반응은 이에 전혀 대응하지 않았습니다. 첫 번째 세부 주장에서는 왜 비폭력 운동이 효과적인지에 대한 이유로 비폭력 운동은 혁명의 대중성을 증가시킨다고 설명했습니다. 이것은, A) 혁명가들이 도덕적 우위를 점할 수 있도록 하며, B) 비폭력 혁명가들이 군대의 힘을 흡수할 수 있도록 해 주는데, 이는 반대 입장에 있는 사람들을 포섭할 수 있는 유일한 이익입니다. 이것에 관해서는 우크라이나에 대한 분석을 통해 앞서 설명한 바 있습니다. 우크라이나에서는 평화적인 혁명이 일어났습니다. 군인들은 평화적인 혁명임을 인식하였고, 혁명가들에게 총을 쏘는 대신에 혁명가들의 움직임에 동참하였습니다. 이는 우리가 비폭력을 통해 군대의 힘을 흡수할 수 있다는 것을 의미합니다. 따라서 비폭력은 동일한 결과에 도달하게 해 줄 뿐만 아니라, 정부를 내부로부터 전복할 수 있기에 보다 많은 이익을 가져다줍니다.

그럼 저의 두 번째 요점에 대해 말씀드리겠습니다. 행동이 아닌 동정심이야말로 사람들이 전하고자 하는 메시지에 집중하도록 힘을 발휘한다고 주장했습니다. 하지만 찬성 측은 이 주장에 관해 어떤 대응도 보이지 않았습니다. 저는 억압적인 정부는 약한 사람들을 공격할 때 더 폭압적인 모습을 보인다고 설명했습니다. 이는 동정심이 혁명가들의 편이라는 뜻입니다.

또한 애커먼과 듀발의 설명에 관해 찬성 측 토론자가 전혀 반박하지 않았다는 점을 기억하십시오. 지난 35년간 67건의 변혁 중에서 50건은 비폭력이 대체 방안임을 의미합니다. 이 부분은 여러분의 투표용지에 어떻게 서명할지를 결정할 부분입니다. 여러분은 폭력이 효과가 있을지라도, 우리는 비폭력적 방법을 갖고 있기 때문에 폭력이 불필요하다는 것을 깨달을 것입니다. 모든 것을 감안할 때, 67건의 변혁 중에서 50건 이상은 비폭력적이었습니다. 따라서 여러분은 반대 측에 투표해야 할 실증적인 이유를 이미 갖고 있습니다. 찬성 측 토론자가 새로운 대응을 내놓게 두지 마십시오. 이 발언은 반대 측의 마지막 발언이므로, 찬성 측 토론자가 또 다른 새로운 근거를 제시하도록 하지 말아주십시오.

이제 찬성 측 입론으로 가 봅시다. 반대 측에 투표해야 할 두 번째 지점은 '허용 가능성' 쟁점에 있습니다. 기억하십시오. 찬성 측 토론자가 필요성이 '정의'와 동일하다고 주장하는 유일한 이유는 그것이 필요하다는 것밖에 없습니다. 이는 매우 순환적입니다. 찬성 측 토론자는 어떤 이유도 제시하지 않았습니다. 저는 예를 제시하였고, 살인이 언제나 부당한 것인 한, 우리는 살인이 자기 방어의 상황에서는 허용된다고 말해야 한다고 언급한 바 있습니다. 판정관 여러분께서는 지금 당장 투표용지에 서명할 수 있습니다. 찬성 측에서는 허용 가능성과 정의 사이에 차이가 없다고 주장하는 적절한 답변을 제시하지 못했기 때문입니다.

그럼 제가 정치적 억압에 대하여 대응한 내용을 살펴봐 주십시오. 찬성 측에서는 제가 제시한 예가 기준이 되지 않는다고 말했습니다. 그러나 이것이 주목할 지점입니다. 여기에는 폭력적인 것이 언제나 옳다는 찬성 측의 사례나 정치적 억압에 대한 분석을 신뢰할 어떤 이유도 없습니다. 신중을 기한 나머지 실수를 저지를 수도 있습니다. 반대 측에 투표하는 것이 폭력을 사용할 수 없다는 것을 의미하지는 않습니다. 이것은 단지 혁명가들이 그들의 무기고를 사용할 수 있게 해 주는 백지수표를 갖도록 허용하지 않을 것임을 의미합니다. 대신, 우리는 구체적인 시나리오를 살필 것이며 혁명을 긍정할 것입니다. 폭력은 죄 없는 사람들에게 상처를 입힙니다.

이것은 매우 중요한 사안입니다. 이 토론에서는 이것이 정교하게 다루어지지 않았습니다. 찬성 측에 투표하는 한, 때때로 우리는 필요하지 않을 때 사용된 폭력을 정당화하게 될 것이기 때문에, 반대 측에 투표해야만 합니다. 이는 충분히 반박되지 않았으며, 따라서 여러분은 반대 측에 투표해야 할 세 번째 지점에 도달하게 됩니다.

그럼 인간 존엄성 존중에 대한 찬성 측의 기준으로 가 봅시다. 찬성 측에서는 반대신문에서 찬성 측 토론자가 제시한 예시와 제가 질문에 대답한 방식에 대해 모든 대응이 문제없다는 점을 의미한다고 주장했습니다. 찬성 측 토론자는 틀렸습니다. 왜냐하면 찬성 측 토론자는 예시에서 구조요원이 아이의 생명을 구하기 위해 노력하고 있다고 표현했기 때문입니다. 그러나 문제가 되는 것은, 그 구조요원은 자신이 생명을 구하는 데 실패할 것임을 모른다는 점입니다. 폭력적 혁명가들은 그들이 실패할 것임을 알고 있습니다. 폭력적 혁명은 성공하지 않기 때문이지요. 애커먼과 듀발의 분석에서 정부에 소속된 군대의 기량이 폭력적 혁명가들의 힘보다 훨씬 강하다는 점이 이미 증명되었다는 것을 기억하십시오. 따라서 만약 어떤 행동이 무고한 사람들의 권리를 깔아뭉갤 것을 요구한다는 것을 알고 있다면, 또한 이 행동이 성공하지 않을 것임을 알고 있다면, 제가 이러한 행동에 참여하는 것이 정당하다고 어떻게 말할 수 있겠습니까?

게다가 찬성 측 토론자는 폭력적 혁명은 비민주적인 정부를 수립하는 경향이 압도적이라는 분석에 대해 반박하지 않았습니다. 기억하십시오. 폭력적 혁명과 더불어 발생하는 문제는 혁명가들이 총을 내려놓지 않는다는 점입니다. 찬성 측 토론자는 미국이 효과적인 혁명의 예가 된다고 주장하였습니다. 그러나 이것은 맞지 않습니다. 미국 독립 혁명 이후, 재산이 있고 백인이며 금발이고 파란 눈을 가진 사람만이 투표권을 획득했습니다. 흑인들은 노예 상태였고, 여성들은 투표권이 없었으며, 비폭력적인 방법이 사용될 때까지 이러한 상황은 지속되었습니다. 이 사실은 여러분이 어떤 종류의 정치적 변화를 위해서는 반대 측이 필요하다는 것을 의미합니다.

따라서 찬성 측은 폭력적 혁명이 정말로 효과적이라는 것을 입증할 책임을 갖고 있습니다. 그렇지 않으면 찬성 측은 국민의 권리들을 지키지도 못할 것입니다. 게다가 찬성 측 토론자가 스스로 모순된 주장을 하였다는 점을 제가 지적한 바 있으며, 찬성 측 토론자는 이를 반박하지도 않았다는 점을 기억해 주십시오. 이 점은 여러분이 반대 측에 투표해야 할 또 하나의 명백한 지점이기도 합니다. 찬성 측이 인간 존엄성을 존중해야 한다고 말하는 한, 그리고 폭력적 혁명이 인간 존엄성을 짓밟는 것을 요구하는 한, 찬성 측은 이 토론에서 이길 수 없습니다. 찬성 측은 이 분석에 대해 반박하지 않았습니다. 이 점은 찬성 측이 패배하는 쉬운 길이며, 판정관 여러분께서 반대 측에 사인할 수 있는 쉬운 길이기도 합니다.

오늘 마지막으로, 제가 이 토론에서 승리하는 것은 명백합니다. 저는 폭력적 혁명이 불필요하다는 것을 증명했을 뿐만 아니라, 찬성 측이 입론에 실패하였다는 점을 증명하였습니다. 또한 찬성 측의 입론이 인정된다고 하더라도, 제 주장은 찬성 측의 논증보다 더 논제에 부합합니다. 따라서 여러분은 논제에 반대할 모든 이유를 지니게 되었습니다. 감사합니다.

[7] 찬성 측 마지막 반박
: 타리니 보라(호커데이 스쿨)

반대 측의 판단 기준에 대해 말씀드리겠습니다. 문제는 반대 측이 여전히 필요성과 정의에 관한 저의 주된 논증을 근본적으로 잘못 다루고 있다는 점입니다. 반대 측 토론자는 제가 이유를 갖추지 못했다고 계속해서 말하고 있습니다. 문제는 이유가 매우 선명하다는 것입니다. 만약 무언가 필요하다면, 그것이 정의의 필요라면, 그것이 정의를 획득하는 절차의 한 부분이라면, 그렇다면 그것은 사람들이 마땅히 가져야 하는 것이며, 그것은 정당한 것입니다. 이는 순환적인 것이 아닙니다. 이것은 정의를 얻는 절차에 관해 이야기하는 것이며, 만약 이 절차 안의 한 과정이라면 그것은 정당한 것입니다. 이것이 의미하는 바는 만약 폭력적 혁명이 정의를 얻는다는 측면에서 하나의 과정이라면 폭력적 혁명은 근본적인 권리이며, 이것이 근본적 권리이기 때문에 인간의 존엄성을 지키며, 그렇다면 폭력적 혁명은 정당하다는 것입니다. 반대 측 토론자는 이 논증에 대해 결코 답변하지 않았습니다.

반대 측 토론자의 판단 기준에서, 그는 불필요한 고통을 예방하는 것이 정당하다고 말했습니다. 그런데 이는 그 반대의 경우도 사실일 수 있음을 의미한다는 것을 기억하십시오. 필요한 고통을 예방하는 것은 정의롭지 않습니다. 이는 곧, 필요성과 정의가 아무 관련이 없다면 반대 측의 기준은 정의와 연계되지 않은 것이며 따라서 반대 측 입론 중 어떤 것도 중요하지 않다는 의미이거나, 그게 아니라면 제가 이미 주장했던 바와 같이 필요성과 정의 사이에는 근본적인 관련성이 있다는 것을 의미합니다. 따라서 이것이 의미하는 바는 … 최종적으로 불필요한 고통을 예방하는 것에 주의를 기울여야 하는 유일한 이유는 인간 존엄성 개념 때문이라고 제가 여러분께 말씀드렸다는 점을 기억하십시오. 이는 여러분이 찬성 측의 판단 기준을 주목하게 될 것이라는 뜻입니다.

또한 반대 측은 인간 존엄성을 보호하는 근본적인 부분은 개인의 기본권을 존중하는 것이라는 사실을 다루지 않았습니다. 따라서 만약 제가 폭력적 혁명이 기본권이라는 점을 보여 드린다면 폭력적 혁명은 사람들이 마땅히 가져야 할 것이며, 그러므로 이것은 정당한 것입니다.

이제 정치적 억압의 정의로 가 봅시다. 반대 측은 제가 "모든 것을 감안할 때" 정치적 억압이 무엇인가를 보여 주지 않았다고 계속해서 표현했습니다. 그러나 럼멜의 분석에서 진술한 바와 같이, 세계 218개의 정부에서, 정치적 억압은 독단적이고 감시받지 않으며 사람들을 학살합니다. "모든 것을 감안할 때" 정치적 억압이 무엇인지는 매우 분명합니다. 플로리다에 관한 그의 논증은 기준이 되지 않습니다. 이는 예외적 사례에 불과합니다. 이러한 예외적 사례가 "모든 것을 감안할 때" 정치적 억압이 무엇인지에 대한 기준으로 고려되어서는 안 됩니다.

따라서 우리는 찬성 측 입론, 세부 주장 1의 하위 주장 B로 옮겨갈 수 있습니다. 기억하십시오. 자기방어의 권리는 모든 개인이 폭력에 대응할 수 있는 마땅한 권리를 부여받는 것입니다. 따라서 폭력적 저항의 권리는 개인 각각이 억압적 정부에 대항하는 마땅한 권리인 것입니다. 그러므로 이는 정당하며, 인간의 기본적 권리인 것입니다. 이것은 찬성 측에 투표해야 할 첫 번째로 명백한 이유입니다. 이는 인간 존엄성의 개념과 연결됩니다.

그러나 찬성 측 주장이 마침내 죄 없는 사람들에게 해를 입힐 것이고 또한 효과적이지도 않을 것이라는, 반대 측의 유일한 다른 논증을 기억하십시오. 우리는 구조 요원의 행동이 가져오는 최종 결과만을 바라보지 않는 것과 같이, 최종 결과만 주목하지 않는다는 점을 기억하십시오. 그러나 모든 혁명가들은 압제를 종결시키기 위해 세부 주장 2에서 보여 준 바와 같은 폭력 혹은 폭력의 위협까지 포함할 것이기 때문에, 폭력적 혁명은 마침내 성공적일 것이라는 점을 기억하십시오. 이것은 이미 승인받은 바 있습니다. 이는 찬성 측에 투표해야 할 두 번째 이유입니다. 압제를 종식시키고 개인이 마땅히 가져야 할 것을 돌려주며 고통을 끝낼 유일한 방법은 폭력적 혁명입니다. 왜냐하면 이것이 혁명에 신빙성을 부여하는 유일한 방법이기 때문입니다. 따라서 여러분이 반대 측에 선다면 억압이 지속되는 것을 보증하는 것과 같으며, 찬성 측에 선다면 인간 존엄성을 지킬 가능성을 갖는 것을 의미합니다. 따라서 저는 여러분이 찬성 측에 투표할 것을 강력히 주장합니다.

■ 판정관들은 9 : 4로 표결하여, 이 라운드에서 타리니 보라(호커데이 스쿨)가 이겼다고 판정하였다.

부록C 공공 포럼 토론 결승

NFL 전국 토너먼트 2006 결승

논제: 미국은 교토 의정서를 비준해야 한다.

반대 측: 발레리 홉스(Valerie Hobbs)와 미셀 슈미트(Michelle Schmit) ― 비숍 힐런 고등학교, 코치: 엘리자베스 돌턴(Eliza-beth Dalton)

찬성 측: 데이비드 내들(David Nadle)과 제니퍼 골드스타인(Jennifer Goldstein) ― 스톤먼 더글러스 고등학교, 토론 코치: 다이앤 매코믹(Diane McCormick)

[1] 반대 측 첫 번째 발언
: 발레리 홉스(비숍 힐런 고등학교)

교토 의정서를 옹호하는 데 앞장서는 환경 운동가 단체인 '지구의 벗' 대표 피터 로더릭(Peter Roderick)은 "최근 교토 의정서가 지구를 보호하기 위해 필요한 내용을 담아 내지 못했다는(다시 말해 결정적인 해결방안이 아니라는) 점에서 사람들이 절망하고 있지만, 교토 의정서의 핵심은 내용 그 자체가 아닙니다. 오히려, 지구를 보호하기 위한 노력을 한다는 교토 의정서 자체가 갖는 상징성이 중요합니다."라고 말했습니다. 이러한 발언에 대해 우리 팀이 교토 의정서를 절망적이라고 생각하는 것에는 동의하나, 교토 의정서가 담고 있는 내용이 핵심이 아니라고 하는 말은 잘못된 생각입니다. 의정서 내용은 다음과 같은 세 가지 이유로 비효율적입니다.

첫째, 세계 각국이 교토 의정서를 정확하게 이행하더라도 이산화탄소 배출은 불과 5.2%만 감소할 것입니다. 이산화탄소 배출을 5.2% 감축하더라도 향후 50년간 지구 온도를 겨우 섭씨 0.05도 떨어뜨릴 뿐입니다.

후버 연구소도 전 세계가 이와 같은 교토 의정서를 10번을 비준하더라도 이 수치가 지구온난화 해소를 위한 장기적인 목표를 달성하기에는 무의미한 숫자라는 점을 지적하였습니다.

둘째, 교토 의정서에는 중국과 인도를 비롯한 134개의 개발도상국은 1차 의무 감축 대상국에서 제외되었습니다. 중국과 인도는 머지않은 미래에 이산화탄소 배출량 증가분 가운데 85%를 차지할 것으로 예상됩니다. 또한, 교토 의정서는 2006년 회의에서 각국의 이해관계를 반영하다 보니 2012년 이후의 의무 감축 대상 국가 명단에도 개발도상국을 포함하지 못했습니다. 결국, 현재의 의정서는 가장 큰 문제가 될 수 있는 나라를 배제했다는 점에서 미래에 야기될 문제를 가볍게 여기고 있습니다.

셋째, 의정서는 각국의 배출량 제한의 기준을 1990년 이전 이산화탄소 배출 수준을 기준으로 임의로 설정한 것이라서 러시아와 같은 국가들에 적용할 때 큰 허점이 나타납니다. 러시아 경제가 붕괴한 이후 1990년 수준과 비교할 때 현재 이산화탄소 배출량은 1990년 수치보다 30% 이상 감소했습니다. 현재 의정서 하에서 러시아의 배출량 제한은 경제 붕괴가 일어나기 전의 상태로 설정되는 것이고, 이는 러시아가 현재의 배출량 수준을 30퍼센트까지 증가시킬 수 있음을 의미합니다. 결국 의정서의 이러한 결함 때문에 미국이 배출가스를 감축한 만큼 러시아, 중국을 비롯한 개발도상국의 배출량은 더 증가하여 미국의 감축 효과는 상쇄되고 말 것입니다. 이제 우리는 의정서가 계획했던 효과를 달성하지 못한다는 것을 확인했으니, 이제는 이 의정서의 결과로 우리에게 어떠한 일들이 일어나게 될지 보여 드리도록 하겠습니다.

의정서의 결과로 나타나는 확실한 경제적 영향은 우리 국민 가운데 누가 들어도 기분 나쁘다고 생각하기에 충분합니다. 이 수치가 우리 모두에게 구체적으로 와 닿지는 않을 수 있습니다. 하지만 수치로 확인되는 경제적 영향이 모두 나쁘다는 것에 주목할 필요가 있습니다. 먼저 『과학 저널 (Journal of Science)』에 따르면 온실가스를 감축하는 데 드는 비용은 총 2조 2,000억 달러로 추정됩니다. 이 비용들은 미국의 각 가정이 피부로 느끼게 됩니다. 와튼 계량 경제 연구소(Wharton Econometric Fore casting Associate)는 2010년까지 270만 개의 일자리가 없어지고 식료품 가격은 11% 인상될 것이며, 의료비는 14%, 전기 요금은 55%, 가정 난방비는 70% 인상될 것으로 예측했습니다. 만약 현재 원유 가격에 불만이 있다면 교토 의정서로 인해 유가가 갤런당 66센트 더 올라갈 테니 두고 보세요. 현재의 원유 가격은 교토 의정서가 인상시킬 가격에 비하면 저렴하다는 것을 깨닫게 될 것입니다. 또한 헤리티지 재단에서는 일반적인 가구는 지금부터 2020년 사이에 3만 달러 이하로 겨우 살아가야 할 것으로 추정했습니다. 교토 의정서는 미국인들이 실업, 빈곤, 투쟁의 대가를 치르게 만들 것입니다. 주세(state tax) 수입은 2010년에 1,000억 달러 감소하여 교육 시책과 같은 프로그램에 악영향을 미칠 것으로 예측했습니다. 유엔의 통계치에 따르면 교토 의정서에 따라 미국이 연간 분담해야 하는 비용의 절반만으로도 전 세계 모든 사람에게 깨끗한 물 뿐만 아니라 위생시설, 보건시설, 교육까지 제공할 수 있습니다.

더 나아가, 국가 안보 역시 타격을 받을 수 있습니다. 미국에서 에너지를 가장 많이 소비하는 곳은 국방부입니다. 국방부에 따르면 교토 의정서를 비준했을 때 삭감해야 하는 에너지 사용량의 3분의 1만 감축하더라도 탱크 훈련을 연간 328,000마일을 줄여야 하며, 비행 훈련은 21만 비행시간을, 해상 훈련은 2,000일을 줄여야 합니다. 이는 위기 상황에서 무기나 군사를 재배치하는 데 필요한 시간을 6주나 더 늘림으로써 군사적 대비태세를 약화시킵니다. 유엔의 결정이 미군을 통제하도록 하는 것은 도저히 받아들일 수 없습니다.

지구온난화를 해결하기 위해 미국 정부가 만든 실현 가능한 대체 방안들이 이미 있습니다. 예를 들면 여러 나라 간 협정으로 만들어진 이산화탄소 포집 저장 리더십 포럼(Carbon Sequestration Leadership Forum)에 미국은 친환경적 기술 발전을 지원하기 위해 200억 달러를 투자해 왔습니다.

2006년에 시행된 에너지 정책 법은 민간 부문에서 풍력과 태양열, 친환경 교통수단과 친환경 석탄 기술, 재생 가능한 바이오 연료의 선택을 장려하기 위한 것으로 자본주의 시장에 기반한 감세 혜택을 제공합니다. 자본주의 시장의 논리를 기반으로 한 인센티브 정책은 수년간 미국 경제의 자본주의적 본성을 촉진해 왔고, 이는 계속 유지되어야 합니다.

교토 의정서는 할 수 있는 범위의 일을 다 했습니다. 이것은 지구 온난화를 국제적인 의제로 만들었습니다. 하지만 과학계조차도 교토 의정서에서 이야기한 노력의 해결성을 보증하지는 않습니다. 15,000명이 넘는 과학자들이 미국 정부가 교토 의정서와 여타 유사한 방안을 거부할 것을 촉구하는 탄원서에 서명했습니다. 법학 교수인 브루스 스와미(Bruce Swami)는 향후 4년 이내에 이산화탄소 배출량을 30% 감소시키는 것은 터무니없는 소리라고 했습니다. 우리는 여러분이 미국의 국가 안보뿐 아니라 경제적 안정을 위협하는 교토 의정서를 비준하는 것에 찬성표를 던지지 않기를 바랍니다.

[2] 찬성 측 첫 번째 발언
: 데이비드 내들(스톤먼 더글러스 고등학교)

시작하기 전에 앞서 슈반사(Schwann Company)와 링컨 파이낸셜 그룹에 감사를 표하고, NFL과 NFL을 후원하는 사람들에게 감사를 표하고 싶습니다. 그리고 이 행사를 만들고 후원하는 테드 터너에게 개인적으로 감사를 표하고 싶습니다. 마지막으로, 결승에 올라 온 반대 측 토론자에게도 축하의 인사를 전합니다. 또한 저희를 지지해 준 다이앤 라미레스(Diane Ramirez)와 브래들리 힉스(Bradley Hicks) 코치 선생님에게 감사의 마음을 전하고 싶습니다. 끝으로 드디어 여유롭게 쉴 수 있는 주말이 코앞으로 다가왔습니다.

교토 의정서는 원래 환경 조약으로 시작되었지만, 그것은 국가들의 경제적 관점을 매우 많이 바꾸는 것뿐만 아니라 사회 전반을 변화시키고 있습니다. 이것이 미국은 교토 의정서를 비준해야 한다는 오늘의 논제에 대해 저희 팀이 찬성 입장을 고수하는 이유이기도 합니다.

그 이유로 첫째, 우리는 우선 국제 관계를 개선할 수 있는 미국의 잠재력에 대해 살펴보아야 합니다. 미국은 지구온난화에 대한 공식적인 행동을 거부함으로써 국제적인 신뢰를 손상시켰습니다. 교토 의정서를 비준함으로써 국제 관계를 개선할 수 있습니다. 환경 문제에 관한 유럽 연합 위원회(European Union Commission on Environmental Affairs)의 마거릿 월시(Margaret Walsh)는 미국의 입장은 우려스럽고, 미국은 앞으로 일어날 상황에 대해 부정적인 결과에 대해 정치적으로도 경제적으로도 준비되어 있어야 한다고 했습니다.《뉴욕 타임스》의 샘 윌리엄스(Sam Williams)는 2006년 4월 6일, 외국 기업들은 교토 의정서를 따르지만 미국 기업들은 그렇지 않기에 외국 기업들이 더는 미국 기업들과 거래를 하지 않는다고 합니다. 이는 미국의 재생 기술 영역에 대한 외국인 투자가 68% 감소한 것에서 직접적으로 볼 수 있는데, 제가 앞에서 언급했듯이 감소분의 대부분은 유럽 연합에 속하는 국가들에서 비롯된 것입니다. 그뿐만 아니라 유럽 연합은 미국이 교토 의정서를 준수하지 않았기 때문에 미국에서 5억 인구 시장을 철수해 왔고 앞으로도 이를 지속할 것이라고 얘기해 왔습니다. 만약 우리가 교토 의정서에 서명한다면, 그것은 국제 관계를 개선하고 나아가 외국인의 미국 투자를 부활시킬 것입니다.

다음으로, 우리는 미국에서 교토 의정서가 이미 성공했다는 점에 주목해야 합니다. 저희 팀은 우리가 미국에서 교토 의정서를 전면적으로 시행할 경우 교토 의정서의 편익과 비용을 모두 보여 주는 경제적 모델이 미국에 이미 존재한다고 생각합니다. 그러나 교토 의정서가 미국에 실제로 어떤 영향을 미칠지를 예측하는 가장 좋은 방법은 이것이 미국에 이미 어떤 영향을 미쳤는지를 알아보는 것입니다. 자치 단체 환경 국제 협의회(International Council for Local Environmental Initiatives: ICLEI)는 37개 주에서 168개 이상의 시장들이 참석하는 조직인 미국 시장 협의회(United States Conference of Mayors)에 이미 17개의 주요 미국 도시들의 온실가스 배출량을 교토 의정서가 제시하는 1990년 수준 이하로 줄이도록 지원했습니다. 그 결과 저렴한 에너지 비용 덕분에 전반적으로 725만 달러를 절감했습니다. 2002년 9월 카토 연구소의 패트릭 J. 마이클스(Patrick J. Michaels)는 미국 인구의 46%를 차지하는 캘리포니아, 매사추세츠, 뉴욕, 그리고 다른 주들이 이미 교토 의정서를 시행하기 위해 노력하고 있다고 밝혔습니다. 이러한 프로그램들은 모두 미국에서 경제적으로 성공했으며, 더 중요하게는 환경적으로도 성공을 거두었습니다.

마지막으로, 우리는 인도나 중국과 같은 개발도상국으로부터 미국이 얻게 될 이익에 대해서도 주목해야 합니다. 우리 모두 알다시피, 교토 의정서 하에서 개발도상국들은 배출량을 줄일 법적 의무가 없습니다. 에너지 정보국(Energy Information Administration)에 따르면 인도 배출량의 40% 와 중국 배출량의 43%가 이 국가들에 진출한 미국계 회사들이나 생산시설에서 배출되고 있습니다. 예일 대학교의 경제학자 윌리엄 노드하우스 (William Nordhaus)는 개발도상국이 온실가스 배출량을 줄일 필요가 없다고 하면서, 미국이 개발도상국의 온실가스 배출량을 줄이기 위해 인도와 중국 안에서 실행할 수 있는 프로젝트인 청정 개발 체제(clean development mechanism: CDM)*를 통해 실제로 온실가스를 얼마나 줄일 수 있는가에 관심을 가져야 한다고 말했습니다. 청정 개발 체제를 운용하여 줄어든 온실가스 배출량은 미국의 교토 의정서 목표에 반영될 것입니다. 이것의 이익은 크게 두 가지로 이야기할 수 있는데, 하나는 인도와 중국 내 제조업을 하는 미국의 제조업체들이 친환경적이고 값싼 기술로 제조업을 할 것이라는 점입니다. 이는 앞서 제시한 미국 시장 협의회에 속한 도시의 에너지 소요 비용이 725만 달러 절감되었다는 사실에서 확인할 수 있습니다. 다른 하나는 이것이 현재 각각 2,020억 달러와 685달러인 중국과 인도에 대한 미국의 대외무역 적자를 줄이도록 할 것이라는 점입니다. 반대 측은 개발도상국들이 내는 역효과를 이야기했지만, 미국이 이 청정 개발 체제를 운용하면 여기에 더 이상 동의하지 않을 이유가 없습니다.

....

* 교토 의정서에서 규정된 것으로, 선진국이 개발도상국에 온실가스 감축 사업을 시행하면 그 성과를 자국의 온실가스 의무 감축분에 포함할 수 있도록 한 제도이다.

미국이 교토 의정서를 비준해야 한다는 오늘의 주제에 대해 저희 팀은 국제 관계의 개선 가능성, 교토 의정서가 이미 성공적으로 시행되고 있는 미국 내의 사례들, 그리고 마지막으로 인도와 중국과 같은 개발도상국으로부터 미국이 얻게 될 편익을 근거로 교토 의정서 비준을 찬성합니다. 감사합니다.

[3] 첫 번째 상호반대신문

홉스: 제가 먼저 던지고 싶은 질문은 '교토 의정서가 애당초 환경 협약으로 시작한 것'이라고 하셨는데, 찬성 측 입론에서는 환경과의 연계가 아무 것도 제시되지 않았다는 점입니다. 그렇다면 교토 의정서는 환경과 관련지어 볼 때 구체적으로 어떤 이득이 있는지 묻고 싶습니다.

내들: 앞서 시장 협의회에 속한 도시들이 온실가스를 줄이는 데 성공했다는 사례를 제시했습니다. 다른 나라들도 전반적으로 온실가스를 줄였다는 사실에 대해 팀원이 상세하게 설명할 것입니다. 그런데 반대 측의 주장을 보니……

홉스: 온실가스를 얼마나 줄였는지에 대한 통계자료를 얻을 수 있을까요? 아니면…

내들: 음, 물론이지요. ICLEI에 따르면 미 시장 협의회에 속한 도시들이 온실가스를 1990년 수준보다 7% 더 낮추어 교토 의정서 기준으로 온실가스를 끌어내렸다는 것을 보여 드리겠습니다. 그리고 저희 팀원은 다른 나라들이 온실가스 줄이기에 성공하기 위해 무엇을 어떻게 했는지에 대해서도 더 상세히 설명해 줄 것입니다. 그런데 그보다 먼저 당신에게 질문할 것이 있어요.

홉스: 간단한 후속 질문 하나만 더 하겠습니다. 온실가스 감소가 온도에 얼

마나 영향을 미칩니까?

내들: 그것이 얼마나 영향을 주냐고요? 다시 말하지만, 저희 팀원은 환경 측면에서 얻게 될 편익을 보여 주는 통계를 많이 제시할 것입니다. 그리고 지금은 제가 당신에게 묻고 싶은 것이 있어요. 반대 측에서는 미래에 일어날 수 있는 것에 대한 다양한 경제적 모델을 제시했는데, 그 경제적 모델이 한 치의 오차도 없이 구현되는 것은 아닙니다. 차라리 교토 의정서로 인해 이미 일어난 현재를 살펴보는 것이 더 적절하지 않을까요?

홉스: 자, 그럼 이제 무슨 일이 일어났는지 살펴봅시다. 시장 협의회에 대해 이야기하셨는데 이 시장 협의회는 강제성을 갖지 않습니다. 대부분 소속된 시는 '그냥 할 뿐'입니다. 강제성이 없으므로 이것은 그 어떤 것보다 정치적인 의제일 수 있다는 것을 보여 주는 증거도 있습니다. 협의회가 교토 의정서를 준수하기를 원한다고 말씀하셨지만, 실제로는 교토 의정서가 규정하는 제한이 있지는 않습니다. 또한 이행하는 데 있어서 시간적 제약이 있지도 않습니다. 경제적 피해가 발생하는 지점이 바로 이 시간적 제약입니다. 4년 만에 목표를 달성하려고 하는 것은 어리석은 일입니다.

내들: 그런데 교토 의정서가 발효된 지 이미 4년이 흘렀나요?

홉스: 아뇨, 2008년부터 2012년까지이므로 현재 진행 중입니다.

내들: 미 시장 협의회에 속한 도시들은 이미 그 수준을 충족하지 않았나요? 그렇죠?

홉스: 지금 이야기하고 계신 것과 관련하여 통계자료를 아직 보여 주지 않았어요. 시장 협의회를 설립한 시애틀은 정작 아무런 조치도 하지 않았습니다. 그들은 2002년 이후로 어떤 보고도 하지 않았는데, 그들이 자랑하고 뽐낼 만한 수준이었다면 시애틀은 지속적으로 보고를 했을

것입니다.

내들: 사실, 시애틀 시장인 그렉 니켈스(Greg Nickels)의 최근 보고에 따르면 교토 의정서 시행 이후 이미 온실가스 배출량을 60% 줄였다는 것을 확인할 수 있습니다.

홉스: 그러나 그들은 2002년 이후 공식적인 보고서를 제출하지 않았기 때문에 그것을 뒷받침할 자료가 없습니다.

내들: 그것은 시애틀의 보고서가 아니라, 미 시장 협의회의 공식적인 보고서였습니다. 반대 측이 제기한 국방 문제로 돌아가 보겠습니다. 미국은 예외가 아니라고 이야기하시는데 교토 의정서는 군대의 이산화탄소 배출량은 예외로 하는 것을 알고 있나요?

홉스: 그렇지 않습니다. 구체적으로 유엔이 일방적으로 허용한 조치만 예외 적용을 받습니다. 유엔의 주도가 아닌 훈련이나 이라크 전쟁, 테러와의 전쟁 같은 것은 교토 의정서의 예외 적용을 받지 않습니다.

내들: 여러분은 2005년 몬트리올 협약이 무엇인지 알고 있나요? 그 협약에서 미국은 협상할 수 있는 위치에 있었고 … 의회는 미국과 미국 군대가 별개로 취급 받기를 원했습니다. 그리고 결과는 성공적이었습니다.

홉스: 매우 성공적이지는 않았습니다. 그들은 유엔에 초안을 제안했으나 거절당했습니다. 그 초안의 내용은 미국뿐만 아니라 모든 국가의 군대를 예외로 하는 것이었습니다. 유엔이 전개하고 있는 다국적 군사작전 외에는 어떤 군대도 예외적용을 받지 않는데, 현재 미국은 이 작전에 참가하고 있지 않습니다.

내들: 질문하실 것이 있나요?

홉스: 찬성 측은 개발도상국에 대해 말하면서 미국이 개발도상국에 투자할 수 있도록 개발도상국이 온실가스를 줄이는 것을 원하지 않는다고 했습니다. 이것을 설명해 줄 수 있나요?

내들: 우선, 저희 팀원이 실제로 온실가스 배출이 줄어들고 있다는 정보가 담긴 자료를 보여 드리겠습니다. 그뿐만 아니라…

홉스: 그들이 어떤 조치를 취하고 있나요? 그걸 설명해 주세요.

내들: 그들은 실제로 깨끗한 석탄 광산을 만들고 있습니다만, 제가 여러분께 보여 드리고 싶은 것은 … [시간 종료] 제가 그 질문에 답해도 될까요? 만약 우리가 교토 의정서를 시행한다면, 우리는 청정 개발 체제를 사용하여 개발도상국의 온실가스 배출량을 줄일 수 있을 것입니다.

[4] 반대 측 두 번째 발언
: 미셸 슈미트(비숍 힐런 고등학교)

판정관님 준비 다 되셨나요? 먼저 찬성 측이 이야기한 입론에 대해 이야기한 후 제 이야기를 하도록 하겠습니다. 찬성 측의 첫 번째 요지는 국제 관계를 개선할 가능성입니다. 그런데 우리가 반드시 알아야 할 것은 현재 국제사회에 있는 긴장감이 교토 의정서와는 아무런 상관이 없다는 것입니다. 사실 그것은 테러와의 전쟁에 더 많이 관련되어 있습니다. 교토 의정서처럼 작은 것을 가지고, 서로 다른 원인으로 만들어진 긴장감을 일시에 해결할 수 있는 양 이야기하면 안 됩니다. 그렇기에 직접적인 상관관계를 만드는 것은 상당히 부정확할 수 있습니다.

또한, 찬성 측은 외국 기업들의 미국 투자가 잘 진행되지 않는다고 이야기합니다. 실제로, 유럽 은행청(EBA)에 따르면 2003년에 투자가 11% 증가했고 2004년에 외국인의 미국 투자는 실제로 다른 나라에 대한 미국의 투자액보다 높았습니다. 즉, 우리의 외국인 투자가 정말 부족한 것이 아닙니다. 또한, 재생 가능한 기술에 대한 투자가 68% 감소했다고 말하는 것을 반드시 주의 깊게 살펴야 합니다. 사실, 이러한 상황은 시장을 기반으로 한 인센티브 정책으로 개선될 수 있습니다. 예를 들어, 만약 어떤 기업이 세계 시장에서 경쟁력이 없다는 것을 깨달았을 때, 자본주의 경제의 이윤 추구 동기가 그 문제를 해결할 수 있습니다. 이것은 지난 200년간 미국에서 작동되어 온 원리인데, 왜 갑자기 작동하지 않을 거라고 생각하시는지 잘 모르겠습니다.

　두 번째로, 찬성 측은 시장 협의회에 주목하면서, 기본적으로 현재의 모델이 실제 비용과 편익을 보여준다고 말합니다. 먼저, 이는 단지 17개의 도시일 뿐이라는 것을 기억해야 합니다. 게다가, 시장 협의회는 실제로 그 도시에 속한 시민이나 기업과 강제력을 가진 협정을 체결하는 것도 아닙니다. 하지만 교토 의정서는 구속력을 갖고 있으며 시간별 계획을 가지고 있습니다. 시장 협의회는 그렇지 않습니다. 이것은 큰 차이이며, 그러므로 이 둘은 비교 대상이 아닙니다. 만약 교토 의정서에 시간별 계획이 없었다면 비교할 수 있었겠죠. 시간별 계획은 엄중한 문제입니다. 우리에게는 이 급격한 조치를 달성하는 데 4년밖에 주어지지 않았고, 중소기업들은 4년 만에 이를 이행할 여력이 없는 것이 사실입니다. 따라서 시간별 계획이 없고 도시 안에 있는 사람들에게 구속력이 없는 것을 실제 교토 의정서와 비교할 수는 없습니다. 이것은 타당하지 않습니다.

　다음으로, 찬성 측은 중국과 인도를 돕기 위해 청정 개발 체제를 사용할 수 있는 방법에 관해 이야기했습니다. 무엇보다도 먼저, 중국과 인도는 스스로 문제를 해결하려고 노력할 필요가 있습니다. 찬성 측은 중국이 실제로 석탄을 줄이는 방법에 대해 논의했다고 했지만, 2006년 이후에 나온 이 자료를 보십시오. 이것은 중국이 세계 전체 발전소의 거의 절반에 해당하는 562기의 새로운 화력 발전소를 베이징 외곽에 건설할 계획을 가지고 있다는 것을 보여 줍니다. 그렇다면 정작 중국은 온실가스 감축에 의지가 없는데, 제3자인 미국이 왜 중국의 온실가스 배출량에 책임져야 하나요?

『내셔널 인터레스트(National Interest)』 2006년 여름호에 따르면 2006년 독일 본에서 열린 회의에서 중국과 인도가 교토 의정서에 서명하고 2012년 이후 비준하는 것을 거리낀다고 이야기한 것이 있는데, 이 부분에 주목할 필요가 있습니다. 2012년이 되어서도 교토 의정서가 여전히 강력하게 힘을 발휘하지도 않고 134개의 개발도상국도 참여시키지 못한 상태라면, 160개 가운데 134개 나라가 빠짐으로써 교토 의정서는 (처음 의도한 바와 달리) 해결 방안이 될 수 없습니다.

또한, 찬성 측은 의회가 군대와 관련된 사항은 교토 의정서의 협의 내용에서 제외되어야 한다고 말했기 때문에 이에 대해 걱정할 필요가 없다고 말했습니다. 의회가 그렇게 말한 것은 기쁘고, 의회의 의견에 전적으로 동의합니다. 의회의 행동은 옳습니다. 하지만 유엔은 의회의 입장에 동의한다고 말한 적이 없고, 군대와 관련된 사항을 예외로 하는 것을 허용하지 않습니다. 국가 안보에는 막대한 비용이 듭니다. 국방부는 훈련 기간에 배출되는 이산화탄소 때문에 지금처럼 훈련하지 못한다면, 위기 상황에서 군대를 재배치하는 데 최소 6주 이상의 시간이 필요할 것이라고 말했습니다. 미국 군대는 예외가 아니며, 이 점은 교토 의정서를 성급하게 결정하고 비준하기 전에 반드시 다뤄야 할 큰 문제입니다.

저희 팀의 입론을 명확하게 요약하자면 교토 의정서는 문제를 해결하지 못한다는 사실입니다. 만약 교토 의정서가 문제를 해결하지 못한다면 저희 측은 이를 큰 문제로 여기며, 찬성 측이 문제를 해결할 어떠한 방법도 제시하지 않았다는 점에 주목합니다. 스티브 목(Steve Mock)과 후버 연구소에 따르면 교토 의정서는 향후 온도를 섭씨 0.05도 낮출 것입니다. 과학자들은 이것을 터무니없는 소리로 여기고 있습니다. 과학자들은 교토 의정서가 기후 변화에 아무런 효과도 없다고 말합니다. 아무런 효과가 없고 오히려 부작용만 있다면, 우리는 왜 교토 의정서를 비준해야 할까요? 교토 의정서는 개발도상국을 예외로 두고 있는데, 2012년 이후에도 다수에 편승하여 의정서에 동의하지 않을 것이기에 계속해서 협약에서 예외로 남을 것입니다. 러시아의 경우 사실상 교토 의정서 하에서도 온실가스 배출량 수준을 30%까지 증가시킬 수 있습니다. 이런 점에 비추어 볼 때 교토 의정서는 미국에 불리합니다. 또한 2조 2,000억 달러를 수년에 걸쳐 갚아 나가야 하는 경제적 영향을 알아야 합니다. 이는 미국인의 호주머니에서 지출되는 것입니다. 이 비용은 우리의 가스비, 식비, 의료비 등 일상적인 비용을 인상시킬 것입니다. 하지만 교토 의정서가 해결책이 아님에도 비준하게 된다면 삶의 질은 떨어지고 국민들의 빈곤 수준만 올라갈 것입니다. 이러한 점이 큰 문제입니다. 하지만 우리에겐 굳이 교토 의정서가 아니더라도 문제를 해결할 다른 방법들이 있습니다. 우리는 자본주의 경제를 하고 있으며, 우리는 시장 경제를 기반으로 한 인센티브를 통해 문제를 해결 할 수 있습니다. 미국 정부는 이미 청정 기술에 투자하고 있으며, 그것은 효과를 볼 것입니다.

[5] 찬성 측 두 번째 발언
: 제니퍼 골드스타인(스톤먼 더글러스 고등학교)

좋습니다. 판정관님들 준비되셨나요? 반대 측도요? 먼저, 우리의 입론에 대해 이야기하고 반대 측에 대해 이야기하겠습니다. 우리는 4가지의 주요한 이유를 근거로 오늘날의 문제 해결 방안으로 교토 의정서 비준에 찬성합니다. 저희 팀원이 언급한 바와 같이 교토 의정서가 미국의 국제 관계를 개선시킬 것을 우리는 알고 있습니다. 우리는 (비록 일부 도시에 한정되었지만) 미국 내부에서에서 성공을 거두었다는 것을 알고 있으며 인도와 중국을 활용함으로써 무역 수지에서 편익을 보리라는 것을 알고 있습니다.

게다가 이 같은 경제적 관점에 비추어 볼 때 교토 의정서에 서명하는 데 시간이 오래 걸릴수록 불이익이 그만큼 더 커집니다. 2005년 9월 25일 환경 영향 평가 연구소(Center of Environmental Evaluation)에 따르면, 재생 가능 에너지는 2020년까지 전 세계 에너지 수요의 14%, 2040년에는 40%에 이를 것이라고 합니다. 이러한 추세를 보면 미국은 상당한 양의 돈을 벌거나 잃을 수 있습니다. 물론 교토 의정서를 따른다면 분명히 이익을 볼 것입니다. 예를 들어, 제너럴 일렉트릭(General Electric)의 2006년 4월 보고에 따르면 친환경 연구 개발의 변화와 발전으로 인해 2010년까지 수익이 두 배로 증가할 것으로 예상된다고 합니다. 또한, 캠브리지 대학교 응용경제학과의 조녀선 콜러(Jonathan Coller)는 덴마크가 풍력 기술에 대한 초기—여기서 '초기'라는 것이 중요합니다—투자로 어떻게 상당한 이익을 거두었는지를 보여 주었습니다. 근본적으로 만약 한 나라가 친환경적인 기술에 투자하고자 한다면, 미국처럼 교토 의정서를 시행하지 않는 국가보다는 교토 의정서를 시행하는 국가에 투자할 것입니다. 친환경적 기술 개발에 대한 동기나 압박을 받지 않는 미국과 같은 국가보다, 이러한 압박을 받는 국가가 친환경적인 기술의 발전 가능성이 더 크기 때문입니다.

자, 이제 반대 측의 입론을 조금 살펴보겠습니다. 그들의 첫 번째 요점은 교토 의정서가 효과적이지 않다는 것과 최상의 효과를 발휘한다고 하더라도 기후 변화에 대해 단지 섭씨 0.05도를 낮출 뿐이라는 것입니다. 하지만 옥스퍼드 대학은 이것이 놀라운 점이라고 했습니다. 그들은 기후 변화를 전환하는 것을 마치 달리는 열차의 방향을 바꾸는 것에 비유합니다. 열차의 방향을 바꾸려면 먼저 속도를 늦추고, 열차를 멈춘 다음, 방향을 바꿔야 합니다. 그래서 만약 우리가 실제 기후 변화 협약의 첫 번째 단계(기후 변화를 역전시키는 과정)를 위한 준비가 되었다면 저는 중요한 단계를 달성했다고 말하고 싶습니다. 나아가, 우리는 와이오밍 대학교의 재정 경제학과 교수 제이슨 쇼그렌(Jason Shogren)의 말에 주의를 기울일 필요가 있습니다. 그는 교토 의정서를 지키지 않으면 전 세계 평균 온도가 섭씨 2.5도 상승할 것이고, 지키면 1.5도 상승할 것이라고 말했습니다. 우리는 기후 변화를 역전시키는 것에 대해 이야기하지만, 그것은 단지 하룻밤 사이에 일어나지는 않을 것입니다. 반대 측은 여러 가지 선택권을 제시했지만, 어느 것도 하룻밤 사이에 기후 변화를 가능하게 하는 것은 없습니다. 만약 교토 의정서가 이미 기후 변화를 바꾸고 있다면, 그것은 교토 의정서를 찬성하는 확실한 이유가 될 것입니다.

그리고 반대 측은 개발도상국의 예외에 대해 얘기했는데, 저희는 이를 개발도상국에서 청정 개발 체제를 시행함으로써 온실가스 배출을 줄이고 이들 나라에 대한 미국의 무역 적자를 감축할 수 있다는 저희의 세 번째 논점과 결부시킬 수 있습니다. 중국과 같은 국가들은 자국과 다른 국가의 배출량을 줄이는 동시에, 미국에도 상당한 이익을 가져다 줄 것입니다. 현재, 유엔에 의하면 800개의 프로젝트가 있으며, 우리는 분명히 성공을 거두고 있습니다. 기후 조절에 관한 정부 간 협의체(Intergovernmental Panel on Climate Control)는 전 세계적으로 영향을 주고 있으며, 최종적으로 온실가스를 5.9% 감소시킨 것으로 나타났습니다. 가설이 아닌 현실에서 나타나는 결과를 봐야 합니다.

그리고 마지막으로, 반대 측은 러시아에 대해 이야기합니다. 그러나 러시아는 허위 … 교토 의정서에 나타난 전체 시장은 허위 시장(false market)입니다. 시장에는 판매자도 필요하고 구매자도 필요합니다. 만약 러시아가 판매자라면, 그 시장에는 더 많은 구매자들이 있게 되고 그러면 전체 시장은 더 큰 가치를 갖습니다. 이것이 러시아가 본질적으로 중요하지 않은 이유입니다.

이제 반대 측의 경제적 관점입니다. 반대 측은 모든 통계를 주의 깊게 살펴보는 방법에 대해 말합니다. 왜냐하면 그 통계들은 … 단지 … 전부 나쁘기 때문입니다. 그러나 교토 의정서가 실제로 이익이 있다고 말하는 통계를 저희가 가지고 있다는 사실은 반대 측에 좋지 않은 소식이 될 것 같습니다. 예를 들어 에너지국(Department of Energy)은 우리가 가스 사용량을 줄일 때 5,850억 달러를 절감할 것이라고 했습니다. 반대 측이 이야기한 바와 같이 교토 의정서를 이행하기 위해 소비자 1인당 평균 567달러를 지출해야겠지만, 결과적으로 소비자들이 절약할 금액은 1인당 1,978달러일 것이라는 통계를 제시할 수 있습니다. 또한 미 상원 상업 과학 교통 위원회는 GDP가 2010년에는 0.4%, 2020년에는 0.9%까지 증가하고, 이는 140만 개의 일자리를 만들 것이라고 보았습니다. 기본적으로 우리는 이것을 큰 틀에서 봐야 합니다. 찬반 양측은 각각 논제에 대한 찬성과 반대를 뒷받침하는 추정치를 가지고 있습니다. 하지만 지금 시장 협의회에서 일어나는 일은 이것이 미국에서, 즉 우리가 본 결과와 정확히 동일한 기준을 가진 미국에서 효과가 있을 것이라는 것을 보여 줍니다. 저희는 가설을 제시하는 것이 아닙니다. 저희는 실제를 제시하고 있습니다. 실제로 정확히 동일한 기준에서 7억 2,500만 달러를 절감한 것입니다. 이것이 판정관 여러분께서 찬성해야 할 이유입니다. 저희는 확실한 결과를 제시하고 있습니다.

국가 안보 논점에 관해 말씀드리겠습니다. 국립 정책 연구 센터(National Center for Policy Analysis)에 따르면 1998년 8월 6일, 하원에서는 "교토 의정서의 내용이 미군의 물자 조달, 훈련, 작전, 전투 준비 태세 유지에 대한 제한을 규정할 수 없다."라고 말하며 국방수권법을 420대 0으로 통과시켰다고 합니다. 상원에서도 비슷하게 말했습니다. 또한 유엔이 미국의 조약 비준을 원하면서 선별적으로 오직 미국만 군대를 제한해야 한다고 할 것이라는 점은 이치에 맞지 않습니다. 이는 앞뒤가 안 맞는 말입니다.

저희는 미국 군대만을 제한하고 있는 것이 아닙니다. 저희는 모든 군대가 교토 의정서에서 예외라고 말씀드리고 있습니다. 이것은 실제 회의록에 있습니다.

그리고 인도와 중국이 기후 협약을 탈퇴하겠다고 말할 움직임이 없다는 것을 우리는 이미 기록을 통해 알고 있습니다. 청정 개발 체제를 통해 기후 협약으로부터 많은 이익을 얻을 때, 그들이 탈퇴하는 것은 합리적이지 않습니다. 솔직히 그 기록에서, 중국은 협약에 남았고, 그들이 중요한 정보를 가지고 있다고 말했으며, 그런 다음 침묵을 지켰습니다. 그러므로 저는 상대측이 무엇을 말하는지 모르겠습니다.

과학자들은 우리가 이산화탄소를 현실적으로 줄일 수 없다고 말하고 있습니다. 그런데 교토 의정서는 6종 이상의 온실가스에 대해 이야기하는데, 그 가운데 메탄은 이산화탄소보다 23배 더 강력한 것입니다. 시장 협의회에서는 메탄에 초점을 맞추었고, 메탄을 줄이는 데 성공했습니다.

반대 측은 논제의 범위를 좁히고 있습니다. 반대 측은 유엔이 교토 의정서에 가입하기를 원하는 특정 국가들에만 선별적으로 제한을 둘 것이라고 말하고 있습니다. 반대 측은 참여 국가가 이익을 얻을 수 있는 청정 개발 체제에 따라 800여개의 프로젝트가 시행되어 오고 있지만, 어떤 이유에선지 갑자기 미래에는 작동하지 않을 거라고 말하고 있습니다. 반대 측은 미국이 이미 이러한 기준을 가지고 있지만, 어떤 이유에선지 그 기준들이 미래에는 작동하지 않을 거라고 말하고 있습니다. 반대 측은 여러분에게 이 논제에 대한 전체적인 관점을 제시하지 않고 있습니다.

우리는 경제적인 이익을 제시하고 있습니다. 우리는 새로운 친환경 기술의 시대에 기업이 번창할 기회를 제공합니다. 이러한 시대는 우리가 이익을 얻을 수 있는 허위 시장입니다. 우리는 오직 논제의 찬성 측에 서야만 이익을 얻을 수 있습니다. 우리는 초기 비용을 지불할 것을 인정하고 있습니다. 이를 인정하지 않는 사람은 거짓말을 하고 있는 것입니다. 하지만, 우리가 말하고자 하는 것은 이 논제는 비용을 감안하더라도 결국은 순이익이 발생한다는 것입니다. 그것이 바로 여러분이 논제에 찬성해야 하는 이유입니다. 여러분은 우리의 기업이 정당하게 경쟁하고 인도와 중국을 상대로 한 대외 무역에서 발생하는 적자를 줄이기를 원합니다. 몇몇 도시의 예에서 보셨듯이 우리나라가 인류 공동의 번영 차원에서 이익을 실현할 수 있기를 원합니다. 인간의 활동이 기후 변화에 미치는 영향을 평가하고, 국제적인 대책을 마련하는 기후 조절에 관한 정부간 협의체에 따르면 전 세계적으로 온실가스 배출량이 감소했습니다. 이것이 바로 우리가 오늘의 논제를 긍정적으로 보는 이유입니다.

[6] 두 번째 상호반대신문

슈미트: 자, 찬성 측에서는 98년도에 하원이 이것을 어떻게 통과시켰는지에 대해 말씀하셨습니다. 저는 그들이 교토 의정서에 반하는 논제를 통과시키고 있는 것이 매우 인상적이었습니다. 미국 군대는 교토 의정서 하에서 예외가 아니었기 때문입니다. 이것이 저희가 지금 교토 의정서를 비준해서는 안 되는 커다란 이유 중 하나입니다.

골드스타인: 좋아요, 전 유엔의 실제 협약에서 군대와 관련된 일련의 행위를 사실상 허용하고 있다고 말한 바 있습니다. 게다가 그러나 더 중요하게는 …

슈미트: 그런 내용이 거기에 있지 않다고 알고있기에 저는 그것을 확인했으면 합니다.

골드스타인: 좋습니다, 제 동료 팀원이 교토 의정서를 근거로 제시할 겁니다.

슈미트: 교토 의정서를 살펴보고 싶습니다.

골드스타인: 그러나 더 중요하게, 이것의 논리를 살펴봅시다. 유엔이 만약 미국이 너무 많은 온실가스 배출을 하고 있기 때문에 교토 의정서에 비준하기를 원한다면, 그들이 오직 미국에만 초점을 맞추고 미국 군대만 의정서의 예외가 될 수 없다고 말하는 이유가 무엇일까요?

슈미트: 그들은 오로지 우리 미국에만 초점을 맞추고 있습니다. 저희는 단순히 교토 의정서 어디에서도 미국 군대가 예외가 아니라는 점을 말하고 있습니다. 교토 의정서가 군대에 관해 언급하는 유일한 내용은 유엔이 승인하는 다국적 군사 작전이며, 이 다국적 군사작전에는 미국만의 단독 훈련, 이라크 전쟁에서의 독립적인 행동 등은 포함되지 않습니다. 우리는 면제되지 않습니다.

골드스타인: 좋아요, 저희는 그렇지 않다는 증거가 있으므로 그 주장에는 동의할 수 없습니다.

슈미트: 방금 말씀하신 그 실질적인 증거를 보고 싶습니다.

골드스타인: 그래요. 제가 말했다시피 지금은 상호반대신문 시간입니다. 가능한 빨리 보여 드리겠습니다.

슈미트: 알겠습니다.

골드스타인: 이제 저도 질문이 하나 있습니다. 반대 측은 교토 의정서로 인해 기후 변화가 고작 섭씨 0.05도 달라진다고 말했습니다. 맞나요?

슈미트: 그렇습니다.

골드스타인: 좋아요, 그렇다면 아직은 이 정책의 초기 단계에 불과한데 이미 실제 지구 기온이 실질적으로 감소하는 것을 경험했다는 것이 놀랍지 않나요?

슈미트: 그것과 관련해서는 두 가지 측면에서 답변하겠습니다. 첫째로는, 그럼에도 불구하고 기온은 계속해서 올라갈 것입니다. 후버 연구소에 따르면 교토 의정서가 없다면 지구 온도가 섭씨 1.4도 상승할 것이며,

교토 의정서를 시행하면 섭씨 1.35도 올라갈 것이라고 했습니다. 후버 연구소는 그것은 아무것도 달라진 것이 아니며 미국 국립 과학원(National Academy of Science)도 이를 뒷받침했습니다. 두 번째로는, 찬성 측에서는 다음 단계가 이루어질 것처럼 말씀하시지만, 우리가 앞서 『내셔널 인터레스트』의 보고서에서 보여드린 바와 같이 134개의 개발도상국뿐만 아니라 중국과 인도도 2012년 이후로 교토 의정서를 비준할 의향이 없다고 말합니다. 이렇게 되면, 개발도상국은 미래의 전 세계 이산화탄소 배출 증가량의 85%를 차지하게 되며, 온난화의 아주 작은 부분을 해결한다 하더라도, 2012년 이후에는 오히려 퇴보하는 결과를 야기할 것입니다.

골드스타인: 그래요, 당연히 우리는 서로 다른 결과를 가지고 와서 이를 근거로 주장할 수 있는데 논리적 타당도를 한 번 따져봅시다.

슈미트: 제 자료를 기꺼이 보여 줄 수 있는데 그쪽 자료도 보여 주시겠습니까?

골드스타인: 자, 다시 한 번 말씀드리지만, 상호반대신문 시간입니다. 가능한 한 빨리 저희 측 증거를 제시해 드리겠습니다.

슈미트: 하지만 찬성 측이 증거를 제시하려 하지 않으면, 증거를 기반으로 토론하기 어렵습니다.

골드스타인: 그럼 논리적 타당도를 살펴봅시다. 논리적으로 생각했을 때, 개발도상국들은 교토 의정서를 통해 더 나은 기술을 창조할 수 있고, 선진국으로부터 청정 개발 체제를 통해 도움을 받을 수 있음에도 의정서를 탈퇴할 거라고 봐야 할까요?

슈미트: 글쎄, 그게 논리적이든 아니든, 중국과 인도는 둘 다 규제 때문에 그렇게 할 거라고 말하고 있습니다.

골드스타인: 그렇다면 논리적일까요? 아니면 그렇지 않을까요?

슈미트: 교토 의정서에 의해 발생하는 경제적 악영향 때문에 그 두 국가가 탈퇴할 것이라고 논리적이라고 말할 수 있습니다. 또, 청정 개발 체제에 관해서도 찬성 측은 현재 800개의 프로젝트가 성공적으로 진행되고 있고, 그 사례가 유엔에 의해 인용되고 있다고 하셨지요? 물론 유엔은 성공적인 사례만을 인용할 겁니다.

골드스타인: 알았어요, 지금 저희 자료의 출처에 대해 질문하는 거죠? 제가 말하고 싶은 모든 것은 청정 개발 체제가 논리적으로 합당하다는 것입니다. 만약 무역 적자를 줄이길 원한다면, 기술을 개발하고 국가 간 기술을 보급하고 비용을 절감하고 싶다면, 청정 개발 체제는 합리적인 선택입니다. 하지만 이제 경제학적 관점에서 한번 생각해 봅시다.

슈미트: 좋습니다.

골드스타인: 우리는 앞서 교토 의정서와 정확하게 동일한 기준으로 시행했던 시장 협의회의 노력을 통해 이를 이미 확인했습니다 ….

슈미트: 하지만 그들은 같은 기준을 적용한 것이 아닙니다.

골드스타인: 왜 같은 기준이 아니죠?

슈미트: 그들은 시간별 계획을 정하지 않고, 기업에 어떤 규제도 적용하지 않습니다. 참여하고 싶어 하면 참여시켰을 뿐, 참여를 강요하지 않습니다. 그러므로 제너럴 일렉트릭과 같은 회사들은 참여할 수 있었지만, 그보다 작은 회사의 참여는 불가능합니다.

[7] 반대 측 요약 발언
: 발레리 홉스(비숍 힐런 고등학교)

판정관 여러분도 알고 계시겠지만, 저는 최선을 다해 찬성 측의 마지막 발언을 반박하고 이어 저희의 입론을 다시 주장하겠습니다. 우선 찬성 측은 비준으로 인해 국제 관계를 개선할 수 있다고 주장합니다. 하지만 찬성 측은 국제 관계 개선에 대해 아무것도 보장할 수가 없습니다. 국제사회에서 미국에 대한 여론이 나빠진 더 큰 이유는 유엔의 승인 없이 미국이 일방적으로 시작한 이라크 군사 행동과 테러와의 전쟁 때문입니다. 이 같은 문제가 교토 의정서에 의해 해결되지 않는다는 점을 찬성 측은 이야기하지 않았습니다.

찬성 측은 그것이 이미 성공하고 있다고 말하지만, 저희가 앞서 보여 준 것과 같이, 시장 협의회에 참여했던 시장 한 분의 말을 인용하자면, "우리는 시민과 기업이 환경친화적인 도시가 되려는 우리의 목표에 자력으로 모두 도달하기를 요구하지는 않을 것입니다. 다만, 각자가 최선을 다할 것과 중소기업을 제재하지 않기를 요구합니다." 물론 제너럴 일렉트릭과 같은 대기업은 그들 자신의 힘만으로 목표를 달성할 수 있습니다. 그리고 그들은 환경친화적인 도시를 만들 수 있고, 찬성 측 사례는 온실가스를 줄일 수 있는 매우 큰 회사들입니다. 하지만 중소기업은 그렇게 할 수 없습니다. 이런 대기업들은 어떠한 시간 제약도 받고 있지 않습니다. 시간 제약과 중소기업에까지 일괄 적용이라는 두 가지 문제가 결국 경제에 부정적인 영향을 초래하게 됩니다. 2008년부터 2012년까지의 기간은 너무 짧습니다.

그런 다음 찬성 측은 중국과 인도에 대해 이것이 어떻게 이치에 맞지 않는지에 대해 이야기합니다. 그러나 저희는 판정관 여러분에게 줄 수 … 우리는 기꺼이 상대측이 이 증거를 보도록 할 것입니다. 여기 있는 이 증거는 중국과 인도가 2012년 이후에 교토 의정서가 어떤 의무라도 부과하면 두 국가가 이를 탈퇴할 것임을 보여 줍니다. 그리고 상대측은 심지어 그들이 2012년 이후로 협정을 이행할지 여부조차도 확신하지 못합니다. 따라서 2012년 이후로 교토 의정서가 진전되지 않을 것이므로, 찬성 측은 이것이 디딤돌이 될 거라고 주장할 수도 없습니다. 섭씨 0.05도, 그것은 온난화로 가는 길을 멈추는 것도 아니고 역전하는 것도 아닙니다. 단지 1.4도에서 1.35도로 늦추는 것인데, 이는 큰 의미가 없습니다. 교토 의정서는 지구온난화를 해결하기 위해 만들어진 것이지만 실제로는 영향력이 없다며 과학자들은 비웃습니다.

그리고 국가 안보의 관점에서 보면, 찬성 측에서는 우리 군대가 제외될 때까지 교토 의정서에 서명하지 않겠다는 법안을 통과시켰다고 했습니다. 하지만 우리 군대가 예외가 아니라는 것이 바로 지금 벌어지고 있는 상황입니다. 어느 나라 군대도 예외가 아닙니다. 하지만 우리는 현재 유엔의 승인 없이도 독립적으로 군사 행동을 벌이고 있는 유일하고 가장 주요한 국가입니다. 그리고 군사 훈련은 이 논의에 포함하지도 않았는데, 훈련의 지연으로 인해 유사시 미국의 군사적 대응은 6주간 지연될 것입니다. 6주입니다. 국가적 위기가 닥칠 때 어떤 일이 벌어질지 상상해 보십시오. 찬성 측은 여러분에게 여기에 대한 답을 주지 않았습니다. 우리는 유엔이 미군을 통제하게 되는 상황을 허락할 수는 없습니다.

[8] 찬성 측 요약 발언
: 데이비드 내들(스톤먼 더글러스 고등학교)

우선 저희 입론을 살펴보도록 하죠. 상대측은 자본주의를 근거로 펼친 주장을 반박하지 않았습니다. 저희의 요점은 미국 정부 … 우리 기업들이 이 게임에 빨리 진출하여 세계 시장에 진입하여 혁신할 수 있도록 돕는 것이 우리의 가장 큰 이익이라는 것입니다. 하지만 상대측은 자본주의 체제가 그저 이것을 이끌 거라고 단순하게 말합니다. 하지만 만약 미국 정부가 진정으로 회사들의 이익을 위해 최선을 다한다면, 기업들이 이 게임에 일찍부터 참여할 수 있도록 교토 의정서에 서명해야 한다는 것을 다시 한 번 지적하고 싶습니다. 자본주의는 작동하고 있지만, 동시에 정부는 장기적인 관점에서 진정으로 기업에 도움이 되는 방향으로 먼저 행동할 수 있습니다.

국제 관계에 있어서, 그들은 미국의 재생 기술 분야에서 이루어진 외국인 투자의 60%는 우리가 교토 의정서에 서명하지 않았기 때문이 아니라 테러와의 전쟁 때문이라고 말합니다. 하지만 그건 말이 안 됩니다. 저희는 국제 관계에 대해 이야기하는데, 그들은 세계적인 테러와의 전쟁 때문이라고 말합니다. 이는 도무지 이해가 가지 않습니다. 우리는 외국인 투자가 재생 기술 분야에서 줄어들고 있다는 사실에 대해 구체적으로 언급했습니다. 그것은 세계적인 테러와의 전쟁과 무관합니다. 상대측은 이 둘 사이의 연계를 제시하지 못하고 있습니다.

다음으로, 저희는 미국 내 도시들에서 교토 의정서를 적용하여 성공한 예들을 제시하였는데, 반대 측에서는 여기에는 시간적 제약이 없다고 말씀하셨습니다. 그러나 저희는 그 도시들이 이미 그들의 온실가스 배출량을 교토 의정서 기준 이하로 줄였다는 연구 결과가 담긴 ICLEI의 자료를 보여 드렸습니다. 시간 제약의 유무와 무관하게, 이러한 사실들은 이 도시들이 기한에 도달하기 전에 이미 기준을 충족시켰음을 보여 줍니다. 그러므로 비록 일정상 시행 기간이 2008년부터 2012년까지로 정해져 있지만, 그들은 그 기간 안에 교토 의정서 기준에 도달할 것입니다. 따라서 이 사례에서 시간별 계획은 큰 의미가 없습니다.

마지막으로 인도와 중국에 관해서, 저희 팀은 중국이 자국 내에서 청정 석탄 기술을 실제로 구현하고 있다는 사실을 제시했습니다. 게다가 중국 내 562개의 새로운 화력 발전소들이 실제로 건설되고 있다고 하더라도, 그 발전소들은 청정 화력 발전소이기 때문에 반대 측의 주장은 전혀 이치에 맞지 않습니다. 게다가 개발도상국에 관한 사실은 논제에 찬성할 또 다른 이유입니다. 왜냐하면 미국이 논제에 찬성하여 교토 의정서를 비준한다면, 인도와 중국과 같은 개발도상국에서 온실가스 배출을 줄일 수 있기 때문입니다. 반면에 여러분이 논제를 반대한다면, 중국과 인도는 계속해서 대기를 오염시킬 것이며, 따라서 아무것도 해결하지 못할 것입니다. 논제에 동의한다면 개발도상국은 온실가스 배출을 줄일 수 있을 것이며, 그것이 바로 저희 팀이 오늘 하고 싶은 말입니다.

[9] 전체 상호반대신문

슈미트: 외국인 투자에 관해, 저는 외국인 투자가 어떻게 감소해 왔는지에 대해 얘기했습니다. 하지만 저희가 인용한 2003년 토머스 앤더슨의 말에서 알 수 있듯이 2004년도에는 오히려 외국인 투자가 실제로 11% 증가했습니다. 설령 외국인 투자가 감소했다고 합시다. 규제가 없어도 자본주의 경제에서는 이윤 추구 동기가 기업들을 세계 시장에서 훨씬 더 경쟁력을 갖추도록 만들지 않을까요?

내들: 글쎄요, 우선, 반대 측의 반박은 전체 외국인 투자에 관한 것입니다. 반면 저희는 재생 기술 분야에 한정된, 좀 더 구체적으로 환경과 관련된 특정한 외국인 투자만을 말한 것입니다.

홉스: 그렇다면 어떻게 하면 경제가 지닌 자본주의적 본성을 바꿀 수 있을까요?

내들: 그게 바로 제가 원하는 것입니다. 기업들을 돕기 위해 최선을 다하는 것이 정부의 최대 관심사가 아닌가요?

홉스: 저는 정부가 중소기업에 불필요한 규제를 부과하는 것이 정부의 가장 큰 관심사라고 생각하지 않습니다.

내들: 불필요한 규제라고 말한 적이 없습니다.

슈미트: 하지만 교토 의정서가 그 불필요한 규제의 역할을 하고 있습니다.

내들: 다른 질문 하나 해도 될까요?

홉스: 물론이죠.

내들: 그러면 토론자께서는 정부가 우리의 기업을 돕는 것이 정부의 최대 관심사가 아니라고 말씀하셨죠?

홉스: 아뇨, 그것은 …

내들: 덴마크가 풍력 기술을 이용하는 기술에 일찍 뛰어들어 성공한 예에서 보듯이, 우리가 논제에 동의한다면 기업들이 게임에 일찍부터 참여하여 투자함으로써 성공 가능성을 한층 더 높이도록 할 수 있습니다. 그리고 이와 관련하여 저희 팀원이 묻고 싶은 내용이 있습니다.

골드스타인: 이번 라운드에서 주요한 관점인 경제적 관점에 대해 이야기하겠습니다.

슈미트: 그래요.

골드스타인: 그래서 우리는 이미 토론자께 시장 협의회가 교토 의정서와 동일한 수준의 제한을 받고 있고, 특히 이산화탄소보다 환경에 더 치명적인 메탄에 초점을 맞추고 있다는 것을 말씀드렸습니다. 다시 말씀드리지만 만약 우리가 온실가스 배출량도 감소시키고 동시에 경제적인 이익도 취하고 있다면, 교토 의정서로 인해 우리가 경제적으로 어려움을 겪을 것이라고 끊임없이 주장할 수 있을까요?

슈미트: 시장 협의회에서 중심적인 역할을 하는 시카고 시장과 시애틀 시장 두 사람은 교토 의정서의 기준이나 규제를 동일하게 적용하지는 않았다고 말했습니다. 기업과 시민이 사실상 어떤 규칙을 따르지 않아도 되는 상황을 놓고 보면, 이는 거의 변하지 않았습니다. 그리고 시애틀은 2002년 이후 보고서를 작성하지 않았다는 점을 지적하고 싶습니다. 만약 2002년 이후 보고서가 있다면 보고 싶습니다. 가장 최근 보고서라고 찾은 것은 2002년 9월이었습니다. 지난 4년 동안 진전이 없었

던 이유는 경제적 악영향을 체감하기 시작했기 때문일 것입니다.

내들: 사실 미 시장 협의회의 헌장을 갖고 있습니다. 원한다면 보여 드리겠습니다.

슈미트: 저도 가지고 있습니다.

내들: 미 시장 협의회의 헌장은 교토 의정서의 기준을 충족하고 초과 달성하고 있다고 설명하고 있습니다. 그러므로 이것은 그 도시들이 교토 의정서의 기준에 따라 시행하고 있음을 보여 줍니다.

슈미트: 하지만 그 도시들은 2002년 이후로 아무것도 하지 않았는데, 왜 그렇다고 생각하나요?

골드스타인: 우리가 논의하고 있는 것은 …

슈미트: 만약 그렇게 잘 되고 있다면, 그 도시들이 그렇게 많은 이익을 보고 있다면 말이죠. 왜 그런지 이유를 설명해 주시겠어요?

골드스타인: 질문에 대한 대답을 듣기를 원하나요?

슈미트: 네.

골드스타인: 알겠습니다. 반대 측이 말하고 있는 것은, 반대 측 기준에서는 그 도시들이 2002년 이후론 아무것도 안 했다는 것입니다. 결과를 보지 못했다는 말이겠죠. 하지만 반대 측도 알다시피 저희는 미국 시장 협의회와 그 결과를 보여 주는 실제적인 회의를 가졌습니다. 비록 반대 측이 2002년부터 그것이 유효하지 않다는 생각을 했다고 해서, 그것이 진짜 유효하지 않은 것은 아닙니다.

슈미트: 뒷받침할 증거가 있나요? 아니면 그 도시들이 계속 진행해 왔을 거라고 그저 추측하는 것인가요? 제가 찾을 수 있는 가장 진척된 보고서는 4년 전의 것이기 때문입니다.

골드스타인: 좋아요. 보고서에서 말하고 있는 내용은 무엇인가요?

슈미트: 그것을 다 읽어 줄 수 있겠지만, 내용이 기네요. 요점은 이 보고서는

2002년에 나왔고 그 이후로는 출간된 것이 없다는 것입니다. 그리고 일반적으로, 출간된 보고서가 없다면 그것은 진전이 없기 때문일 것입니다. 그리고 이는 아마도 그 도시들이 경제적 악영향을 체감하기 시작했기 때문일 것입니다.

홉스: 질문 하나 해도 될까요?

내들: 네.

홉스: 당신의 진술을 보면 [타이머 울림] … 아닙니다.

[10] 반대 측 최종 변론
: 미셸 슈미트(비숍 힐런 고등학교)

판정관 여러분, 준비되셨습니까? 이 라운드는 한마디로 교토 의정서가 어떤 해결책도 될 수 없다는 사실로 요약됩니다. 만약 우리에게 아무런 환경적인 이익이 없다면, 교토 의정서는 전혀 훌륭한 방안이 아닙니다. 과학자들은 후버 연구소에서 제시한 섭씨 0.05도를 터무니없는 이야기라고 생각합니다. 그것은 차이가 없는 것이나 마찬가지입니다. 게다가 더 큰 문제는 이것도 사실 낙관적으로 예측한 숫자라는 것입니다. 전 세계의 모든 국가들이 교토 의정서의 내용을 준수해야만 0.05도 떨어지는 효과가 나타나는데, 그런 일은 분명 불가능합니다. 그리고 중국과 인도는 2012년 이후로 그것을 따르지 않을 것이고. 여러분에게 알려드린 바와 같이 러시아의 경우 실질적으로 온실가스 배출을 증가시킬 수 있습니다. 어떤 조치가 이뤄진다면, 교토 의정서가 단순히 결함이 있는 협약이라는 이유로 그 국가들은 후에 이를 무효화할 것입니다. 그리고 경제적인 악영향도 고려해야 합니다. 부정적인 결과가 일어나는 주요 원인은 일정이 너무 촉박하다는 것입니다. 온실가스 배출량을 줄이는 데 주어진 시간은 단지 4년뿐이고, 중소기업 입장에서는 그걸 할 수가 없습니다. 우리는 실질적으로 교토 의정서를 옹호하는 『과학 저널』에서 나온 것을 많이 인용했습니다. 그런데 그 저널조차도 교토 의정서로 인해 미국인의 호주머니에서 2조 2,000억 달러가 지출될 것을 인정하고 있습니다. 그것은 정말 문제입니다. 국가 안보 역시 답변되지 않았습니다. 위기 상황에서 군사를 재배치하는 데 6주 이상이 소요됩니다. 찬성 측이 여러분에게 해줄 수 있는 말은 의회가 그것이 잘못됐다고 생각한다는 것뿐입니다. 저도 그건 잘못됐다고 생각합니다. 저희는 교토 의정서가 미국 군대에 부과하는 기준들을 수용할 수 없습니다. 저희에게는 다른 대체 방안이 있습니다. 시장 경제를 기반으로 한 인센티브를 통해 기준을 충족할 수 있습니다. 우리는 청정 기술에 투자하고 있습니다. 간단히 말해서, 교토 의정서의 기준을 충족시킬 다른 방법이 있다는 것입니다. 그들이 논의한 모든 경제적 편익은 시장 협의회에 의해서 가능했고, 심지어는 시장 협의회조차도 교토 의정서를 아주 잘 준수한 것은 아니었습니다. 그러니 부디 반대 측에 투표해 주시기 바랍니다.

[11] 찬성 측 최종 변론
: 제니퍼 골드스타인(스톤먼 더글러스 고등학교)

판정관 여러분, 준비되셨습니까? 판정관 여러분께서 오늘 교토 의정서 비준을 반대하지 않으면 하는 이유는, 반대 측이 교토 의정서 비준을 부정하기 위해 제시한 두 가지 근거 때문입니다. 먼저 반대 측은 개발도상국들에 대해 이야기하면서 그들이 2012년 대화에 참여하지 않을 거라고 말했습니다. 하지만 반대 측은 이를 증거로 입증하지도 않았고, 청정 개발 체제를 통해 이득을 취할 수 있다는 것을 보여 줬을 때 이를 논리적으로 입증하지도 않았습니다. 반대 측에서 제시한 두 번째 근거는 국가 안보의 관점입니다. 저희는 의회의 결정에 동의하지 않습니다. 그러나 그것의 중요성은 차치하더라도, 만약 유엔이 미국의 교토 의정서 가입을 원한다면 우리가 거부감을 갖는 군사적인 것에 대한 제재까지는 강제하지 않을 것이라고 논리적으로 생각할 수 있습니다. 게다가 우리는 이러한 제재 조치로부터 만들어진 결과를 아직 접하지 않았습니다. 그래서 이번 라운드에서 반대 측이 여기에 의문을 제기할 것을 요구합니다. 판정관 여러분께서 논제에 찬성할 이유는 교토 의정서에는 숨겨진 잠재적 이익이 많이 있기 때문입니다. 우리는 경제에 대해 얘기했고, 시장 협의회에서 교토 의정서의 헌장에 서술된 정확한 기준을 실제로 어떻게 준수하였는지에 대해 말했으며, 이것이 경제적으로도 환경적으로도 모두 성공적이었다는 것을 알아냈습니다. 저희는 저희 팀원이 최종 상호반대신문에서 미처 말하지 못한 2005년에 PBS 방송국에서 발표한 자료를 가지고 있습니다. 끝으로 우리는 판정관 여러분께서 환경적 편익을 살펴보시기를 부탁드립니다. 반대 측은 0.05도는 충분하지 않다고 말하지만, 저희는 옥스퍼드의 열차 유추에 빗대어 그것이 충분하다고 말합니다. 저희는 기후 변화는 하룻밤 사이에 바뀔 수 없다는 것을 보였습니다. 천천히 멈춰서 정지한 다음, 반대로 돌아가야 합니다. 정책의 첫 번째 단계가 이미 기후 변화를 역전시키고 있다면, 이것은 효과적인 정책 이상의 것입니다. 이것은 꼭 해결되어야 할 두 가지를 해결해 줍니다. 저희는 하나의 의정서에 하나의 서명을 하는 것으로 기업과 경제가, 그리고 환경이 모두 이익을 얻게 될 것이라고 이야기했습니다. 여러분께서 오늘 해야 할 일은 바로, 우리가 경제적으로 그리고 환경적으로 이익을 얻을 수 있고 기업이 성공적인 첫걸음을 내딛을 수 있도록 하는 이 작은 한 장의 투표용지에 서명하는 것입니다. 이것이 교토 의정서에 동의하는 이유입니다.

　(토론자들 서로 악수)

■ 테드 터너의 조언

축하합니다. 정말 굉장합니다. 저는 한때 테네시주의 주 우승자였지만, 저희 팀은 여기에 올 충분한 돈이 없었습니다. 여러분들은 저보다 훨씬 더 많이 왔기에 모두 우승자입니다.

■ 팸 맥코마스(PaM McComas) / 공식 탭 룸 판정관

판정관들은 8 : 3으로 표결하여, 이 토론에서 반대 측이 이겼다고 판정하였다.

부록 D 토론 대회 운영 준비

토론 대회를 운영하는 개별적인 규칙은 토너먼트마다 다르다. 모든 토론 리그는 허용되는 준비 시간부터 허용되는 논증 유형까지 자신들만의 규칙을 지니고 있다. 토론 대회 준비를 시작하기 전, 지원하는 토론 리그의 규칙을 반드시 확인해야 한다. 보통 이러한 규칙은 토론 리그의 웹사이트에 잘 나타나 있다.

토론 대회를 운영하는 전국적 기구

• 전미 토론 연합(National Forensic League, NFL): www.nflonline.org

전미 토론 연합은 스스로를 다음과 같이 설명하고 있다. "전미 토론 연합은 교사, 학생, 학교 행정가, 학부모 등을 위한 가장 명성이 있는 단체이며 토론 교육 자료를 제공하는 보고(寶庫)이다. 학교 회원은 2,800개 이상, 학생 활동 회원은 93,000명이며, 화법과 토론 교육의 기술 촉진을 목표로 계속해서 노력한다. 그렇게 하여 지역별, 주별, 그리고 전국적 수준에서 우수한 학생을 선발하여 교육의 기회, 영예, 장학금 및 각종 상을 수여하고 있다. 전미 토론 연합은 80년 전통을 자랑하는 '청소년 리더십 교육' 기관이다."

- 고교 체육 연맹(National Federation of State High School Associations, NFHS): www.nfhs.org

고교 체육 연맹은 스스로를 다음과 같이 설명하고 있다. "1920년에 창설된 고교 체육 연맹은 학생들의 성공적인 삶을 돕기 위한 교육 기반의 학교 대항 운동경기와 활동을 발전시키는 데 앞장서 왔다. 우리는 관심과 지지를 제고하고, 참여하는 경험을 증진하며, 대회를 위한 일관된 기준과 규칙을 수립하고, 고등학교 운동경기와 활동을 관리하는 사람들을 지원함으로써 미래를 위한 방향을 설정한다. 고교 체육 연맹은 인디애나주의 인디애나폴리스에 본부를 두고 있으며, 50여개의 주립 고등학교 운동/활동 협회와 컬럼비아의 행정구역을 위하여 봉사하고 있다. 고교 체육 연맹은 청소년을 위한 16개 스포츠 경기의 규칙을 세우고, 화법, 연극, 토론과 음악에서 기예 프로그램을 관리한다. 18,500개 고등학교와 1,100만 명 이상의 학생들이 참여하는 운동과 활동 프로그램을 다양하게 제공하고 있다."

- 전국 가톨릭 토론 협회(National Catholic Forensic Association, NCFL): www.ncfl.org

전국 가톨릭 토론 협회는 스스로를 다음과 같이 설명하고 있다. "전국 가톨릭 토론 협회는 미국과 캐나다의 사립·공립 고등학교의 토론과 화법 활동을 후원하고 장려하기 위한 조직이다. 전국 가톨릭 토론 협회는 매년 각 지역에서 현충일(Memorial Day) 주간의 주말에 개최되는 전국 토너먼트 대회(Grand National Tournament)를 후원한다. 2006년 5월 27일과 28일 시카고에서 500개 이상의 고등학교 약 2,330명의 학생이 참가한 전국 대회가 열렸다."

- 전국 토론 코치 협회(National Debate Coaches Association, NDCA): http://ndca.debateteams.net

전국 토론 코치 협회는 스스로를 다음과 같이 설명하고 있다. "전국 토론 코치 협회는 토론 유형, 지역, 교육적 방식 등에 관계없이 모든 토론 코치들에게 전문성을 신장할 방안을 제공한다. 이 단체의 목표는 토론자에게 의미 있는 학습 경험을 제공하기 위해 토론 코치의 능력을 강화하는 것이다."

- 전국 시도 토론 연합 조직위원회(National Association of Urban Debate League, NAUDL): www.urbandebate.org

전국 시도 토론 연합 조직위원회는 스스로를 다음과 같이 설명하고 있다. "현재 전국 시도 토론 연합 조직위원회는 19개의 지역에서 운영되고 있다. 이 위원회는 4대 원칙 하에서 조직의 지속 가능성과 질적 발전을 지원하기 위해 활동한다. 전국 시도 토론 연합 조직위원회의 4대원칙은 다음과 같다. (1) 토론을 도시 교육(urban education) 향상을 위한 도구로 활용한다. (2) 토론에 참가할 기회를 누구에게나 동등하게 부여한다. (3) 경쟁적 학교 토론 프로그램을 제도화한다. (4) 도시의 고등학교 교사들을 지원하고 전문화한다."

- 전국 개신교 토론 · 의사소통 협회(National Christian Forensics and Communications Association, NCFCA): www.ncfca.org

전국 개신교 토론 · 의사소통 협회는 스스로를 다음과 같이 설명하고 있다. "전국 개신교 토론·의사소통 협회는 공적 말하기와 토론이 홈스쿨링 학생들에게 분석적 훈련과 웅변술에 대해 배우고, 신을 찬양하는 태도의 성경적 세계관에서 생명 문제를 연설하는 수단을 제공할 수 있다고 믿는다. 홈스쿨링 학생들에게 이러한 기회를 제공하기 위해 전국 개신교 토론·의사소통 협회는 전국 단위의 예선과 토너먼트 대회를 촉진시킬 것이다."

토론 대회를 운영하는 주 기반 조직

• 노스캐롤라이나 토론 리그(North Carolina Tarheel Forensics Association, TFL): www.ncspeechanddebate.org

• 뉴욕주 토론 리그(New York State Forensics League, NYSFL): www.nysfl.org

• 루이지애나 고교 화법 리그(Louisiana High School Speech League, LHSSL): www.lhssl.com

• 메인 교장 협회(Maine Principal's Association, MPA): http://mpa.cc/id_speech.html

• 몬태나 고교 협회(Montana High School Association, MHSA): www.mhsa.org

• 미네소타 토론 코치 협회(Minnesota Debate Teacher's Association, MDTA): www.mdta.org

• 미시건 학교 대항 토론 협회(Michigan Interscholastic Forensics Association, MIFA): www.themifa.org

• 사우스캐롤라이나 토론 코치 협회(South Carolina Forensics Coaches Association): http://scspeechanddebate.org

• 아이오와 고교 화법 협회(Iowa High School Speech Association, IHSSA):

www.ihssa.org

- 와이오밍 고교 토론 협회(Wyoming High School Forensics Association):
  www.jcsd1.k12.wy.us/~bhs/WyForensics_ORG/Novice_CX_topic.htm

- 위스콘신 고교 토론 협회(Wisconsin High School Forensics Association,
  WHSFA): www.whsfa.org

- 위스콘신 토론 코치 협회(Wisconsin Debate Coaches Association, WDCA):
  www.wdca.org

- 유타 토론 협회(Utah Forensics Association): http://utahforensics.org

- 인디애나 고교 토론 협회(Indiana High School Forensics Association, IHSFA):
  www.ihsfa.org

- 일리노이 화법·연극 협회(Illinois Speech and Theatre Association, ISTA):
  www.illinoisspeechandtheatre.com

- 캘리포니아 고등학교 화법 협회(Califonia High School Speech Association,
  CHSSA): www.cahssa.org

- 켄터키 고교 화법 리그(Kentucky High School Speech League, KHSSL):
  www.wku.edu/khssl

- 텍사스 대학 간 리그(Texas University Interscholastic League, UIL): www.uil.
  utexas.edu/academics/speech

- 텍사스 토론 협회(Texas Forensics Association, TFA): www.txfa.org

- 플로리다 토론 리그(Florida Forensics League, FFL): www.floridaforensics.
  org

토론 논제 목록

정책 토론 논제

1939-1940

- 연방 정부가 철도를 소유하고 운영해야 한다.

1940-1941

- 연방 정부의 권력은 더 강화되어야 한다.

1941-1942

- 미국의 모든 신체 건강한 남성들은 입대 연령에 이르기 전에 1년 동안 군사 훈련을 받아야 한다.

1942-1943

- 연방 세계 정부를 수립해야 한다.

1943-1944

- 미국은 국제연맹 재편성에 참여해야 한다.

1944-1945

- 합법적인 투표 연령을 18세으로 낮추어야 한다.

1945-1946

- 미국의 모든 신체 건강한 남성들은 24세가 되기 전에 1년 동안 군사 훈련을 받아야 한다.

1946-1947

- 연방 정부는 공적 자금을 투입해서 모든 국민들이 이용할 수 있는 완벽한 의료보험 체계를 제공해야 한다.

1947-1948

- 연방 정부는 기간산업에서 노동쟁의 중재를 명해야 한다.

1948-1949

- 연방 세계 정부를 수립해야 한다.

1949-1950

- 미국 대통령은 국민들의 직접 투표로 선출되어야 한다.

1950-1951

- 미국인들은 복지국가를 거부해야 한다.

1951-1952

- 모든 미국 시민들은 전시에 필수적인 임무를 위해 징병제를 받아들여야 한다.

1952-1953

- 대서양 조약 국가들은 국가 연합을 구축해야 한다.

1953-1954

- 미국 대통령은 국민들의 직접 투표로 선출되어야 한다.

1954-1955

- 연방 정부는 미국에 대해 우호적인 국가 간의 자유무역 정책을 착수해야 한다.

1955-1956

- 대학 수학 능력이 있는 고교 졸업생에게는 정부가 학비 보조금을 제공해야 한다.

1956-1957

- 연방 정부는 주요 농업 생산물 가격을 패리티(parity)*의 90% 이상으로 유지해야 한다.

1957-1958

- 미국의 대외 원조는 대폭 증가해야 한다.

1958-1959

- 미국은 영국 교육 체계의 본질적인 특징을 채택해야 한다.

1959-1960

- 연방 정부는 노동조합의 규제를 실질적으로 증가시켜야 한다.

....

* 　농산물 가격지수와 공산품 가격지수의 균형.

1960-1961

- 유엔은 크게 강화되어야 한다.

1961-1962

- 연방 정부는 각 주에 국공립 초·중등교육에 대한 보조금을 지급함으로써 교육의 기회를 균등하게 제공해야 한다.

1962-1963

- 미국은 서반구에 대한 공동 시장(common market)을 촉진시켜야 한다.

1963-1964

- 사회 보장 연금은 완전한 의료 서비스를 포함하도록 확대해야 한다.

1964-1965

- 핵무기는 국제기구에 의해 통제되어야 한다.

1965-1966

- 연방 정부는 기간산업에서 일어나는 노사분규에 대한 강제 중재 프로그램을 채택해야 한다.

1966-1967

- 미국의 대외 원조 프로그램은 민간 지원으로 제한되어야 한다.

1967-1968

- 의회는 형사 조사 절차를 통제하기 위한 통일된 규칙을 제정해야 한다.

1968-1969

- 미국은 모든 국민을 대상으로 한 징병제를 제정해야 한다.

1969-1970

- 의회는 외국에 대한 미국의 일방적인 군사개입을 금지해야 한다.

1970-1971

- 연방 정부는 미국의 수질오염이나 대기오염을 통제할 프로그램을 수립, 지원, 관리해야 한다.

1971-1972

- 미국의 배심원제는 상당히 바뀌어야 한다.

1972-1973

- 미국의 모든 공립과 중등교육에 대한 정부의 재정 지원은 연방 정부에 의해 독점적으로 제공되어야 한다.

1973-1974

- 연방 정부는 가구당 연간 최소 소득을 보장해야 한다.

1974-1975

- 미국은 대통령과 부통령 후보의 선출 방식을 크게 바꾸어야 한다.

1975-1976

- 세계적인 희소 자원의 개발과 분배는 국제기구에 의해 관리되어야 한다.

1976-1977

- 형법 개혁의 종합적인 프로그램을 미국 전역에서 채택해야 한다.

1977-1978

- 연방 정부는 미국의 의료보험 제도를 규제하기 위한 종합적인 프로그램을 제정해야 한다.

1978-1979

- 연방 정부는 모든 미국 국민을 위한 의료 서비스 계약을 보장해야 한다.

1979-1980

- 미국은 대외 무역 정책들을 대대적으로 바꾸어야 한다.

1980-1981

- 연방 정부는 소비재에 관한 안전 보장을 제안하고 시행해야 한다.

1981-1982

- 연방 정부는 미국의 초등과 중등학교를 위한 최소한의 교육 기준을 수립해야 한다.

1982-1983

- 미국은 다른 나라에 대한 무기 판매를 크게 축소시켜야 한다.

1983-1984

- 미국은 국가의 모든 형사 법원의 절차를 운영하는 통일된 규칙을 제정해야 한다.

1984-1985

- 연방 정부는 일할 수 있는 모든 미국 빈곤층 시민에 대해 고용을 제공해야 한다.

1985-1986

- 연방 정부는 미국의 수질을 보호하기 위한 종합적인 국가 정책을 제정해야 한다.

1986-1987

- 연방 정부는 미국의 포괄적인 장기 농업 정책을 시행해야 한다.

1987-1988

- 미국 정부는 라틴 아메리카에서 정치적 안정을 강화하기 위한 정책을 채택해야 한다.

1988-1989

- 연방 정부는 65세 이상 미국 국민에 대한 퇴직 보장법을 보증하기 위한 광범위한 프로그램을 시행해야 한다.

1989-1990

- 연방 정부는 미국의 유치장과 교도소의 과밀 현상을 해소하기 위해 전국적인 정책을 수립해야 한다.

1990-1991

- 미국 정부는 지구 중간권을 넘어서는 우주 탐사를 대폭 확대해야 한다.

1991-1992

- 연방 정부는 미국의 노숙자를 위한 사회 복지를 크게 증진해야 한다.

1992-1993

- 미국 정부는 무역 그리고/또는 원조 정책을 통해 전 세계적인 오

염을 줄여야 한다.

1993-1994

- 연방 정부는 모든 미국 국민을 위한 종합적인 국민 건강보험을 보장해야 한다.

1994-1995

- 미국 정부는 미국에 대한 이민 규제를 대폭 강화해야 한다.

1995-1996

- 미국 정부는 중국에 대한 외교정책을 크게 바꾸어야 한다.

1996-1997

- 연방 정부는 미국 청소년 범죄의 실질적인 감소를 위한 프로그램을 수립해야 한다.

1997-1998

- 연방 정부는 미국의 재생에너지 사용을 현저히 증가시키기 위한 정책을 확립해야 한다.

1998-1999

- 미국 정부는 러시아에 대한 외교정책을 크게 바꾸어야 한다.

1999-2000

- 연방 정부는 미국 중등학교에서 학습 성취도의 괄목한 만한 성장을 위한 교육 정책을 제정해야 한다.

2000-2001

- 미국 연방 정부는 고용, 의료 기록, 소비자 정보, 압수 및 수색 중

하나 이상의 영역에서 사생활 보호를 크게 향상시켜야 한다.

2001-2002
- 미국 연방 정부는 대량 살상 무기의 사용을 제한하는 외교정책을 수립해야 한다.

2002-2003
- 미국 연방 정부는 정신 건강을 위한 미국의 공공 의료 서비스를 크게 향상시켜야 한다.

2003-2004
- 미국 연방 정부는 해양 천연자원을 보호하기 위한 해양 정책을 수립해야 한다.

2004-2005
- 미국 연방 정부는 유엔 평화 유지 활동의 지원을 크게 증가시키는 외교정책을 수립해야 한다.

2005-2006
- 미국 연방 정부는 기소 없이 구금하거나 상당한 근거*가 없이 수색할 권한을 대폭 감소시켜야 한다.

2006-2007
- 미국 연방 정부는 다음 중 하나 또는 그 이상에 봉사하는 사람들의 수를 대폭 늘리는 정책을 수립해야 한다. 아메리코프(Ameri-

....
* 상당한 근거(probable cause)란 '범죄를 처벌하거나 혹은 소권(訴權)의 존재를 인정하기에 충분한 근거'를 뜻하는 법률용어이다.

Corps), 봉사 학습단(Learn and Serve America), 노인 봉사단(Senior Corps), 평화 봉사단(Peace Corps), 미국 연방군(the United States Armed Forces).

2007-2008

- 미국 연방 정부는 사하라 사막 이남 아프리카 지역의 공중 보건 지원을 대폭 증가시켜야 한다.

링컨-더글라스 토론 논제

1979-1980

- 사회보장제도 지원에 대한 현재 방법은 약점보다 강점이 더 크다.

1980-1981

- 고용 조건으로 노동 단체 가입을 요구하는 것은 도덕적으로 정당화되지 않는다.
- 징병은 모병에 대한 훌륭한 대안이다.
- 인권 보호는 미국의 외교정책을 수립하는 데 최우선 순위여야 한다.

1981-1982

- 중범죄 사건에서 피해자의 권리가 피의자의 권리보다 우선되어야 한다.
- 피해자가 없는 범죄에 대한 법을 집행하는 데 사회적 자원을 투여하는 것은 바람직하지 않은 것이다.

- 국가의 경제 상태가 국민을 위한 사회 프로그램보다 중요하다.

1982-1983
- 복지사업 프로그램을 위한 재정 지원은 천연자원의 개발보다 우선되어야 한다.
- 천연 자원의 보존이 개발보다 우선되어야 한다.
- 자유는 법보다 더 귀중하다.

1983-1984
- 민주주의 사회에서도 도덕을 법률로 제정할 수 있다.
- 민주주의에서 시민 불복종은 정당하다.
- 교육의 획일성은 평범한 인간을 만든다.

1984-1985
- 도덕적으로 옳지 않은 것은 모두 정치적으로도 나쁘다.
- 공정한 사회질서는 자유보다 평등의 원칙을 우선해야 한다.
- 미국 언론은 미국 대중의 최대 이익에 반하고 있다.

1985-1986
- 미국 외교정책 목표를 달성하기 위해 제재를 사용하는 것은 비도덕적이다.
- 인간의 인류애는 국가의 주권을 초월한다.
- 테러리즘과 싸우기 위해 미국에서 시민의 자유를 제한하는 것은 정당화될 수 있다.
- 무고한 사람들이 피해를 입는 한이 있더라도 테러리스트의 요구에 굴복해서는 안 된다.
- 미국이 불법 난민에 대한 보호처를 제공하는 것은 실정법보다는

도덕률에서 정당한 가치를 둔다.

1986-1987

- 부조리한 정부가 무정부보다 낫다.
- 형사사건에서 미국 대법원의 결정은 미국 국민의 가치관을 반영해야 한다.
- 의원내각제는 헌법의 근본적인 가치를 더 잘 실현할 것이다.
- 두 가지가 충돌할 때, 언론 자유에 대한 권리는 공정한 재판에 대한 권리보다 더 상위에 있다.

1987-1988

- 공공 안전의 보호는 사회 도처에서 무작위적이고 의무적인 약물 검사를 정당화한다.
- 에이즈에 대한 광범위한 의무적인 약물검사를 통해 공중 보건을 보호하는 것이 개인적인 사생활의 권리보다 더 중요시되어야 한다.
- 두 가지가 충돌할 때, 면책 특권 정보(진술이나 증언을 거부할 권리)는 치안 및 질서 유지에 종속되어야 한다.
- 폭력적 혁명은 정치적 탄압에 대한 하나의 대응일 뿐이다.

1988-1989

- 개인은 삶의 질보다는 생명의 존엄성에 가치를 두어야 한다.
- 차별의 영향에 대한 구제 방안인 소수집단 우대정책은 정당하다.
- 중등학교 관리자가 학생 출판물의 내용을 제한하는 것은 정당하다.
- 대중의 알 권리는 미국의 국가 안보 이익보다 우선한다.
- 미국 형사 사법 제도는 갱생보다 처벌을 더 우선순위에 두어야 한다.

1989-1990

- 미국 시민은 병역의 의무를 수행해야 한다.
- 미국의 지역사회는 포르노 출판을 금지할 권리를 가져야 한다.
- 천연자원 개발은 환경보호보다 더 가치 있게 평가되어야 한다.
- 법에 대한 개인의 복종이 양심에 대한 개인의 복종보다 윤리적인 공공 서비스를 유지하는 데 더 중요한 역할을 한다.

1990-1991

- 뛰어난 성취의 수단으로써 경쟁이 협력보다 더 우수하다.
- 미국에서 개인의 총기 소지권을 정부가 규제하는 것은 정당하다.
- 미국 국기에 무례하게 하는 것은 근본적인 미국의 가치와 상반되는 것이다.
- 과학적 지식의 추구는 사회적 편익에 관한 것으로 제한되어야 한다.
- 두 가지가 충돌할 때, 미국 의회 의원들은 유권자들의 이익보다 국가적 이익에 더 가치를 두어야 한다.

1991-1992

- 미국의 중등학교에서 교양과목 교육과정이 직업 준비 교육과정보다 더 선호할 만하다.
- 인간 유전공학은 도덕적으로 정당하다.
- 피해자가 고의로 치명적인 물리력을 사용하는 것은 신체적인 학대에 대한 대응으로써 정당하다.
- 핵무기 보유는 비도덕적이다.
- 미국 정부는 국민들에게 의료 혜택을 제공해야 한다.

1992-1993

- 다른 나라의 국내 문제에 미국이 군사적으로 개입하는 것은 정당하다.
- 형사 사법 제도에서 진실 추구를 면책 특권 보호보다 우선해야 한다.
- 두 가지가 충돌할 때, 법의 정신은 법의 문구보다 상위에 있어야 한다.
- 다수결의 원리는 소수자의 권리보다 가치 있게 평가되어야 한다.
- 국내 질서를 보호하기 위해서 수정헌법 제1조(언론·종교·집회의 자유를 정한 조항)는 축소될 수 있다.

1993-1994

- 미국의 중등교육은 권리가 아닌 특권이 되어야 한다.
- 대중의 알 권리는 공직 입후보자의 사생활에 대한 권리보다 더 중요하다.
- 국가가 개인에게 요청할 때, 개인은 국가를 위해 목숨을 걸어야 할 도덕적인 의무가 있다.
- 시한부 환자는 자신이 언제, 어떻게 죽을 것인지를 선택할 권리를 가진다.
- 두 가지가 충돌할 때, 유죄를 기소하는 것보다 무고한 사람을 보호하는 것이 더 가치가 있다.

1994-1995

- 개인의 표현의 자유는 정치적 올바름보다 더 가치가 있다.
- 두 가지가 충돌할 때, 공동체 규범은 개인의 자유보다 더 가치가 있다.

- 시민들이 스스로를 보호하기 위한 법은 정당하다.
- 모든 것을 감안할 때, 교육 자료에 대한 제도적 검열은 학생들의 교육적 성장에 해롭다.
- 두 가지가 충돌할 때, 다른 사람의 안전은 전염병 환자의 사생활 권리보다 더 가치가 있다.

1995-1996
- 장애인에게는 신체 건강한 운동선수와 동일하게 운동경기를 할 기회가 제공되어야 한다.
- 페미니스트적 이상을 추구하는 것은 성 평등 달성에 해가 된다.
- 억압적인 정부가 무정부보다 더 바람직하다.
- 두 가지가 충돌할 때, 미국의 문화적 통일성은 문화적 다양성보다 더 중요시되어야 한다.
- 미국에서 헌법상의 자유를 제한하는 것은 테러리즘에 대한 대응일 뿐이다.

1996-1997
- 두 가지가 충돌할 때, 차별을 없애려는 사회의 목표가 배타적이고 자발적인 단체에 참여할 수 있는 개인의 권리보다 앞서야 한다.
- 두 가지가 충돌할 때, 기업에는 기업에 대한 책임이 사회에 대한 책임보다 더 중요시되어야 한다.
- 미국 정책에서 보편적 인권의 원리는 상반되는 국익보다 우선권을 가져야 한다.
- 모든 것을 감안할 때, 개인은 지역사회에 대한 것보다 그들 자신에 대한 의무가 더 강해야 한다.
- 대중의 알 권리는 사생활에 대한 개인의 권리보다 더 큰 가치가

있다.

1997-1998

- 국제적 문제가 상반되는 국내적 문제보다 더 중요시되어야 한다.
- 청소년의 사생활에 관한 권리는 부모의 알 권리보다 더 중요시되어야 한다.
- 공정한 사회질서는 자유보다 평등의 원칙을 우선해야 한다.
- 민주주의에서 시민 불복종은 정당하다.
- 두 가지가 충돌할 때, 미국 사법 제도에서 정당한 절차는 진실 추구보다 더 중요시되어야 한다.

1998-1999

- 개인은 삶의 질보다는 생명의 존엄성에 가치를 두어야 한다.
- 사형 제도는 정당하다.
- 미국에서, 언론이 기밀 정보원을 보호할 권리는 수정헌법 제1조에 의해 보호되어야 한다.
- 인간 유전공학은 도덕적으로 정당하다.
- 자본주의는 경제 정의를 달성하는 수단으로써 사회주의보다 더 뛰어나다.

1999-2000

- 두 가지가 충돌할 때, 문화적 민감성이 언론 자유의 상업적 사용보다 가치 있어야 한다.
- 미국 외교정책의 목표를 달성하기 위한 경제제재의 사용은 도덕적이다.
- 형사 사법 제도에서 청소년 폭력 사범 범죄자를 성인 범죄자에 준

해 대해야 한다.
- 대학들은 교내에서 혐오 발언을 공개적으로 표현하는 행위를 금지할 도덕적 의무를 가진다.
- K-12(유치원에서 12학년)에서 안전한 교육적 환경을 확립하는 것은 학생의 시민 자유에 대한 침해를 정당화한다.
- 핵무기 보유는 비도덕적이다.
- 한 나라가 다른 나라의 국내 문제에 개입하는 것은 도덕적으로 정당하다.
- 불의(不義) 앞에서 아무런 행동도 하지 않는 개인은 도덕적으로 비난받아야 한다.

2000-2001
- 대학들은 교내에서 혐오 발언을 공개적으로 표현하는 행위를 도덕적 의무를 가진다.
- K-12(유치원에서 12학년)에서 안전한 교육적 환경을 확립하는 것은 학생의 시민 자유에 대한 침해를 정당화시킨다.
- 핵무기 보유는 비도덕적이다.
- 대중의 알 권리는 공직 입후보자의 사생활에 대한 권리보다 더 중요하다.
- 모든 것을 감안할 때, 폭력적 혁명은 정치적 억압에 대한 하나의 대응일 뿐이다.

2001-2002
- 분권화된 정부 권력은 민주주의 사회의 기본적인 목표이어야 한다.
- 후진국의 개발에 대한 권리는 환경 보호에 대한 의무보다 우선되

어야 한다.

- 억압적인 정부가 무정부보다 더 바람직하다.
- 성인의 표현의 자유를 제한하는 것은 어린이 보호에 대한 사회적 관심에 의해 정당화된다.
- 시민들이 스스로를 보호하기 위한 법은 정당하다.

2002-2003

- 미국이 군사적으로 대치하며 교전 중일 때, 국가 안전 보장의 요구가 이와 상반되는 개인의 권리에 대한 요구를 대체해야 한다.
- 두 가지가 충돌할 때, 미국의 고등학교에서 학문의 자유는 공동체 규범보다 더 중요시되어야 한다.
- 두 가지가 충돌할 때, 세계화는 국가 주권보다 더 중요시되어야 한다.
- 두 가지가 충돌할 때, 법의 정신보다 법의 문구를 우선해야 한다.
- 미국 형사 사법 제도에서 처벌보다 갱생을 중요시해야 한다.

2003-2004

- 미국 사법 제도에서, 진실 추구를 면책 특권 보호보다 우선해야 한다.
- 미국은 국제분쟁을 완화하기 위한 도덕적 책무가 있다.
- 환경보호에 대한 정부의 의무는 경제 발전을 촉진하기 위한 의무에 우선해야 한다.
- 일반적인 원리처럼, 개인은 사익보다 공익에 가치를 둘 의무가 있다.
- 민주주의에서 시민 불복종은 정당하다.

2004-2005

- 개인의 사생활 보호 요구는 상충되는 사회 복지의 요구보다 더 중요시되어야 한다.
- 미국은 다른 국가의 민주주의적 이상을 고취하기 위한 도덕적 의무가 있다.
- 민주주의는 교회와 국가의 엄격한 분리에 의해 가장 잘 실현된다.
- 시민의 자유를 잘 지키기 위하여, 공동체 규범은 상반되는 국가 규범보다 우선되어야 한다.
- 과학 지식의 추구는 사회적인 선(善)의 관점에서 통제되어야 한다.

2005-2006

- 미국의 이민 정책 문제에서, 비시민권자의 권리 규제는 민주적 이상과 합치된다.
- 사법 적극주의(judicial activism)는 미국 국민의 권리를 보호하기 위해 필요하다.
- 민간 기업을 육성하기 위해 국가 권력의 수용권*을 사용하는 것은 부당하다.
- 강력 범죄로 기소된 청소년은 성인과 같이 처벌되고 재판받아야 한다.
- 군사 정보 수집에 관해서는, 목적이 수단을 정당화한다.

2006-2007

- 공정한 정부는 시민에게 의료 서비스를 제공해야 한다.
- 반복적인 가정 폭력에 대한 정당방위로, 피해자가 치명적인 폭력

....

* 정부가 공공의 사용을 위하여 보상을 대가로 사유 재산을 수용하는 권리.

을 고의적으로 사용할 수 있다.

- 기업의 행동은 개인의 행동과 동일한 도덕적 규범을 준수해야 한다.
- 세계 인권을 보호하기 위한 유엔의 의무는 국가 주권을 존중하기 위한 의무보다 중요시되어야 한다.
- 모든 것을 감안할 때, 폭력적 혁명은 정치적 억압에 대한 하나의 대응일 뿐이다.

공공 포럼 토론 논제

2002-2003

- 민간 항공사 조종사들은 조종석에서 무기를 소지해야 한다.
- 부시 감세(Bush tax cuts)는 영구화되어야 한다.
- 연방 정부는 북극 국립 야생동물 보호구역에서 석유 탐사를 인가해야 한다.
- 미국에서 사형 제도를 폐지해야 한다.
- 대학 입학에서 소수집단 우대정책이 실행되어서는 안 된다.
- 의료 과실 소송에서 피해 보상금은 25만 달러로 제한해야 한다.
- 미국은 이라크의 재건에 일차적인 책임을 져야 한다.

2003-2004

- 자동차 운전 중 휴대전화 사용을 금지해야 한다.
- 미국은 국제 평화 유지 활동에 관한 유엔의 결정을 따라야 한다.
- 연방 법원 판사는 대통령에 의해 종신직으로 임명되기보다는 지

역구에서 임기직으로 선출되어야 한다.

- 의회는 아동 낙오 방지법(No Child Left Behind Act)을 폐지해야 한다.
- 미국은 테러와의 전쟁에서 패배하고 있다.
- 미국인들은 인터넷을 통해 저작권이 있는 미디어를 공유하도록 허용되어야 한다.
- 미국은 모든 미국 국민들에게 일반 의료보험을 제공해야 한다.
- 영어는 미국의 공식 국어가 되어야 한다.
- 모든 국가의 청년들은 최소한 1년 동안 군 복무를 해야 한다.

2004-2005
- 미국은 전체 정보기관을 감독하기 위한 각료급 직위를 임명해야 한다.
- 미국에서, 여론조사는 선거 과정에 긍정적인 영향을 미친다.
- 미국 정부는 미국인이 다른 나라에서 처방약을 구입하는 것을 허용해야 한다.
- 기업의 해외 업무 위탁은 미국의 경제 발전에 이익이 된다.
- 미국 헌법은 대법관의 정년을 설정하기 위해 개정되어야 한다.
- 미국에서, 연방 소득세의 현재 체계는 고정비율 소득세로 대체해야 한다.
- 학생의 적성은 표준화된 시험을 통해 평가되어야 한다.
- 미국은 불법 체류자들에게 이주 노동자 비자를 발행해야 한다.
- 미국에서 공립 고등학교 지원에 관해 한 가지를 선택해야 한다면, 정부의 재정지원은 대학 진학을 위한 준비 교육보다는 직업 교육을 우선해야 한다.

2005-2006

- 미국의 대학에서 해당 대학의 1군 운동선수들에게 급료를 지급하는 것이 허용되어야 한다.
- 유엔은 전 세계의 테러와의 전쟁을 지휘하고 이끄는 주요 기관이어야 한다.
- 미국 연방 정부는 부시 대통령의 감세를 끝냄으로써 허리케인 카트리나의 구호와 재건에 자금을 지원해야 한다.
- 미국 프로농구 협회(NBA)는 복장 규정을 폐지해야 한다.
- 미국의 공립 고등학교 과학 교육과정은 지적 설계론 연구를 포함해야 한다.
- 팔레스타인에 대한 현재 이스라엘 정부의 정책 결정이 중동의 평화에 대한 전망을 개선했다.
- 대형 할인점은 지역사회에 이익이 된다.
- 미국 언론은 미국 대중의 최대 이익에 반하고 있다.
- 미국 정부는 교토 의정서를 비준해야 한다.

2006-2007

- NASA의 우주 탐험 계획으로 인한 이익은 개발 비용을 감당하고도 남는다.
- 현재 미국의 이민법은 강제로 시행되어야 한다.
- 다국적인 외교적 노력은 미국의 이익에 도움이 된다.
- 미국의 대학들은 조기 입학제를 폐지해야 한다.
- 미국에서 로비스트들은 입법 과정에 부정적인 영향을 미친다.
- 미국의 합법적인 카지노 도박의 손실이 이익보다 더 크다.
- 미국에서 카지노 도박 합법화로 지출되는 손실이 이익보다 더

크다.

- 미국 소비자에게 부여되는 신용의 정도는 크게 감소되어야 한다.
- 미국의 기업은 종업원 퇴직연금에 대한 약속을 이행해야 한다.
- 미국에서 개인의 총기 소지는 규제되어야 한다.

1AC 찬성 측 첫 번째 토론자의 입론

1AR 찬성 측 첫 번째 토론자의 반박

1NC 반대 측 첫 번째 토론자의 입론

1NR 반대 측 첫 번째 토론자의 반박

2AC 찬성 측 두 번째 토론자의 입론

2AR 찬성 측 두 번째 토론자의 반박

2NC 반대 측 두 번째 토론자의 입론

2NR 반대 측 두 번째 토론자의 반박

4인 토론(four person debate) 정책 토론의 형식이며, 토론자 2인이 한 팀
  인 두 개의 팀으로 구성된다. 각 팀은 토론에서 논제에 대해 같은 입장
  을 유지한다. 한 팀은 각 라운드를 찬성의 입장에서, 다른 한 팀은 각
  라운드를 반대의 입장에서 진행한다. 4인 팀에 대한 최종 기록은 4인
  단위로 합산된 승패의 합이다.

CEDA 토론 CEDA(Cross Examination Debate Association)는 대학교 대항

수준의 토론 형식 중 하나이다.

DA 정책 토론에서 반대 측 불이익 주장을 위해 속기로 된 참조문이다.

NDT 토론 NDT는 'National Debate Tournament(전미 토론 대회)'의 약자이다. 이것은 대학교 대항 수준의 토론 대회의 형식 중 하나이다.

가상 대체 방안(hypothetical counterplan) 조건적 대체 방안(conditional counterplan)을 참조하라.

가설 검증(hypothesis testing) 정책 토론을 판정하기 위한 이 패러다임은, 토론을 마치 가설을 검증하는 사회과학자와 유사한 것으로 본다. 토론에서 검증되는 가설은 바로 논제이다. 신중한 과학자가 결코 단 한 번의 실험에 근거하여 그 가설이 옳다고 선언하지 않듯이, 토론 판정관 역시 반대 측이 논제에 대한 단 한 번의 검증으로 한정할 것이라 기대해서는 안 된다. 사실 반대 측의 책임은 가능한 다양한 관점에서 그 가설을 공격함으로써 엄격하게 가설을 검증하는 것이다. 노스웨스턴 대학교의 데이비드 자레프스키(David Zarefsky)와 켄터키 대학교의 J. W. 패터슨(J. W. Patterson)은 가설 검증 모델의 옹호자로 가장 널리 알려져 있다. 그들의 토론 저서인 『현대 토론(Contemporary Debate)』은 가설 검증적 접근법을 주장하고 있다.

가치 기준(value criterion) 링컨-더글러스 토론에서, 가치 기준은 핵심 가치를 성취하기 위한 수단을 제공한다. 만약 핵심 기준이 정의라면, 가치 기준은 정당한 절차가 될 것이다. 토론자는 정의란 정당한 절차를 보장함으로써 가장 확실하게 성취될 수 있다고 주장할 것이다. 일부 판정관들은 모든 좋은 입론은 핵심 가치와 가치 기준을 중심으로 구축되어야 한다고 믿는다. 반면, 일부 판정관들은 핵심가치/가치기준 접근방식을 입론 구축의 수많은 방법 중 하나로만 간주한다.

가치 명제(proposition of value) 어떤 것이 다른 어떤 것보다 더 중요하거나 더 가치 있다고 주장하는 진술이다. 링컨-더글러스 토론 논제는 가치 명제이다.

개관(overview) 상대방의 논증에 한 줄 한 줄씩 답변하기(line-by-line) 전에 문두에 가장 먼저 제시하는 논증이다.

경쟁을 위한 상호 배타적인 기준(mutual exclusivity standard for competition) 정책 토론에서 대체 방안 경쟁을 위한 '할 수 없는(can not)' 기준을 말한다. 대체 방안을 위한 상호 배타적 기준은 방안과 대체 방안 둘 다 실행하는 것이 논리적으로 불가능하다는 논증을 통해 "왜 방안과 대체 방안을 둘 다 실행되면 안 되는가?"라는 질문에 답을 하는 것이다. 찬성 측 방안이 국가 건강보험을 요청하는 반면에, 반대 측 대체 방안은 미국 연방이 지원하는 의료보험 제도와 저소득층 의료 보장 제도를 포함한 모든 건강보험을 종식시키는 것을 요구한다고 가정해 보자. 반대 측은 방안과 대체 방안을 결합하는 것은 논리적으로 불가능하다는 주장을 하게 될 것이다.

경쟁을 위한 순이익 기준(net benefits standard for competition) 정책 토론에서 대체 방안 경쟁에 대해 '해서는 안 되는(should not)' 기준이다. 대체 방안 경쟁을 위한 순이익 기준은 방안과 대체 방안을 모두 시행하는 것은 대체 방안 하나만을 시행하는 것보다 덜 바람직함 것을 의미한다.

경합성(competitiveness) 이 용어는 정책 토론에서 반대 측 대체 방안의 요구 조건과 연관이 있다. 경합성을 통해 대체 방안의 적절성을 평가해 볼 수 있다. 경합성은 판정관이 방안과 대체 방안 사이에서 하나를 선택해야 할 이유를 제공한다. 경합성은 "왜 방안과 대체 방안을 둘 다 시행하지 않는가?"에 대해 답변하는 것이다.

고유성(uniqueness) 정책 토론에서 반대 측이 한계점 불이익으로 구조화한 불이익은 반드시 찬성 측 방안에만 존재한다는 것, 즉 고유성을 증

명해야만 한다. 만약 반대 측이 추가적으로 적자가 증가할 경우 재앙
적인 결과를 유발한다고 주장한다면, 찬성 측은 그 적자는 최근에 와
서야 대폭 증가했고, 그러므로 그 불이익은 불가피하거나 또는 사실무
근임을 증거로 제시할 수 있다. 둘 중 어떤 경우라도, 찬성 측은 그 불
이익 논증은 신빙성이 없음을 보여 준 셈이다. 불이익(disadvantage)을
참고하라.

골자(shell) 정책 토론에서, 반대 측 첫 번째 입론에서 간략하게 제시하기
위해 반대 측 불이익을 요약한 내용이다. 골자는 불이익의 필수적인
요소들을 모두 포함하고 있어야만 한다(최소 요건은 연계와 효과이다).

관할권(jurisdiction) 정책 토론에서 논제 관련성 토론의 결과를 판단하는
기준을 의미한다. 논제 관련성이 투표 쟁점이 되는 이유 중 하나는, 법
적 패러다임 내에서, 논제의 언어 표현은 판정관이 가지는 관할권의
바깥 경계를 설정하기 때문이다. 이 관점에 따르면 찬성 측 방안이 논
제를 넘어선 무언가를 요청한다면, 판정관은 그 방안을 받아들일 권력
혹은 관할권을 가지고 있지 않다.

교차 적용(cross-apply) 토론자들은 가끔 판정관이 이전의 논증에서 이미
주어진 답변을 교차 적용을 해야 한다고 말함으로써 논증에 답변한다.

구조적 내재성(structural inherency) 정책 토론에서 내재성에 대한 전통적
인 접근법이다. 찬성 측은 현재 시스템 내에는 피해를 지속하도록 유
발하는 어떤 법 혹은 구조가 내재되어 있음을 지적한다. 내재성(inher-
ency)을 참고하라.

내재성(inherency) 정책 토론에서 필수 쟁점 중의 하나이다. 찬성 측은 방
안에서 본인들이 인용한 피해가 내재적(inherent)이라는 것을 증명해
야만 한다. 내재성을 바라보는 좋은 방법 중 하나는 찬성 측 방안이 채
택되지 않는다면 피해의 중대성은 지속된다는 사실을 찬성 측이 보여

주는 것이다. 결국 내재성은 원인을 다루게 되며, 찬성 측은 이 문제가 지속되는 원인이 현재의 시스템 내에 있음을 찾아서 보여 주어야 한다.

논쟁(controversy) 초창기에 '공공 포럼 토론'을 지칭하던 용어였다. 지금은 공식적으로 이런 토론 대회 형식을 '공공 포럼 토론'이라 부른다.

논쟁 확장(spread debating) 한 논증에 대해 너무나 많은 답변을 함으로써 상대측이 각각의 것들에 대해 답변을 할 수 없도록 하는 일부 토론자들의 성향을 일컫는다.

논점 일탈(red herring) 토론자가 실제 쟁점으로부터 관심을 돌리기 위해 당면한 질문과 무관한 어떤 것을 증명하는 논증적 오류의 일종이다.

논제(resolution)* 토론할 주제를 말하는 문장이다. 토론 주제는 하나의 선언적 문장으로 이루어진 논제로 표현된다. 정책 토론과 링컨-더글러스 토론에서는 반대 측이 논제에 대해 '아니요'라고 하는 반면에, 찬성 측은 논제에 대해 '예'라고 말한다.

논제 관련 대체 방안(topical counterplan) 정책 토론에서 반대 측의 대체 방안을 성공시키기 위한 전형적인 조건 중 하나는, 해당 방안이 논제 관련이 없음을 주장하는 것이다. 즉, 대체 방안이 논제의 용어들 중 적어도 하나를 충족시키지 못하고 있음을 보여 주는 것이다. 대부분의 토론 이론가들은 적법한 반대 측 대체 방안은 논제 관련성이 없다고 확고하게 주장한다. 그러나 특정 소수의 이론가들은 경합성으로 대체 방안의 적절성을 검증할 수 있으며, 대체 방안의 비논제 관련성은 쟁점이 되지 않는다고 주장한다.

....

'resolution'은 '결의'의 의미를 가진다. 그러나 우리나라에서 토론의 주제라는 의미로 '논제'가 이미 널리 쓰이고 있으므로, 이 책에서는 'resolution'을 토론에서 '결의해야 할 주제'라는 의미를 담아 '논제'로 옮겼다. 또한 'proposition'은 '명제'로 번역하여 '논제'와 의미를 구분하여 사용하였다.

논제 관련성(topicality) 정책 토론에서 찬성 측 방안은 논제 문장 안의 각각의 용어들을 충족시켜야만 한다. 대부분의 판정관들은 논제 관련성이 독립적 투표 쟁점이라고 생각한다. 즉, 반대 측이 논제 관련성에서 승리한다면 자동적으로 전체 토론에서 승리한다는 것을 의미한다. 반대 측이 쟁점을 제기하고 논증에서 승리한 경우가 아니라면, 대부분의 판정관들은 논제 관련이 없어 보이는 입론에 투표를 하지 않을 것이다. 또한 추가적 논제 관련성(extratopicality)을 참고하라.

논제 관련성에 대한 문법적 맥락 기준(grammatical context standard for topicality) 정책 토론에서 논제 관련성을 판단하는 문법적 맥락 기준은 논제 문장에 나타난 문법적 구조로부터 논제의 가장 정확한 정의를 도출할 수 있다고 주장한다. 문법적 맥락 기준은 논제의 문장 안에서 어떤 단어가 다른 어떤 단어를 수식하는지를 따져 가며 논제를 해석한다.

논제 관련성에 대한 영역 맥락 기준(field context standard for topicality) 정책 토론에서 맥락 기준은 최상의 논제 관련성 증거가 논제와 연관된 전문적인 영역의 전문가로부터 나온 것이라고 말한다. 만약 경제에 관한 논제를 다루고 있다면, 경제학 교수가 최고의 영역 맥락 증거를 제공할 것이다.

논제 관련성에 대한 용어별 의미 기준(each-word-has-meaning standard for topiclity) 정책 토론에서 논제 입안자는 논제에 들어가는 각각의 단어 하나하나가 고유의 개별적인 의미를 갖도록 논제를 만든다. 따라서 찬성 측 방안은 논제 내의 모든 개별적인 단어를 충족시켜야만 한다. 찬성 측 방안이 논제의 한 단어라도 충족시키지 못하는 경우, 반대 측 입장에서는 논제 관련성의 위반을 주장할 수 있다.

논제 관련성 효과(effects topicality) 정책 토론에서, 어떤 찬성 측 방안은 몇

몇 중간 단계가 완성될 때에만 논제의 용어들을 충족시킨다. 대부분의 판정관들과 토론 이론가들은 찬성 측 방안이 액면 그대로 주제와 관련성이 있어야 한다고 생각한다. 이것은 찬성 측 방안은 논제 내에 요구되는 것들을 직접적으로 실행해야 한다는 내용을 의미한다. 우리는 찬성 측 방안에 의해 만들어진 변화가 궁극적으로 논제 실행으로 이어질지를 판단하기 위해 몇 달이나 몇 년을 기다릴 필요가 없어야만 한다. 이 논제 관련성 효과에 대한 주요한 이론적 반대는 찬성 측 방안의 논제 관련성이 그 방안이 효과적일 때에만 인정된다는 점에서 논제 관련성과 해결성의 필수 쟁점을 무너뜨린다는 것이다.

논증 묶기(grouping of arguments) 토론자가 서로 유사한 질문 여러 개를 답변할 것을 요청받았을 때 그는 종종 다음과 같이 말한다. "1개에서 4개의 답변으로 분류해 주십시오. 저는 세 개에 대한 대답을 이어 하겠습니다."

논증 흐름 판정관(flow judge) 토론 중에 만들어지는 논증들을 신중하게 기록하는 판정관이다. 많은 비전문가 판정관들은 판정 경험이 많지 않고, 고등학교나 대학교 토론에서 경쟁자로 참여해 본 적이 없다. 논증 흐름 판정관이 있는 경우 토론 참가자는 논증 내용에 대해 한 줄 한 줄씩 답변하는 것(line-by-line)이 필수적이라는 것을 알고 있다. 논증 흐름 판정관이 없다면 토론자들은 상대측의 모든 논증에 대해 일일이 답변할 필요가 없다는 것을 안다. 아마도 이 경우는 전체적으로 큰 그림(a big picture)에서 답변하는 것만으로 충분할 것이다.

대체 방안(counterplan) 정책 토론에서 반대 측이 제시하는 대안이다. 찬성 측 방안보다 우월한 대체 방안이 있음을 입증함으로써 찬성 측 방안은 거부되어야 한다고 주장하기 위한 것이다.

독립적 투표 쟁점(independent voting issue) 이 쟁점은, 여기에서 이기기만

한다면 그 자체만으로도 승리를 결정짓기에 충분한 쟁점을 의미한다. 정책 토론에서 대부분의 판정관들은 논제 관련성을 주요한 독립적 투표 쟁점으로 생각한다. 필수 쟁점의 관점에서 토론을 바라보는 판정관은 각각의 필수 쟁점(피해의 중대성, 내재성, 해결성) 등을 반대 측에 대한 독립적 투표 쟁점으로써 본다.

딜레마(dilemma) 토론자를 딜레마에 빠뜨리기 위해 상대측에게 두 가지 선택지 중 하나를 골라야 한다고 한다. 하지만, 이 경우 둘 다 나쁜 선택이다.

로드 맵(road map) 토론자의 로드 맵은 입론이나 반박 발언을 시작하기 전에 간략하게 자신의 논증에 대한 윤곽을 설명하는 내용이다. 대부분의 판정관들은 찬성 측 첫 번째 입론 이외의 모든 토론은 로드 맵을 포함하고 있을 것이라는 기대를 한다. 현재의 토론 방식은 별도의 종이에 각각의 논증을 기록한다. 따라서 반대 측 첫 번째 입론의 토론자가 "저는 세 가지 불이익과 하나의 논제 관련성 논증을 다룬 다음 입론을 다루겠습니다."라고 말한다면, 판정관은 찬성 측 입론으로 다시 돌아오기 전에 총 4장의 종이가 필요하다는 것을 알 수 있다.

마무리(underview) 상대방의 주장에 대해 한 줄 한 줄씩 답변을 완성한 이후에 흐름표 맨 아래에 만드는 주장이다.

맬서스 불이익(Malthus disadvantage) 정책 토론에서 19세기 영국의 경제학자인 토머스 맬서스(Thomas Malthus)의 주장에 근거를 둔 반대 측 불이익이다. 맬서스는 식량 공급(그리고 다른 자원들)은 산술적으로만 증가하는 반면에, 인구는 기하급수적으로 증가한다고 주장했다. 맬서스에 따르면, 인류는 기아와 환경 파괴로 향하면서 파멸의 선상 위에 있다는 것이 최종 결론이다. 단순하게 보면, 지구는 거대한 인구를 감당할 수가 없다. 몇몇 반대 측들은 생명을 구하는 것은 인구 과밀 문제를 심화시키기 때문에 이는 나쁜 것이라고 주장함으로써 맬서스의 불이익을 사용해 왔다. 이것은 '나쁜 것이 좋은 것이다'는 주장의 원형(prototype)이다.

목표/기준 입론(goal/criteria case) 정책 토론에서 찬성 측 입론을 구성하기 위한 조직화된 틀 중의 하나이다. 목표/기준 입론에서 찬성 측은 문제를 해결하기 위해 먼저 가치 있는 목표나 기준을 제시한다. 찬성 측은 현재의 시스템이 이러한 목표나 기준에 도달하는 데 실패했다고 주장하며, 찬성 측 방안이 이 목표와 기준에 최적으로 도달할 수 있다는 것을 보여 준다.

반대신문(cross-examination) 정책 토론이나 링컨-더글러스 토론에서 입론 사이에 있는 질의와 답변 시간을 나타내는 데 사용되는 용어이다.

반대 측(con) 공공 포럼 토론에서 논제에 대해 반대의 입장을 펴도록 지정된 팀을 뜻한다.

반대 측(negative) 정책 토론이나 링컨-더글러스 토론에서 반대 측은 논제를 반대한다. 찬성 측에 의해 제시된 방안을 공격하면서, 현 상태 또는 반대 측의 선택인 대체 방안을 옹호한다.

반대 측 구역(negative block) 정책 토론에서, 연이은 반대 측 발언과 관련 있다. 정책 토론에서 찬성과 반대 측 발언이 번갈아 이어지는 게 일반적 순서이지만, 예외적으로 반대 측 두 번째 입론(2NC)과 반대 측 첫 번째 반박(1NR)은 순서상 연속된다. 이렇게 반대 측 발언이 연속되는 지점을 반대 측 구역이라 지칭한다.

반박(rebuttal) 토론의 마지막 발표를 말한다. 반박 발언에서는 새로운 논증이 허용되지 않는다. 반박 발언은 입론에서 만들어진 논증을 정리하기 위한 것이 목적이다.

반박 책임(burden of rebuttal) 토론자들은 이전 발표에서 제시된 상대측의 주장에 대응해야 할 책임을 가진다. 만약 토론자가 대응하지 못하면, 판정관은 상대측의 주장이 사실로 받아들여진 것으로 추정할 권리를 가진다.

방안(plan) 정책 토론에서 찬성 측은 방안을 제시하여야만 한다. 현재의 토론 관행은 첫 번째 찬성 측 입론에서 방안을 제시할 것을 요구한다. 방안은 일반적으로 다음 질문들에 대한 답변을 제시해야 한다. (1) 누가 그 방안의 관리자인가? (2) 방안의 내용이 무엇인가? (그 방안의 요구 리스트를 만든다.) (3) 어떻게 방안의 자금을 조성할 것인가? 찬성 측은 또한 집행 기일, 기한, 집행 수단과 같은 다른 요소들을 구체적으로 제시할 수도 있다.

방안 스파이크(plan spike) 정책 토론에서 사용되는 용어이다. 방안 스파이크는 예상되는 불이익을 미연에 방지하기 위해 설계된 찬성 측 방안의 대비이다.

방향 전환(turnaround) 이 용어를 가장 흔히 사용하는 경우는 정책 토론에서 반대 측이 제시한 불이익이 실제로는 찬성 측을 위해 추가적인 이익이 된다고 찬성 측이 주장할 때이다. 이것은 연계 전환 또는 효과 전환의 결과로 발생하기도 한다. 연계 전환의 경우에는 찬성 측의 방안을 실행한 결과가 실제로는 반대 측이 주장한 것과 반대의 결과로 나타난다고 주장한다(만약 반대 측 연계가 방안이 적자를 더 증가시킬 것이라고 주장한다면, 찬성 측은 방안이 실제로는 적자를 감소시킨다고 주장할 것이다). 효과 전환의 경우에는 불이익 주장에서 인용한 효과가 사실은 더 이로울 것이라고 주장하는 것이다. 또한 찬성 측 방안이 찬성 입론에서 주장했던 피해를 더욱 악화시킬 것이라고 반대 측이 주장하는 것도 전환에 해당된다. 반대 측은 이러한 경우를 '입론 전환'이라고 한다. 방향 전환은 다른 말로 전환(turn) 또는 뒤집기(flip)라고도 한다. 이중 방향 전환(double turnaround), 연계 전환(link turn) 또는 효과 전환(impact turn)을 참고하라.

백지 상태(tabula rasa) 정책 토론의 판정에 적용되는 패러다임으로서, 토론 판정 기준에 대해 편견을 가지지 않고, 열린 마음으로 판단하려는 판정관의 의지를 뜻한다. 따라서 누가 승리하고 누가 패배하는지는 토론자들이 자신들의 기준들을 제시하고 방어하는 것에 달려있다. 어떤 토론 라운드에서 이러한 유형의 판정관은 필수 쟁점 판정관일 수도 있고 다른 라운드에서는 정책 입안자일 수도 있다.

본선(elimination round) 토론 토너먼트는 예선과 본선으로 나뉜다. 예선에는 모든 참가자들이 참가하는 반면에, 본선에는 (예선에서의 승패의 총횟수에 근거한) 가장 성공적인 경쟁자들만이 참가한다. 본선 경기가 시작되고 나면, 토너먼트 방식으로 승리한 팀만이 다음 단계로 진출하여 최종적으로 결승전에 진출할 수 있다.

불이익(disadvantage) 정책 토론에서 반대 측의 주장이다. 불이익은 찬성 측 방안이 채택된다면, 나쁜 일이 발생할 것이라고 주장하는 것이다. 불이익 논증을 위한 최소 요건은 연계와 효과이다. 한계적 불이익을 주장하기 위해서는 고유성과 위기 논증을 지녀야 한다.

불합리로의 환원(reducing to absurdity) 때때로 토론자들은 상대방의 논증이 논리적 극단까지 실행되었을 때 터무니없게 된다는 것을 보여줌으로써 그 논증의 신뢰성을 낮추는 것을 모색한다. 이 기술은 이것의 라틴어 명칭인 '*reductio ad absurdum*'에서 인용된 것이다.

브레이크 라운드(break round) 토론자들이 예선 라운드 가운데서 본선에 진출하기 위해 반드시 이겨야만 하는 라운드를 지칭할 때 종종 사용하는 용어이다. 많은 토너먼트 대회에서, 판정관은 각 라운드의 마지막에 판정 결과를 발표한다. 예를 들어 6라운드 토너먼트에서, 참가자들은 보통 예선을 통과하기 위해 두 번 넘게 패배해서는 안 된다. 만약 참가자가 벌써 두 번 패배하였다면, 남은 라운드에서 한번이라도 더 패하면 더 이상 예선에 참가할 수 없다. 이 경우 남은 라운드는 하나하나가 브레이크 라운드가 된다.

비교 우위 입론(comparative advantage case) 정책 토론에서 찬성 측 입론을 체계화하기 위한 방법들 중 하나이다. 이것은 전통적 필요 입론 (traditional need case) 혹은 목표/기준 입론(goals/criteria case)의 대체 방안이다.

비전문가 판정관(lay judge) 토론에 참가하거나 토론을 가르친 경험이 전혀 없는 토론 판정관이다. 어떤 주의 토론 리그에서는 지역 법조인, 사업가들, 혹은 학부모를 토론 판정관으로 선정한다.

비판(critique) 'kritik'라고도 불린다. 철학적인 맥락에서, 비판 혹은 비판 이론은 프랑크푸르트학파와 연관된 이론가들과 관련이 있다. 프랑크푸르트학파의 구성원들은 독일 프랑크프루트에 있는 사회 연구소와 연관되어 있었다. 각각의 철학자들은 칼 마르크스의 사적(史的) 유물론을 공유하였다. 이 이론은 공산주의가 필연적으로 주요 경제 체계로서 자본주의를 대체하게 될 것이라고 생각했다. 정책 토론과 링컨-더글러스 토론의 토론자들은 때때로 기본 가정에 대한 의문점을 표현하기 위해 이 용어를 좀 더 넓은 의미에서 사용한다.

상호반대신문(crossfire) 공공 포럼 토론에서 입론을 하는 동안 두 주장에서 발생하는 질의 시간을 뜻하는 용어이다. 첫 번째 두 번의 입론 후에 각 팀으로부터 첫 번째 토론자들은 사전에 질의자와 답변자가 할당되지 않은 상태에서 자유롭게 진행되는 상호반대신문 시간을 가지게 된다. 토론자들은 서로 활발한 상호작용을 시작하는데, 이러한 상호작용의 시간은 마치 CNN의 뉴스 프로그램 〈크로스파이어(Crossfire)〉와 비슷해 이렇게 이름 붙여졌다. 두 번째 두 번의 입론 후, 각 팀의 두 번째 토론자들은 자유로운 상호 의견 교환 시간을 갖는다. 4명의 토론자가 의견 교환에 참여하도록 허락된 시간은 첫 번째 두 번의 반박 이후 '전체 상호반대신문(grand crossfire)' 뿐이다.

새로운 논증(new argument) 토론자들은 (공공 포럼 토론에서는 요약 발표나 최종 변론이라 불리는) 반박 발언에서 새로운 논증을 제시하는 것이 허용되지 않는다. 다만, 반박 발언에서 이전 입론에서 제시되었던 논증을 옹호하기 위한 경우에 한해서 새로운 증거가 제시될 수 있다.

선결 요건을 갖춘 입론(prima facie case) 정책 토론에서, 'prima facie'는 'first face' 또는 'at face value'를 뜻한다. 이것은 찬성 측의 입론이 찬성 측 첫 번째 발언에서 피해의 중대성, 내재성, 해결성의 모든 논리적 요소를 포함하고 있어야 한다는 것을 의미한다. 예를 들어, 만약 찬성 측 첫 번째 발언이 논제의 문제가 발생하게 된 역사만을 8분 동안 말했다면, 무대 위에 펼쳐 놓은 완전한 논증거리가 없기 때문에 반대 측 첫 번째 토론자는 반박할 것이 아무것도 없다. 찬성 측이 모든 포인트에서 점수를 땄다고 하더라도 이 경우 반대 측이 승리한다. 어떤 토론 교과서에서는 '선결 요건을 갖춘 입론'이란 "논박이 없을 때 합리적인 사람을 납득시키기에 충분한" 증거를 가진 입론이라고 설명한다.

선제적 대응 발언(preempts) 정책 토론에서, 토론자들이 논증을 선제적으로 대응한다는 것은 다른 팀이 논증을 만들기 전에 그것들에 대해 답변한다는 것이다. 때때로 찬성 측은 찬성 측 첫 번째 입론의 끝에 일련의 선제적 대응 발언을 한다.

선험(a priori) 이 라틴 어구는 문자 그대로 "사실 이전", 즉 경험을 통해 조사하거나 시험하지 않고도 사실이라고 생각되는 것을 의미한다. 토론자는 무언가가 선험적으로 인지되고 있음을 주장함으로써 판단규칙을 설정하려는 시도를 해야 한다. 예를 들어, 철학자 존 롤스는 "정의"에 대한 의문들이 "무지의 장막" 뒤에서 결정되어야만 한다고 주장하였다. 이 주장의 의미는, 우리는 특정 상황의 세부적인 내용을 인지하기 전에 이미 "정의"를 규정할 기준을 결정할 수 있어야 한다는 것이다.

세부 주장(contention) 논증의 표지나 제목을 말한다.

숨겨 둔 입론(squirrel case) 정책 토론에서 숨겨 둔 입론은 주제의 한계를 확장시키거나 아마도 논제 관련성이 없는 찬성 측 입론이다. 찬성 측은 상대를 놀라게 함으로써 토론에서 승리하려고 시도한다.

승인(concede) 상대편에 의해 만들어진 특정한 주장을 사실로써 받아들이거나 동의하는 것을 말한다. 예를 들어, 토론자는 공정성이 정의를 판단하는 기준이 되어야 한다는 상대방의 주장에 대해 '승인'할 수 있다.

실증적 입증(empirical proof) 실제의 경험에서부터 발생된 입증이다.

실행 가능성 논증(workability arguments) 정책 논제에서 실행 가능성 논증은 반대 측이 전개하는 해결성 논증의 한 유형이다. 이 논증은 찬성 측 방안이 당초 의도한 대로 작동하지 않을 것이라 주장한다. 그것에 대한 잠재적인 이유는 아주 많다. (1) 찬성 측 방안을 수행할 수 있는 훈련된 인력이 충분하지 않다. (2) 원재료의 부족으로 인해 그 방안을 실행하기 어려울 것이다. (3) 찬성 측 방안은 예상대로 일어나지 않을 기술적인 혁신을 가정한다. (4) 찬성 측 자금원은 충분하지 못할 것이다. (5) 방안에서 구체화된 집행 제도들이 이행을 촉진하지 못할 것이다. (6) 관료주의적 내분 혹은 기량 부족이 해결을 불가능하게 만들 것이다. (7) 찬성 측이 명시하였던 원인을 제거함에도 불구하고, 찬성 측이 예상하지 못했던 다른 원인들로 인해 그 문제는 지속될 것이다. 해결성(solvency)을 참조하라.

실행 당위(fiat) 정책 토론에서 실행 당위는 찬성 측이 방안을 제시할 때, 당연히 그 방안이 해당 정부 기구(또는 조직)에 의해 채택될 것임을 전제로 하는 찬성 측의 권리이다. 대부분의 토론 이론가들은 애당초 정책 논제 문장 자체에 '해야 한다(should)'라는 단어가 들어가므로 실행 당위의 힘은 그 단어로부터 자연스럽게 주어지는 것이라 믿고 있다. 즉, 우리는 미래에 이루어질('will') 것이 아니라 이루어져야만 하는('should') 것에 대해 토론하고 있는 것이다. 찬성 측은 자신들이 제시한 방안이 의회를 통과 혹은 폐지될지, 또는 법안이 의회를 통과한 후 대통령이 이 법안에 승인을 할지 아닐지 등에 대해 전혀 걱정할 필요가 없다.

역할 분담(division of labor) 정책 토론에서 반대 측 두 번째 입론(2NC)과 반대 측 첫 번째 반박(1NR)은 순서상 연속된다. 따라서 불필요한 반복을 피하기 위해, 양자의 주장 내용을 상호 조정해야 할 필요성을 의미하는 용어이다. 반대 측 두 번째 입론(2NC)을 시작하기 전에, 반대 측 두 번째 토론자는 바로 이어지는 반대 측 첫 번째 반박(1NR)에서 반박을 위해 어떠한 주장 내용들을 남겨 둘 것인가를 팀 동료와 의논해야 한다.

연계 전환(link turnaround) 정책 토론에서 연계 전환은 불이익 주장에 대한 찬성 측 답변의 중요한 형태이다. 찬성 측 논증은 이 방안이 불이익 연계 주장과는 무관할 뿐만 아니라, 이 방안을 통해 불이익에서 주장된 문제를 실제로 해결할 수 있을 것이라는 것이다.

연구 대체 방안(study counterplan) 정책 토론에서 연구 대체 방안이란 최적의 해결책을 찾기 위해 찬성 측이 제시한 피해의 영역을 연구할 체계적인 프로그램을 수립하는 것을 지지하면서 찬성 측 방안이 거부되어야 함을 주장하는 것이다.

예선(preliminary round) 토론 토너먼트는 예선과 본선으로 나뉜다. 토너먼트 주최 측에서는 모든 참가자들이 경쟁할 라운드의 수를 확정한다. 학교 대항의 경쟁에서 예선 라운드의 수는 세 번에서 여덟 번까지 다양하다. 예선 라운드 후에는 승리 횟수에 의해 최상위 참가자들이 결정된다(승리 횟수가 같은 경우에는 토론자 점수에 의해 승패가 결정됨). 최상위 참가자들은 승자만이 각각의 다음 라운드로 올라갈 수 있는 본선에 배정받게 된다.

요구(mandates) 정책 토론에서 찬성 측 방안의 주요한 조항과 관련이 있다. 요구 목록은 방안에서 제시하는 구체적인 변화의 내용들이다.

요약 발언(summary speech) 공공 포럼 토론에서 첫 번째 반박을 일컫는 용어이다. 각 팀의 첫 번째 토론자들은 요약 발언을 한다. 공공 포럼 토론에서 두 번째 반박 발언은 최종 변론이라고 불린다.

용어 경제성(word economy) 이 용어는 명료성과 강조를 위해 꼭 필요한 것 이상의 단어는 쓰지 않는 논증 설명 기법을 의미한다.

위기(brink) 정책 토론에서 불이익은 두 가지 형태로 나타날 수 있는데, 하나는 점증적(linear)으로 나타나는 것이고 다른 하나는 한계적(threshold)으로 나타나는 것이다. 점증적 불이익은 어떤 위기를 가질 필요가 없고, 고유할 필요도 없다. 점증적 불이익을 가지고 있는 경우 반대 측은 지금 문제 상황들이 일어나고 있으며, 찬성 측 방안을 채택한다면 문제 상황은 지금보다 더 심각해질 것이라고 주장한다. 한편, 한계적 불이익은 가장 흔히 주상하는 불이익 형태인데, 이는 반대 측이 찬성 측 방안의 어떤 조치가 불이익의 한계점을 넘게 만들 것이라고 주장하는 것이다. 즉, 이미 많은 짐을 진 낙타의 등에 가벼운 지푸라기 하나를 더 얹어서 낙타를 주저앉게 만드는 것과 같이, 찬성 측 방안이 결정적 불이익이 발생하게 되는 문턱을 넘게 만든다는 것이다. 최고의 위기 증거(brink evidence)는 만약 현재의 시스템에 아주 조금이라도 자극을 준다면—예를 들어 소량의 적자 지출, 미국에 대한 추가적인 테러 공격, 지구온난화 가속화 등 불이익 연계에서 주장되는 어떤 조치이든 지—, 파국을 초래할 일이 발생할 것을 주장하는 것이다.

의견(observation) 세부 주장(contention)의 다른 이름이다. 만약 토론자들이 자신들의 주장이 논리적으로 명백하다고 믿는 경우 '의견'이라는 이름을 붙인다. 토론자는 단순하게 자신의 주장을 위한 기초를 다져놓기를 원하기 때문이다.

의견 충돌(clash) 상대측의 주장에 대해 직접적으로 대응하는 것이다.

이동하는 목표(moving target) 상대방에 의해 최종 논증의 형태가 최초에 제시된 방법과 전혀 다른 것으로 변형되었을 때, 토론자들이 이러한 논증의 변형을 비판하고자 원할 때 간혹 이 용어를 사용한다.

이중 전환(double turn) 정책 토론에서 찬성 측이 동일한 불이익에 대해 연계 전환과 효과 전환을 모두 주장할 때 나타나는 일반적인 결과가 이중 전환이다. 이러한 실수의 결과로 대개는 찬성 측이 그 논쟁에서 패배하게 된다. 적자 불이익의 예를 생각해 보자. 첫 번째, 찬성 측은 본인들의 방안이 비용이 더 많이 들지 않을 뿐만 아니라 실제로는 금전적으로 절약 효과가 있으므로 연방 정부의 적자를 감축하게 될 것이라고 주장한다. 이것이 연계 전환인데, 이후 찬성 측은 또 다시 자신들의 약점에 대한 답변으로 '규모가 큰 적자는 나쁘다기보다는 오히려 도움이 될 수도 있다. 왜냐하면 적자는 경제를 활성화시키는 데 필요하기 때문이다'라는 효과 전환을 주장한다. 결과적으로 찬성 측의 이 두 가지의 주장을 연결시켜보면 찬성 측의 방안 채택이 적자를 낮추게 되며, 적자를 줄이는 것은 실행해서는 안 되는 나쁜 일임을 주장하게 되는 것이다. 이 상황에서 반대 측은 찬성 측이 이중 전환을 범했다고 확신했을 때, 찬성 측은 이중 전환의 두 가지 절반들을 모두 인정하게 된 것이며, 따라서 찬성 측은 자신들이 주장해야 할 방안을 오히려 거부하는 것에 정당성을 제공하는 결과를 낳는다.

일반적 불이익(generic disadvantage) 정책 토론에서 특정한 찬성 측 방안에 대한 구체적인 불이익이라기보다는, 찬성 측 방안의 보다 넓은 범위에 적용되는 불이익을 지칭한다.

입론 발언(constructive speeches) 토론에서 새로운 논증을 제시하기 위한 발언이다.

입증 책임(The burden of proof) 정책 토론에서, 찬성과 반대 양 측은 자신들의 주장에 대해 증거를 제공해야 하는 입증 책임을 가지고 있다.

전체 상호반대신문(grand crossfire) 공공 포럼 토론에서, 처음 두 번의 반박 후에 할당된 시간이다. 이 시간 동안 네 명의 참가자들이 모두 역동적인 의견 교환을 진행한다. 이때에는 사전에 지정된 어떠한 질의자나 답변자도 존재하지 않는다.

전환(shift) 토론자가 (반박에 직면하여) 원래의 입장을 버리고, 완전히 다른 논증을 채택할 때 논증적 전환이 일어난다.

점증적 불이익(linear disadvantage) 정책 토론에서 반대 측은 어떤 불이익들은 점증적으로 발생하므로, 그 불이익이 고유성, 또는 어떤 한계점을 지닌다고는 주장하지 않는다. 점증적 불이익은 어떤 불이익이 추가적으로 증가함으로써 그만큼 피해의 중대성이 더 증가될 것이라고 주장하는 것이다. 점증적 입장에서 적자 불이익 논증 구조를 피력할 경우에는, 현 상태는 이미 거대한 적자에 허덕이고 있다는 것을 인정할 것이다. 그러므로 찬성 측 방안은 재정 지출을 추가적으로 더 증가시켜 적자를 더욱 악화시킬 것이라고 주장하게 된다.

정당화(justification) 정책 토론에서 반대 측 토론자들은 찬성 측이 논제의 진술이 사실이라는 것을 보여 주기 위해 논제 안의 단어 하나하나에 대해 정당화해야만 한다고 주장한다. 만약 논제가 '연방 정부'라는 구를 포함하고 있다면, 찬성 측은 왜 '주 정부'가 아니라 '연방 정부'가 이 방안을 채택해야 하는지를 정당화할 수 있어야만 한다. 가설 검증 모델을 적용한다면, 판정관은 논제의 각 부분이 진실인 것을 보여 주지 못하면 논제는 거부되어야만 한다고 생각할 것이다. 그러나 정당화 논증은 가설 검증 패러다임 외의 영역에서는 해당되지 않는다.

정책 명제(proposition of policy) 일련의 조치가 취해져야만 한다고 주장하는 진술이다. 정책 토론 논제나 다수의 공공 포럼 논제는 정책 명제이다.

정책 입안자(policymaker) 정책 토론을 판단하는 패러다임은 토론을 경쟁적인 정책 옵션 중에서 의사 결정자가 선택하는 입법 모델과 유사하게 바라본다. 정책 입안자는 토론에서 "모든 것을 감안할 때, 찬성 측의 방안이 반대 측이 옹호하는 대체 방안보다 더 바람직할 것인가?"와 같은 단순한 질문에 답변하며 의사 결정을 한다. 토론 판정에 대한 이러한 접근법은 반대 측이 단순히 찬성 측을 공격하기보다는 무언가를 방어할 것이라는 강한 기대를 가지고 있다. 이것은 또한 반대 측 입장이 내부적으로 일관성을 가질 것을 기대한다.

조건적 대체 방안(conditional counterplan) '가상 대체 방안(hypothetical counterplan)'이라 불리기도 한다. 조건적 대체 방안은 정책 토론에서 반대 측이 가설 검증으로써 제공한다. 반대 측은 대체 방안을 진심으로 옹호하지 않지만, 논제에 대한 검증을 위해 이를 제공하는 것이다. 일반적으로 반대 측은 토론 라운드 동안 언제라도 조건적 대체 방안으로 내놓은 대체 방안을 버릴 수 있다. 조건적 혹은 가상 대체 방안은 가설 검증 패러다임과는 일치하지만, 조건성은 정책 입안과 필수 쟁점 모델에는 잘 맞지 않는다.

조치 주체(agent of action) 정책 토론에서 이 용어는 방안이나 대체 방안을 실행하는 정책 당국을 의미한다. 찬성 측에 해당하는 조치 주체는 논제에 이미 나타나 있다. 1970년대 이후 모든 논제에서, 조치 주체는 "미국 정부"였다. 반대 측이 대체 방안을 제공할 경우 다른 조치 주체를 대체 방안으로 주장할 수 있는데, 이 경우 그 대체 방안에서의 조치 주체는 주 정부나, 유엔, 혹은 다른 나라의 정부가 될 것이다.

존재적 내재성(existential inherency) 정책 토론에서, 찬성 측은 때때로 입론에서 제기된 문제는 이미 장기간에 걸쳐 계속 존재해 왔기 때문에 이 문제들은 '내재적'이라고 주장한다. 이처럼 내재성을 입증하기 위한 접근 방식을 존재적 내재성이라고 한다. 내재성에 관심 있는 판정관들이 존재적 내재성을 받아들이려 하는 경우는 거의 없다. 이러한 논법은 인과성 질문을 회피하고, 피해가 지속적으로 존재해 온 것은 내재성을 보여 주는 것이라고 주장하기 때문이다.

준비 시간(prep time) 현재 토론 방식은 각 팀이나 참가자에게 전체 토론 시간 동안에 사용할 수 있는 일정한 준비 시간을 할당한다. 판정관 또는 시간 측정자(timer)는 이전 토론자의 발표나 반대신문이 끝나자마자 준비 시간을 측정하기 시작한다. 그 라운드를 위한 전체 준비 시간이 소진되었을 때, 그 다음 토론자는 발언 그 자체에 할당되어 있는 시간이 사라지기 전에 즉시 발언을 시작해야만 한다. 정책 토론에서 일반적인 준비 시간은 5분이며, 링컨-더글러스 토론은 4분, 공공 포럼 토론은 2분이다.

증거 자르기(cut evidence) 책이나 기사에서 증거를 선택하는 과정이다. 컴퓨터 사용 이전 시기에 토론자들은 물리적으로 신문 면, 책, 혹은 기사 등의 복사본을 잘라내야만 했다. 현재에는 대부분의 증거들이 온라인이나 스캔된 출처로부터 디지털로 수집되지만, 토론자들은 특정한 인용을 선택하는 과정에 대해 '증거 자르기'라는 용어를 유지하고 있다.

찬성 측(affirmative) 찬성 측은 논제를 옹호한다.

찬성 측(pro) 공공 포럼 토론에서, 논제를 찬성하고 방어하는 측을 일컫는다.

찬성 측의 전통적 필요 입론(traditional need case affirmative) 이것은 1960 년대 중반 (이 당시에는 비교 우위 입론이 우세했다) 이전에 정책 토론에서 지배적이었던 입론 구조이다. 이러한 입론 구조는 단순히 문제 해결 주제에 기반을 두고 있다.

최소 수리(minor repair) 정책 토론에서 반대 측이 제시하는 것으로서, 이 용어는 현 상태에서 아주 조그만 결점들만 고치면 찬성 측이 주장하는 피해의 정도가 훨씬 더 경감될 것임을 주장하는 것이다. 최소 수리 이론을 옹호하는 사람들은 만일 반대 측이 이 점을 입증할 수 있다면, 찬성 측이 주장하는 피해의 내재성 논증이 근거를 잃게 된다고 주장한다. 최소 수리 논증을 위한 최소한의 기준들은 '경향성'과 '잠재성'일 것이다. 반대 측은 현재의 시스템이 자체적으로 벌써 '최소 수리'의 방향으로 움직이고 있으며(경향성), 일단 '최소 수리'가 이루어지면 피해의 중대성은 경감될 것(잠재성)이라는 것을 보여 주려고 한다.

최종 변론(final focus) 공공 포럼 토론에서 마지막 발표이다. 이 발표는 찬성 측과 반대 측의 두 번째 발표자에 의해 이루어진다. 공공 포럼 토론이 최초로 시작되었을 때는, 최종 변론이 단 하나의 논증을 하는 것으로 제한되었다. 이 요건은 이후 완화되었지만, 단 1분이라는 시간제한으로 인해 토론자는 대개 2~3개의 주장에 집중하는 경우가 일반적이다.

추가적 논제 관련성(extratopicality) 정책 토론에서 논제 관련성 논증은 방안이 논제를 충족하는 데 실패했다는 것을 주장하는 것이라면, 추가적 논제 관련성 논증은 찬성 측 방안이 논제를 넘어서는 부분까지 충족했음을 주장하는 것이다. 다시 말해 찬성 측에서 찬성 측 방안의 일부가 논제를 넘어서는 이익이 있음을 주장하는 것이다.

추정(presumption) 정책 토론에서 반대 측은 전통적으로 라운드가 동점인 경우 그 라운드를 자신들이 승리할 것이라는 '추정'을 한다. 추정의 개념은 비숍 리처드 웨이틀리(Bishop Richard Whately)의 책『수사의 요소(The Elements of Rhetoric)』에서 유래한다. 웨이틀리는 기존 제도를 선호하는 추정이 있다고 주장했다.

치환(permutation) 정책 토론에서, 대체 방안에 답변하는 과정에서 찬성 측이 사용하는 용어들 중 하나이다. 치환은 방안이 대체 방안과 어떻게 본질적으로 바람직하게 결합될 수 있는지를 보여 주는 예시로써 찬성 측이 제시한다. 치환의 반대 개념은 '경합성'이며, 만일 방안과 대체 방안이 경쟁적인 경우라면 이 두 가지는 상호 양립할 수 없으므로 둘 중하나만 채택되어야 한다.

큰 그림(big picture) 이것은 토론자들이 상대방의 논증을 한 줄 한 줄씩 답변하기보다는 전체적으로 논증을 모아 포괄적으로 대응하기 원할 때사용하는 용어이다.

태도적 내재성(attitudinal inherency) 내재성은 정책 토론에서 필수 쟁점 중의 하나이다. 내재성 논증이란 찬성 측이 제시한 방안이 채택되지 않으면 찬성 측이 제시한 피해가 계속해서 일어날 것이라고 주장하는 이유를 명시하는 것이다. 구조적 내재성(structural inherency)과는 달리, 태도적 내재성 논증은 대통령 혹은 의회의 자발적인 행동 의지가 없으므로 이러한 태도가 내재적 장벽을 구축할 수 있다고 주장하는 것이다.

탭 룸(tab room) 토론 일정표를 배치하고 판정관을 배정하는 토너먼트 장소이다.

테드 터너 토론(Ted Turner Debate) 공공 포럼 토론을 칭하는 초기 용어 중의 하나였다. CNN을 설립한 미디어 사업가인 테드 터너(Ted Turner)는 공공 포럼 토론 대회를 창시한 초창기 후원자였다. 현재 공식적 이름은 테드 터너 토론 대신 간단히 공공 포럼 토론이라고 한다.

토론 가능성(debatability) 이것은 정책 토론에서 논제 관련성에 대한 논증의 결과물을 판단하기 위한 기준과 관련이 있다. 토론 가능성의 기준은 판정관이 주제에 대한 최상의 토론이 가능한 논제 해석을 선택해야 한다는 것을 말한다.

토론 개요(brief) 특정한 논거를 뒷받침하는 체계화된 증거의 모음을 토론 개요라 한다.

토론자 점수(speaker points) 모든 종류의 토론에서 판정관은 토론 라운드의 승자와 패자를 선언하는 투표를 한다. 추가적으로 판정관들은 각 참가자에게 대개 1점에서 30점 사이의 점수를 부여한다. 여기서 30점은 만점을 의미한다. 토론자 점수는 일반적으로 대회의 예선에서만 부여된다. 본선에서 판정관은 보통 승자와 패자만 결정한다.

투표용지(ballot) 토론 대결의 마지막에 토론 판정관이 기입하는 용지를 일컫는 용어이며, 판정관은 투표용지에 토론 득점과 함께 승자와 패자를 명시한다.

투표 쟁점(voting issue) 최종 반박에서, 토론자는 일반적으로 핵심 논증에 '투표 쟁점'이라는 이름을 붙여 판정관의 주의를 이들 쟁점으로 집중시키고자 한다.

파워 매치 라운드(power-matched round) 비슷한 기록을 가진 상대방과 만나 경쟁하는 방식의 예선 라운드이다. 3 : 0(3번 승리, 0번 패배) 기록을 가지고 있는 경쟁자는 3 : 0 기록을 가진 상대방을 만나게 되며, 마찬가지로 0 : 3(0번 승리, 3번 패배) 기록을 지닌 팀은 0 : 3 기록을 가진 상대를 만나게 된다.

판정 규칙(decision rule) 판정 규칙은 논증의 결과물을 판단하기 위한 기준이다. 토론의 양측 모두가 판정 규칙을 제시할 수 있다. 일례로 판정 규칙은 '정의가 공공 미덕 중에서 첫 번째 가치이므로 판정관은 항상 편익과는 상관없이 정의로운 정책을 선택해야 한다' 등을 제시할 수 있다. 다른 판정 규칙으로는 '인간의 생명이 궁극적인 가치이므로 더 많은 생명을 살리는 정책이 우선이다' 등도 있을 수 있다.

판정승(low point win) 토론에서 상대방 참가자(혹은 팀)보다 낮은 토론자 점수를 받았음에도 불구하고 판정관들이 승리를 선언하는 경우에 해당한다. 이 경우는 판정관이 상대측 참가자가 논증은 더 우월하였지만 판정승한 팀보다 말하기 기술에서는 열등하다고 생각할 때에 해당한다. 모든 토론 리그에서 판정관들의 판정승을 허용하는 것은 아니다.

패러다임(paradigm) 패러다임은 상호 연결된 가정의 거미줄(web)이다. 토론 이론가들은 정책 토론에서 판정관들이 토론에 접근할 때 만들어 내는 가정들에 적용하기 위해 이 용어를 사용한다. 어떤 판정관들은 유죄가 증명되기 전까지는 현 상태를 무죄로 보는 법적 패러다임으로 토론을 바라본다. 어떤 판정관들은 판정을 하는 데 있어 반대 측 정책보다 찬성 측 정책이 더 이로운지 아닌지를 물어보는 정책 입안 패러다임으로 토론을 바라보기도 한다. 또한 어떤 판정관들은 가설의 진실성을 시험하기 위해 사회과학 분야의 실험으로 토론 라운드를 바라보는 가설 검증 패러다임으로 토론을 받아들인다.

평가 대상(object of evaluation) 모든 가치 논제는 하나 이상의 평가 대상을 포함한다. 평가 대상은 논제에서 평가받는 개념이나 생각이다. "정의로운 사회는 처벌의 형태로써 사형을 집행해서는 안 된다."라는 주제에서 평가 대상은 '사형'이다.

평가 용어(evaluative term) 전부 그런 것은 아니지만, 일부 가치 논제는 평가 용어를 포함한다. 평가 용어는 무언가가 얼마나 높게 가치 평가되는가를 결정하는 데 이용되는 척도를 설명한다. "정의로운 사회는 처벌의 형태로써 사형을 집행해서는 안 된다."라는 논제에서 평가 용어는 '정의로운'이다.

포기(drop) 토론자들은 자신이 제기한 논증에 대해 상대방으로부터 아무런 답변도 듣지 못하였을 때 상대방이 논증을 포기했다고 말한다. 만약 판정관이 그 팀이 논증에 대해 답변하지 못했다는 사실에 동의하면, 판정관은 그 특정한 논증 내용은 상대 팀이 획득한 것으로 인정한다. 이러한 개개의 논증에 대한 포기 여부가 전체 대결 라운드의 판정 결과와 직결되지는 않는다. 그럼에도 불구하고 라운드의 최종 결과는 양측이 각각 얼마나 중요한 논증 내용에서 승리하였나에 의해 결정될 수 있다.

피해(harm) 피해는 정책 토론에서 찬성 측 첫 번째 토론자가 증명해야 하는 필수 쟁점 중 하나이다.

필수 쟁점(stock issues) 정책 토론에서 판정관이 전통적으로 접근하는 방식은 필수 쟁점 관점이다. 이 접근은, 형법이 검사가 증명해야 하는 어떤 독립적인 요소들을 규정하는 법적 유사성에 바탕을 두고 있다. 예를 들어 1급 살인 사건에서, 검사는 일반적으로 범행 동기, 기회, 사전 모의, 그리고 특정 주 정부의 형사법에 규정된 기타의 어떤 요소들을 증명해야만 한다. 토론에서 필수 쟁점은 다음과 같다. (1) 피해의 중대성, (2) 내재성—방안을 채택하지 않을 경우 무엇이 피해의 중대성을 지속하도록 유발하는가, (3) 해결성—찬성 측의 방안이 찬성 측이 제시한 피해를 어떻게 해결할 것인가, (4) 불이익을 넘어선 이익—찬성 측의 이익이 반대 측이 제시하는 불이익을 넘어설 것인가, (5) 논제 관련성—찬성 측 방안이 논제의 각 단어들을 충족하는가. 필수 쟁점 관점에서 토론에 접근하는 판정관은 만약 반대 측이 이 다섯 가지 필수 쟁점 중 하나라도 성공적으로 패배시킨다면 반대 측에 투표할 것이다.

필요를 충족하는 방안 논증(plan-meet-need argument) 정책 토론에서 해결성 논증에 대한 또 다른 용어이다. 반대 측은 찬성 측 방안이 채택된다 할지라도 찬성 측이 제시한 피해의 중대성을 해결하는 데 실패할 것이라는 이유를 제시한다.

하이 로우 파워 매치(high-low power match) 예선을 위한 상대팀 결정 방식은 모든 경쟁자들을 승리-패배 횟수가 동일한 여러 개의 그룹으로 나눈다. 그룹 내에서는 토론자 점수에 따라 순위를 매긴다. 동일 그룹의 최고 점수자는 그 그룹의 최하 점수자를 만나게 되고, 그 그룹의 두 번째 경쟁자는 최하위에서 두 번째 경쟁자를 만나는 방식으로 중간으로 향하게 된다. 일부 토론자들은 하이 로우 파워 매치를 최고의 경쟁자가 최하의 경쟁자를 만나는 것이라고 잘못 생각할 수 있다. 이것은 사실이 아니다. 경쟁자들은 자신과 동일한 승패 횟수를 가진 다른 경쟁자와 만나게 된다.

하이 파워 매치(high-power match) 예선 라운드에서 1등과 2등이 경기를 벌이고, 3등이 4등과 경기하는 식으로 짝지어지는 경기 방식.

한계점(threshold) 정책 토론에서 반대 측 불이익 논증의 한 유형으로, 종말론적 충격이 발생할 가능성으로 넘어서는 명확한 지점이 있다고 주장한다. 예를 들어, 적자 불이익을 주장하는 반대 측은 우리 경제가 현재까지 누적되어 온 수조 달러의 적자를 흡수하고 있지만, 여기에서 적자가 더 늘어나면 전체 경제의 붕괴를 유발하는 어떤 한계점이 존재한다고 주장할 것이다.

한 줄 한 줄씩 답변하기(line-by line) 상대방이 제시한 여러 개의 논증에 대해 제시된 것과 똑같은 순서대로 하나씩 질서 있게 답변을 하는 반박의 방법. 이 반박 형식과 반대되는 방식은 유사한 것끼리 한꺼번에 답변하는 '논증 묶기(grouping arguments)'나 하나의 '큰 그림(big picture)'으로 포괄적 답변을 하는 것이다. 정책 토론에서 판정관들은 일반적으로 상대방의 논증에 대해 한 줄 한 줄씩 답변하기를 기대한다.

해결성(solvency) 해결성은 정책 토론에서 필수 쟁점 중 하나이다. 만약 찬성 측 방안이 채택되었을 때 찬성 측 입론에서 지적한 피해를 해결할 수 있다는 것을 입증한다면, 이것은 해결성을 가졌다고 말할 수 있다. 해결성의 다른 용어는 '필요를 충족하는 방안(plan-meet-need: PMN)'이다.

핵심 가치(core value) 링컨–더글러스 토론에서 찬성 측 혹은 반대 측에 의해 옹호되는 중심적 가치이다. 일부 판정관들은 모든 좋은 입론은 핵심 가치를 둘러싸고 구축되어야 한다고 생각하는 반면, 또 다른 판정관들은 핵심 가치를 선택적인 것으로 보기도 한다. 핵심 가치들의 예로는 정의, 안전, 민주주의 등이 있다.

현 상태(status quo) 현재 존재하는 상태이다. 정책 토론에서 반대 측은 일반적으로 현재 시스템, 즉 현 상태를 방어한다. 찬성 측은 현 상태로부터 변화를 주장한다.

확장(extend) 토론자가 판정관에게 논증을 확장하겠다고 요청했다면, 그 토론자는 상대측이 그 주장에 대해 답변하지 못했다고 말하고 있는 것이다. 토론자는 이 주장에 대해 판정관이 잊지 말라고 요청하는 것이다.

효과(impact) 효과는 어떤 논증의 중대성을 의미한다. 하지만 정책 토론에서 이 용어를 사용할 때는 보통 불이익의 효과나 중대성을 의미한다. 반대 측의 적자 불이익 논증을 고려해 보자. 만약 찬성 측 방안이 적자를 증대시킬 것이라는 점이 불이익의 핵심이라면, 이 논증만으로는 불완전하다. 그 다음 질문은 "왜 적자가 증가하는 것이 나쁜가?"하는 것이어야 한다. 이 질문에 대한 답이 곧 불이익의 효과를 의미한다.

효과 전환(impact turnaround) 정책 토론에서 효과 전환 논증은 반대 측이 주장하는 불이익의 효과가 나쁘기보다 오히려 좋은 것이라고 주장하는 것이다. 찬성 측 방안대로 했을 때 재정 지출이 늘어나서 재정 적자가 증가할 것이라는 적자 불이익을 예로 들어보자. 이 경우 찬성 측의 효과 전환 논증은 적자가 경제를 자극하여 경기 침체 상황에서 벗어나게 할 것이기 때문에 적자의 증가가 실제로는 좋은 것이라고 주장하는 것이 될 수 있다.

흐름표(flowsheet) (판정관을 포함하여) 토론 참가자들은 토론이 진행될 때 논증을 계속 기록해야 한다. 이 논증의 기록을 바로 흐름표라고 한다.

찾아보기

20세기 기금 74

CAD 24

HIV/AIDS(후천성 면역 결핍 증후군) 43,
      109

HTML 62

NFL 전국 토너먼트 2006 결승 385

NFL 전국 토너먼트 2007 결승 298, 355

PDF 62, 68, 69, 71

U.S. 뉴스 & 월드 리포트(U.S. News & World
      Report) 80

ㄱ

가치 구조 212-213

간접 환원법(apagoge) 42

개방형 질문 184-185, 186

검색 기술 17-18

검색엔진 59, 61, 63-69, 83

경력 준비 22

경쟁적 토론 16-27, 58, 86, 96, 99

경합성(competitiveness) 163, 164-167

고교 체육 연맹(NFHS) 97, 418

고유성 113, 144, 157, 314

고유성 대체 방안(uniqueness counterplan)
      170

공공 포럼 토론(Public forum debate) 99,
      260, 274, 275, 278, 280, 284, 384, 440

공공 포럼 토론 형식 262, 268

공동체 76, 224

공리주의 229, 238-239

공적 말하기(public speech) 20, 122, 215,
      420

관련성 원리 150

교육 자료 정보 센터(ERIC) 68

구글(google) 61, 63-64, 66-68, 73, 78, 81,
      83, 91

국부론(The Wealth of Nations) 223

국제 전략 문제 연구소(CSIS) 74, 92

국회 도서관 72

권리 이야기: 정치 담론의 결핍(Rights
      Talk: The Impoverishment of Political
      Discourse) 224

권한 부여 18-19

귀납적 추론 39-41

귀추 추론 42-43

그리스 항아리에 부치는 노래(Ode on a
      Grecian Urn) 226

근거(data) 35, 312, 323, 345

근거 선택하기 126-129

근접 검색 64, 67

ㄴ

내셔널 리뷰(National Review) 79

내재성(inherency) 110, 448

네이션(The Nation) 79

논제 24, 209, 449

논제 관련성 109-110, 117, 129, 130, 131, 138, 146-150, 180

논제 분석 236-238, 284-289

논증 29, 214

논증 개요 17, 20, 143

논증 방식 37

논증의 이용(The Uses of Argument) 34

논증 평가자 21

뉴 리퍼블릭(New Republic) 79

뉴스위크(Newsweek) 79

뉴욕 타임스(New York Times) 91, 93

ㄷ

단순성 원리 150

대전제(major premise) 32

대체 방안(counterplan) 141-145, 162-175

대체 방안에 있어 경합성의 기준 164

대체 방안의 역학 170

대학 간 리그 26, 210

도그파일(Dogpile) 61

도덕과 입법의 원리서설(The Principles of Morals and Legislation) 229

도메인 61-62, 65, 68

도시 연구소(Urban Institute) 74, 75

동등한 입증 책임(parallel burdens) 211

ㄹ

라이트 뉴스(Write News) 78

랜드 연구소(RAND Corporation) 75, 92

렉시스/넥시스(Lexis/Nexis) 72, 79, 82

로 대 웨이드 재판 228

로드 러너(Road Runner) 59

룩스마트(LookSmart) 61

리더십 21-22

리바이어던(The Leviathan) 222, 238

리처드 닉슨(Richard Nixon) 277

린든 베인스 존슨(Lyndon Baines Johnson) 23

링컨-더글러스 토론(Lincoln-Douglas Debate) 98, 101-102, 206, 207, 209, 210, 216, 217, 220, 355, 431

ㅁ

마마(Mama) 61

맥러플린 그룹(McLaughlin Group) 101, 260

맨해튼 연구소(Manhattan Institute) 75

메타 검색엔진 61

명료성 원리 150

목표/기준 입론 137, 452

미국국립인쇄국(GPO) 71

미국 기업 연구소(American Enterprise Institute) 74, 75

미국 외교정책 협의회(American Foreign Policy Council) 76

미국 평화 연구소(United States Institute of Peace) 76

민주주의 76-77, 226-227

ㅂ

반대신문 178-179, 181-187, 215

반대신문에서의 금기 183-184

반대 측 두 번째 반박 115

반대 측 두 번째 입론 114

반대 측 두 번째 토론자의 반대신문 105

반대 측 반박 216

반대 측 입론 216

반대 측 첫 번째 반박 115

반대 측 첫 번째 입론 113

반대 측 첫 번째 토론자의 반대 신문 105

반박 책임 151

방안 포함 대체 방안(plan inclusive
　　counterplan) 169

법의 정신(The Spirit of Laws) 221

법학 잡지(law review) 72, 73, 84

벨트웨이 보이즈(Beltway Boys) 260

본선(elimination rounds) 268

불이익(disadvantage) 111, 117, 289, 455

불이익 논증 구성하기 157

브레인스토밍 290

브루킹스 연구소(Brookings Institution) 74,
　　76, 92

비교 우위 입론 136, 455

비논제성(nontopicality) 162-163, 171

비용 편익 분석 232, 233

비입론(off-case) 논증 113

비판적 사고 15, 24

ㅅ

사생활 228

사실과 당위의 간극 36-37

사회 계약론(The Social Contract) 221

삶의 질 225, 228, 398

상의 대체 방안(consultation counterplan)
　　169

상호반대신문(Crossfire) 99, 101, 265

상호 배타성(mutual exclusivity) 164

상황윤리학(Situation Ethics) 229, 230

새 황금률(The New Golden Rule) 224

생명의 존엄성 227

서사에 의한 논증 55-56

서치온라인(SearchOnLine) 61

선결 요건을 갖춘 입론 112

세부 주장 134, 135, 137, 142, 151, 358

소거에 의한 논증 49-51

소전제(minor premise) 32

순이익(net benefits) 164, 165

스티븐 툴민(Stephen Toulmin) 34

스프린트(Sprint) 59

시민 불복종(On Civil Disobedience) 223

시범 토론 20-21

시행자 대체 방안(agent counterplan) 168

신문 78

실용주의 229, 230

싱크 탱크 58, 69, 73-78, 92

ㅇ

아름다움 226

아리스토텔레스(Aristotle) 32, 101

아마존닷컴 69

아카데믹 서치 프리미어(Academic Search
　　Premier) 73

아티클퍼스트(ArticleFirst) 73, 79

알타비스타(AltaVista) 61, 64

야만/희생자/구원자(SVS) 193, 200, 202

야후(Yahoo!) 61, 73

언어 비판 197-199, 201

엠에스엔(MSN) 59, 67

연계 157, 319, 326, 352

연구 대체 방안(study counterplan) 169

연습 라운드 295

연역적 추론 38-39

영구한 평화를 위한 방안(Project for a
　　　Perpetual Peace) 227

영향(implication) 200

예상 밖의 입론 127

예선(preliminary rounds) 268

오르가논(The Organon) 32

온라인 증거 수집 91-93

온라인 컴퓨터 도서관 센터(OCLC) 70

올더웹(AllTheWeb) 61, 63

왕의 국가(De Regno) 227

요약 발언 266

용어 정의 239-240

워싱턴 쿼털리(Washington Quarterly) 79

원인-결과 추론 43-46

월드캣(Worldcat) 70

웹크롤러(Webcrawler) 61

위기 113

윌슨셀렉트플러스(WilsonSelectPlus) 73

유추를 통한 논증 51-55

윤리적 규범 91-93

의견 135-137

의사소통 기술 20

의회 조사국(CRS) 72

이익(advantage) 111, 163-164

익사이트(Excite) 61

익스팬디드 아카데믹 ASAP(Expanded
　　　Academic ASAP) 79

인간 본성에 관한 논문(A Treatise of Human
　　　Nature) 37

인과관계 289

인권: 정치문화적 비판(Human Rights: A
　　　Political and Cultural Critique) 193

인용문 시스템 80-82

인젠타(Ingenta) 73, 79, 82

인터넷 브라우저 59, 81, 87

인터넷 주소 61, 68

인포시크(InfoSeek) 61

인포트랙(InfoTrac) 79

입론 구성 104, 133

입론 논증 104, 151-156

입론 쓰기 241-243, 291

입장 교대 17, 99, 106

입증 34

입증의 정의 33-34

입증 책임 153, 211

ㅈ

자료 17, 26

자료 조사 238-239

자본주의: 알려지지 않은 이상(Capitalism:
　　　The Unknown Ideal) 223

자아실현 228-229

자크 데리다(Jacques Derrida) 198

전국 가톨릭 토론 협회(NCFL) 418

전국 개신교 토론·의사소통 협회(NCFCA)
    418
전국 시도 토론 연합 조직위원회(NAUDL)
    419
전국 토론 코치 협회(NDCA) 419
전달 기술 122
전략적으로 선택하기 294
전미 토론 연합(NFL) 26, 60, 80, 416
전제(premise) 32
전통적 필요 입론 134-135, 464
전환(turn) 128, 158-159, 343, 346, 350,
    354, 454
절차 대체 방안(process counterplan) 169
정기 간행물 79-80, 81
정부 공문서 71-72
정의론(A Theory of Justice) 66, 98, 222
정책 토론 67, 96-97, 101-102, 104, 126,
    133, 140, 145, 151, 168, 178, 180-
    182, 190, 193, 194, 200, 422
존 F. 케네디(John F. Kennedy) 23, 226, 277
존 로크(John Locke) 101, 221, 227
종의 기원(On the Origin of Species by
    Means of Natural Selection) 240
준비 시간 105, 108, 207, 208, 267, 464
증거(evidence) 16, 17, 35, 69, 80, 83, 85,
    87, 88, 91
지식 16, 21, 77, 78, 92, 182, 224, 225, 278
지역 단체 20, 21
지역사회와의 관계 20
직접 민주주의 226
진보정책 연구소(Progressive Policy Institute)
    77
징후를 통한 논증 46-48
징후 추론 46-48

ㅊ

찬성 측 두 번째 반박 116, 216
찬성 측 두 번째 입론 114
찬성 측 두 번째 토론자의 반대신문 105
찬성 측 입론 216
찬성 측 첫 번째 반박 115, 216
찬성 측 첫 번째 입론 112
찬성 측 첫 번째 토론자의 반대신문 105
찰스 다윈(Charles Darwin) 240
책 69-71
최종 변론 266-267, 292
치환(permutation) 167-168, 174

ㅋ

카네기 국제 평화 기금(Carnegie Endowment
    for International Peace) 77
카터 센터(Carter Center) 74, 77
카토 연구소(CATO Institute) 74, 77, 81, 92,
    390
칼 마르크스(Karl Marx) 191
캐피탈 갱(Capital Gang) 260
크로스파이어(Crossfire) 260
큰 그림(big picture) 250, 451, 471

ㅌ

타임(Time) 79, 80
탭 룸(tap room) 106, 208

테드 터너 토론(Ted Turner debate) 99, 260

테오마(Teoma) 61

토론 논제 목록 422

토론 대회를 운영하는 전국적 기구 417

토론을 통해 세계를 발견하기(Discovering the World Through Debate) 22

토론자의 책무 216

토론 토너먼트 14, 20, 25, 100, 140

토론 형식 95, 96

토스트마스터즈(Toastmaster) 278

통치론(Two Treatises of Government) 221

툴민의 모형 34-36

틀 구축하기(framing) 280-281

ㅍ

파인드아티클스닷컴(FindArticles.com) 78

판정 규칙 152

판정 패러다임 129-133, 194

페이지랭크(PageRank) 66

평가 용어(evaluative term) 237, 242

폐쇄형 질문 184-185

포린 어페어스(Foreign Affairs) 79

폴 드 만(Paul De Man) 195, 198

프랑크푸르트학파 190-191

프레더릭 더글러스(Frederick Douglass) 55

프로퀘스트(ProQuest) 73, 82

피해(harm) 110, 142-153, 157-158

피해의 중대성(significance of harm) 110, 112, 247, 288

피해 주장 143, 152

필수 쟁점(stock issues) 108-112, 129, 130-132, 288

ㅎ

하위 주장(subpoint) 243, 358-359

핫봇(HotBot) 61

해결성(solvency) 111, 153, 289

핵심 가치 212-214, 216, 221

허드슨 연구소(Hudson Institute) 74, 77, 92

허클베리 핀(Huckleberry Finn) 240

헤리티지 재단(Heritage Foundation) 74, 77, 92, 387

현대언어협회(MLA) 80

혐오 발언 213, 214

형식 논리학(formal logic) 32-33

회계감사원(GAO) 72

효과 113, 157

효율성(desirability) 111-112

후버 연구소(Hoover Institution) 78, 92, 386, 397, 404, 413

흐름표(flowsheet) 116, 217, 250

히든 인터넷(hidden Internet) 67, 68